Resistência e Anistia

Paulo Cannabrava Filho

A história contada por seus protagonistas

alameda

Grafia atualizada segundo o Acordo Ortográfico da Língua Portuguesa de 1990, que entrou em vigor no Brasil em 2009.

Edição: Haroldo Ceravolo Sereza
Editora assistente: Danielly de Jesus Teles
Projeto gráfico e capa: Danielly de Jesus Teles
Assistente acadêmica: Bruna Marques
Revisão: Alexandra Colontini
Imagem da capa: *Passeata do Movimento pela Anistia*, São Paulo, 1979.
Foto de Juca Martins.

CIP-BRASIL. CATALOGAÇÃO-NA-FONTE
SINDICATO NACIONAL DOS EDITORES DE LIVROS, RJ

C228R

Cannabrava Filho, Paulo
Resistência e anistia : a história contada por seus protagonistas / Paulo Cannabrava Filho. - 1. ed. - São Paulo : Alameda, 2020.
488 p. ; 23 cm.

Inclui bibliografia e índice
ISBN 978-65-86081-54-1

1. Brasil - Política e governo - Séc. XX. 2. Ditadura militar - Brasil - História - Séc. XX. I. Título.

20-62202 CDD: 981.063
CDU: 94(81).088

ALAMEDA CASA EDITORIAL
Rua 13 de Maio, 353 – Bela Vista
CEP 01327-000 – São Paulo, SP
Tel. (11) 3012-2403
www.alamedaeditorial.com.br

Sumário

Introdução Necessária

Rita Sipahi[1]

> *Justiça de Transição é "um conjunto de abordagens, mecanismos (judiciais e extrajudiciais) e estratégias utilizadas para enfrentar integralmente o legado de sistemáticas violações aos direitos humanos (...) e busca atribuir responsabilidades (civis, criminais e administrativas), promover a efetivação do direito à memória e à verdade, reformar as instituições que, por participarem das violações – por ação ou omissão –, estão eivadas de uma cultura antidemocrática e violenta e fortalecê-las com valores democráticos."*[2]

Anistia e Resistência – A história contada por seus protagonistas resulta de um pedido feito a Paulo Cannabrava Filho pela Associação Brasileira dos Anistiados Políticos (ABAP).

Paulo Cannabrava Filho é um jornalista desde sempre (desde antes do golpe de 1964) comprometido com as causas da profissão e militante

---

1 Rita Sipahi iniciou a militância política nos anos 1960, na Faculdade de Direito da Universidade Federal do Ceará, integrando a Juventude Universitária Católica-JUC. Foi representante da União Nacional dos Estudantes - UNE, no movimento estudantil cearense, também integrou o grupo de criação da Ação Popular -AP. Nos anos 1970, em São Paulo, foi presa por onze meses no Presídio Tiradentes. Livre atuou na formação do Partido dos Trabalhadores - PT. Na Prefeitura Municipal de São Paulo - PMSP, realizou trabalho de atenção às crianças e adolescentes, em projetos educacionais, de gestão e formação de pessoal. No ano de 2009, já aposentada, fui convidada a participar como representante dos anistiados no Conselho da Comissão de Anistia do Ministério da Justiça.

2 COLETIVO para Justiça de Transição no Brasil. *Eleições 2018 e Justiça de Transição no Brasil – Recomendações*. Brasília/São Paulo: 2018, p. 5.

político que participou e conheceu por dentro as perseguições desencadeadas contra todos aqueles que, como ele, escolheram o legítimo direito de resistência à ditadura civil-militar.

Cannabrava iniciou a carreira de jornalista em 1957 no jornal *O Tempo*, foi repórter político do *Correio da Manhã* e do *Última Hora* além de secretário de redação da *Rádio Marconi* e editor de política na *Folha de S.Paulo*. Quando do golpe de 1º de abril de 1964, integrava a equipe de correspondentes no Brasil da *Prensa Latina* e estava no *Última Hora*. Ficou sem os dois empregos, mas não demorou muito estava de volta como repórter político do *Correio da Manhã* e da *Rádio Marconi*. Em 1968, sem segurança para continuar fazendo um jornalismo de combate, foi para Cuba e passou a trabalhar na *Rádio Havana*.

Tentou voltar ao Brasil em 1970, porém, já haviam decretado sua prisão. Foi correspondente da agência *Agência France Press* na Bolívia e no Peru, países em que também coordenou projetos de comunicação, tendo sido também editor nos jornais *El Nacional* (Bolívia) e *Expreso y Extra*, no Peru. Trabalhou nos países andinos até o expulsarem depois de golpes de estado que acabaram com governos democráticos (de Torres na Bolívia e de Velasco Alvarado no Peru) e implantaram ditaduras. Em 1977 foi para o Panamá convidado a coordenar a comunicação da Comissão de Negociação dos Novos Tratados para o Canal de Panamá, onde também colaborou ativamente com a Revolução da Frente Sandinista de Libertação Nacional no combate vitorioso que liquidou com a ditadura da família Somoza. Hoje, entre outras atividades, dirige a revista virtual, bilíngue, *Diálogos do Sul*, herdeira e continuidade da revista *Cadernos do Terceiro Mundo*, da qual integrou a equipe desde a fundação em 1975 até até extinção em 2015.

Neste livro, além da ABAP, são citadas várias outras entidades imprescindíveis para a afirmação dos direitos da Anistia Política. Relacionamos, a seguir, aquelas que assinaram importante documento que solicita diretrizes para manutenção dos entendimentos históricos firmados pela Comissão do Anistia, enviado em 12 de setembro de 2017 à ministra da Advocacia Geral da União (AGU):

Associação Brasileira dos Anistiados Políticos do Sistema Petrobras e Demais Empresas Estatais – (Abraspet/BA); Associação Democrática dos Metalúrgicos Aposentados, Anistiados e Pensionistas de São José dos Campos;

Associação Democrática dos Aposentados e Pensionistas do Vale do Paraíba (Admap); Associação dos Municípios do Planalto (Ampla/RS); Associação Nacional dos Anistiados Políticos Aposentados e Pensionistas (Anapap); Associação dos Metalúrgicos Anistiados e Anistiandos do ABC (AMA-ABC); Associação dos Trabalhadores Anistiados Autônomos, Liberais, Aposentados e Pensionistas de Minas Gerais (Atamig); Associação de Militares Anistiado da Bahia (Assman/BA); Associação dos Trabalhadores Aposentados, Pensionistas e Anistiados da Petrobras e Subsidiárias do Estado do Rio de Janeiro (Astape/RJ); Associação das Praças da Aeronáutica do Rio Grande do Norte (Aspa/RN); Sindicato dos Metalúrgicos de São José dos Campos; Sindicato dos Petroleiros de Campinas (Sindipetro/Campinas/SP); e Plenária Paulista de Anistia e Reparação.

Importante destacarmos também a criação do Comitê de Acompanhamento da Sociedade Civil – CASC. Sua atuação foi reconhecida pelo Ministério da Justiça como fundamental para o cumprimento das responsabilidades da Comissão de Anistia. O CASC foi instituído como órgão de participação da sociedade civil no processo da promoção da Justiça de Transição e Anistia Política. Cumpriu o papel fundamental no acompanhamento e avaliação dos projetos em desenvolvimento na Comissão de Anistia, com vistas a lhes dar transparência, entre eles a execução da construção e da implementação do projeto do Memorial da Anistia Política do Brasil. Seus membros foram designados em 2011 pelo ministro da Justiça. Entretanto, no governo do presidente Temer, todas as iniciativas de seus membros e das entidades dos anistiandos/anistiados para apresentar as razões que motivaram sua criação e seu merecido desempenho não foram considerados e sua atuação como Conselho deixou de ser reconhecida.

Da importância da organização independente e autônoma da sociedade civil

Como afirma Heloísa Greco, a organização dos anistiados em entidades autônomas é fundamental para a continuidade e desenvolvimento da Anistia Política: "Nas lutas pela *Anistia Ampla, Geral e Irrestrita*, a iniciativa política está com a sociedade civil organizada, não com o Estado ou com a institucionalidade – os sujeitos ou atores principais são os militantes das entidades de anistia, os exilados e os presos políticos".[3]

O professor Álvaro Garrido, em uma entrevista,[4] apresenta uma preocupação com o conhecimento e sua difusão, voltada ao espaço público, entendido como o local onde os protagonistas possam socializar as narrativas para construir uma memória coletiva. Esta prática permite ampliar os instrumentos de reflexão sobre a realidade com a qual nos defrontamos, propondo a publicação de livros, cadernos e outros meios que contivessem elementos que servissem de subsídios para a prática política e possibilitassem indicar os caminhos de superação das desigualdades e injustiças sociais.

O trabalho de Paulo Cannabrava Filho, além da atuação política e jurídica da ABAP, de seus filiados, do trabalho incansável de seus membros, das lutas travadas, da emoção produzida a partir das memórias dos militantes que se reinventam para ampliar a consciência do processo da Anistia Política junto à sociedade civil, apresenta uma reflexão sobre o período principalmente para os jovens (filhos, netos, sobrinhos, familiares) que desconhecem a história recente.

O livro *Anistia e Resistência – História contada por seus protagonistas* se insere na qualidade referida acima, apresentando contribuições diferenciadas: é destinado a um público para além do círculo restrito de especialistas; situa a Anistia Política no contexto dos principais eventos da resistência ao regime ditatorial implantado em 1964, sustentada por amplos setores da sociedade brasileira; farta documentação é apresentada e disponibilizada para a compreensão dos anos da ditadura civil militar, das lutas de resistência e da construção das políticas de Memória, Verdade e Justiça.

3 GRECO, Heloísa Amélia, "Memória vs. Esquecimento, Instituinte vs. Instituído: a luta pela Anistia Ampla, Geral e Irrestrita", *apud* ABRÃO, Paulo e TORELLY, Marcelo D., "Justiça de Transição e a eficácia da lei de anistia no Brasil: alternativas para a verdade e a justiça", in ASSY, Bethania et alii (coord.). *Direitos Humanos – Justiça, verdade e memória*, Rio de Janeiro: Lumen Juris, 2012, p. 561.

4 Álvaro Garrido é professor de História Econômica da Faculdade de Economia da Universidade de Coimbra, Portugal. Entrevista ao *Jornal de Notícias – História*, n.18, de fevereiro de 2019. Trata-se de periódico publicado pela Universidade de Coimbra.

Este trabalho de Cannabrava funciona como se fosse uma caixa de ferramentas, um instrumento de ação. Ele está inserido no contexto da Justiça de Transição, cuja definição encontra-se em epígrafe, no início deste texto. Há uma extensa literatura nacional e internacional teórica sobre Justiça de Transição. Pesquisas e teses foram elaboradas, livros publicados, representando importantes contribuições, mas que raramente circulam além do universo acadêmico, ou dos já iniciados no assunto.

Uma memória que continua em disputa

Aqui, a história não é relatada simplesmente: as fontes não só dizem das leis. Conflitos são identificados, violências descritas em depoimentos: os anistiados e suas organizações no embate permanente, as contradições entre os poderes constituídos; entre estes últimos e os anistiandos/anistiados; a lembrança da tortura; o medo ainda latente, tudo isto compondo a memória desses tempos... uma memória que continua em disputa. Um livro para produzir relações, para fazer pensar como continuar insistindo nas lutas contra a tortura e as violências continuadas ainda devidas à sociedade brasileira.

Apenas como exemplo: no livro, a apresentação e identificação dos atos institucionais possibilitam o entendimento da "legalidade" do Estado autoritário, de sua estrutura repressiva, de como ela foi exercida através dos órgãos institucionais e clandestinos criados; o arcabouço do Estado de Segurança Nacional foi uma construção jurídica e política, que identificava como inimigo interno todos que pensavam diferentemente dos civis e militares que usurparam poder e governo. Como resultado, a importância de precisar cada ato institucional e suas consequências para todos os brasileiros no processo da repressão. As transformações que vinham ocorrendo na sociedade brasileira e que buscavam a igualdade e a justiça social foram interrompidas e iniciado um processo brutal de destruição. A reconquista dos direitos civis e políticos deve ser insistentemente lembrada, para que os atos de exceção cometidos sejam reconhecidos e aqueles que os praticaram sejam julgados.

Passados 55 anos do golpe de estado de 1964, o debate público sobre os direitos humanos, no Brasil, experimenta avanços, com a pressão da sociedade civil, visando ao esclarecimento de graves violações de direitos humanos, no entanto há ainda a necessidade de reforçar o conhecimento coletivo de que o período de 31 de março de 1964 até as primeiras eleições diretas para a Presidência da República (1989) foi marcado, na história política e social brasileira, por violações sistemáticas de direitos humanos, assassinatos, desaparecimentos forçados e pela prática da tortura por motivos políticos – bem como pela negação de valores democráticos e pelo arbítrio do Estado[5]. Práticas, aliás, que continuam prevalecendo até os dias atuais, tendo como alvo a população das camadas não privilegiadas da nossa sociedade, além dos grupos estigmatizados, como os negros, índios, mulheres, homossexuais etc.

A história da Anistia Política, iniciada com a Lei 6.683/79, tem quase quarenta anos. No entanto, somente em 1988 foram constitucionalizadas políticas de reparação das vítimas de atos institucionais, atos complementares e atos de exceção, cometidos de 18 de setembro de 1946 até 5 de outubro de 1988 (promulgação da Constituição de 1988), com a criação da Comissão de Anistia em 2001, passando a política de reparação a ser reconhecida nacionalmente.

2008 - amplia-se para além da dimensão econômica

A partir de 2008, o escopo da reparação deixou de se restringir à dimensão econômica e se expandiu para as dimensões simbólicas e morais, marcadas pelo pedido oficial de desculpas do Estado brasileiro, de restituição dos direitos e do reconhecimento do direito à resistência política contra atos autoritários. Além disso, passou a contar com políticas singulares de reparação coletiva, como as sessões itinerantes por meio das Caravanas de Anistia, o fomento às ações de memória, diversas publicações e encontros acadêmicos. Por fim, de modo inédito, implementou uma política pública de reparação psíquica, as clínicas do testemunho.

O programa de reparações é entendido como eixo estruturante da Justiça de Transição no Brasil. Quando comparada a dimensão da reparação com as outras dimensões do processo transicional brasileiro, constata-se ser

5 Cf. MARTINS, André Saboia, "O dever de investigação de desaparecimentos forçados segundo a jurisprudência da Corte Interamericana de Direitos Humanos: anotações sobre o caso Gelman", *In*: ASSY, Bethania *et alii*. (coord.). *Direitos Humanos – Justiça, verdade e memória*, Rio de Janeiro: Lumen Juris, 2012, p. 175 a 201.

esta não apenas melhor desenvolvida, como também, aquela que funciona como eixo propulsor de todo o processo.

A primeira conclusão importante sobre as reparações no Brasil extrai-se do art. 8º do Ato das Disposições Constitucionais Transitórias, cujo texto é ato de reconhecimento da Anistia aos perseguidos políticos e do direito de resistir à opressão.

A segunda é a de que, no Brasil, desde a sua origem, a Anistia é ato político que se vincula à ideia de reparação.

A terceira conclusão é a de que a Anistia é concedida pela Constituição àqueles que foram atingidos por atos de exceção, portanto, dirige-se aos perseguidos, e não aos perseguidores.

A quarta é a de que se pode afirmar que existe no Brasil a implantação de uma rica variedade de medidas de reparação, individuais e coletivas, materiais e simbólicas.

Finalmente, por sua extensão no tempo e abrangência, o processo de reparação tornou-se o eixo estruturante da Justiça de Transição no Brasil, em torno do qual outras medidas desta Justiça se estruturaram: o reconhecimento do direito à memória e à verdade (que adquire valor legal no decreto do III Plano Nacional de Direitos Humanos); a criação do banco de DNA dos familiares de desaparecidos políticos; as políticas públicas de memória e de reparação simbólica; o reconhecimento das violações de direitos humanos, que servem como base fática para atuais e futuras ações judiciais[6]. Desta feita, as políticas públicas de reparação e memória e outras políticas que se articulam a estas iniciativas constituem-se como políticas do Estado Democrático e de Direito, e não como política de Governos, e que, portanto, exigem continuidade.

As contribuições e relatos contidos no livro são indispensáveis para o enfrentamento do legado de violações de direitos humanos, visando interromper a permanência da tortura, considerada como crime de lesa humanidade e todas as violações cometidas pelos agentes do Estado. A compreensão da necessidade do conhecimento da história recente integra o espírito do livro

6 Cf. REÁTEGUI, Félix (org.). *Justiça de Transição: manual para a América Latina.* Brasília: Comissão de Anistia, Ministério da Justiça; Nova Iorque: Centro Internacional para a Justiça de Transição, 2011, p. 514-515.

Anistia e Resistência – História contada por seus protagonistas, que permanece atento para que não se repita no futuro as atrocidades e o terror do passado.

É necessário, ainda, que se registre que foram e continuam sendo muitas as situações de instabilidade vivenciadas pelos servidores, muitos deles terceirizados, que ao longo dos anos realizaram os trabalhos técnicos e administrativos da Comissão da Anistia. Esses também vivenciaram as situações de dificuldades para o cumprimento de suas responsabilidades funcionais nas diferentes áreas da Comissão, e se faz importante neste momento destacar que eles foram e continuam sendo artífices dos desafios colocados para a Justiça de Transição e a Comissão de Anistia.

Finalmente expresso meu agradecimento ao Paulo Cannabrava Filho pelo pedido para escrever esta introdução, e a todos os anistiados/anistiandos companheiros da militância, com quem aprendi, entre tantos aprendizados, a sempre me colocar no lugar do outro.

O Outro

Nós, os sobreviventes,
A quem devemos a sobrevida?
Quem morreu por mim no ergástulo,
Quem recebeu minha bala
– a bala dirigida a mim – em seu coração?
Sobre que ossos estou eu de pé – vivo,
Seus ossos fundindo-se aos meus
Os olhos que lhes arrancaram enxergando
Através do olhar de meu rosto,
a mão que não é sua mão
– E que já não é tampouco a minha,
Escrevendo palavras dilaceradas,
Onde está ele na sobrevida?
Roberto Fernández Retamar,
poeta cubano. 4 de janeiro de 1959.

I. Os anos de chumbo

A captura do Estado

O dia 1º de abril de 1964 no Brasil, que derrubou o governo de João Goulart, não foi uma quartelada nem muito menos um simples golpe de estado para impor uma ditadura. Quem melhor definiu e comprovou o que realmente aconteceu no 1º de abril foi o pesquisador uruguaio René Armand Dreifuss. E isso está no título do seu livro: *1964: a Conquista do Estado.*[1]

O que ocorreu foi precisamente isso: a conquista de um Estado para colocá-lo a serviço de uma classe e do capital internacional. Está claro que isso não foi feito de um dia para outro, decidido por uns quantos generais de vocação golpista, estimulados por elites descontentes com os rumos de um governo de vocação popular.

Na verdade, o projeto começa a ser desenvolvido a partir do governo do general Eurico Gaspar Dutra, que assumiu em 1945 depois da deposição de Getúlio Vargas e da participação do Brasil na II Guerra Mundial. Quando, em 1964, o governo de João Goulart e as forças que o apoiavam se deram conta, já era tarde, todos os espaços já estavam ocupados. Não havia com o que se opor, muito menos resistir.

Dreifuss demonstra que o governo foi incapaz de controlar a crise institucional, por impossibilidade de atender as demandas por reformas e inclusão social. Paralelamente, também a burguesia nacional agrária e industrial foi incapaz de

> derrotar ou controlar as tentativas das forças sociais e econômicas multinacionais e associadas para levar a cabo uma rearticulação do poder.

---

1 DREIFUSS, René Armand. *1964: A Conquista do Estado - Ação Política, Poder e Golpe de Classe*. Traduzido: Laboratório de Tradução da Faculdade de Letras da UFMG. por Ayeska Branca de Oliveira Ferias, Ceres Ribeiro Pires deFreitas, Else Ribeiro Pires Vieira (supervisora) e Glória Maria de Mello Carvalho. Editora Vozes, 2006.

Outro fator importante: o golpe não foi pensado apenas para o Brasil, pois nos anos seguintes foram caindo em mãos de ditaduras militares regressivas, sucessivamente, Uruguai, Bolívia, Argentina, Chile, Peru...

Há que registrar, em todos esses casos, a falta de solidariedade entre os Estados latino-americanos em defesa da soberania, do direito internacional e dos direitos humanos, diante de mais essa ofensiva nos assuntos internos por uma potência estrangeira. Mas houve, sim, cooperação na repressão. A verdade é que praticamente todos os países da região têm nos EUA seu principal sócio comercial, o maior investidor, o grande credor, o patrono militar, o gestor da inteligência etc. Jamais, nos últimos séculos, o império respeitou o princípio da não-intervenção.

Em palestras e seminários em universidades brasileiras costumo afirmar que talvez o pior dos males que afetam o Brasil seja a servidão intelectual. Intelectuais incapazes de olhar criticamente a realidade e pensar por conta própria deixam-se guiar por interesses contrários aos interesses nacionais. Outra questão que coloco e suscita polemica é em relação à qualificação do regime imposto em 1964 e que durou até 1985: o governo era militar, a ditadura era civil-militar, fascista.

A realidade é que houve um conjunto de ações concertadas envolvendo governos, instituições e empresas estrangeiras, empresários nacionais, instituições, intelectuais, estudantes, militares e não apenas a mídia, mas todo o complexo sistema de comunicação, tudo estrategicamente orientado à conquista do estado.

O objetivo era claro: desmontar um Estado que ia por um determinado caminho, em direção a um tipo de desenvolvimento econômico e social, e colocá-lo em outra rota para outro modelo que é o que vemos já maduro na atualidade.

A partir dos anos 1980, o do Consenso de Washington, que impôs o pensamento único aos meios e às universidades, passei a chamar o modelo de ditadura do capital financeiro. O parque industrial nacional foi paulatinamente desmantelado e o país transformado em exportador de produtos primários, com suas consequências predatórias. Todos os setores mais dinâmicos da economia estão nas mãos das transnacionais. Inclusive a educação foi transformada em negócio. Os grandes investimentos de capital são para a infraestrutura de exportação.

Houve políticas inclusivas importantes em anos recentes, porém inconsistentes. Foram incluídos amplos setores ao consumo, mas sem a contrapartida da produção. O povo, quando não é massa de manobra, é o inimigo que atenta contra a segurança do Estado. Para se garantir, o Estado militarizou-se.

Paradigmático é o que acontece no Rio de Janeiro, mas que respeitados os variados contextos e conjunturas, se repete em todos os estados.

No Rio as forças estatais se somaram às forças federais – esta com as três armas (Exército, Marinha e Aeronáutica) – e aos múltiplos serviços de inteligência. O Exército tem uma unidade específica, o Comando de Operações Terrestres, especializado em conter movimentos sociais, manifestações de rua. Já são 2.500 soldados ocupando algumas favelas.

O Mapa da Violência indica que em quatro anos houve 206 mil homicídios: 164 assassinatos por dia; 60 mil apenas em 2013.

A população se manifesta como pode, porta cartazes que dizem: "Estado Assassino". Pede a extinção da Polícia Militar.

Os Atos Institucionais

O primeiro momento do golpe, além da ocupação de espaços públicos por tropas e petrechos das três armas, instalou uma desordem provocada por hordas fascistas que saíram batendo, quebrando e até matando gente ligada ao governo ou a movimentos populares.

A *Última Hora*, do Rio, foi depredado por milícias de apoio ao governador Carlos Lacerda; a *Última Hora* de São Paulo foi cercada por tropas do II Exército, comandadas pelo general Amaury Kruel. Outro grupo invadiu e incendiou o prédio da União Nacional dos Estudantes, no Rio de Janeiro.

Depredações e linchamentos ocorriam por toda parte, invasão de domicílios, prisão em massa de líderes sindicais, estudantis e políticos. Temiam a greve geral anunciada pelo Comando Geral dos Trabalhadores ainda durante o governo de Goulart. Eram tantos os líderes sindicais a retirar de circulação, por medo de que se articulassem, que foi preciso transformar um cargueiro meio sucateado, o Raúl Soares, em Navio Prisão. Aportou em Santos no dia 24 de abril, rebocado, pois nem tinha mais motores para navegar.

Nesse primeiro momento, para assegurar-se de que não houvesse reação civil nem militar ao golpe, entre 30 mil e 50 mil brasileiros foram tirados de circulação, presos, perseguidos obrigados à clandestinidade ou exiliados, neutralizados pelo terror, sequestrados.

A Lei de Gerson

Gerson era um jogador famoso da seleção tri-campeã de 1970, usada pela ditadura para evocar a "grandeza" do país. Em 1976, ele foi menino propaganda de uma marca de cigarro em que aparecia dizendo:

> Gosto de levar vantagem em tudo, certo?
> Leve vantagem você também.

O mote pegou e "levar vantagem" passou a ser usado como sinônimo de ter dinheiro no bolso. Numa classe média ascendente isso reforçou a ambição e o olhar só para o próprio umbigo. Psicólogos e sociólogos dedicaram boa parte de seus tempos a tentar explicar isso.

A Lei de Gerson sucedeu a propaganda que induzia as pessoas que não tivessem de acordo com o que ocorria no país que fossem embora.

Para coordenar a comunicação de todos os órgãos de governo e também os meios de comunicação privados, a ditadura criou a Aerp – Assessoria Especial de Relações Públicas, responsável pelas campanhas promocionais e distribuição das verbas de publicidade do governo. Verbas que fizeram a fortuna de muitos proprietários de meios.

AI-I - 1964

A junta militar colocou o general Humberto de Alencar Castelo Branco na Presidência da República e, desde que assumiu, se aconselhava com o general Vernon Walker, oficial de inteligência com quem Castelo se enturmou durante a campanha da FAB na Itália, sob o comando dos EUA.

Com o Ato Institucional nº 1, a junta militar se investe de poder constituinte, suspende as garantias constitucionais e marca eleição presidencial para o dia 3 de outubro de 1965.

Firmam o documento o triunvirato ocupante do poder: general do Exército Arthur da Costa e Silva, ten. brigadeiro Francisco de Assis Correia de Mello e o vice-almirante Augusto Hamann Rademaker Grunewald.

A intenção desse ato era livrar-se dos que compunham o governo deposto e afastar o perigo de manifestações contrárias. Com base neste ato e ações complementares

- 11 parlamentares foram cassados
- 378 pessoas tiveram seus direitos políticos suspensos
- 544 funcionários foram aposentados compulsoriamente
- 1.528 trabalhadores foram demitidos
- 555 militares foram retirados
- 165 militares foram reformados
- 3.500 servidores federais foram punidos

A lista dos 100 primeiros cassados, datada de 9 de abril de 1964, com as personalidades punidas que encabeçam a lista, deixa claro a intenção dos golpistas: 1 - líder comunista Luiz Carlos Prestes; 2 - presidente da República em exercício do cargo João Belchior Marques Goulart; 3 - ex-presidente e ex-governador de São Paulo, Jânio da Silva Quadros; 4 - governador do Estado de Pernambuco em exercício do cargo Miguel Arraes; 5 - ministro da Casa Civil, Darcy Ribeiro; 6 - chefe de Imprensa Raul Riff, ambos no exercício do cargo.

Também na lista, o senador e ex-presidente Juscelino Kubitschek de Oliveira, o deputado federal e ex-governador do Rio Grande do Sul, Leonel de Moura Brizola, o deputado federal e secretário da Frente Parlamentar

Nacionalista, Neiva Moreira, fundador da revista *Cadernos do Terceiro Mundo* da qual a revista virtual *Diálogos do Sul* é herdeira.

Intervenção nos sindicatos, associações e universidades

A partir de 1950, com a eleição que reconduziu Getúlio Vargas ao poder e a criação do Partido Trabalhista Brasileiro (PTB) para, nos moldes do trabalhismo inglês, levar os trabalhadores organizados ao poder, o movimento sindical ganhou muita força e expressão política.

Os sindicatos mais atuantes eram dos bancários, ferroviários e dos metalúrgicos. Foram eles que criaram o Comando Geral dos Trabalhadores e o Pacto de Unidade Sindical, com objetivo de comandar a luta política dos trabalhadores. A hegemonia na direção do movimento sindical era dos comunistas (historicamente), que dividiam o trabalho de base com os (recém-chegados) trabalhistas e com as organizações da Igreja de Roma.

A força do sindicalismo foi testada em 1961, quando, após renúncia do presidente Jânio Quadros, as forças armadas tentaram, através de um golpe de estado, impedir a posse do vice-presidente João Goulart e assumir o poder. O golpe foi frustrado pela reação comandada pelo governador do Rio Grande do Sul, Leonel de Moura Brizola, e pela greve geral decretada pelo Comando Geral dos Trabalhadores.

Há que reconhecer, que o grande feito da Revolução de 1930, foi semear o país de escolas em todos os níveis, seguindo as diretrizes do Conselho Nacional de Educação conduzido por Anísio Teixeira e Darcy Ribeiro. Eles queriam as universidades para pensar o país e, de fato, foi forjada mais de uma geração de cientistas e intelectuais de projeção mundial.

Ditadura nenhuma sobrevive a uma sociedade de gente que pensa e constrói. Os néscios temem os inteligentes e cultos. Daí sempre que se impõe o autoritarismo vem a perseguição aos que pensam diferente. E o fazem com o maior descaro, como se vê nesse decreto:

> **Decreto 477** – demissão de professores e funcionários considerados subversivos nas escolas públicas, e expulsão dos alunos. Estes com a agravante de não poderem ser aceitos em nenhuma outra escola pública.

AI-2 - 17 de outubro de 1965

Em cumprimento ao calendário eleitoral, em 3 de outubro 1965 deveriam ser realizadas eleições gerais, para a sucessão do presidente João Goulart e de governadores de Estado. Para essa eleição, ninguém tinha dúvida de que Juscelino Kubistchek seria eleito com folgada maioria.

Os partidos governistas ganharam na maioria dos estados, mas o fato de terem perdido em Minas Gerais, na Guanabara e Paraná[2] foi suficiente para justificar mais um Ato Institucional, o que institucionaliza o golpe dando à junta de governo poderes constituintes:

> b) a revolução investe-se, por isso, no exercício do Poder Constituinte, legitimando-se por si mesma;

E seguem 33 artigos estraçalhando a Constituição de 1946, entre eles, o que estabelece eleições indiretas para presidente e vice presidente da República.

Assinado por civis e militares que compunham o governo usurpado: general Humberto Castelo Branco, presidente, Juracy Montenegro Magalhães, Paulo Bossisio, general Arthur da Costa e Silva, Vasco Leitão da Cunha, brigadeiro Eduardo Gomes.

Ainda no governo Castelo, foi assinado um decreto secreto que proibia as grandes empresas de contratar subversivos. Sem disfarce, empresas públicas pediam "atestado de isenção ideológica".

No caso de pilotos da FAB, isso foi realmente um drama, reconhecido mais tarde. O que sabiam fazer era pilotar aviões e não podiam ser contratados pelas empresas comerciais. Tiveram que sujeitar-se a empregos subalternos.

AI-3 - 5 de fevereiro de 1966

Ainda sob o governo de Castelo Branco, arvorado em poder constituinte, estabelece eleições indiretas para governador e vice governador dos Estados e para Prefeito dos municípios e capitais de estado.

---

2 Na Guanabara ganhou Negrão de Lima e em Minas Gerais Israel Pinheiro, ambos do PSD, partido de JK, que se eleição houvesse sairia vitorioso com seu plano de meta agrícola.

Assinam o ato: general Humberto Castelo Branco, Mem de Sá, Zilmar Araripe, Decio de Escobar, general Juracy Magalhães, brigadeiro Eduardo Gomes.

Chama atenção que legislando em causa própria se protegem com o artigo

> Art. 6º - Ficam excluídos de apreciação judicial os atos praticados com fundamento no presente Ato Institucional e nos atos complementares dele.

AI - 4 - 7 de dezembro de 1966

Como o país ficou sem Constituição, regulado por atos como os descritos, Castelo Branco reuniu sua turma e aprovou:

> Art. 1º - É convocado o Congresso Nacional para se reunir extraordinariamente, de 12 de dezembro de 1966 a 24 de janeiro de 1967.

Mas não deixam de assegurar-se poderes discricionários:

> Art. 9º - O Presidente da República, na forma do art. 30 do Ato institucional nº 2, de 27 de outubro de 1965, poderá baixar Atos Complementares, bem como decretos-leis sobre matéria de segurança nacional até 15 de março de 1967.

Assinam este Ato: general Humberto Castelo Branco, Carlos Medeiros Silva, Zilmar Araripe, Ademar de Queiroz, Manoel Pio Corrêa, brigadeiro Eduardo Gomes.

Emblemático ano de 1968

1968, ano mais que emblemático para nós, foi um ano que um furacão cultural varreu boa parte da humanidade. Dizem os livros que "a França nunca mais voltou a ser a mesma".

No Brasil, houve uma revolução cultural, em todos os aspectos, música, teatro, cinema...

O movimento estudantil, que os militares pensavam ter neutralizado, ressurge com uma vitalidade nunca antes vista. Organiza-se em pequenos grupos e ocupa as ruas em protesto contra a ditadura, exigindo democracia. A repressão é implacável até que, em 28 de março de 1968, durante uma manifestação no Calabouço (restaurante universitário no centro do Rio de Janeiro), mata a tiros o estudante Edson Luís de Lima Souto. Foi a gota d'água.

A população do Rio de Janeiro saiu às ruas numa passeata que juntou pelo menos 100 mil pessoas. Das janelas dos edifício, comerciais e residenciais, as pessoas aplaudiam e atiravam papel picado.

O movimento sindical ressurge com a oposição sindical assumindo a direção no lugar dos interventores postos pela ditadura. Explodem as greves operárias em Minas Gerais e São Paulo.

Sentindo-se forte, a UNE convoca estudantes de todo o Brasil para o XX Congresso Nacional. Realizado em um sítio na pequena localidade de Ibiúna, a Oeste da capital de São Paulo, foi invadido por forças policiais e ocorreram prisões em masa.

Na China, o *Livro Vermelho* de Mao Zedong inspirou a criação de grupos revolucionários contra os governos constituídos e contra o capitalismo. Baden Mein Off na Alemanha, Cohn Bendit na França são só alguns exemplos.

Filósofos nos Estados Unidos e na Europa, inspirados no existencialismo, lançam um grito de rebeldia que ecoa agitando a juventude, principalmente nas sociedades repressivas do Ocidente cristão: *é proibido proibir!*

Nos Estados Unidos, cansadas de receber filhos mortos no Vietnã, mães iniciam o movimento antiguerra, empolgando a juventude.

Rebeldes contra o sistema repressivo formam o movimento hippie, que se alastra pelos Estados Unidos e Europa, reforçando a luta contra a guerra, o que culmina, no ano seguinte, em agosto, com uma multidão lotando o espaço de uma fazenda nas cercanias de Nova York para ouvir uma nova música. O Festival de Woodstock influenciou a juventude em grande parte do mundo.

A juventude do México igualmente se organiza em luta contra o sistema de dominação. Em resposta à violenta repressão a uma passeata de estudantes da Universidade Nacional do México (UNAM), ocorrida em julho, no início de outubro estudantes e operários ocupam a praça das Três Culturas, em Tlatelolco, nas proximidades do centro histórico. No dia 2 de outubro o Exército e a polícia dispersam a manifestação a tiros de fuzil e metralhadora. O massacre de Tlatelolco deixou entre 200 e 300 mortos.

Em maio, na França, também em resposta à repressão continuada ao movimento estudantil, no dia 10, estudantes erguem barricadas isolando uma área no Quartier Latin. Os operários aderiram ao movimento criando um clima pré-revolucionário.

As feridas de duas guerras mundiais ainda não estavam cicatrizadas. Foi uma rebelião contra os velhos costumes e de questionamento ao sistema excludente e repressivo do capitalismo e a favor da paz. A repressão foi violenta deixando centenas de feridos graves. O Maio francês foi emblemático e repercutiu em todo o mundo.

AI-5 - 13 de dezembro de 1968

Numa sexta-feira 13, das mais aziagas, em dezembro de 1968, o Conselho de Segurança Nacional, reunido sob o comando do general Arthur da Costa e Silva, transforma a ditadura repressiva numa ditadura de terror. Suspende todas as garantias, habeas corpus inclusive, para crimes políticos contra a Segurança Nacional.

Assinado por: general Arthur da Costa e Silva, Luís Antônio da Gama e Silva, almirante Augusto Hamann Rademaker Grünewald, general Aurélio de Lyra Tavares, José de Magalhães Pinto, Antônio Delfim Netto, coronel Mário David Andreazza, Ivo Arzua Pereira, Tarso Dutra, coronel Jarbas G. Passarinho, brigadeiro Márcio de Souza e Mello, Leonel Miranda, Antônio Dias Leite Júnior, Edmundo de Macedo Soares, Hélio Beltrão, José Costa Cavalcanti, Afonso A. Lima, Carlos F. de Simas.

Um verdadeiro Estado de Sítio, como se o país estivesse sendo invadido pelas tropas estrangeiras. Cassações de mandato, suspensão de direitos políticos, intervenção nos sindicatos e instituições sociais, inclusive nos estados e municípios, censura a toda manifestação cultural e aos meios de comunicação.

Por que tudo isso? Só porque os estudantes saíram às ruas pra protestar pela morte do Edson Lima Souto e arrastaram mais de 100 mil pessoas nas ruas do Rio e depois em São Paulo? Não era pra tanto.

Por que Márcio Moreira Alves, jornalista eleito deputado federal, pediu que as esposas dos militares fizessem greve de sexo para que seus maridos parassem com o regime repressivo? Os militares pediram a cassação do deputado, a Câmara não deu. A resposta foi o fechamento do Congresso, simplesmente. Não era para tanto.

Seriam tão perigosos os protestos de escritores e artistas, como Antônio Calado, o poeta Ferreira Gullar, os músicos Caetano e Gil? Não era para tanto. Prender e arrastar diante do público o iminente jurista Sobral Pinto mostrava a cara sem disfarce da truculência: e que tinham capturado o poder para ficar.

Zuenir Ventura, autor do livro *1968: o ano que não terminou*, captou bem o que foi esse ano e ajuda a entender porque assustou tanto o regime e atiçou a violência e o terror. Ele resume isso em entrevista a Azis Filho, da revista *IstoÉ*.[3] Mas não é só isso:

> *ISTOÉ*: O que pode tê-la provocado?
>
> Zuenir: *O americano Mark Kurlansky diz que nunca houve um ano como 1968 e é improvável que volte a haver. Foi uma contestação anárquica a tudo do passado – autoritarismo, família, política convencional, hierarquia, escola, tudo. Ao mesmo tempo os jovens cantavam a mesma música, deixavam o cabelo crescer e mudavam o comportamento sexual. A mulher foi se liberando em vários países, com sistemas distintos. A Primavera de Praga foi contra a União Soviética. Só os militares viam o mundo dividido em dois. Se você não era de um lado, era de outro.*
>
> *ISTOÉ* – Por que a luta pela igualdade social não mobiliza mais os jovens?
>
> *Zuenir – É a grande questão de hoje. Acho que a decepção política levou esses jovens a uma descrença de tudo. São mais sensíveis à causa ecológica porque a social se mistura com a política e o jovem não quer saber de política. Em 68, até o sexo era um gesto político. Você jamais transaria com uma mulher reacionária. Tudo, inclusive a cultura, passava pela política. Outro problema é o individualismo, a preocupação muito mais consigo mesmo do que com o coletivo. Seria melhor uma geração furiosa do que apática. Essa anestesia é a pior coisa.*

---

3 *IstoÉ*, 28/11/2007. Disponível: <https://istoe.com.br/6255_A+ATUALIDADE+DE+1968/>.

AI-6 - 3 de fevereiro de 1969

Altera a composição e as normas de atuação do poder Judiciário. Entre outras, reduz de 16 para 11 os ministros do STF e cassa o mandato de dois juízes que não concordaram com a cassação de outros magistrados. Também estabelece que os crimes contra segurança nacional serão julgados pelos tribunais militares.

Firmado por praticamente quase todo o governo: general Arthur da Costa e Silva, Luís Antônio da Gama e Silva, almirante Augusto Hamann Rademaker Grünewald, general Aurélio de Lyra Tavares, José de Magalhães Pinto, Antônio Delfim Netto, coronel Mário David Andreazza, Ivo Arzua Pereira, Tarso Dutra, coronel Jarbas G. Passarinho, brigadeiro Márcio de Souza e Mello, Leonel Miranda, Antônio Dias Leite Júnior, Edmundo de Macedo Soares, Hélio Beltrão, José Costa Cavalcanti, Carlos F. de Simas.

Em 7 de fevereiro, determinam mais 33 cassações de mandatos, entre eles 11 da ARENA governista. No dia 16 publicam nova lista.

AI-7 - 26 de fevereiro de 1969

é um ato de pura hipocrisia com a finalidade de "moralizar" a administração pública. Dispõe sobre remuneração e contagem de tempo para os legislativos estaduais e municipais e estendendo para cargos da administração pública. Estabelece normas para as sessões legislativas e suspende eleições:

> Art. 6º - Nenhum funcionário público da União, Estados, Distrito Federal, Territórios e Municípios, assim como das respectivas autarquias, poderá contar, para qualquer efeito, o período correspondente ao exercício de mandato eletivo por tempo excedente à efetiva duração deste.
>
> Art. 7º - Ficam suspensas quaisquer eleições parciais para cargos executivos ou legislativos da União, dos Estados, dos Territórios e dos Municípios.

AI-8 - 2 de abril 1969

Dispõe sobre reforma administrativa.

AI-9 - 25 de abril de 1969

Dispõe sobre reforma agrária com o pagamento de justa indenização de terras desapropriadas pela União.

Com base nesse ato, em 29 de abril, nova lista de perseguidos veio a público. Foram aposentados 219 professores universitários e pesquisadores, entre os quais os físicos José Leite Lopes e Mário Schemberg, as historiadoras Eulália Lahmeyer Lobo e Maria Ieda Linhares, os cientistas sociais Florestan Fernandes, Octávio Ianni, Fernando Henrique Cardoso, Paulo Duarte, Emília Viotti da Costa, Paul Singer, Luís Pereira e Paula Beiguelman, além do historiador Caio Prado Júnior. O jornalista e escritor Antônio Calado teve seus direitos políticos suspensos e 15 deputados federais, tanto da ARENA como do MDB, foram cassados. No início de maio, tiram do Congresso mais quatro senadores e 95 deputados dos dois partidos, sendo que o MDB perdeu 40% dos eleitos.

AI-10 - 16 de maio de 1969

Dispõe sobre aplicação de penas acessórias aos cassados ou demitidos e poucos dias depois, em fins de julho, foram atingidas com penalidades diversas cerca de quinhentas pessoas, entre membros do Congresso Nacional e das assembleias estaduais e municipais, jornalistas, militares, diplomatas, médicos, advogados e professores.

A Oban - Operação Bandeirantes

Nesse contexto, em junho de 1969, é criado o organismo repressor paraestatal que levou a denominação de Operação Bandeirantes. Os recursos vinham de de grandes empresas, como a Ford, General Motors, Volkswagen; bancos como o Mercantil, de GastãoVidigal; Bradesco, de Amador Aguiar; Banco São Paulo, de João de Almeida Prado; empreiteira Camargo Correia; *Folha de S.Paulo*, *O Globo*, Editora Abril; Jorge Walney Atala, do Grupo Atala e da Coopersucar; Henning Albert Boilensen, dinamarquês presidente da Ultragás, executado em 1971. Esta relação é uma amostra ínfima.

A Oban mantinha duas empresas de fachada, conduzidas por civis e militares, encarregadas de arrecadar fundos e petrechos para as operações encobertas.

O delegado da polícia civil de São Paulo Sérgio Fernando Paranhos Fleury (1933-1979) já era famoso por comandar o Esquadrão da Morte e seu envolvimento com o tráfico de drogas, quando, em 1968 foi transferido para o Departamento de Ordem Política e Social de São Paulo (DEOPS/SP), para perseguir ativistas políticos. Ali passou a empregar os mesmos métodos de extermínio e utilizar as técnicas de interrogatório da Legião Estrangeira da França e da Agência Central de Inteligência dos Estados Unidos (CIA).

Em 1977 foi nomeado diretor do Departamento Estadual de Investigações Criminais (DEIC). Meses depois, foi preso, acusado de envolvimento com o Esquadrão da Morte, mas logo em seguida foi solto e devolvido ao cargo. Teve outro processo do qual também se livrou quando foi acusado pela Madre Maurina de tê-la torturado. Morreu afogado ao cair no mar de Ilha Bela, São Paulo, ao subir em seu barco.

O DEIC atuava em coordenação com a Operação Bandeirante (OBAN), criada pelo II Exército, chefiada pelo general José Canavarro Pereira e financiada por empresários de vocação assassina. Iniciada em São Paulo, que em resumo foi uma centralização dos diversos órgãos de repressão sob o comando do Exército, envolvendo polícias civis e militares, funcionava numa delegacia de política no bairro do Paraíso, na capital de São Paulo.

Muita gente morreu sob tortura nesse prédio hoje tombado para que não se perca a memória dos que sofreram os horrores da tortura. Notória a figura do major Carlos Alberto Brilhante Ustra, acusado de torturar os que passaram pela Obam.

Para unificar e centralizar o comando da repressão em todo o país, a ditadura criou os Doi/Codi - Destacamentos de Operação Interna (DOI) e os Centros de Operações e Defesa Interna (CODI), na realidade uma institucionalização do que era a Oban no âmbito nacional.

Em São Paulo, o Doi/Codi era chefiado pelo general Agnaldo del Nero, do SNI, que centralizou a coordenação dos serviços de inteligência e repressão. Em 2007, em entrevista à imprensa, ele admitiu que o Brasil integrava a Operação Condor.

Fleury, em maio de 1979, com 45 anos, riquíssimo, morreu afogado num acidente até hoje pouco explicado. Teria caído ao mar quando embarcava em sua lancha em Ilhabela, litoral norte de São Paulo. Acumulou fortuna nos saques a bens de presos e perseguidos políticos e achaques a empresários. Dizem que sua morte foi "queima de arquivo" por sua atuação ter saído do controle dos militares e por ele ter agido muito por conta própria.

AI-II - I4 de agosto de I969

Regulamenta eleição e coincidência de mandato no âmbito municipal. Acirrado combate aos grupos de luta armada aumenta a tensão entre os grupos do governo, com a linha dura forçando por mais espaço. A tensão se agrava com diagnóstico de trombose no presidente Costa e Silva.

AI-I2 - I de setembro de I969

Impõe o triunvirato no governo - almirante Hamman Rademaker Grunewald, general Aurélio Lira Tavares e o brigadeiro Márcio de Souza Mello *no* governo no lugar do agora marechal Costa e Silva, afastado por razões de saúde.

AI-I3 - 5 de setembro de I969

No dia 4 de setembro um comando revolucionário sequestra no Rio de Janeiro o embaixador dos Estados Unidos, Charles Burke Elbrick, exigindo a libertação de 15 presos políticos. No dia seguinte, mal tendo assumido o poder, a junta militar, através desse ato, instituiu "o banimento do território nacional para o brasileiro que se tornar inconveniente, nocivo ou perigoso à Segurança Nacional".

AI-I4 - 5 de setembro de I969

Institui a pena de morte e banimento aos perseguidos políticos, posto que muda o parágrafo 11 do artigo 150 da Constituição de 1967, em que diz que não haverá pena de morte nem prisão perpétua ou confisco "salvo nos casos de guerra externa psicológica adversa, ou revolucionária ou subversiva nos termos que a lei determinar."

Admitia a aplicação da pena de morte ou prisão perpétua em casos de "guerra externa, psicológica adversa, revolucionária ou subversiva."

AI-15 - 11 de setembro de 1969

Mantém a data de 30 de novembro de 1969 para as eleições municipais, definida pelo AI 11, mas escetua as capitais dos Estados.

No dia 27 de setembro, foi publicado o Decreto-Lei nº 898, colocando em vigor uma nova Lei de Segurança Nacional, segundo a qual todo condenado à morte seria fuzilado se em 30 dias o presidente da República não comutasse a pena em prisão perpétua.

O controle sobre a imprensa foi também intensificado, prevendo-se a prisão de jornalistas que divulgassem notícias "falsas ou tendenciosas" ou fatos verídicos "truncados ou desfigurados".

Paralelamente, nove deputados federais e o senador Pedro Ludovico Teixeira, pai do ex-governador de Goiás Mauro Borges, foram cassados, e se efetuaram inúmeras detenções.

No dia 15 de outubro foi convocado o Congresso Nacional para eleger novo presidente da República.

AI-16 - 14 de outubro de 1969

Constatada a gravidade da enfermidade do marechal Costa e Silva, declara vaga a Presidência da República e fixa data para eleição (indireta) de novo presidente e vice.

AI-17 - 14 de outubro de 1969

Cria regras para punir militares dissidentes.

En 25 de outubro, o Congresso elege, com 293 votos e 76 abstenções, o general Emílio Garrastazu Médici e o almirante Augusto Rademaker presidente e vice-presidente da República. Com o novo governo cessaram os Atos Institucionais, mas foi o mais repressivo entre todos e nele foi criada a Operação Condor, que uniu as inteligências dos países da Nossa América para perseguir, prender ou matar opositores.

O AI-5 só seria revogado em 11 de dezembro de 1978, terminando um ciclo de perseguição dentro dos quartéis que custou a carreira de 6.500 militares.

Os DOI-Codi

A Oban foi laboratório para a criação do Centro de Operações de Defesa Interna e dos Departamentos de Operações Internas, os DOI-Codi, que a partir de 1970 atuou sob o comando do majores Carlos Alberto Brilhante Ustra, Audir Santos Maciel, José Amaral Caldeira, tenentes-coronel Adail de Oliveira Cruz e José Amaral Caldeira, coronel Franco Homem de Carvalho, major João Camara Gomes Carneiro, general Humberto de Souza Mello, o linha-dura que comandou o 2º Exército. Ficaram famosos pelos estragos causados no Rio de Janeiro e São Paulo. Tiveram atuação destacada o major Waldyr Coelho, os capitães Benoni de Arruda Albernaz, Dalmo Lucio Muniz Cyrillo e Hoero Cezar Machado.

O CIEX

Em 1966, instruído pelo SNI, o Itamaraty criou o Centro de Informação do Exterior – CIEX –, para auxiliar os órgãos de informação no controle de brasileiros no exterior em evidente conluio com a CIA. Por suas articulações ele pode ser considerado o antecedente da Operação Condor.

A Operação Condor se articulava com os serviços de inteligência desses países, os aparatos repressivos oficiais e extraoficiais, destacando-se a Dina e o Saco, chilenos, o SNI, a Operação Bandeirantes e os Comandos de Caça aos Comunistas brasileiros, a Aliança Anticomunista Argentina – a Triple A. Essa integração permitiu que oficiais brasileiros interrogassem presos no Chile após o golpe que implantou a ditadura de Pinochet, de 1973 a 1990.

Operação Condor

Iniciativa dos organismos de inteligência e repressão dos militares brasileiros para coordenar políticas e ações entre os órgão de repressão dos países sul-americanos. Uma Internacional continental de coordenação entre as ditaduras com objetivo de não deixar escapar os subversivos. Não esquecer que esses serviços de inteligência foram treinados, financiados e contavam com a presença de assessores estadunidenses.

Os arquivos da Operação Condor estavam em organismo da polícia da ditadura de Stroessner, em Assunção, no Paraguai, e foram descobertos por acaso pelo advogado e ex-preso político Martin Almada. Na sequência da revelação pública dos "Arquivos do Terror", pois verdadeiramente são terroríficos, a jornalista argentina Stella Calloni conseguiu reunir em livro as principais revelações.[4]

O livro de Stella Calloni provocou autores que em seus países buscaram aprofundar as pesquisas locais.

É o caso do livro do jornalista uruguaio Roger Rodriguez, em que, com depoimento de ex-agentes, revela que o presidente João Goulart, exilado no Argentina, foi assassinato a mando da ditadura brasileira. O que já se sabia, e com certeza, era que, desde que saiu do Brasil após o golpe de 1964, Goulart foi monitorado permanentemente pela CIA e pelos serviços secretos brasileiros.

O pivô da questão foi confissão de um ex-agente uruguaio, Mário Neira Barreiro, que participou junto com o médico Carlos Miles, também uruguaio, do envenenamento do ex-presidente João Goulart.

O livro teve grande repercussão e provocou reboliço nas hostes militares, que, logicamente, trataram de desmentir e desqualificar. Porém, acusação tão grave como essa não poderia passar em branco e não passou. Em 30 de abril de 2008 a Comissão de Investigação da morte de Goulart da Assembleia Legislativa do Rio Grande do Sul realizou uma Audiência Pública para ouvir os depoimentos dos denunciantes, o advogado Javier Barrios Bove, o jornalista Roger Rodriguez e testemunhas. Roger Rodriguez define a Operação Condor como

> Um plano de extermínio, de caráter genocida, desencadeado a partir dos anos 60 e 70 pelas ditaduras militares da América do Sul contra todos os opositores, sob o patrocínio da Central de Inteligência dos Estados Unidos (CIA), que enviou instrutores para ensinar técnicas de tortura. Calcula-se em 35 mil o número de pessoas que foram sequestradas, torturadas e depois desapareceram, vítimas da Operação Condor.

Jair Krischkeke, advogado e fundador do Movimento de Justiça e Direitos Humanos de Porto Alegre, na luta pela anistia desde os anos 1970,

4 Calloni, Stella. *Operación Cóndor. Pacto Militar.* México: La Jornada ediciones, 2001.

em depoimento à Comissão da Assembleia Legislativa gaúcha, foi claro ao enfatizar a necessidade de que se abram os arquivos secretos:

> Os crimes da ditadura brasileira ainda estão por ser desvendados. Os militares da ditadura brasileira têm um dom fantástico, não deixaram suas impressões digitais nos crimes que cometeram.
>
> É preciso lembrar que a "doutrina de segurança nacional", que embasou as ditaduras sul-americanas, nasceu no Brasil com o golpe de 1964. A embaixada brasileira no Chile participou ativamente do golpe do general Augusto Pinochet em 11 de setembro de 1973, que resultou na morte do presidente Salvador Allende e no extermínio de milhares de opositores.

Outro documento importante para conhecer os horrores praticados pelos ditadores latino-americanos nos anos de 1960-70 é o documentário especial *Rede Condor*, realizado pelo Discovery Communications, lançado em março de 2013.

Dividido em duas partes, revela os bastidores desta sangrenta operação que perseguiu, torturou e assassinou centenas de milhares de pessoas. Os depoimentos de historiadores, investigadores, jornalistas e presos políticos trazem detalhes de como se formou e atuou esta rede de cooperação, desde seu início, das reuniões secretas entre altos líderes militares à colocação em prática atos do extermínio.

A primeira parte apresenta os acontecimentos que levaram à formação de uma aliança entre as ditaduras militares para neutralizar a ameaça socialista, detalhando também as principais ações realizadas dentro de cada país e como a troca de informação e experiências facilitou a criação de uma metodologia de repressão por toda a região. A segunda parte trata das ações realizadas por esta aliança por meio de dramatizações dos casos mais conhecidos relacionados à operação. Além disso, as suspeitas de que a "Rede Condor" pode ter tido relação com as mortes do político e jornalista brasileiro Carlos Lacerda e dos presidentes João Goulart (exilado na Argentina) e Juscelino Kubitschek são analisadas. A produção traz depoimentos dos brasileiros João Vicente Goulart, filho do ex-presidente e presidente do Instituto João Goulart; do presidente do Movimento de Justiça e Direitos Humanos do Rio Grande do Sul, Jair Krischke e de João Ricardo Moderno, presidente da Academia Brasileira de Filosofia.

1974: abertura de Geisel

Em março de 1974, assume o general Ernesto Beckmann Geisel (1907-1996), com seu projeto de abertura lenta, gradual e segura, ou seja, uma distensão controlada para evitar que o poder mude de mãos. Todas as transições no curso do processo político brasileiro foram assim: sem ruptura, sem mudança na estrutura do poder.

Foi assim na passagem do Brasil colônia para Brasil Império, que implantou a estrutura do estado oligarca plutocrático que perdura até hoje. Tampouco houve ruptura na passagem do Brasil Reino para o Brasil Império, na realidade, o que ocorreu foi um acordo em família, que apenas reforçou o poder plutocrático das oligarquias.

E a República? O que esperar de um país cuja República nasceu de um golpe?

A passagem do Império para a República simplesmente manteve intacta a estrutura de poder montada por D. João VI. Apenas substituiu o poder dos Bragança e seus oligarcas aliados pelas oligarquias mineiras e paulistas, tão atrasadas, ou mais, do que as que compunham a corte.

Em termos políticos, a única ruptura real foi a da Revolução de 1930, que derrubou o poder oligárquico, embora não tenha mudado a estrutura do Estado. O feito permitiu a restauração do poder oligárquico em 1945, impulsionado pelos Estados Unidos. De lá pra cá, todos os intentos de quebrar o pulso da plutocracia reinante foram frustradas à ferro e fogo. Todos.

Linha dura contra a abertura

A Linha Dura conspirava abertamente enviando informação para a mídia e secretamente mantendo uma rede de pessoas e instituições para a prática de terrorismo usando conhecimento do Mossad, o serviço de inteligência de Israel. Desde 1964 se travava nas forças armadas uma disputa pelo poder, usando as mais ardilosas táticas de defenestração dos líderes inconvenientes àqueles que tomaram o Estado.

Generalizando, pode-se dizer que aqueles que sucessivamente ocuparam o posto mais alto (presidência da República) eram da comunidade de informação do Exército e do Estado Maior. Todos, desde Castelo até o Figueiredo, ocuparam também o comando do SNI depois de sua criação pelo general Golbery do Couto e Silva.

Atentado no Riocentro

Na noite de 30 de abril de 1981, um atentado contra uma apresentação artística no Riocentro foi frustrado. Se perpetrado, poderia custar a morte de até 20 mil pessoas,

O capitão Wilson Machado dirigia e, a seu lado, com um artefato explosivo no colo, ia o sargento Guilherme Pereira do Rosário. As forças armadas num primeiro momento tentaram esconder a participação institucional no atentado. Num primeiro Inquérito Policial Militar (IPM) disseram que os dois agentes foram vítimas.

Não demorou muito para a imprensa descobrir a farsa e que ambos pertenciam ao Destacamento de Operações de Informações do 1º Exército (DOI-1). Nos despojos do sargento foi recolhida, por um tenente também do DOI-1, uma agenda com frases religiosas e grande quantidade de anotações. O episódio ficou "esquecido" até que, em abril de 2000, resultado de um segundo IPM aberto que também em nada resultou: arquivaram o caso.

Trinta anos depois, a reportagem de *O Globo* localizou a agenda do sargento Rosário e realizou um trabalho de pesquisa para decifrar codinomes, atualizar números de telefones e cruzar dados com dados do departamento de pessoal das forças armadas e policiais e também com representantes da sociedade civil e de empresas.

Eles integravam o Grupo de Operações Especiais, especializado em explosivos e investigação de atentados. Na agenda, os repórteres identificaram 107 nomes e telefones de indivíduos que compunham a rede de terror. O grupo secreto tinha oficiais das três armas, Estado Maior da PM, delegados de polícia, agente do DOPS, funcionários da Secretaria de Segurança, empresas da construção civil e de equipamentos elétricos e um vice-reitor da Universidade Estadual do Rio de Janeiro (UERJ)

O SNI também estava envolvido no caso, o que fez com que ninguém fosse julgado.

Atentado contra a OAB

O atentado ao Riocentro foi investigado, esclarecido, mas ninguém foi punido. Atentados anteriores e posteriores, provavelmente praticados pela mesma rede terrorista da instituição policial da ditadura, sequer foram investigados.

É o caso do atentado que usou uma carta-bomba e matou a secretaria da Ordem dos Advogados do Brasil no Rio de Janeiro, em agosto de 1980, Lyda Monteiro, de 59 anos, que assessorava o presidente da Ordem, Eduardo Seabra Fagundes, a quem era dirigida a correspondência.

Passados 33 anos, a Comissão da Verdade tentou reabrir o caso, em vão.

O 1º DE ABRIL DE 1964 E EU: *DEPOIMENTO DE PAULO CANNABRAVA FILHO*[5]

Não te rendas jamais, nunca te entregues,
foge das redes, expande teu destino.

Eduardo Alves da Costa,
poeta rebelde, brasileiro

Num dia como hoje, há cinquenta anos, cheguei para trabalhar, no *Última Hora* de São Paulo, e o jornal estava cercado por tropas. Tropas do II Exército, comandadas pelo general Amaury Kruel, compadre do presidente João Goulart que estava sendo deposto. Este jornal nunca mais voltou a circular. Quem depois disso conheceu um jornal com esse nome sabe que ele nada tinha a ver com aquele que era rodado no Vale do Anhangabaú, ao lado do Viaduto Santa Efigênia. O jornal tinha edições com redação e impressão também no Rio de Janeiro, Recife, Porto Alegre, Curitiba, entre outras cidades.

Eu era repórter político no *Última Hora* e correspondente da agência de notícias *Prensa Latina* desde sua fundação em Havana, em 1960. Nesse mesmo dia foi invadida e depredada a sede da agência no Edifício Avenida Central, na Avenida Rio Branco, no Rio de Janeiro.

Os quatro ou cinco dias anteriores haviam sido de enorme tensão. São Paulo exalava cheiro de golpe. No dia 30, tentei falar com Darcy Ribeiro, chefe da Casa Civil do presidente João Goulart. Eu tinha informação estratégica e vital. Tampouco com Raul Riff, o secretário de Imprensa, consegui contato. Ocorreu-me então ligar para o professor Santiago Dantas, ministro da Fazenda, que fora primeiro-ministro e nunca se negara a dar-me atenção, fosse por telefone ou pessoalmente. Atendeu-me seu secretário, José Gregori. Disse-me que não conseguiria interromper o professor. Sem alternativa, dei o reca-

5 Jornalista desde 1957, editor da revista virtual bilingue *Diálogos do Sul* e membro do Conselho Fiscal da ABAP.

do: "Diga para o professor dizer ao Jango que o Adhemar acaba de comprar o Kruel. Estamos todos fodidos em São Paulo. O II Exército já aderiu ao golpe".

No dia seguinte, utilizando o deputado Sampaio Dória como fonte, preparei matéria em que denunciava que se articulava aqui o mesmo que havia ocorrido com Mossadeg, no Irã, em 1953, ou com Jacobo Arbenz, na Guatemala, um ano depois. Trabalho intenso da CIA e demais agências estadunidenses.

Em torno das onze da noite deixei o jornal e fui pra casa com um travo amargo na garganta. Com dois bebês em casa, um de um ano (Iatã), outro de dois (Iberê). No dia seguinte fiquei sem meus dois empregos. Bia logo também perderia o seu na odontopediatria do Sesc.

Os primeiros dias de regime militar foram de extrema brutalidade e ilegalidade. Trataram de neutralizar qualquer tipo de reação que pudesse haver. As primeiras vítimas foram os militares democratas que não aderiram ao golpe e os políticos que conformavam a equipe mais próxima a Jango. Paralelamente intervieram nos sindicatos, queimaram a sede da UNE, expulsaram os melhores professores universitários, empastelaram a Rádio Mayrink Veiga e cassaram sua frequência no ano seguinte.

Não cabia mais gente nos cárceres civis, e os militares habilitaram um navio para amontoar presos políticos, sindicalistas, militantes comunistas, militares de alta patente. Instalaram o IPM (Inquérito Policial Militar) da imprensa comunista. Expulsaram as missões diplomáticas de Cuba e da China. Os jornalistas cubanos de Prensa Latina foram expulsos. Aroldo Wall, brasileiro, escapou para São Paulo, e ficou algum tempo em casa até organizarmos sua saída pelo Uruguai.

Nós estávamos numa casa alugada no Brooklin, endereço provisório, pouco conhecido, achei que estava seguro. Mas, pelas dúvidas, um amigo com uma corretora me pediu que fosse chefiando uma equipe percorrer fazendeiros no Norte do Paraná. Ninguém me procuraria, concordei.

Voltei, e a situação geral já não estava tão tensa.

Um amigo boliviano mandou um emissário oferecendo uma via de fuga e asilo político. Neiva Moreira, jornalista e deputado, e José Serra, presidente da UNE, entre outros, já estavam lá. Não carecia. A Justiça estava funcionando, habeas corpus liberando presos, mas, em meio a isso tudo, muita perplexidade, principalmente nas esquerdas.

Nesse clima, o *Correio da Manhã* foi o primeiro a dar-se conta de que a intenção dos militares não era dar um passeio e devolver o governo para os civis, mas um projeto de longo prazo, que havia que barrar. Foi o primeiro, e sem dúvida, o único grande jornal a fazer oposição ao novo regime. Mandaram um emissário me encontrar em casa para convidar-me a reassumir como repórter político.

Não demorou muito, eu estava na redação da sucursal do *Correio da Manhã*. Recebi a visita de Dorival de Abreu, dono da Rádio Marconi, fechada nos primeiros dias do golpe, pois era ligada ao trabalhismo de Jango. Dorival conseguira reabri-la e me convidava para, junto com João Adolfo da Costa Pinto, fazer a programação jornalística da emissora.

De novo com dois empregos, os dois de alto risco.

O *Correio da Manhã* apoiou a campanha pelo respeito à legalidade em agosto de 1961, que garantiu a posse de Jango, e, nos primeiros anos do governo, não fez oposição. O grande tema em debate posto pelo governo eram as reformas de base. O *Correio da Manhã*, em parceria com a *Folha de S.Paulo*, organizou o I Congresso Brasileiro pelas Reformas de Base. Intelectuais e políticos de vários estados discutiram e produziram documentos sobre as reformas Agrária, Bancária, Urbana, Tributária etc., entregues como subsídio ao governo.

O jornal tinha mais força e prestígio político que qualquer outro jornal de circulação nacional, mas no início de 1964 assumiu uma oposição furibunda. Seus editoriais de capa, *Basta* e *Fora*, nos estertores do governo republicano, ajudaram a fazer a cabeça da classe média. Não obstante, ainda em 1964, mudaria da água pro vinho e assumiu uma linha de oposição e denúncia.

A publicação foi a única impressa e a Rádio Marconi, a única voz a fazer oposição ao regime. Por isso mesmo, os únicos veículos que não sobreviveram. Ambos não resistiram à fúria de uma direita comandada e financiada pelos Estados Unidos.

A Rádio Marconi foi tirada do ar pela Polícia Federal de 1964 a 1967, a mando de um Departamento de Telecomunicações, controlado pelos militares, pelo menos umas cinco vezes ou mais. Cada vez que tiravam os cristais levavam o Dorival, o diretor proprietário, preso. Como era cardíaco, conseguíamos que o internassem em hospital sob vigilância, mas com certa liberdade. E era solto por habeas corpus ou arreglo com juízes corruptos.

Deixei a redação em 1967, a rádio ainda teve uma sobrevida, mas foi fechada irremediavelmente depois do AI-5. Nem o prédio sobreviveu. Situado na praça da Sé, foi implodido para o alargamento do local.

Para se ter uma ideia da força e prestígio político da Marconi, na campanha eleitoral de 1965, ela elegeu três deputados federais (Dorival de Abreu, David Lerer e Gastoni Righi) e um deputado estadual (Fernando Perroni). Era a emissora preferida dos trabalhadores. Dá enjoo no estômago ver os jornalões, agora, publicando páginas e páginas rememorando o golpe, alguns cinicamente querendo fazer crer que assumiram uma autocrítica.

Com as únicas exceções do *Última Hora* e *A Nação*, todos os jornalões fizeram oposição a Jango e apoiaram o golpe. Após 1° de abril continuaram a apoiar. Eles (os donos dos jornalões) lamentam que havia censores nas redações. A censura, que de fato existiu, era contra nós, jornalistas, que trazíamos para a redação informação que o regime não queria fosse pública. Este é um aspecto da realidade. Outro, é que em termos de editoriais, cobertura econômica, cobertura política, todos eles lambiam as botas dos militares. Nenhum censor precisou cortar matérias sobre o fechamento do Congresso, extinção dos partidos, leis como a de Diretrizes e Bases, que estraçalhou com o ensino no país. Menos ainda, nenhuma oposição ao servilismo ao FMI e entreguismo das riquezas nacionais.

O único jornal que fez oposição foi o *Correio da Manhã*. O Concil of America, seção Rio de Janeiro, deu ordem para as agências de publicidade: nenhum anúncio para o *Correio*. O novo regime, através do SNI, e os EUA e suas agências, pressionavam por todos os meios no intuito de afogar para calar o jornal. Niomar Moniz Sodré Bittencourt, viúva de Paulo Bittencourt e herdeira do jornal, forçada a ceder, por acordo retirou doze apóstolos, os jornalistas que eram a alma e a raiva do jornal. Niomar ainda conseguiu uma sobrevida para o jornal com apoio de alguns empreiteiros, mas não tardou a fechar definitivamente. Os demais jornalões cresceram e enriqueceram apoiados pelos golpistas e o governo militar. Rolou muito dinheiro em moeda nacional e principalmente dólares. Jornalistas recebiam e publicavam artigos de opinião entregues pelas agências estadunidenses. A CIA tinha dinheiro a fundo perdido, sem precisar prestar contas, para corromper políticos e jornalistas e estava atuando desde 1961. Em 1962, ou 63, não me lembro bem, a *Folha de S.Paulo*, do Otávio Frias de Oliveira, inaugurou novas rotativas na Alameda Barão de Limeira. Nas colunas laterais da grande, bela e moderna máquina, o selo metálico da famigerada Aliança para o Progresso. Mais tarde esse periódico contribuiu com os organismos da brutal repressão desencadeada contra os resistentes pela democracia.

Mário Wallace Simonsen, era o rei da Bolsa de Café de Londres, ou seja, o maior comerciante de café do mundo. Fundador e dono da Panair do Brasil e de umas trinta empresas, todas dinâmicas e lucrativas. Era amigo de Juscelino Kubitschek e de João Goulart e apoiou a ambos em suas campanhas eleitorais e em seus governos. Não se pode falar de comunicação nesse período sem falar de Simonsen. Simonsen, em meados de 1960, inaugurou em São Paulo a TV Excelsior, que funcionou no Teatro Cultura Artística, na rua Nestor Pestana, na capital de São Paulo, prédio hoje em ruínas após um incêndio. Em 1962, também em São Paulo, lançou o tabloide diário *A Nação*, mesmo ano em que inaugurou os modernos estúdios para a TV. Mais adiante incluiria na rede o Canal II do Rio de Janeiro.

A TV Excelsior foi verdadeiramente um fato espetacular na história das comunicações brasileiras. Foi pioneira em tudo. Inventou o telejornalismo e as telenovelas, realizou os primeiros festivais de música, que teriam continuidade anos depois na Record, fez as primeiras transmissões em cores.

Eu estava no *Correio da Manhã*, com a cabeça pedida pela direção da Light and Power, quando me convidaram para integrar a equipe que estava sendo formada para lançar *A Nação*, sob o comando do grande mestre, o maior fazedor de jornais que este país já teve, Nabor Caires de Brito. Lançou jornais para o Chateaubriand no Rio em São Paulo, lançou a *Folha da Tarde*, antes de existir a *Folha de S.Paulo*.

A Nação se destacou por fazer um jornalismo moderno, ousado (grandes campanhas, com cobertura da TV), desenvolvimentista e nacionalista, e apoiou o pluralismo nas relações exteriores. Mas não durou muito: em 1963 o grupo empresarial decidiu que não valia a pena o investimento sem perspectiva de retorno a curto ou médio prazo. Fechado o *A Nação*, fui para o *Última Hora*, onde fiquei até 1º de abril de 1964.

A TV Excelsior se manteve crescendo sempre, com a melhor programação do país.

Após o golpe, os militares investiram com um ódio implacável contra Simonsen. Cassaram a concessão da Panair, uma empresa em crescimento, a única com voos internacionais, queridíssima do público, por puro ódio pessoal. Cassaram também as concessões de televisão. Injustificável sob todos os aspectos. A maior parte do espólio da televisão foi para a Globo, e o da Panair, para a Varig, empresas que enriqueceram e cresceram à sombra da ditadura. Porém essa já é uma outra história.

2. Martírio do campesinato brasileiro

Conflitos de terra

1950 foi a década em que teve início a organização do campesinato (trabalhadores agrícolas, posseiros, pequenos sitiantes), a organização de sindicatos agrícolas no Sudeste, Centro e Sul, ligas camponesas no Nordeste. Se empenhavam nessa tarefa o PCB, setores da Igreja de Roma, advogados e intelectuais independentes, empregados públicos simpatizantes do trabalhismo, os grupos engajados no movimento de alfabetização de adultos, o Centro Popular de Cultura (CPC da UNE), entre outros grupos. Vale destacar que a Igreja não competia com os comunistas na campanha de sindicalização rural. Na verdade combatia com intenso proselitismo ideológico, através da Ação Católica Rural, formando as Frentes Agrárias em vários estados. E o fazia com muito mais recursos, inclusive utilizando emissoras de rádio e jornais impressos.

Nesse contexto surgiu a União dos Lavradores e Trabalhadores Agrícolas do Brasil (ULTAB) e foi editado o jornal *Terra Livre*, que circulou de 1954 a 1964, dirigido por Oswaldo Gomes, jornalista e dirigente do PCB. O jornal descrevia os confrontos no campo entre posseiros e grileiros e cobria o avanço no processo da organização sindical. Como havia muitos analfabetos entre os camponeses, quem sabia ler lia o jornal em voz alta para um grupo.

Foram realizadas cinco grandes Conferências Nacionais de Trabalhadores Agrícolas, com prévia realização de reuniões locais e congressos estaduais, estes onde houve os maiores confrontos entre a Igreja de Roma, os trabalhistas e comunistas.

Esse movimento culminou com a realização, em Belo Horizonte, em 17 de novembro de 1961, do 1º Congresso Nacional de Lavradores e Trabalhadores Agrícolas, um marco na história da classe trabalhadora, do qual surgiu a Confederação de Trabalhadores Agrícolas, a CONTAG, até hoje a maior organização do país. Teve como primeiro presidente Lindolfo Silva, que havia presidido a ULTAB.

1.600 delegados de todo o país gritavam uníssonos, diante do presidente João Goulart, "Reforma agrária já", ao que as lideranças do nordeste agregavam "Na lei ou na marra". Eles chegaram com pautas concretas de reivindicações de direitos, que podem ser resumidos no slogan que ecoou por toda extensão do Brasil: "A terra para os que nela trabalham!"

Uma simples frase que podia levar quem quer que fosse que a gritasse a enfrentar forte e continuada repressão e até mesmo a morte. A militância que atuava no campo corria sérios riscos. Diante do avanço do movimento dos camponeses, os Estados Unidos enviaram para o Brasil, principalmente para o Nordeste, milhares de agentes, militares e civis, aqueles disfarçados de Corpos de Paz, estes de missões evangélicas neopentecostais.

Os conflitos generalizados se concentravam mais no Maranhão, Pará e Goiás. Levantamento feito pela Memória Sindical, em novembro de 2010, afirma:

> Hoje já se sabe que os desaparecidos no Brasil totalizam 136 pessoas, e os mortos chegam a 300. Estima-se que cerca de 50 mil pessoas teriam sido detidas nos primeiros meses da ditadura, e cerca de 10 mil teriam vivido no exílio em algum momento. Entre 1964 e 1979, foram 7.367 acusados judicialmente, e 10.034 sofreram inquérito. Houve quatro condenações formais à pena de morte, que não foram executadas, e 130 pessoas foram banidas do país; 4.862 tiveram cassados os seus mandatos e direitos políticos; 6.592 militares foram punidos e pelo menos 245 estudantes foram expulsos das universidades.[1]

O regime ainda era parlamentarista quando, no ano seguinte, o Ministério do Trabalho, tendo Franco Montoro, um democrata cristão como ministro, reconheceu a estrutura sindical camponesa.

João Goulart na sequência criou a Superintendência da Reforma Agrária (Supra), aprovou o Estatuto do Trabalhador Rural, regulamentando o trabalho assalariado e os benefícios da previdência social no campo.

1 Disponível em: https://fsindical.org.br/memoria-sindical/a-restrita-anistia-de-1979

A União Nacional dos Estudantes (UNE), através dos Centros Populares de Cultura, corroborava com o esforço de alfabetização e levava teatro e cinema a camponeses que jamais tinham visto coisas parecidas.

Jornalistas e advogados assessoravam os camponeses organizados no confronto com os grileiros.

Em 21 de janeiro de 1964, o governo criou por decreto o Programa Nacional de Alfabetização (PNA) através do Ministério da Educação, com a ideia de normatizar os movimentos de educação de base que se espalhavam pelo país desde 1961. E escolheu para coordenar o programa nada menos que o educador Paulo Freire. Veja que beleza de decreto:

> Decreto nº 53.465, de 21 de janeiro de 1964
>
> Institui o Programa Nacional de Alfabetização do Ministério da Educação e Cultura e dá outras providências.
>
> O presidente da República, no uso das atribuições constante do artigo 87, inciso I, da Constituição Federal, e,
>
> Considerando a necessidade de um esforço nacional concentrado para eliminação do analfabetismo;
>
> Considerando que os esforços até agora realizados não têm correspondido à necessidade de alfabetização em massa da população nacional;
>
> Considerando que urge conclamar e unir todas as classes do povo brasileiro no sentido de levar o alfabeto àquelas camadas mais desfavorecidas que ainda o desconhecem;
>
> Considerando que o Ministério da Educação e Cultura vem provando, através da Comissão de Cultura Popular, com vantagem o Sistema Paulo Freire para alfabetização em tempo rápido, DECRETA:
>
> Art. 1º Fica instituído o Programa Nacional de Alfabetização, mediante o uso do Sistema Paulo Freire, através do Ministério da Educação e Cultura.
>
> Art. 2º Para execução do Programa Nacional de Alfabetização, nos têrmos do artigo anterior, o Ministro da Educação e Cultura constituirá uma Comissão Especial e tomará todas as providências necessárias.
>
> Art. 3º O Ministério da Educação e Cultura escolherá duas áreas no Território Nacional para início da operação do Programa de que trata o presente Decreto.

Art. 4º A Comissão do Programa Nacional de Alfabetização convocará e utilizará a cooperação e os serviços de: agremiações estudantis e profissionais, associações esportivas, sociedades de bairro e municipalistas, entidades religiosas, organizações governamentais, civis e militares, associações patronais, empresas privadas, órgãos de difusão, o magistério e todos os setores mobilizáveis.

Art. 5º São considerados relevantes os serviços prestados à campanha de alfabetização em massa realizada pelo Programa Nacional de Alfabetização.

Art. 6º A execução e desenvolvimento do Programa Nacional de Alfabetização ficarão a cargo da Comissão Especial de que trata o Artigo 2º.

Parágrafo único. O Ministro da Educação e Cultura expedirá, em tempo oportuno, portarias contendo o regulamento e instruções para funcionamento da Comissão, bem como para desenvolvimento do Programa.

Art. 7º Revogam-se as disposições em contrário.

Brasília, 21 de janeiro de 1964; 143º da Independência e 76º da República.
João Goulart
Júlio Furquim Sambaquy.

O grande comício da Central

No Comício de 13 de março, em frente da estação ferroviária da Central do Brasil e do edifício do Ministério da Guerra (hoje, Defesa), o presidente João Goulart anunciou que a Reforma Agrária expropriaria as terras às margens das rodovias federais.

Foi a gota d'água que fez derramar a violência por todo o país. O golpe de 1º de abril de 1964 acabou com a alegria do povo. As primeiras vítimas foram precisamente os trabalhadores dos campos e cidades organizados e com determinação de construir um país mais justo para todos. Houve a intervenção nos sindicatos de trabalhadores, a prisão de seus líderes, a cassação e prisão dos políticos envolvidos com o projeto de reformas de base do governo trabalhista e desenvolvimentista de João Goulart.

A Lei de Anistia e a institucionalização da Comissão de Anistia do Ministério da Justiça foi, sem dúvida, o início do reconhecimento pelo Estado da justeza da luta dos trabalhadores dos campos e cidades.

A Comissão de Anistia foi ouvir os camponeses do Bico do Papagaio, no alto Araguaia, que foram maltratados e despojados pelas forças armadas que dizimaram com a Guerrilha do Araguaia.

Em 13 de dezembro de 2007, a Comissão de Anistia julgou 55 requerimentos de lavradores de Trompas e Formoso, Carmo do Rio Verde, Uruaçu e Pontalina e anistiou 22 proporcionando o resgate de toda trajetória de perseguições políticas, grilagens de terra e assassinatos de pequenos agricultores durante a ditadura.[2]

Partido Comunista Brasileiro - PCB

Desde 1928 o PCB, liderado pelo Cavaleiro da Esperança, Luiz Carlos Prestes, herói nacional por ter se rebelado e liderado o movimento tenentista contra os governos oligárquicos e autoritários, tinha grande presença na organização sindical dos operários e reunia intelectuais marxistas. A célula militar do PCB no Exército brasileiro era a maior da América Latina. Um partido que viveu mais na clandestinidade que à luz do dia, mas participava ativamente na política com seus quadros infiltrados em outros partidos.

Na eleição de 1945 disputou a presidência tendo Iedo Fiúza como candidato, teve quase 10% dos votos e elegeu 14 deputados federais. Dois anos depois teve seu registro anulado e cassados os mandatos dos parlamentares eleitos, mas continuou ativo na clandestinidade.

Por que essa verdadeira aversão ao comunismo?

De um lado, pela obsessão das oligarquias que se desenvolveram em torno da grande propriedade fundiária e alimentaram o pânico de perder suas terras. Eles construíram o Estado Nacional fundado na ocupação e expansão da propriedade fundiária e no trabalho escravo.

2 Boletim da Comissão de Anistia No 9, dezembro 2007. Disponível em: <http://docvirt.com/DocReader.net/DocReader.aspx?bib=DocBNM&PagFis=75732&Pesq=>.

De outro lado, o controle ideológico das forças armadas pelo comando militar dos Estados Unidos. Desde antes de que se desencadeasse a Guerra Fria, já se realizavam reuniões, congressos e treinamento dos militares no anticomunismo, corroborado com os Concílios da Igreja de Roma.

Tal como ocorreu com os demais partidos, o comunista se fracionou em dois no início da década de 1960 (PCB e PCdoB) e, após o golpe de 1º de abril, gerou inúmeras organizações que se lançaram à luta armada contra a ditadura. Destacam-se ALN, de Carlos Marighella, PCBR, de Apolônio de Carvalho, e VPR, de Carlos Lamarca.

Ação Libertadora Nacional (ALN)

Uma divergência sobre o caráter da revolução brasileira levou um grupo de dirigentes e militantes do PCB a formar o Agrupamento Comunista de São Paulo, em 1967, que logo no início do ano seguinte, sob a liderança de Carlos Marighella, se transformou na ALN, que, rapidamente, se tornou uma organização de abrangência nacional e se manteve ativa até pelo menos 1974.

Marighella, por pregar a luta armada contra a ditadura, foi declarado inimigo público número um do Estado sob o terror dos Atos Institucionais da ditadura. Em artigo publicado em *Diálogos do Sul*, em novembro de 2018, o autor deste livro destacava três pontos fundamentais do pensamento de Marighella de extrema atualidade:

> 1. Carlos Marighella qualificava a ditadura brasileira de fascista.
> 2. Entendia que o caráter da revolução brasileira é de libertação nacional dando início à construção do socialismo.
> 3. Propugnava pela formação de uma grande frente de massas, com hegemonia da aliança operário-camponesa, para realizar a revolução brasileira.

O chamado "Processão da ALN", a cargo da Justiça Militar, foi talvez o maior processo na história do direito criminal, com mais de 300 enquadrados na Lei de Segurança Nacional. A organização foi abortada ainda na fase de organização da guerrilha com que pretendia combater o regime. A ordem do regime era não deixar sobreviventes. Contudo, a ditadura acabou, Marighella vive nos corações como herói do povo, veio a anistia e seus companheiros de luta sobreviventes se integraram à luta pela democracia e pelos direitos humanos nas frentes possíveis.

Marighella ganhou notoriedade ainda na década de 1940, quando foi preso e torturado pela polícia do Estado Novo. Foi deputado constituinte em 1946 e cassado logo em seguida. Era um dirigente extremamente ativo, que se fazia presente em todos os fatos sociais e políticos de seu tempo, como a Campanha do Petróleo na década de 1950, o líder da ALN foi emboscado e fuzilado por uma equipe comandada pelo delegado Fleury, famoso por ser comandante do Esquadrão da Morte, especializado em promover chacinas nos bairros periféricos. Todos os anos, no dia 4 de novembro, ex-militantes e amigos de Marighella depositam flores numa lápide construída no local em que foi morto, na Alameda Casa Branca, um bairro de grandes mansões que na época estavam sendo substituídas por edifícios residenciais, no centro expandido de São Paulo.

Há uma grande quantidade de teses acadêmicas e farta bibliografia sobre a gesta revolucionária da ALN, que se destacou pela quantidade de mulheres que pegaram em armas ou apoiaram como puderam a luta, e também sobre a presença de padres e frades da Igreja de Roma na organização.

Partido Comunista Brasileiro Revolucionário (PCBR)

A divergência com o Comitê Central teve início, na realidade, em 1964, sobre como enfrentar os militares que tomaram o poder derrubando um governo que era apoiado pelas organizações populares pelos comunistas.

Por volta de 1966 essa divergência fica bem visível nas figuras de Carlos Marighella, Apolônio de Carvalho, Mário Alves e outros. A ideia era derrotar as teses de Luiz Carlos Prestes, o secretário geral, taxado de conciliador, e assumir o controle do partido no 6º Congresso. Prestes expulsou todos os opositores e realizou o congresso sem a presença dos que defendiam as teses contrárias.

Em torno de Marighella se formou a ALN, com proposta de desencadear a guerrilha por uma frente revolucionária empenhada numa luta de libertação nacional. Em torno de Apolônio e Mário Alves se forma o PCBR, que considerava indispensável a formação de um partido para organizar os camponeses e operários para a construção do socialismo.

VPR e VAR-Palmares

Os primeiros intentos de resistência armada à ditadura surgiram logo após o golpe de 1964, com civis e militares que orbitavam em torno do ex governador Leonel Brizola, inconformados com o fato de o governo e os militares fiéis a João Goulart não terem resistido ao golpe.

O Movimento Nacionalista Revolucionário (MNR) tenta implantar uma guerrilha no sul do país, não dá certo; numa segunda tentativa implantam um foco guerrilheiro na Serra de Caparaó, divisa entre Minas Gerais e Espirito Santo. Antes de entrar em combate já estavam sob a guarda da Polícia Militar de Minas Gerais. Remanescentes do MNR, com dissidentes da Política Operária (POLOP), fundam a Vanguarda Popular Revolucionária (VPR). A organização se autodissolveu em 1971 e em seguida seus remanescentes se fundiram com o COLINA para formar a VAR-Palmares.

Nesse meio tempo, em janeiro de 1969, o capitão Carlos Lamarca deixa o quartel do 4º Regimento de Infantaria, em Quitaúna, São Paulo, levando 63 fuzis, 10 metralhadoras e farta munição. Em 1970 começa a ser organizada a guerrilha do Vale do Ribeira, região serrana e de florestas nativas no sul do estado de São Paulo. Essa guerrilha conseguiu escapar do cerco montado pelas forças militares da ditadura, mas não se desenvolveu, e Lamarca acabou sendo encontrado no sertão da Bahia, exausto e desarmado, onde foi sumariamente fuzilado.

A Guerrilha do Araguaia

O Partido Comunista do Brasil (PCdoB) surgiu de uma dissidência do PCB em 1961, sob inspiração da grande revolução chinesa,[3] conduzida por Mao Zedong (1893-1976). Adotam a linha de formar um exército com camponeses e operários para tomar o poder, contrário a linha de conciliação com a burguesia adotada pelo Comitê Central do PCB.

---

3 A Revolução chinesa tem início como uma guerra civil em 1934 (disputa pelo poder entre comunistas, liderados, por Mao, e capitalistas, por Chiang Kai Shek). Transforma-se numa guerra de libertação nacional a partir da invasão japonesa em 1937 e culmina em 1949 com a expulsão dos invasores e dos entreguistas e a fundação da República Popular da China.

A Ação Popular (AP) surge nos anos 1950 dos movimentos de ação católica – Juventude Universitária, Juventude Operária (JUC e JOC, respectivamente), politizados a partir da doutrina social da Igreja. Nos anos 1950/60 a AP e o PCB conformavam o "Grupão", que conduzia hegemonicamente o movimento estudantil no âmbito nacional com a UNE e a UBES e nos estados com as UEEs. Em 1964 a UNE foi dissolvida, a sede no Rio incendiada, as lideranças perseguidas como as das demais organizações sociais. Reconstruída a partir de meados dos anos 1970, vem sendo dirigida hegemonicamente pelo PCdoB.

Em 1968, dissidência expressiva da AP se funde com o PCdoB para aderir à luta armada contra a ditadura. A maioria dos dirigentes dessa nova organização foi dizimada pelas forças armadas, parte na Guerrilha do Araguaia e parte covardemente assassinada quando participavam de uma reunião num bairro de São Paulo. Outra parte da organização adota o nome de Ação Popular Marxista Leninista (APML), que nos anos 1980 se funde com o recém fundado PT.

A Guerrilha do Araguaia foi um movimento armado organizado pelo PCdoB, na região do Bico Papagaio, localidade de Xambioá, entre os estados do Pará, Maranhão e o norte de Goiás, o que é hoje Tocantins. Ainda na sua fase de implantação o grupo foi dizimado por enorme deslocamento de forças das três armas da República em 1974. Mais de 10 mil militares foram deslocados para a área. Não contentes em matar todos os guerrilheiros, cometeram torturas e assassinatos contra a população local de camponeses e agricultores.

As forças armadas permaneceram três anos na região (1975-1977). Nenhum dos participantes da repressão jamais foi sequer repreendido, ao contrário, todos foram elogiados e condecorados como heróis da pátria. Com arrogância e prepotência trabalharam e continuam trabalhando para esconder os malfeitos.

Em 1982, 22 familiares de mortos e desaparecidos na guerrilha, moveram uma ação contra a União com o fim de ter acesso às ossadas, para trasladá-las para poder identificar e enterrar seus mortos. São 58 os desaparecidos na região à época. A União recorreu a cada tentativa de executar o mandado judicial num injustificável acobertamento dos militares. Em 2004 o governo chegou a prometer que não iria recorrer. Recorreu. Nesse mesmo ano foi retirado da pauta pela AGU.

Um dos poucos sobreviventes dessa história, José Genoino, ajudou a organizar o PT, foi eleito deputado federal, ascendeu à presidência do partido. Seus perseguidores nunca lhe deram trégua. Conseguiram destituí-lo da direção, cassaram seu mandato e o prenderam sob falsas acusações.

Camponeses contam suas histórias

Em setembro de 2007, depois de quatro anos de discussão nos tribunais, o STJ restabeleceu integralmente a decisão judicial de 2003, da juíza Solange Salgado, da 1ª Vara da Justiça Federal de Brasília, em que determina que os militares que participaram da Guerrilha do Araguaia sejam obrigados a depor e contribuir para localizar os restos das vítimas mortas na região. Contudo, essa questão continuou se arrastrando posto que o próprio governo não tomava providência a fim de não melindrar os militares. A sentença do STJ deu 120 dias para a União informar onde estão sepultadas as vítimas caídas na região do Araguaia.

Nesse mesmo setembro, a Comissão de Anistia, sob a presidência de Paulo Abrão, desloucou-se para São Domingos do Araguaia, no Pará, para participar do I Encontro dos Torturados da Guerrilha do Araguaia. Nota do Ministério da Justiça informa que foram ouvidos depoimentos de mais de 150 camponeses e agricultores que de uma maneira ou outra se envolveram com o ocorrido naqueles idos de 1970.

"Viemos aqui para ver o que realmente aconteceu", declarou Paulo Abrão. E ouviu, entre tantos, o depoimento de Dionor Carlos Azevedo, 65 anos:

> Dei comida para alguns guerrilheiros. Depois disso, fui amarrado por soldados do Exército e levado para um acampamento, onde fiquei preso por um tempo (...) no quartel em Marabá, bateram minha cabeça contra a parede e me obrigaram a subir em cima de umas latas. Se caísse apanhava.

Gonçalo Augusto da Luz, 57 anos:

> Perdi a terra que tinha. Fomos expulsos porque o Exército disse que era área de segurança (...) Meu pai (José Pereira da Luz) foi preso e levado para Marabá. Ele apanhou demais. Nunca mais conseguiu trabalhar.

A nota do Ministério também recolhe depoimento da secretária de Justiça, Cidadania e Direitos Humanos do Pará, Socorro Gomes, para quem "a audiência representou um momento histórico ao Estado. É o reconhecimento de que o Estado brasileiro é devedor para as vítimas do regime. Não é um sentimento de vingança, mas o desejo de justiça".

A Chacina da Lapa

Liquidados os grupos armados, a ditadura iniciou em São Paulo uma operação que logo se espalharia por todo o país, de caça aos comunistas com intenção de acabar com os remanescentes tanto do PCB como do PCdoB, considerados por eles como a matriz de toda subversão. Carlos Alberto Brilhante Ustra, coronel do Exército, comandante militar do DOI-Codi, junto com o delegado Sérgio Fernando Paranhos Fleury, formavam a cúpula a comandar e dar exemplos que se reproduziam por todo o país.

A Chacina da Lapa ocorreu em 16 de dezembro de 1976, quando tropas do Exército e agentes dos órgãos de repressão cercaram uma casa na Rua Pio XI, no bairro da Lapa, na capital de São Paulo, onde se realizava reunião do Comitê Central do PCdoB. A reunião fora convocada para avaliar o fracasso da Guerrilha do Araguaia. Apesar de todas medidas de segurança adotadas, a polícia chegou lá por delação de um dirigente preso.

Dispararam tantos tiros que quase destruíram a fachada da casa. Lá dentro, gente desarmada e pega de surpresa. Morreram vítimas dos tiros Ângelo Arroio e Pedro Pomar; João Batista Drumond foi levado preso e morreu sob tortura. Aldo Arantes, Elza Monerat, Haroldo Lima, Maria Trindade e Wladimir Pomar foram presos e torturados.

Anteriormente, em meados desse mesmo ano, o DOI-Codi do 1º Exército do Rio de Janeiro já tinha desmantelado a direção regional do partido e conseguido que Jover Teles delatasse seus companheiros.

Entre dezembro de 1972 e março de 1973 foram assassinados Carlos Danielli, Lincoln Cordeiro Oest, Luiz Guilhardini e Lincoln Bicalho Roque. Depois, entre 1974 e 1975, tombaram Ruy Frazão e Armando Frutuoso. Todos morreram sob tortura. Envolvidos nesse homicídio coletivo, os generais Reynaldo Mello de Almeida, comandante do 1º Exército e Leônidas Pires Gonçalves, chefe do Estado-Maior e do DOI-Codi, e o general Dilermando Monteiro, comandante do 2º Exército, que sucedeu o general Ednardo D'Ávila, demitido depois do episódio das mortes do jornalista Vladimir Herzog e do operário Fiel Filho

O plano era matar todos os dirigentes, não conseguiram, mas deixaram o partido quase acéfalo.[4]

Operação Barriga Verde

Em 1973, o DOI do 2º Exército, sediado em São Paulo, iniciou a chamada Operação Radar, com o objetivo de desarticular a infraestrutura do *Voz Operária*, jornal oficial do PCB, que era distribuído em todo o país. Foi um dos últimos episódios de uma verdadeira caça aos comunistas realizada entre 1973 e 1976 e que provocou a morte e/ou desaparecimento de 14 membros do Comitê Central do PCB e vários militantes, além de represálias a intelectuais, professores e jornalistas. Essa mesma operação de caça aos comunistas ganhou o nome de Barriga Verde em Santa Catarina e Marumbi, no Paraná.

O DOI e o CIE (Centro de Inteligência do Exército) articularam os mecanismos de repressão em todo o território nacional e culminaram com o indiciamento de 105 militantes. Em Santa Catarina essa ofensiva levou o nome de Operação Barriga Verde, no Paraná foi batizada de Marumbi.

Depois de derrotados os agrupamentos armados, notadamente depois do assassinato de Carlos Marighella – declarado inimigo público número um pela ditadura – e de Câmara Ferreira, que o sucedeu no comando da ALN, os órgãos de repressão decidiram acabar com os comunistas. Declararam o PCB, também chamado de Partidão, inimigo número um e iniciaram uma caçada por todo o território nacional. Por que Partidão? Porque era realmente um grande partido com quadros em todos os estamentos sociais, inclusive nas forças armadas.

A Operação Barriga Verde em 1975 levou para a prisão 46 membros do PCB. Todos apanharam muito e depois foram levados a Curitiba e sujeitados a cruéis torturas. Nenhum deles foi solto antes de completar um

4 Disponível em: http://www.vermelho.org.br/noticia/290974-1

ano de cadeia. O livro *Os quatro cantos do sol*, do jornalista Celso Martins, registra essa história contada pelos que foram presos.

Mais recentemente, equipe do Ministério Público Federal descobriu, na casa do tenente-coronel Paulo Malhães, documentos que comprovam que numa denominada Operação Gringo os agentes atuavam articulados com a repressão dos países vizinhos (Argentina, Uruguai, Paraguai e Bolívia e Chile). A operação foi comandada pelo chefe do DOI do 2º Exército, tenente-coronel Audir dos Santos Maciel, com oficiais do CIE majores Paulo Malhães (hoje tenente-coronel) e José Brant Teixeira. Eles utilizavam chácaras clandestinas para desaparecer com os corpos.

Segundo reportagem de *O Globo*,[5] a ditadura

> voltou sua artilharia para um inimigo desarmado: o Partido Comunista Brasileiro (PCB), que defendia a redemocratização do país pela via pacífica. As motivações que fizeram os militares empreenderem uma verdadeira devassa no partido, perseguindo suas principais lideranças até o desaparecimento de mais de 25 comunistas, eram desconhecidas até então. Informações extraídas do relatório da Operação Gringo, descoberto pelo Ministério Público Federal na casa do tenente-coronel Paulo Malhães e revelado pelo GLOBO no último domingo, mostram que o PCB era visto como a principal ameaça à ditadura após a aniquilação da esquerda armada. 'O Partido Comunista Brasileiro representa, a longo prazo, a organização subversiva que proporciona maior perigo às instituições democráticas brasileiras", afirma o relatório Operação Gringo/Caco, de 31 de dezembro de 1979.

Um balanço dessas operações de caça aos comunistas mostra que os militares no poder acabaram com os comunistas das várias tendências e facções.

O que temos, nesses casos, foi a demonstração cabal de que, o que se trava na realidade, é uma luta de classes, afirmação da hegemonia da plutocracia mundial sobre nós, os vis mortais trabalhadores de todas as classes,

---

5 Fonte: https://oglobo.globo.com/brasil/operacao-gringo-quando-pcb-era-maior-ameaca-para-regime-militar-14650670 e Fórum Paranaense: http://www.forumverdade.ufpr.br/blog/2015/07/20/fragmentos-da-ditadura-a-operacao-radar-1973-1976-a-dizimacao-de-liderancas-do-pcb/

ricos, pobres e remediados. O que falta é esses mortais perceberem isso. Se não, o que é que justifica a manutenção de táticas como as da Operação Barriga Verde e outras nos dias de hoje?

Como a que ocorreu, por exemplo, em agosto de 2017, quando a Polícia Federal invadiu o campus Abelardo Luz do Instituto Federal Catarinense e apreendeu celulares, computadores e quebrou o sigilo de informações dos servidores Ricardo Scopel Velho e Maicon Fontaine. Despacho/Decisão da 1ª Vara Federal de Chapecó inclui a punição também à reitora Sônia Regina de Souza Fernandes, sob acusação de ingerência do Movimento dos Trabalhadores Sem Terra (MST) no campus. Argumentam: "que os docente sofrem todo tipo de assédio para assinarem tais documentos, bem como perseguição ideológica quanto aos conteúdos ministrados em sala de aula."[6] Reagindo, o Sindicato Nacional dos Servidores Federais da Educação Básica, Profissional e Tecnológica, em nota, esclarece a realidade dos fatos e as motivações para o ato ilegal de um órgão da Justiça Federal:

> Trata-se, em verdade, de mais um absurdo e de clara perseguição política contra a classe trabalhadora. O campus Abelardo Luz do IFC é uma conquista dos trabalhadores rurais que produzem na agricultura familiar na região. Mas infelizmente as conquistas dos trabalhadores incomodam as elites, tanto que um dos representantes das oligarquias locais já bradou que "é melhor essa escola fechar que continuar dentro de um assentamento".
>
> Esse tipo de situação demonstra também que os correligionários do Movimento Escola Sem Partido buscam a todo custo fazer valer seu modus vivendi, ainda que seus Projetos de Lei, flagrantemente inconstitucionais, não tenham sido aprovados pelo Congresso Nacional e tenham ampla reprovação junto à população.
>
> Temos em evidência que essa ação se trata de perseguição, com o claro objetivo de intimidar, demitir e criminalizar os trabalhadores. A Seção Litoral-SC e o Sindicato Nacional dos Servidores Federais de

6 Fonte: https://eproc.jfsc.jus.br/eprocV2/controlador.php?acao=minuta_

Educação Básica (SINASEFE) não vão tolerar qualquer ato contra os servidores e acompanharão de perto esse caso.[7]

O horror descrito pelos carrascos da ditadura

É mesmo um horror, algo dantesco, de embrulhar o estômago, o depoimento do ex-delegado do DOPS, Claudio Guerra, aos jornalistas Marcelo Netto e Rogério Medeiro, publicado no livro *Memórias de uma guerra suja*. Relatam a ajuda que tinham de grandes empresários para financiar as barbaridades que cometiam.

Em quase uma hora de conversa com o jornalista Alberto Dinis, no programa televisivo *Observatório da Imprensa*, com uma naturalidade de espanto, como se estivesse contando um caso corriqueiro, Guerra diz que matou um montão de gente, como parte de esquadrões da morte e como oficial de inteligência do SNI: bandidos, militantes contrários à ditadura, gente que incomodava e inclusive seus próprios colegas, na chamada queima de arquivo.

Foi o caso do delegado Fleury, que do esquadrão da morte de São Paulo foi elevado ao comando do Departamento Estadual de Investigações Criminais (DEIC), que atuava junto ao DOI-Codi. Foi executado, presumidamente, porque atuava muito por conta própria e estava protegendo o narcotráfico. É sabido que era viciado em cocaína. Caiu no mar, quando subia em seu barco em Ilha Bela, e seu corpo não foi autopsiado. Critica o presidente nacional da Comissão da Verdade por não ter ido mais fundo na busca e revelação dos crimes da ditadura. Guerra critica as polícias estaduais, o Ministério Público (e também a mídia) por nunca ter sido sequer aberto um inquérito para investigar crimes que eram evidentes. Conta o caso de Zuzu Angel, que foi executada porque estava incomodando com sua busca obsessiva por seu filho desaparecido nas masmorras do DOI-Codi. Uma simples verificação do automóvel se veria que estava amassado do outro lado da queda. As pessoas só acreditaram quando ele mostrou uma fotografia com um agente observando no momento do atentado.

7 Fonte: http://www.sinasefe.org.br/v3/index.php?option=com_content&view=article&id=1967

Por ordem dele, 12 militantes tiveram seus corpos queimados nas fornalhas da Usina Cambahyba, em Campos dos Goytacazes, no norte do Rio de Janeiro. Entre eles, a professora da USP Ana Rosa Kucinsky.

Bernardo Kucisnky, jornalista de renome, teve sua irmã e seu cunhado desaparecidos depois de presos pela OBAN e até hoje não foram encontrados os corpos. Escreveu um romance que nada tem de ficção que descreve a busca de um pai pela filha desaparecida. Kucinsky, ele mesmo, também foi vítima de prisão e tortura.

A revista virtual *Carta Maior* perguntou a Kucinsky o que lhe pareciam os relatos do agente no livro *Memórias de uma guerra suja*. É um depoimento importante, de quem viu, viveu, sofreu e relatou a luta contra a ditadura:[8]

> *Do conjunto dos relatos contidos no livro, quais lhe chamaram mais a atenção?*
>
> O episódio específico que mais me chamou a atenção foi a participação direta do mesmo grupo de extermínio no golpe organizado pela CIA para derrubar o governo do MPLA em Angola, com viagem secreta em avião da FAB.
>
> *O que mais ele revela de novo sobre a natureza da estrutura repressiva montada no país, depois de 64?*
>
> Fica claro que as forças armadas montaram grupos de captura e extermínio reunindo matadores de aluguel, chefes de esquadrões da morte, banqueiros do jogo do bicho, contrabandistas e narcotraficantes. Chamaram esses bandidos e seus métodos para dentro de si. Esses criminosos, muitos já condenados pela justiça, dirigidos e controlados por oficiais das forças armadas, a partir de uma estratégia traçada em nível de Estado Maior, executavam operações de liquidação e desaparecimento dos presos políticos, o que talvez explique o barbarismo das ações.
>
> Também me chamou a atenção a participação ampla de empresários no financiamento dessa repressão, empresas importantes como a Gasbras, a White Martins, a Itapemirim, o grupo Folha – que emprestou suas peruas de entrega para sequestro de ativistas políticos –,

8 https://www.cartamaior.com.br/?/Editoria/Politica/Kucinski-Jorrou-dinheiro-empresarial-a-repressao-politica-/4/25142

e o banco Sudameris, que era o banco da repressão; dinheiro dos empresários jorrava para custear as operações clandestinas e premiar os bandidos com bonificações generosas. Está tudo lá no livro.

A vala comum do Cemitério de Perus

Perus é um bairro na zona norte da capital de São Paulo que nasceu à beira de uma ferrovia e cresceu em torno de uma das mais poluidoras fábricas de cimento. Hoje não fabrica mais cimento e se tornou um bairro dormitório, cercado por mata atlântica e mananciais da Serra da Cantareira.

Esse bucólico bairro tornou-se notícia quando descobriram no Cemitério Dom Bosco uma vala comum com ossadas de mais de mil pessoas. Um caso de horror e indignação ainda até hoje não aplacados pois se descobriu que se tratava de um local de "desova" das polícias civis e militares do estado de São Paulo.

Desova: local onde os agentes da repressão do estado despejam suas vítimas sem sequer dar-se ao trabalho de identificação.

A revelação foi feita pelos próprios agentes repressores, torturadores e assassinos, em depoimento a uma Comissão Parlamentar de Inquérito da Câmara Municipal instalada em 1990.

Luiza Erundina, hoje deputada federal eleita para seu quinto mandato, comandava a Prefeitura na época e apoiou como pôde a iniciativa dos vereadores Ítalo Cardoso e Tereza Lajolo, que tomaram a iniciativa da CPI.

Esse horror, testemunha da prática genocida das autoridades policiais, está descrito com detalhes no livro *Vala clandestina de Perus: um capítulo não encerrado da história brasileira*, realizado e lançado pela Comissão de Anistia em parceria com o Instituto Macuco, em 4 de setembro de 2012.

Ponto alto na gestão da Abap em 2012 foi alocar recursos à Comissão de Familiares de Mortos e Desaparecidos Políticos para iniciar os trabalhos de identificação dos restos mortais de desaparecidos políticos nas valas comuns do cemitério de Perus. Com a parceria do Ministério Público Federal – Procuradoria Regional da República do Estado de São Paulo, 3ª Região, foram contratados antropólogos forenses argentinos, que fizeram uma avaliação das ossadas.

Mulheres de extrema coragem

Mulheres que foram à luta, mulheres que foram presas, torturadas, mulheres que nunca baixaram a guarda e até hoje continuam utando pela concretização de seus sonhos por um mundo melhor para seus descendentes. Histórias de milhares de mulheres que são exemplo para as gerações presentes e vindouras estão contadas em extensa bibliografia, teses, documentários, romances e até novelas de televisão. Pra quem quiser se aprofundar no assunto há o livro de Luiz Maklouf Carvalho, *Mulheres que foram à luta armada*,[9] e o de Maria Cláudia Badan Ribeiro, *Mulheres na luta armada:* protagonismo feminino na ALN.[10] Recomendamos também que vejam o documentário A *Torre das Donzelas*, da diretora Suzana Lira, lançado em 2019. Resumimos dois casos entre tantas mulheres a serem lembradas por serem emblemáticos e envolver a questão não resolvida dos torturadores.

A revelação de Bete Mendes

Elizabete Mendes de Oliveira, atriz de teatro, cinema e TV, atuou em obras memoráveis como *Eles não usam black-tie*, de Leon Hirszman, em 1981. Participou de todos os movimentos sociais pelo retorno da democracia, apoiou as greves operárias, foi eleita deputada federal pelo PT e ajudou a eleger Tancredo Neves, contrariando a orientação partidária. Antes, fora militante da VPR, organização de luta armada contra a ditadura. Foi presa duas vezes em 1970 e torturada barbaramente. Sádicos e ignorantes não aceitavam que uma moça bonita, adorada como heroína das novelas, fosse subversiva. Extravasaram seus ódios e complexos torturando a moça:

> Quando saí da prisão, em liberdade condicional, para responder à Justiça Militar, eu estava péssima. Perdi a faculdade, perdi o trabalho, perdi a saúde, perdi tudo e a classe foi solidária. Eva Vilma e Carlos Zara foram maravilhosos, Cassiano Gabus Mendes e Walter Avancini, também. A novela seguinte, que a ajudou na recuperação, foi O *meu pé de laranja lima* (1970), de Ivani Ribeiro (baseada no romance de José Mauro de Vasconcelos). Sua personagem, a Godoia,

9 Editora Globo, 1998.

10 Alameda Casa Editorial, 2018.

também se tornou popular, pela doçura. Mas havia dias em que Bete Mendes não podia gravar, porque precisava se apresentar ao DOPS.[11]

Eleita deputada federal, em visita oficial ao Uruguai, viu que estava de adido militar na embaixada do Brasil o coronel Carlos Alberto Brilhante Ustra. Não há como esquecer do algoz, de quem te torturou. É um fantasma que persegue até o fim da vida, quando não tira a vida antes, como fez frei Tito e outros.

Bete Mendes colocou a boca no mundo. Começou enviando uma carta aberta ao presidente José Sarney revelando ter sido brutalmente torturada pelo coronel. A imprensa repercutiu. Não dava pra continuar mantendo o torturador num importante posto numa embaixada, foi demitido pelo presidente que, segundo consta, leu a carta:

> Não posso calar-me ante a constatação de uma realidade que reabriu em mim profunda e dolorosa ferida... Digo-o, presidente, com conhecimento de causa: fui torturada por ele. Imagine, pois, vossa excelência o quanto foi difícil para manter a aparência tranquila e cordial exigida pelo cerimonial: pior que o fato de reconhecer meu antigo torturador, foi ter de suportá-lo seguidamente a justificar a violência cometida contra pessoas indefesas e de forma desumana e ilegal como sendo para cumprir ordens e levado pelas circunstâncias de um momento.
>
> Sei que muitas vozes se levantarão na lembrança da anistia. Lembro, porém, que a anistia não tornou desnecessária a saneadora conjunção de esforços de toda a Nação com o objetivo de instalar uma nova ordem política no País. O arbítrio cedeu lugar ao diálogo democrático. A Nova República, sonho de ontem, é a realidade palpável de hoje. Mas ela não se consolidará se no atual governo, aqui ou alhures, elementos como o coronel Brilhante Ustra estiverem infiltrados em quaisquer cargos ou funções.
>
> Por isso, denuncio-o aqui. E peço, como vítima, como cidadã, e como deputada federal, providências imediatas que culminem com o afas-

---

11 http://memoriaglobo.globo.com/perfis/profissionais/bete-mendes/bete-mendes-trajetoria.htm

> tamento desse militar das funções que desempenha no vizinho país. Tenho certeza que uma determinação sua nesse sentido significará, antes de tudo, uma demonstração de respeito ao sofrimento de milhares de brasileiros e uruguaios que acabam de despertar de uma longa noite de arbítrio, na qual a tortura e os torturadores fizeram parte de uma grotesca, triste e dolorosa realidade.

Ustra morreu de câncer aos 83 anos em 2015 sem ser ter sido castigado por seus crimes. Crimes contra a humanidade e imprescritíveis. O projeto *Brasil Nunca Mais* denunciou 500 casos de tortura na Oban e no DOI-Codi sob o comando do coronel Ustra.

A coragem de Amelinha Teles

Numa atitude extremamente corajosa, Maria Amélia Teles abriu um processo contra o coronel Brilhante Ustra, que comandava o DOI-Codi de São Paulo entre 1970 e 1974, sob acusação de ser o responsável pelas torturas infligidas a ela, a seu marido César Teles, militante do PCdoB, seus dois filhos, Janaína e Edson, e sua irmã Criméia, grávida de sete meses. Ela contou, em inúmeras entrevistas, conferências e depoimentos o seu suplício, dando nome ao algoz:[12]

> Eu fui espancada por ele, na época major Ustra, ainda no pátio do DOI-Codi. Ele me deu um safanão com as costas da mão, me jogando no chão, e gritando "sua terrorista". E gritou de uma forma a chamar todos os demais agentes, também torturadores, a me agarrarem e me arrastarem para uma sala de tortura.
>
> Ele ordenou levar meus filhos para uma sala, onde eu me encontrava na cadeira do dragão, nua, vomitada, urinada. Levar meus filhos para dentro da sala? O que é isto? Para mim, foi a pior tortura que eu passei. Meus filhos tinham 5 e 4 anos. Foi a pior tortura que eu passei.

A cadeira do dragão era um instrumento de tortura utilizado na ditadura, em que a pessoa era colocada sentada e tinha os pulsos amarrados aos

12 Fonte: Depoimento de Amelinha ao autor e EBC. https://busca.ebc.com.br/nodes?utf8=%E2%9C%93&q=Am%C3%A9lia+Teles&site_id=agenciabrasil.

braços da cadeira. Com fios elétricos atados em diversas partes do corpo, a pessoa era submetida a sessão de choques. Amelinha também contou que viu seu marido torturado e em coma ao visitá-lo na unidade do DOI-Codi.

Feminista militante, fundadora da Comissão de Familiares de Mortos e Desaparecidos Políticos, integrou a Comissão Estadual da Verdade de SP. Foi presa quando militava no PCdoB e fazia oposição à ditadura. Atualmente é presidenta da União de Mulheres. A família, juntamente com o advogado Konder Comparado, levou dois anos buscando documentos e testemunhos até que em 2005 entrou na Justiça contra o torturador. Em outubro de 2008, o juiz Gustavo Teodoro, da 23ª Vara Cível do Fórum João Mendes, reconheceu-o oficialmente como responsável pelas torturas sofridas por Maria Amélia de Almeida Teles, César Augusto Teles e Criméia de Almeida, em 1972, naquele órgão de repressão.

"Eu nunca torturei ninguém", chegou a afirmar o coronel e inclusive ameaçou processar a família por difamação. A Justiça tardou, mas chegou.

Em agosto de 2012, o Juiz Gustavo Teodoro considerou procedente a ação da família Teles, e o Tribunal de Justiça de São Paulo, em segunda instância, por unanimidade condenou o coronel Carlos Alberto Brilhante Ustra como torturador.

Inês Etienne na Casa da Morte

Inês Etienne, em depoimento à Comissão da Verdade, revela um dos mais escabrosos episódios protagonizados na Casa da Morte, aparelho clandestino mantido pelos agentes da repressão em Petrópolis, Rio de Janeiro. Inês foi a última presa política a ser libertada e a única prisioneira a sair viva desse centro de horror onde a torturaram durante 96 dias.

Militante da VPR, depois de participar do sequestro do embaixador da Suíça, Giovanni Bucher, foi presa pelo delegado Sérgio Fleury em São Paulo e encaminhada para o Rio de Janeiro.

Como se não bastasse os castigos que lhe infringiram, fizeram com que ela assinasse um documento que a implicava como colaboradora da repressão: "Eu estava arrasada, doente, reduzida a um verme e obedecia como um autômato..." Em reportagem de *O Globo*, resumida no sítio da ABAP, ela relatou que foi obrigada a gravar um filme em que aparece como lendo um contrato de trabalho. Nele diziam que, se não cumprisse, sua irmã, Lúcia Etienne Romeu, seria presa por ter sido por ela acusada de integrar grupos subversivos. Libertada foi levada pela família a um hospital onde sua prisão foi oficializada. Condenada à prisão perpétua, ficou presa até 1979, quando tornou público seu martírio. Inês recebeu o Prêmio Direitos Humanos de 2009 na categoria Direito à Memória e à Verdade.

2014 - 50 anos do Golpe de 1º de abril

2014, ano do 50º aniversário do Golpe de Estado que em 1º de abril de 1964 instalou uma ditadura civil militar que durou 24 anos, até que se inaugurou a República Nova de 1988.

O autoritarismo triunfou naquela época e se consolidou, liquidando com as organizações sociais e suas lideranças, incluindo o extermínio da inteligência no meio universitário. Terminado o ciclo de governos militares sem nenhuma ruptura, quer dizer, por vontade própria do poder, a Nação foi induzida a aceitar uma democracia de fancaria, com eleição indireta para Presidência da República e eleições parlamentares com poder constituinte.

Surgiu, dessa abertura, uma profusão de partidos políticos, seguindo o modelo tradicional de instrumento da nova plutocracia que ascendia ao poder e que disputaria as eleições diretas após a Constituinte de 1988. Esse Congresso conseguiu ampliar o projeto de anistia tornando-a mais ampla, o que permitiu a libertação de presos políticos e o retorno dos exiliados.

Não obstante, tardaria 22 anos para que a Anistia concedida pela Constituição fosse regulamentada, com a lei que criou a Comissão de Anistia em 2002. Tanto a de 1979 como a de 2002 foram mediatizadas para proteger os algozes do povo e garantir os privilégios da nova plutocracia.

Para a professora doutora em História pela UFRGS, Carla Rodeghero, em reportagem no *Jornal do Comércio* de 12 de agosto de 2014,

> A Lei da Anistia marcou o início de um processo de transição, sem ruptura, para o regime civil. "Não houve um momento de derrota dos militares, fato que poderia explicar o caráter conservador que se faz presente tanto no Executivo como no Legislativo e no Judiciário", elabora Carla. "Os crimes contra a segurança nacional foram julgados pela Justiça Militar. O Judiciário, em si, sofreu uma grande influência

> da ditadura, determinando quem seriam as pessoas aptas a obterem cargos naquele poder."

Nessa mesma linha, no *Jornal de Lei*, do Jornal do Comércio de Porto Alegre, em 12/08/2014, Paulo Abrão, presidente da Comissão de Anistias, lembra que a Corte Interamericana dos Direitos Humanos condenou o Brasil por deixar impunes responsáveis por crimes de lesa humanidade, em 2010 no caso da chacina perpetrada contra a Guerrilha do Araguaia. Lembrou que não vingou projeto de Lei para condenar os torturadores, nem o STF aceitou interpretar a Lei.

Em 2018 nova condenação, desta vez o Estado brasileiro como responsável pela falta de investigação, de julgamento e de punição dos responsáveis pela tortura e pelo assassinato do jornalista Vladimir Herzog. A Corte também considerou inadmissível e imprescritíveis os crimes de tortura jamais investigados e punidos no Brasil.

> Quem foi condenado pela Corte Interamericana foi o Estado brasileiro como um todo. Não foi o Executivo. Foi o Estado brasileiro: o Executivo, o Legislativo e o Judiciário. Todos os poderes têm o compromisso de cumprir essa sentença. Historicamente, todas essas decisões que condenaram o Estado brasileiro internacionalmente foram cumpridas. O Poder Executivo está implementando as ações que lhe cabem, por meio da Comissão de Anistia, das reparações, dos reconhecimentos. O Legislativo também fez a parte dele, com a aprovação da lei que criou a Comissão Nacional da Verdade.
>
> A questão ainda pendente diz respeito à superação da Lei da Anistia. Isso está em debate ainda e cabe ao Judiciário apreciar. Já foi apreciado pelo Supremo Tribunal Federal (STF), mas ainda não é uma questão encerrada. E me pareceu simbólica a visita dos membros da Corte Interamericana ao Brasil e a realização de uma sessão conjunta com o STF [a sessão foi realizada em novembro de 2013]. Isso aponta para a expectativa de que haja uma complementariedade entre as duas jurisdições.

Somam milhares os Amarildos

Sessão solene realizada no plenário do Senado Nacional, por requerimento do senador João Capiberibe (PSB-AP), serviu para que os membros da Subcomissão da Memória, Verdade e Justiça manifestassem apoio à coleta de assinaturas para revisar a Lei de Anistia para que os crimes de tortura, assassinatos e estupros sejam tipificados como crimes contra a humanidade. A viúva do presidente João Goulart, Maria Thereza Goulart, esteve presente ao evento como convidada de honra.

Capiberibe, que foi preso, torturado e conseguiu empreender uma espetacular fuga da prisão (saiu do Amapá e atravessou a fronteira com a Bolívia onde se asilou por nove anos), afirmou:

> Havia denúncias de pessoas presas, torturadas, exiladas, corpos desaparecidos, mas não havia debate amplo. A imprensa não informava com a liberdade que está informando hoje.
>
> Os desaparecidos não são apenas os políticos... Temos milhares de Amarildos. A maioria deles desaparecidos depois de presos por agentes do Estado. Para acabar com isso e essa insegurança é necessário rever a Lei da Anistia, punir os torturadores do passado e combater os torturadores do presente.

Amarildo Dias de Souza, ajudante de pedreiro morador na Rocinha, numa dessas operações militares "pacificadoras", com 300 homens armados, foi pego no portão de sua casa, levado à sede local da Unidade Policial Pacificadora (UPP) e nunca mais apareceu. Isso ocorreu em 14 de julho de 2013. Em 2016 a justiça condenou 13 dos 25 policiais implicados no caso.

Os soldados foram expulsos da corporação, os oficiais major Edson Raimundo dos Santos e tenente Luis Felipe Medeiros, que comandavam a UPP estão cumprindo penas e recebendo seus soldos normalmente.

Elizabete Silva, viúva de Amarildo, com seus seis filhos, ainda aguarda uma prometida indenização pelo Estado no valor de R$ 500 mil a cada um, determinada em segunda instância. A sentença também estabelece uma pensão de dois terços do salário mínimo pra viúva.

Denunciado o assassino de Rubens Paiva

O general reformado José Antonio Nogueira Belham foi convocado para esclarecer a prisão, tortura e morte do jornalista e deputado Rubens Paiva, cassado em 1964, preso após retorno do exílio em 1971 e desaparecido até hoje. O general comandava o DOI-Codi do 1º Exército, no Rio de Janeiro, na ocasião do desaparecimento de Paiva.

Em maio de 2014, o Ministério Público Federal apresentou denúncia contra o general Belham, que foi chefe do DOI-Codi no Rio de Janeiro, e outros quatro militares pelo assassinato de Rubens Paiva. A Justiça Federal aceitou e o tornou réu por homicídio e ocultação de cadáver, além de associação criminosa e fraude processual. A esposa do general, Maria de Fátima Campos Belham, em 2003, foi nomeada pelo então deputado federal, Jair Messias Bolsonaro, para trabalhar em seu gabinete na Câmara.

> Verifica-se do andamento processual que, em mais de uma oportunidade, esta Reclamação foi arquivada e certificado o trânsito em julgado indevidamente, sem que tenha havido o julgamento do mérito da controvérsia, ou, ao menos, qualquer decisão do Ministro-Relator a respeito da matéria de fundo da demanda.
>
> Em razão dos referidos equívocos, foi deferido o pedido de desarquivamento dos autos. Dessa forma, reitero as considerações de mérito já apresentadas pelo Ministério Público Federal, em especial no que diz respeito à necessidade de assegurar a vedação à proteção deficiente, ao reconhecimento da imprescritibilidade dos crimes de tortura, aos procedentes internacionais relacionados ao tema e, em especial, a necessidade de reflexão a respeito do alcance da anistia reconhecida na ADPF 153/DF. No tocante à conexão de crimes, vale lembrar que a natureza permanente do crime de ocultação de cadáver afasta por completo qualquer cogitação de prescrição.
>
> Neste contexto, constata-se a necessidade de prosseguimento da reclamação e a deliberação do tema por esta Suprema Corte.

Resumindo, o deputado federal Rubens Beyrodt Paiva (1929-1971), sem nunca ter participado de qualquer das organizações que contestavam a ditadura, foi preso em janeiro de 1971 e desapareceu. Em dezembro de 1995, a Lei 9.140 reconhece Rubens Paiva e outros como desaparecidos por responsabilidade do Estado. Em maio de 2014, o STF aceitou denúncia do Ministério Público Federal contra cinco militares pela morte e ocultação do cadáver de Rubens Paiva.

Em fevereiro de 2018, a procuradora-geral Raquel Dodge encaminhou à então presidenta do STF, ministra Cármen Lúcia, pedido para desarquivar o caso Rubens Beyrodt Paiva, acompanhado de pedido de revisão do conceito de anistia para poder punir os cinco militares que praticaram crime de lesa humanidade, como tortura, desaparecimento, morte, ocultação de cadáver. Em novembro desse mesmo ano, o ministro Teori Zavascki (falecido) suspendeu a ação penal contra os cinco militares acusados de assassinar o deputado, com base na Lei de Anistia.

Bestialidade de um deputado federal

Os criminosos, confiantes na impunidade conquistada, não só continuam conspirando contra a democracia como se prazem em espezinhar as vítimas de seus métodos de tortura. Veja este comovente depoimento que revela a índole bestial de um deputado federal, com quatro mandatos, capitão do Exército Nacional que foi expulso do Exército, quando a Câmara Federal prestava uma homenagem ao deputado Rubens Paiva, um democrata assassinado pelos militares. O texto é de Chico Paiva Avelino e está no Facebook:[13]

> Em 2014, a Câmara dos Deputados fez uma tocante homenagem ao meu avô, Rubens Paiva: inauguraram um busto com a sua imagem em função de sua incessante luta pela democracia – causa pela qual ele literalmente deu a vida. Minha família foi em peso. Emocionadas, minha mãe e minha tia fizeram discursos lindos e orgulhosos sobre a memória do pai. No meio de um deles, fomos interrompidos por um pequeno grupo que veio se manifestar. Era Jair Bolsonaro,[14] junto com alguns amigos (talvez fossem os filhos, na época eu não sabia quem eram), que se deu ao trabalho de sair de seu gabinete e vir em nossa direção, gritando que "Rubens Paiva teve o que mereceu, comunista desgraçado, vagabundo!". Ao passar por nós, deu uma cus-

13 https://www.facebook.com/chico.avelino

14 Jair Messias Bolsonaro, capitão de Exército, foi eleito presidente da República em outubro de 2018 para um mandato de quatro anos.

parada no busto. Uma cusparada. Em uma homenagem a um colega deputado brutalmente assassinado.

Gostaria muito de poder conversar com o meu avô nesse momento político pelo qual passamos. Teria muito a acrescentar: foi eleito Deputado Federal por São Paulo em 1962, e cassado pelo AI-1 em 10 de abril de 1964. Como democrata exemplar que era, sempre lutou contra o autoritarismo e nunca encostou numa arma. Infelizmente essa oportunidade me foi arrancada quando, em janeiro de 1971, ele foi levado de casa junto com minha avó e minha tia, que na época tinha 15 anos, para os porões do DOI-Codi do Rio de Janeiro, na Tijuca. Lá, foi torturado até morrer pelo aparelho de repressão montado pelo regime militar, cuja filial paulista era comandada por ninguém mais nem menos do que o coronel Carlos Alberto Brilhante Ustra.

Na época, não havia ficado claro o motivo e os militares levarem também a minha avó e minha tia. Hoje, conhecendo os métodos praticados por Ustra, sabemos que era para trazê-las à sala de tortura e pressionar o meu avô. Elas, em celas ao lado, separadas, ouviram seus gritos antes que ele fosse morto.

O atestado de óbito só foi entregue à família 25 anos após o assassinato, em 1995. O corpo jamais foi entregue. Na Comissão Nacional da Verdade, outros militares envolvidos no crime disseram que o corpo foi enterrado e desenterrado duas vezes. Sobre o assunto, Bolsonaro debochou: pendurou na entrada do seu gabinete em Brasília uma placa que dizia: "Quem procura osso é cachorro".

Hoje em dia, Ustra é mais famoso não pelas atrocidades que cometeu, como torturar mães na frente de suas crianças, colocar ratos e baratas vivas dentro da vagina das mulheres, estupros, pau de arara, choques, entre outras; mas por ser o grande ídolo, chamado de herói, pelo nosso provável novo presidente, Jair Bolsonaro – que diz que seu livro de cabeceira é a história do coronel.

Em seu voto a favor do impeachment (da presidenta Dilma Rousseff), Bolsonaro prestou homenagem ao torturador da ex-presidente. No púlpito do Congresso Nacional, com o país inteiro assistindo, ele decidiu lembrar de um ser asqueroso que era o contrário de tudo que a democracia representa, e que havia covardemente torturado a mulher que ele ali teve o sadismo de torturar psicologicamente mais uma vez.

Desde que me dou por gente, essa cicatriz já havia sido fechada na família. Não era um assunto tabu. E sempre fui ensinado que essa não era uma luta pessoal, que não devíamos denunciar e brigar contra essas práticas como vingança familiar, mas para evitar que isso ocorresse com outros. Não era uma briga nossa, mas de todo o país. Minha mãe foi a muitos eventos e deu muitas entrevistas naquele ano por ocasião dos 50 anos do golpe de 1964. Em todas elas fazia questão de lembrar do caso Amarildo, pedreiro desaparecido e assassinado pela PM do Rio de Janeiro em 2013, como aquela prática seguia mesmo na nossa frágil democracia e como a dor da família de Amarildo era a mesma pela qual a nossa havia passado.

Estamos às vésperas de uma eleição na qual Bolsonaro não só reafirmou sua admiração por Brilhante Ustra, mas a todo aparato do regime militar. Meu avô lutou contra discursos como esse e por isso foi covardemente preso, torturado e assassinado. Deu a vida pela democracia. Hoje, fica evidente que aquela cusparada não era algo meramente simbólico, mas um prenúncio daquilo que ele pretende fazer como presidente, e que vem incansavelmente repetindo durante a campanha: prender e exilar seus adversários políticos, eliminar militâncias e desaparecer com as minorias.

Ainda dá tempo de evitar isso, e o poder está em nossas mãos, com nosso voto. Eu nunca imaginei que, em 2018, essas informações não bastassem para que as pessoas pudessem ter repulsa a um político que defende isso. Espero que ajude alguém a refletir, a tornar mais palpável quem é Jair Bolsonaro. Em 1964, foi Rubens Paiva e milhares de outros. Em 2018, pode ser eu, você, as pessoas que amamos.

DA ESPERANÇA À DESESPERANÇA DE UM CIDADÃO BRASILIENSE: *DEPOIMENTO DE JOÃO BATISTA DE PAULA*

Por volta de 1995, um grupo de cinco pessoas que, em 1973, foram atingidas pelos atos discricionários do Regime Militar, nos reunimos para discutir o que fazer para obter a Anistia da Lei de 1979 que tinha sido contemplada na Constituição de 1988.

Éramos todos servidores do BRB (Banco de Brasília S/A). Sem dúvida, éramos cidadãos politicamente responsáveis, descendentes de lavradores ou de trabalhadores urbanos que, antes de nós, já militavam em organizações de esquerda. Lutavam para ter um lugar ao sol, sonho quase impossível dada a herança histórica de séculos de escravidão e exclusão social, especialmente na primeira metade do século XX. Primeira guerra, migração forçada... A segunda guerra mundial (1937-1945) mudou completamente o mapa-múndi, e radicalizou a posição das esquerdas de então. O que houve foi uma total polarização entre as tendências definidas como direita ou como esquerda.

Acontece que o pobre nascia pobre e morria pobre; o burguês nascia burguês e morria burguês. Dificilmente alguém conseguia sair de sua classe de origem. Uma realidade colonial brutal, a que se somaram outras forças colonizadoras ainda mais irritantes. O domínio cultural e político do Tio Sam.

Éramos, sim, cidadãos que assumiram posições políticas segundo os princípios da nossa própria classe. Vivíamos, assim, num mundo de paradoxos, onde todos somos culpados, mas ninguém tem culpa!

Na atividade bancária era comum um operador de caixa sofrer algum tipo de desfalque. Nesses casos fazia-se uma campanha entre os colegas de diversos bancos da cidade, para cobrir a tal diferença, geralmente por meio de rifa de algum objeto valioso, como os eletrônicos importados.

Acontece que os militantes do PCB, ligados ao sindicato, resolveram utilizar a mesma operação para levantar fundos para o partido, na luta libertadora do jugo militar. Por causa dessa rifa fomos perseguidos e processados pelos órgãos de repressão dos militares e sumariamente despedidos.

E por isso mesmo nos empenhamos na luta pela anistia. Naquele momento não havia nenhuma orientação nem sequer um marco regulatório e jurídico para a anistia, assim, o movimento era ainda muito precário e sem rumo.

O regime fechava cada vez mais

Nos anos 1970, ainda estava em vigor o Ato Institucional n° 5, e a luta pela libertação do país estava acirrada por todo o território nacional. O famigerado regime comandado pelo general Emílio Garrastazu Médici tendia a se fechar cada vez mais. E foi assim a partir de 1969 e por todos os anos que seguiram. Nas palavras do historiador Rainer Souza:

> No governo Médici, observamos o auge da ação dos instrumentos de repressão e tortura instalados a partir de 1968. Os famosos "porões da ditadura" ganhavam o aval do Estado para promover a tortura e o assassinato no interior de delegacias e presídios.
>
> A guerrilha, que usou de violência contra o regime, foi seriamente abalada com o assassinato de Carlos Lamarca e Carlos Marighella. A Guerrilha do Araguaia, findada em 1975, foi uma das poucas atividades de oposição clandestina a resistir.
>
> A repressão aos órgãos de imprensa era intensa, impossibilitando a denúncia das arbitrariedades que se espalhavam pelo país. Ao mesmo tempo, no governo Médici observamos o uso massivo dos meios de comunicação para instituir uma visão positiva sobre o Governo Militar. A campanha publicitária oficial espalhava adesivos e cartazes defendendo o ufanismo nacionalista. Palavras de ordem e cooperação como "Brasil, ame-o ou deixe-o!" integravam o discurso político da época.

O texto acima. publicado no site Brasil Escola, com objetivo didático, define bem o que foi o período de 21 anos de regime militar, com progressos e retrocessos, jogando o país numa luta incessante pela reconquista da democracia. E depois tivemos o enorme esforço para resgatar a dívida interna e externa, engrossada aos poucos pela luta ferrenha dos mais atingidos pelos efeitos negativos, até o grande passo dado pelo governo de Luiz Inácio Lula da Silva, que liquidou a dívida com o FMI, no dia 22 de fevereiro de 2008.

Manchete nos jornais

Reviravolta: Lula paga dívida com o FMI e Brasil entra no seleto grupo de credores do Fundo Monetário Internacional

O Brasil se impunha, e conquistava autonomia na gestão econômica e enterrava de uma vez por todas o complexo de vira-lata. Pois é! Pena que esse momento também tenha passado. Mais uma vez nos decepcionamos em relação a um governo em que acreditávamos e que vimos engalfinhado num complexo sistema de corrupção. Este é, e sempre será, o mal maior que destrói países inteiros e transforma em frangalhos suas populações; paralisa o progresso nas mãos dos maus políticos ou da má política. O que se constrói em doses homeopáticas, é destruído em instantes, em velocidade incontrolável. Só a Constituição representa a força que atua em busca do equilíbrio em todos os pontos do território nacional.

Surgem as associações de luta pela Anistia

Os primeiros anos da luta pela anistia foram extremamente confusos, burocráticos e cheios de indefinições. Foi nesse cenário que surgiram muitas das associações de luta pela anistia, em todo o país, entre as quais a ABAP – Associação Brasileira de Anistiados Políticos.

O bancário Carlos Fernandes, aposentado do Banco do Brasil, um cidadão indignado, após muita luta conseguiu reunir um grupo de cidadãos atingidos pela repressão e com eles fundar a associação empenhando-se na luta pela anistia a todos que até então carregavam nos ombros os destroços de uma ditadura cruel e desumana.

Carlos recebia e orientava os companheiros, ajudando a encaminhar os pedidos de anistia, ao mesmo tempo em que orientava o governo sobre o melhor caminho a seguir para institucionalizar o que o Estado mantinha confuso: a responsabilidade era dispersa entre vários órgãos.

Nessa intrépida caminhada para gerar o movimento pela institucionalização do atendimento aos anistiandos, Carlos Fernandes e sua companheira Alexandrina Christensen viajaram por muitos rincões do país, reunindo-se com grupos de pessoas, dirigentes sindicais, empresas e empresários, advogados, associações e remanescentes da militância política, dispostos a participar, reivindicar e colaborar com a boa luta. Foi assim, em meio às adversidades da época, principalmente a falta de recursos, que Carlos Fernandes alugou um espaço no Edifício Seguradoras - Setor Bancário Sul, e colocou a mão na massa!

Foi quando eu e minha mulher, Dona Geronice Souza Chagas, nos juntamos ao casal e juntos conseguimos dar forma à instituição que hoje é a ABAP. Claro que havia mais gente. O Dr. Ian Rodrigues Dias, por exemplo, foi o primeiro advogado a assumir a elaboração e encaminhamento dos processos de anistia. Não havia, então, uma legislação pertinente. Carlos Fernandes empenhou-se numa verdadeira cruzada junto aos três poderes da República, com o objetivo de conseguir que o Congresso Nacional produzisse uma legislação apropriada e que orientasse os órgãos públicos no cumprimento da Lei de Anistia.

Esse longo e árduo trabalho culminou com a promulgação da Lei 10.559 de 13 de novembro de 2002, que contém uma boa parte das sugestões encaminhadas pela Abap ou pelo próprio Carlos Fernandes.

Com isso, finalmente tivemos um norte a seguir pelo movimento da anistia. Procedimentos e condutas que beneficiariam os anistiandos de todo o país. No entanto, por falta de estrutura e vontade política de sucessivos governos, muito ainda falta para atender a todos os que foram prejudicados pelas ditaduras.

Não se pode esquecer que a ABAP envolveu muitas pessoas de profunda qualidade humana, que se empenharam em dar continuidade ao sonho de Carlos Fernandes.

Nosso reconhecimento aos advogados e servidores públicos que nos deram a mão, no cumprimento da missão. Pessoas como Cícero Paiva de Sousa, Getúlio Guedes, Dra. Leila Aparecida de Lima, Betânia Alves de Lima, que opera atualmente com maestria a Tesouraria da ABAP, e Mirnalene Neves da Silva, que também chegou à instituição nos primeiros anos, identificou-se com seus labores e finalidades, e até hoje desempenha suas funções. Por seus méritos, Mirna foi eleita conselheira por decisão unanime da Assembleia Geral de 2015.

Minha homenagem também a todos os que, de uma forma ou outra, direta ou indiretamente, prestaram serviços à ABAP. E aos Conselheiros que permanecem firmes em seus cargos e atentos à missão estatutária da entidade.

O futuro da ABAP está garantido. Tem potencial para uma longa caminhada, e atualmente está segura nas mãos do presidente, jornalista Saulo Gomes, e da Dra. Clélia Humke da Silva, sua vice-presidente.

Aproveito para dar um VIVA à liberdade, à consciência, à possível Justiça que tanto falta ao ajuste deste país, a moral e a ética, especialmente se elas puderem alcançar a política nacional como um todo. A luta travada por todos os anistiandos e anistiados por um mundo melhor não acabou nem acabará tão cedo.

3. A sociedade civil contra a ditadura

Somos herdeiros de quatro séculos
e meio de colonialismo.
Cumpre-nos de modo consciente lutar
pelo desenvolvimento social do país,
sabendo, no entanto, que a solução
de nossas calamidades sociais deve ser
profunda e radical.
De que (serve) remendar um trapo?
É preciso lutar por uma nova sociedade".

Frei Tito de Alencar

Os atos de selvageria não tinham limites. Prendiam e torturavam padres sem julgamento, e nem as freiras escapavam do sadismo dos agentes do Estado. Estado plutocrático em guerra permanente contra o povo. Fascismo entre nós, os brasileiros, não é novidade.

Supremacia branca: basta ser negro para ser discriminado, levar porrada, se jovem, ser assassinado. O que aconteceu com Antônio Conselheiro, massacre genocida de um grupo tido como divergente do poder, é política de Estado que se estendeu e se aperfeiçoou ao longo da história.

60 mil assassinatos por ano, é saldo maior do que as perdas de vida de muitas guerras.

Por que tanta insensibilidade diante de tal violência?

De um lado a servidão intelectual, que aceita passivamente a imposição de um pensamento único imposto pela ditadura do capital financeiro. De outro, a marginalidade social contida pela alienação produzida pelos meios e instituições a serviço do capital financeiro, capital improdutivo e sem pátria.

Não aceitam o pensamento divergente, seja de quem for. Denunciam e matam a própria família, se for o caso, como ocorreu, entre tantos exemplos, com Soledad, morta grávida de filho do próprio algoz. Ou, ao não poderem atingir um prelado conhecido mundialmente como Dom Hélder Câmara, mataram com uma saraivada de balas o padre Henrique Pereira Neto, auxiliar do cardeal-arcebispo de Pernambuco. Ato de pura maldade para ferir Dom Hélder, perpetrado em maio de 1969, contra um indivíduo que não atuava politicamente.

Em outubro de 1976, tendo já sido eliminada a guerrilha do Araguaia, em operação de rescaldo a PM mata a tiros o padre João Bosco Penido Burnier, em São Felix do Araguaia. O homem era muito querido, o povo se rebela e destrói o destacamento local da PM.

Violência contra uma freira

Madre Maurina Borges da Silveira (1924-2011), dirigia, em Ribeirão Preto, norte do estado de São Paulo, o orfanato Lar Santana e emprestou o porão para estudantes, de um Movimento Estudantil Jovem (MEJ), sem saber que pertenciam a uma organização guerrilheira que combatia a ditadura, as forças armadas de Libertação Nacional (FALN). Eles imprimiam o jornal O *Berro*. Foi presa e torturada sem nem saber porque, por agentes da Oban que se deslocaram da capital para prender os subversivos.

Ficou presa durante cinco meses, no início no Presídio Tiradentes e em seguida na Penitenciária de Tremembé. Era levada para assistir sessões de tortura e foi estuprada várias vezes pelos sádicos do Dops, comandados pelo delegado Fleury, segundo relato de Áurea Moretti Pires, que esteve presa com ela. Saiu da prisão trocada pelo cônsul japonês em São Paulo, Nokuo Okuchi, sequestrado por um grupo guerrilheiro da VPR, em 11 de março, com a finalidade de libertar presos políticos. Foi para o México e ficou 15 anos fora do país. Regressou em 1985. Os autores desse crime, delegados Renato Ribeiro Soares e Miguel Lamana, este o 12º no ranking de maiores torturadores, foram excomungados pelo arcebispo de Ribeirão Preto, D. Felício da Cunha. Mas não foram condenados pela Justiça do Estado.

Muitos anos depois, em entrevista à *Folha de S.Paulo*, morando em Catanduva e dedicada a obras sociais, ela atinou sobre as razões de sua prisão e tortura:

> Agora, tem uma coisa que eu nunca disse a ninguém. É sobre os ricos de Ribeirão Preto. No Lar Santana, orfanato que eu dirigia, tinha muita criança filha de mãe solteira e rica, o que era um escândalo social para a época (1969). Então, as crianças ficavam lá, mas o lugar era para os pobres. Eram cerca de cem crianças, e pelo menos 15 eram filhas de mães solteiras e ricas. Elas estavam tomando o lugar de outras, pobres, que precisavam de fato ficar no orfanato Lar Santana. As famílias davam cheques para nós e tudo o mais, mas o correto era que as crianças vivessem em suas casas. O que eu fiz? Devolvi as 15 crianças. Fui à casa de cada uma delas e as devolvi. E eram mansões, casas enormes. Eu dizia para as famílias: "O orfanato é lugar de criança necessitada que precisa de um lugar para viver, que não tem pai nem mãe". Acho que isso acabou influenciando de algum jeito o que me ocorreu depois. Não sei quem eram as famílias, mas isso deve ter tido ligação com a minha prisão.

Já há livros sobre esse episódio: *Sombras da repressão: o outono de Maurina Borges*, da jornalista Matilde Leone,[1] romance ficcional sobre a vida dela, *Imaculada*, da jornalista Denise Assis, e A *Coragem da Inocência*, livro escrito pelo irmão da madre, o frei dominicano Manoel Borges da Silveira, com base em seu depoimento à Comissão da Verdade, em parceria com o jornalista Saulo Gomes, presidente da Abap. Esse livro, lançado em setembro de 2013, editado pela Abap, pode ser adquirido gratuitamente no sítio da Abap e da revista virtual *Diálogos do Sul*.

Os dominicanos contra a ditadura

Convento Santo Alberto Magno, Rua Atibaia, Perdizes, zona oeste da capital de São Paulo, foi um ponto de apoio muito importante para o movimento de resistência à ditadura nos anos mais duros da repressão do regime, apoiando inclusive a ALN de Carlos Marighella. O prior do Convento dos Dominicanos durante a ditadura era Frei Francisco de Araújo (frei Chico), que em junho de 1967 lançou campanha por uma greve mundial pela paz. Ficou um dia preso e interrogado no DOPS.

1 Editora Vozes, 1998.

Jornalistas, intelectuais e dirigentes políticos participavam de reuniões no convento para conversas políticas, em busca de como reverter a situação de uma ditadura repressiva e regressiva para uma democracia de justiça social. Jovens estudantes se preparando para a vida religiosa e alguns não tão jovens já no exercício do sacerdócio, decidiram por apoiar a recém-formada Ação Libertadora Nacional, a ALN. Em 4 de novembro 1969 o convento foi invadido por agentes do Dops que levam presos os religiosos Domingos Maia Leite, Edson Braga de Souza (prior), Maurício (padre) e os seminaristas Tito de Alencar, Roberto Romano, Nestor de Brito, Giorgio Callegari. A casa que eles mantinham na rua Bento Freitas também foi invadida e levaram tudo.

Esses presos foram soltos em seguida. Mas a repressão os manteve sobre vigilância. Os primeiros que caíram como presos políticos foram os freis Ivo Lebauspin e Fernando Brito, em seguida todos os envolvidos.

Frei Ivo ficou encarcerado de 1969 a 1971, e depois de liberado exilou-se na França onde se doutorou em sociologia. De regresso após anistia foi professor na Faculdade de Educação na UFRJ, e depois na escola de Serviço Social. Depois passou a assessor de prefeituras e organizações sociais.

Em entrevista concedida em 17 de abril de 2009 ao boletim do Núcleo Piratininga de Comunicação,[2] analisou o comportamento do movimento sindical na conjuntura da reconstrução da democracia, e considerou que

> a dificuldade atual do movimento sindical se organizar é muito mais condicionada pelos desenvolvimentos posteriores da hegemonia neoliberal. Que é uma fase posterior à ditadura. No nosso caso começa a partir do governo Collor, em 1990. O desemprego em massa gerado pelas políticas neoliberais vai desorganizar fortemente os movimentos sindicais. Vai haver uma desindisicalização fortíssima.
>
> Os governos vão privilegiar os direitos das empresas em lugar dos direitos dos trabalhadores. O desemprego vai contribuir para isso e as leis trabalhistas vão ser diminuídas, flexibilizadas. O que vai dificultar enormemente a organização. Eu digo isso porque o problema da organização sindical não é exclusivo do Brasil. É assim no mundo inteiro. Nos anos 90 ou 2000, no mundo inteiro o movimento sindical

2 Fonte: http://nucleopiratininga.org.br/ivo-lebauspin-fala-ao-boletimnpc-sobre-a-ditadura-militar/

> sofreu as consequências dessa hegemonia neoliberal. Por conta do massivo desemprego estrutural que é produzido.
>
> Então parte da classe trabalhadora empregada formalmente em empresas passa para a economia informal onde é muito mais difícil se organizar. Além dos trabalhadores terem muito menos tempo. Porque tem que trabalhar em dois, três empregos, ou bicos. Então organizar-se tornou muito mais complicado.

Frei Osvaldo Resende, hoje diretor da Escola Dominicana de Teologia em São Paulo, era o contato entre os dominicanos e Carlos Marighella. Eles usavam para isso a Livraria Duas Cidades, na praça D. José Gaspar, atrás da Biblioteca Municipal. O frei relata que, por causa do cerco repressivo, a ordem dominicana teve que suspender todos os seus projetos, inclusive parar de receber jovens alunos, porque qualquer atividade era logo taxada de subversiva e punida pelos repressores.

Foi ele quem indicou o frei Tito pra ajudar a UNE a encontrar um sítio para realizar o Congresso de Ibiúna, que foi invadido por policiais a mando do delegado Fleury. Em entrevista por ocasião do lançamento de um filme sobre os dominicanos diz que, apesar da repressão o trabalho não para. Lembra que o delegado Fleury dizia que "apesar de poucos, fazem muito barulho". Osvaldo acrescenta que os dominicanos

> estão hoje espalhados pelos quatro campos do território, envolvidos com diversas organizações religiosas e humanitárias. Combate ao trabalho escravo, defesa dos direitos indígenas, das mulheres e dos presidiários são apenas algumas das linhas de atuação adotadas pelos seus membros.[3]

Frei Fernando, realiza trabalhos sociais desde que deixou a ordem em 1977 e vive num sítio no interior da Bahia. Em agosto de 2010 lançou seu livro *Cartas da prisão e do sítio*[4] e justifica sua obra com esse relato:

---

3 Fonte: https://reporterbrasil.org.br/2007/01/dominicanos-presos-pela-ditadura-assistem-a-sua-historia-no-cinema/

4 Fonte: Coleção ao Portador do Instituto Frei Tito de Alencar

> Dentro da prisão, era um universo político daqueles que lutaram pelo povo, e no sítio são os relatos das necessidades e costumes vividos do povo pobre, como eles vivem o amor de Deus por eles. É outra forma de lutar pelos Direitos Humanos.

Frei Betto, no livro *Diário de Fernando*, lançado em julho de 2009, diz que

> é um testemunho vivo, comovente, de uma de suas vítimas. Diz Frei Betto: "Está tudo lá: as torturas de prisioneiros, colegas que desapareceram sem deixar vestígio, a desumanidade e monstruosidade dos algozes, as agruras físicas e psicológicas sofridas por Fernando de Brito e seus colegas de cárcere".

O martírio de Frei Tito

Tito de Alencar Lima (1945-1974), cearense de Fortaleza, começou sua militância política na Juventude Estudantil Católica (JEC), que junto com a Juventude Universitária Católica (JUC) e a Juventude Operária Católica (JOC) formavam a base juvenil da Ação Popular Católica (AP).

Em 1966 decide-se pela vida religiosa e, após noviciado em Belo Horizonte, vai para o convento dominicano das Perdizes. Ali se junta a um grupo de frades que optaram por apoiar a organização de luta armada contra a ditadura. Preso e torturado pela Operação Bandeirantes, destruído física e psicologicamente pelos algozes, libertado foi para o Chile, de lá para um convento dominicano em Lyon, na França. Não conseguiu libertar-se do fantasma de Fleury, que fazia sua vida insuportável. Para livrar-se, em 10 de agosto de 1974, cometeu suicídio.

Frei Giorgio Callegari (1936-2003) entrou na Ordem Dominicana, na Itália, em 1966 e veio para o Brasil, onde se dedicou aos pobres e se juntou aos demais dominicanos que combatiam a ditadura. Ficou preso de 1969 a 1971, torturado, junto com Frei Betto, também dominicano da rede de apoio à ALN. Solto continuou sob severa vigilância até que em 1975 foi expulso do país.

No exílio Giorgio Callegari continuou sua pregação libertadora, na Bolívia, no Peru, México, Panamá, Costa Rica e na Nicarágua, em plena efervescência do triunfo da Frente Sandinista de Libertação Nacional sobre a ditadura da família Somoza.

De volta ao Brasil, após anistia, dedicou-se à catequese em bairros da periferia e em acolher jovens abandonados. Criou e atuou também cinco Centros de Juventude em favelas da capital e fundou o Centro Ecumênico de Publicações e Estudos (CEPE), Colonia Venezia – Escola Agroecológica de Peruíbe, onde ensinava às crianças ofícios de sobrevivência – cuidar de horta, de rebanhos caprinos, fazer pão, macarrão e cozinhar. Ali também se debatia a realidade nacional. Hoje, há uma escola com seu nome, a EMEI Frei Giorgio Callegari.

Fundou também o Centro de Documentação e Pesquisa Vergueiro, na Praça da Sé, oferecia cursos para professores e editava a revista *Revés do Avesso – Política Cultura Ecumenismo*. Seu estoicismo militante, reconhecido internacionalmente, mereceu o livro *La rabbia e il coraggio – Frei Giorgio Callegari tra i popoli dell'America Latina*.[5]

Os registros históricos

O filme *Batismo de sangue*, baseado no livro homônimo de Frei Beto e dirigido por Helvécio Ratton, foi lançado no Brasil e na França em 2007, e foi assistido em sessão exclusiva por mais de 60 religiosos dominicanos. Sobre esse episódio, Eduardo Hoornaert[6] escreveu lembrando a emoção de Alceu de Amoroso Lima (1893-1983) ao se referir ao caso:

> Trinta anos atrás, ao prefaciar o livro *Cartas da prisão* de Frei Betto (Civilização Brasileira, Rio, 1977), Alceu Amoroso Lima, "do fundo de seus 83 anos", comparou os dominicanos presos nos cárceres do sistema militar aos hebreus na fornalha ardente que "cantavam no meio das chamas", segundo o livro do profeta Daniel. Imagem forte que evocava o entusiasmo de Alceu por verificar que algo raro estava acontecendo com esses jovens de pouco mais de vinte anos de idade (Tito, Fernando, Ivo e Betto, e talvez outros cujos nomes não ficaram gravados na memória coletiva), um sonho que ele mesmo sempre

5 Marcianum Press, 2013.

6 Fonte: *Jornal Rumos*, da Associação Rumos de Padres Casados - http://www.padrescasados.org/archives/160/diario-de-fernando-nos-carceres-da-ditadura-militar-brasileira/

> procurou realizar em grupo sem consegui-lo: conjugar religião e compromisso social.
>
> "Coisa rara na história do catolicismo brasileiro", escreveu Alceu, e "de importância capital para o futuro tanto de nossa igreja como da nossa civilização" (p. 10). E, na página seguinte: "a passagem, por quatro anos, desse grupo por sucessivos cárceres, um dia será História em ponto grande" (p. 11).
>
> Mas adiante ele retoma o mesmo pensamento, mas com um toque de descrença: "É possível que as lições dessa mina de sabedoria (a experiência do cárcere) sejam bem aproveitadas pelas novas gerações" (p. 15), pois elas testemunham uma "vida totalmente vivida".
>
> Mas o contrário também pode acontecer: a experiência pode cair no esquecimento, como acontece tantas vezes na história da humanidade. Pertence a nós guardar viva essa memória.

Alceu Amoroso Lima escrevia críticas literárias para o *Jornal do Brasil* com o pseudônimo de Tristão de Ataíde. Era professor de direito na UFRJ. Considerado o maior entre os pensadores católicos brasileiros e crítico social, deixou dezenas de livros, entre os quais *Revolução suicida – Testemunha do tempo presente* (Rio 1977), e dizia que 1964 instituiu um novo Estado Novo. O livro reúne artigos publicados no JB de críticas consistentes à ditadura.

O bispo da Catedral dos Pobres

Dom Paulo Evaristo Arns, arcebispo de São Paulo, e D. Hélder Câmara, cardeal de Recife, foram as primeiras autoridades de Igreja de Roma a apoiar o movimento iniciados pelas mulheres pela anistia aos presos e perseguidos políticos. Esses prelados, cada um em sua área de influência, emitiram fortes pronunciamentos com denúncias das arbitrariedades da ditadura que repercutiam mundo afora.

Das palavras aos fatos, assumiram a bandeira de luta pelo fim do arbítrio e pela anistia, o que favoreceu uma reação em cadeia na sociedade. Ordens, paróquias, prelazias colocaram suas dependências à disposição dos militantes da resistência e chamavam seus fiéis a engrossarem a luta.

D. Paulo Evaristo Arns, bispo da periferia e dos direitos humanos

A Igreja de Roma apoiou o golpe de estado que liquidou com a democracia em 1964 pelo medo atávico ao comunismo. D. Paulo superou tudo isso. Sensibilizado por testemunhar os maus-tratos infligidos às meninas e mulheres e até mesmo a religiosos nas masmorras da repressão, transformou-se em paladino na proteção aos presos políticos.

O bispo, logo promovido a cardeal arcebispo, botou a boca no mundo denunciando as torturas e organizando pessoalmente o movimento que resultou na publicação do livro *Brasil, Nunca Mais*.

Ricardo Kotscho, um dos jornalistas que participou do grupo de pesquisa e redação, conta que D. Paulo exigia absoluto sigilo sobre o trabalho que se estava realizando. Os agentes da ditadura não podiam saber, pois, do contrário, frustrariam o projeto e até poderiam prender e torturar os implicados.

Apoiou como pode o movimento de Mulheres pela Anistia, principalmente de mães de presas e presos políticos. Capelas nas periferias e mesmo igrejas paroquiais serviam de "aparelho" para as reuniões dos movimentos populares. Ajudou inclusive a reorganização do movimento sindical, estimulando pessoalmente os membros das Pastorais Operárias.

Em nenhum momento deixou de se preocupar e de apoiar o "povo da rua", moradores de rua, sem teto das mais diversas origens. Para abrigá-los mandou construir a "Catedral dos Pobres" um casarão com capacidade de oferecer banho, cama e comida aos desabrigados.

D. Eugenio Sales enganou os militares

Outro religioso que teve papel relevante foi o cardeal arcebispo do Rio de Janeiro, Dom Eugênio de Araújo Sales (1920-2012). Fiel ao papa, combateu a jovem guarda eclesiástica devota da Teologia da Libertação. Tanto a direita como a esquerda o consideravam alinhado à ditadura. D. Eugênio era respeitado pelos militares e pelas elites conservadoras cariocas. Por trás dessa credencial ajudou sem medo a argentinos, uruguaios, chilenos e brasileiros perseguidos políticos pelas ditaduras genocidas.

O jornalista Fritz Utzeri (1945-2013) tornou-se conhecido por desmentir versões oficiais e foi o primeiro a revelar, em 25 de maio de 2000, em reportagem titulada "Rua da Gloria 446", *a esperança*, no *Jornal do Brasil*, o que até então era segredo, sobre a atuação do cardeal durante a ditadura. Em entrevista contou que chegou a alugar mais de 80 apartamentos, com dinheiro seu e da diocese, para dar refúgio a cinco mil perseguidos políticos, entre eles ateus e comunistas.

Carta aos Brasileiros

Entre os "anos de chumbo", 1977 talvez tenha sido o ano mais pesado. Começou com a prisão e tortura de Aldo Arantes, então presidente da UNE no DOI-Codi. Revoltados os estudantes saíram em manifestações por todo o país, todas violentamente reprimidas. Erasmo Dias em São Paulo massacra os estudantes. Em 1° de abril, coroando o arbítrio, os generais comemoram o golpe de 1964 fechando o Congresso Nacional.

Em 27 de abril os estudantes de direito da Faculdade de Direito da USP ocuparam o Largo São Francisco e fizeram o enterro simbólico da Constituição.

O *Jornal do Brasil* publicou a manchete: "Estudantes paulistas ao som de Chopin sepultam a Constituição" e noticiou, com grande destaque, o enterro da Constituição e do AI-5. Revelou que dezessete encapuzados, seguidos de uma bandinha de rua, tocando a Marcha Fúnebre, encabeçaram o cortejo fúnebre, que rumou para a Tribuna Livre, no Largo de São Francisco. Em 4 de junho, a Tropa de Choque, com carros de assalto, comandada pelo coronel Erasmo Dias, ocupou o Largo de São Francisco e reprimiu com violência os estudantes. Em 15 de junho os estudantes de todo o Brasil declararam Dia Nacional de Luto. Em julho Gofredo da Silva Telles escreveu a "Carta aos Brasileiros". No anexo publicamos a íntegra da Carta, uma aula magistral de Direito e Democracia de extrema atualidade nos tempos atuais. Termina com essa exortação:

> Fiquemos apenas com o essencial.
>
> O que queremos é ordem. Somos contrários a qualquer tipo de subversão. Mas a ordem que queremos é a ordem do Estado de Direito.
>
> A consciência jurídica do Brasil quer uma cousa só: o Estado de Direito, já.

Deixemos que o próprio autor nos conte seu resumo:[7]

> *Estávamos em 1977. Vivíamos o 13° ano de chumbo da ditadura militar.*
>
> Havia em mim um sonho. Um sonho? O que em mim fervilhava era muito mais do que um sonho. Era um almejo ardente, um anhelo dominante. Era uma ideia arrebatadora. Era um projeto: o projeto de uma proclamação desassombrada — incontido desabafo de minha alma, reflexo da alma flagelada de meu País. Era uma conjectura: a conjectura de um manifesto revolucionário — brado carismático por liberdade e pelo Estado de Direito.
>
> Das Arcadas do Largo de São Francisco, do "Território Livre" da Academia de Direito de São Paulo, eu queria dirigir a todos os brasileiros minha Mensagem de Aniversário — uma alocução veemente, que fosse uma Proclamação de Princípios de nossas convicções políticas.
>
> Nós estávamos convictos de que a fonte genuína da ordem pública não era a Força, mas o Poder. Para nossa consciência jurídica, o Poder emana do povo; era produto da manifestação popular. A Força era outra cousa. Era a imposição das armas. A Força não deveria nunca ser mais do que instrumento a serviço do Poder. Nós denunciávamos como ilegítimo todo Governo fundado na Força. Legítimo somente o era, o Governo que fosse Órgão do Poder.
>
> Para nós, ilegítimo era o Governo cheio de Força e vazio de Poder.
>
> Reconhecíamos que o Chefe do Governo era o mais alto funcionário nos quadros administrativos da Nação. Mas negávamos que ele fosse o mais alto Poder de um País. Acima dele, reinava o Poder de uma Ideia: reinava o Poder das convicções que inspiravam as linhas mestras da Política nacional. Reinava o senso grave da Ordem, que se achava definido na Constituição.
>
> Proclamávamos a soberania da Constituição. Afirmávamos que a fonte legítima da Constituição era o Povo. Sustentávamos, também, que só o Povo, por meio de seus Representantes no Congresso Nacional, tinha competência para emendar a Constituição.

7 Fonte: http://www.goffredotellesjr.adv.br/site/pagina.php?id_pg=30

Para nós, o exercício do Poder Constituinte por autoridade que não fosse o Povo configurava usurpação de poder político.

Se ao Poder Executivo fosse facultado reformar a Constituição, ou submetê-la a uma legislação discricionária, a Constituição perderia, precisamente, seu caráter constitucional, e passaria a ser um farrapo de papel.

No meu idealizado Manifesto eu proclamaria: "O Estado legitimo é o Estado de Direito, e o Estado de Direito é o Estado Constitucional".

Eu diria que o Estado de Direito é o Estado que se submete ao princípio de que Governos e governantes devem obediência à Constituição emanada de um Congresso Democrático, eleito pelo Povo.

Bem simples se nos afigurava este princípio, mas luminoso, porque se ergue, como barreira providencial, contra o arbítrio de vetustos e renitentes absolutismos. A ele, as instituições políticas das Nações somente chegaram após um longo e acidentado percurso na História da Civilização. Sem exagero, poder-se-ia dizer que a consagração desse princípio representava uma das mais altas conquistas da cultura, na área da Política e da Ciência do Estado.

Eu lembraria, em meu Manifesto, que, nos países em que a cultura política já organizou o Estado de Direito, a insólita implantação do Estado de Fato ou de Exceção — do Estado em que o Presidente da República volta a ser o monarca lege solutus — constituía um violento retrocesso no caminho da cultura.

Em lugar dos Direitos Humanos, a que se refere a Declaração Universal das Nações Unidas, aprovada em 1948; em lugar do habeas corpus; em lugar do direito dos cidadãos de eleger seus governantes, esses Estados e Sistemas colocariam o que chamam de Segurança Nacional e Desenvolvimento Econômico.

Com as tenebrosas experiências dos Estados Totalitários europeus, nos quais o lema era, e sempre foi, Segurança e Desenvolvimento, aprendemos uma dura lição. Aprendemos definitivamente que, fora do Estado de Direito, o referido binômio pode não passar de uma cilada. Fora do Estado de Direito, a Segurança, com seus órgãos de terror, é o caminho da tortura e do aviltamento humano; e o Desenvolvimento, com o malabarismo de seus cálculos, é a preparação para o descalabro econômico, para a miséria e a ruína.

No meu Manifesto, eu afirmaria que nós não nos deixaremos seduzir pelo canto das sereias de quaisquer Estados de Fato. Não nos iludiremos com a pregação da Segurança e do Desenvolvimento.

Eu afirmaria que o binômio Segurança e Desenvolvimento não tem o condão de transformar uma Ditadura numa Democracia, um Estado de Fato num Estado de Direito.

Eu declararia falsa a vulgar afirmação de que o Estado de Direito e a Democracia são "a sobremesa do desenvolvimento econômico". Eu lembraria que desenvolvimentos econômicos se fazem, às vezes, nas mais hediondas ditaduras.

Eu proclamaria que nenhum País deve esperar por seu desenvolvimento econômico, para depois implantar o Estado de Direito. Advertiria que os Sistemas, nos Estados de Fato, ficam permanentemente à espera de um maior desenvolvimento econômico, para nunca implantar o Estado de Direito.

Nós queríamos, sim, segurança e desenvolvimento. Mas queríamos segurança e desenvolvimento dentro do Estado de Direito.

No meu Manifesto, eu sustentaria que o Brasil dos ditadores não era o nosso Brasil. No Brasil dos ditadores, a Sociedade Civil estava banida da vida política da Nação. Pelos chefes do Sistema, a Sociedade Civil era tratada como se fosse um confuso conglomerado de ineptos, sem discernimento e sem critério, aventureiros e aproveitadores, incapazes para a vida pública, destituídos de senso moral e de idealismo cívico — como se fosse uma desordenada multidão de ovelhas negras, que precisava ser continuamente contida e sempre tangida pela inteligência soberana do sábio tutor da Nação.

No Brasil dos anos de chumbo, o Poder Executivo, por meio de atos arbitrários, declarara a incapacidade da Sociedade Civil, e decretara a sua interdição.

Pois eu queria proclamar, num claro Manifesto, a ilegitimidade de todo sistema político em que abismos se abrem entre a Sociedade Civil e o Governo.

Os governantes que davam o nome de Democracia à Ditadura nunca nos enganaram e não nos enganarão. Nós sabíamos que eles estavam atirando, sobre os ombros do povo, um manto de irrisão.

30° Congresso da UNE 1968

Nesse incrível ano de 1968, em 12 de outubro, mais de mil estudantes de todo o Brasil se reúnem no sítio Muduru em Ibiúna, pequeno município na época com uns seis mil habitantes, a 70 Km da capital de São Paulo, para realizar o 30° Congresso da União Nacional dos Estudantes, a UNE.

Esse congresso, convocado para ser clandestino, não chegou a ser finalizado. Incríveis falhas de segurança e na logística resultaram na invasão do local pelas forças da repressão.

Um batalhão de choque da Força Pública (FP-Polícia Militar) de Sorocaba, com 120 homens, e outros 135 da Força Pública de São Paulo, apoiados por 80 agentes do Departamento de Ordem Política e Social (DOPS), além de dezenas de militares cercaram os caminhos nos arredores. Nada menos que 80 ônibus foram requisitados pelas autoridades para acabar com a festa e levar todo mundo para o presídio Tiradentes e em seguida transferi-los para o Carandiru, no centro da capital, e alguns para o DOPS.

Entre os 920 estudantes presos, os líderes que organizaram o congresso, Luís Travassos, presidente da UNE, José Dirceu, presidente da União Estadual de Estudantes de São Paulo, e Vladimir Ribas, presidente da União Paulista de Estudantes secundaristas. Na sequência também foram presos Therezinha Zerbini e frei Chico, do convento dos dominicanos, por participarem da locação do sítio em que realizaram o congresso.

Esse congresso deveria eleger Jean Marc Von der Weid, presidente da entidade, que acabou condenado por atividades subversivas como militante da AP. Foi preso pelo Cenimar na base naval da Ilha das Flores, foi solto, estava clandestino, mas conseguiu escapar da prisão por ocasião do cerco em Ibiúna. Continuou clandestino e candidato. No congresso em março de 1969 foi finalmente eleito, mas seria preso logo em setembro.

Com a prisão de Jean Marc Von der Weid, assumiu a presidência da UNE o estudante Honestino Monteiro Guimarães, mesmo na clandestinidade. Jurado de morte, foi preso pelo Cenimar e desapareceu. Sua mãe, depois de muita luta e 23 anos de espera, teve o reconhecimento do governo de que seu filho foi morto pelos agentes da ditadura. Em 20 de setembro de 2013, Honestino foi anistiado em sessão solene em sua homenagem realizada pela Comissão de Anistia no Campus Universitário Darcy Ribeiro da Universidade de Campinas.

Cada tentativa dos estudantes de se reunir para discutir política e reorganizar as entidades representativas era fortemente reprimida. Em maio de 1977, 17 professores foram punidos na Universidade Nacional de Brasília (UnB) e 200 estudantes presos.

1977 - Invasão da PUC e ressurgimento da UNE

1977 foi um ano em que os estudantes retornaram às ruas, primeiro em pequenos grupos, logo com manifestação com mil pessoas. No ano seguinte, na Faculdade de Filosofia da USP reúnem-se 3 mil pessoas em ato a favor da anistia.

Em junho, 800 estudantes foram presos em Belo Horizonte quando pretendiam realizar um 3º Encontro Nacional. Não deu certo em Minas Gerais e em setembro foram para São Paulo com intenção de fazer a reunião no campus da USP. Tropas do Exército e da PM cercaram o campus. Diante do cerco foram para a Pontifícia Universidade Católica de São Paulo (PUC/SP).

Em 22 de setembro 1977, mobilizados pelos DCEs, 2 mil estudantes se reúnem na PUC/SP, no bairro das Perdizes, para discutir o momento político e o que fazer para o movimento estudantil. O movimento fora desestruturado, com a prisão dos dirigentes, no Congresso da UNE em Ibiúna, em 1968. Era tarefa urgente reorganizar a UNE.

Uma tropa de choque de três mil homens da PM, Polícia Civil e agentes de inteligência, carros de assalto com jato de água, comandada pelo coronel do Exército Erasmo Dias, invadiu o campus da PUC, batendo e prendendo, jogando bombas de gás e de efeito moral, arrombando portas e arrastando indiscriminadamente professores, funcionários, alunos.

A PUC ficou como se tivesse passado um furacão: papeis e livros rasgados, vidraças e portas estraçalhadas. 15 ônibus foram usados para levar todo mundo pro quartel do 1º Batalhão de Choque da PM e para o Dops. Muita gente ferida, algumas com queimaduras graves. 854 pessoas presas, 42 processadas com base na Lei de Segurança Nacional.

Depoimento dos que estavam lá:

Nadir Gouvêa Kfouri, reitora da PUC:

> Eram centenas os soldados. Havia muita gente de fora da PUC no campus. Dezenas dos que assistiam ao ato se transformaram em po-

> liciais. Começaram a gritar e a bater. Eram infiltrados. Bombas de gás e de efeito moral estouravam. Pânico e correria. A ocupação foi premeditada. Eles sabiam quem queriam prender. No momento culminante da invasão, o estacionamento ficou lotado de "prisioneiros de guerra", agachados e em silêncio, como os vietcongues capturados pelos americanos no Vietnã. Ouvi de um policial que quatro ou cinco meninas estavam muito feridas. Fui até lá, na lateral do Tuca. Jaziam no chão, queimadas. O cheiro era ruim, uma estava desmaiada.

Padre João Edênio, 71 anos, era vice-reitor comunitário da PUC:

> Os invasores pareciam drogados, descontrolados, olhos vidrados. Jogaram os arquivos para o ar, entortaram máquinas de escrever. Os mais excitados eram jovens em trajes civis. Eles gritavam, xingavam, nos chamavam de comunistas. Uma brutalidade medieval. Apanhei porque contestei. Quando agrediam os alunos, eu intervi: "Mas os alunos não estão reagindo, não batam". Me cobriram de tapas na cara e bastonadas no braço que ficou adormecido. Moças queimadas! Até as folhas dos coqueiros lá no alto ficaram esturricadas. Disseram que haviam usado gás napalm, que os americanos lançaram no Vietnã. Selvageria, noite de cão.

A ditadura na USP

Nessa época, estamos falando dos anos de chumbo, na Faculdade de Medicina da USP, os bons professores dedicados à pesquisa foram perseguidos. Alguns nem sequer por razões políticas. Em entrevista à Rádio USP, o professor Erney Felicio Plessmann de Camargo, do Instituto de Ciências Biomédicas (ICB) e Professor Emérito da FMUSP, deu seu depoimento sobre esse período. Ele conta que, na época,

> havia um grupo de professores, em sua maioria jovens, que buscava reformar o ensino e a produção científica na faculdade, trazendo um caráter experimental e fugindo da tradição erudita que a unidade possuía, o que criava conflitos.
>
> Nós estávamos nos tornando incômodos ao exigir uma reformulação completa do processo de pesquisa e de tratamento experimental do conhecimento médico, e não o transmitido por livros.

Após o golpe militar, por meio de uma carta anônima, vários professores foram alvos de denúncias baseadas em inverdades e foi aberto um Inquérito Policial Militar (IPM). O médico foi acusado de mentir em seu currículo e de aliciar alunos para o Partido Comunista. A partir do inquérito, vários professores foram demitidos da faculdade e alguns foram embora do País, caso do professor Plessmann, que viajou aos Estados Unidos com a família às pressas.

Reitores da ditadura

Luís Antônio da Gama e Silva (1913-1979), o temido Gaminha, coautor do AI-5 de 1968. Foi ministro da Educação, Justiça e Minas no governo do general Castelo Branco (1964-1967) e também reitor da USP de onde saiu para ser ministro da Justiça do general Costa e Silva de 1967 a 1969. Como reitor fez a lista de 23 professores que deveriam ser punidos, entre eles Florestan Fernandes, Octavio Ianni, Isaías Raw, Mário Schenberg e, inclusive, o vice-reitor, que assumiu a reitoria com sua ida ao ministério da ditadura, Hélio Lourenço de Oliveira.

Após o AI-5, a Cidade Universitária da USP, na capital paulista, foi invadida por tropas do Exército, polícias militar e civil, que cercaram o CRUSP (Conjunto Residencial da USP) e expulsaram 1.500 estudantes residentes. O reitor, então Hélio Lourenço, protestou. Uma boa parte dos jovens que residiam no CRUSP entrou para as organizações de luta armada para combater a ditadura. Muitos dos que sobreviveram às prisões e torturas requereram anistia e receberam o pedido de perdão do Estado.

O sucessor de Gama e Silva, Miguel Reali, teve o "mérito" de criar, dentro da USP, a Assessoria Especial de Segurança e Informação (AESI). Vinculada ao Serviço Nacional de Informação (SNI), fornecia informações para o DOPS e para as forças armadas. A AESI deveria atuar somente em órgãos da administração federal, portanto, era ilegal na USP.[8]

O relatório da Comissão da Verdade da USP, concluído em março de 2018, resultado de 4 anos de pesquisa, ocupando dez volumes, deixa claro que a perseguição ia bem além da punição e demissão, pois a vítima ficava

8 Fonte: https://jornal.usp.br/universidade/1964-1985-anos-de-perseguicao-na-usp/

proibida de matricular-se em qualquer outra instituição, interrompendo pesquisas e carreiras.

Entre os 434 mortos pela ditadura, 47 eram da USP: 39 alunos, 6 professores e 2 funcionários. Os mais conhecidos entre eles,

- Alexandre Vannucchi Lime, aluno de geologia;
- Antonio Benetazzo, aluno de filosofia e arquitetura;
- Tito de Alencar Lima (Frei Tito), aluno de ciências sociais, morto pelo fantasma do Fleury;
- Vânio José de Matos, aluno de direito, morto no Estádio Nacional do Chile;
- Ana Rosa Kucinski, professora do Instituto Nacional de Química, quando desapareceu foi demitida;
- Iara Iavelberg, professora do Instituto de Psicologia;
- Vladimir Herzog, professor no Departamento de Jornalismo.

Iara Iavelberg era companheira de Carlos Lamarca (ambos da VPR) e também circulou versão de que suicidara diante de um cerco policial. Na realidade ela foi morta a tiros por policiais no dia 20 de agosto de 1971, aos 27 anos, no bairro da Pituba, em Salvador, Bahia. Lamarca também morreria assassinado poucos dias depois, em 17 de setembro de 1971.

O caso de Iara Iavelberg também provocou polêmica entre a comunidade judaica e a Justiça, que, movida por advogados, queria a exumação do corpo para contrariar a versão de suicídio, importante porque segundo a crença judaica o suicida é enterrado fora do campo e de costas para os demais sepulcros. Feita a exumação, a perícia comprovou o homicídio. Ninguém se suicida com uma saraivada de balas.

O mesmo ocorreu com o Vladmir Herzog, jornalista também judeu. A família teve que exigir a exumação do corpo para comprovar a impossibilidade de ele ter se enforcado na posição em que foi fotografado. Anos depois, em depoimento à Comissão da Verdade, o fotógrafo admitiu que montou a cena a pedido dos militares. A viúva e os filhos obtiveram o atestado de óbito confirmando que Herzog foi morto como consequência dos maus tratos sofridos, recebendo o pedido de perdão do Estado dado pela Comissão de Anistia.

Este caso, como inúmeros outros, foi desarquivado e esclarecido graças aos depoimentos e relatórios às Comissões da Verdade. Particularmente o de Iara, em audiência pública realizada na Assembleia Legislativa, pela Comissão da Verdade do Estado de São Paulo "Rubens Paiva", presidida pelo então deputado Adriano Diogo, em março de 2013.

Mães se organizam por seus filhos

Nesse contexto de repressão indiscriminada e de extrema violência contra a juventude, foi criada a Comissão de Mães em Defesa dos Direitos Humanos. Paralelamente, na PUC/SP, professores e dirigentes estudantis lançaram Comitê Primeiro de Maio pela Anistia, que teve importante papel na mobilização de DCEs por esse Brasil afora.

Mais adiante, com a formação dos Comitê Brasileiros pela Anistia (CBA), o movimento ganha dimensão de movimento de massa, com manifestações, comícios, o Dia Nacional de Luta pela Anistia, Semana pela Anistia. No programa mínimo de ação, o CBA-SP se comprometia a encaminhar a sua luta pela consecução dos seguintes objetivos imediatos:

> 1) fim radical e absoluto das torturas;
>
> 2) libertação dos presos políticos e volta dos cassados, aposentados, banidos, exilados e perseguidos políticos;
>
> 3) elucidação da situação dos desaparecidos;
>
> 4) reconquista do habeas-corpus;
>
> 5) fim do tratamento arbitrário e desumano contra os presos políticos;
>
> 6) revogação da LSN e fim da repressão e das normas punitivas contra a atividade política;
>
> 7) apoio às lutas pelas liberdades democráticas.

A violência contra os jovens chocou a sociedade. Já os meios de comunicação não podiam ignorar a indignação de amplos setores. Em maio de 1979, sem medo da repressão, cerca de 10 mil estudantes se reuniram em Salvador no Congresso de Reconstrução da UNE.

Em 8 de agosto em São Paulo, estudantes e ativistas do movimento pela anistia e contra a ditadura conseguiu realizar multitudinária concentração na Praça da Sé, em ato contra o projeto oficial, com mais de dez mil pessoas.

Reorganiza-se o movimento sindical

Na clandestinidade, militantes comunistas iniciam a reorganização do movimento sindical a partir do chão de fábrica. A Igreja de Roma faz o mesmo, através das pastorais operárias, e com as Comunidades Eclesiais de Base organiza a população nos bairros periféricos. Nesse momento a igreja é, senão a única, a mais importante organização vinculada aos trabalhadores preservada, principalmente nos bairros.

O movimento sindical, praticamente dizimado a partir do golpe de 1964, começou a se rearticular ainda nos anos 1960, resultando nas greves de 1968, em Contagem, vizinha a Belo Horizonte, em Minas Gerais, em abril, e em Osasco, município da Grande São Paulo, em julho.

Lutava-se contra o arrocho salarial e contra a Lei de Greve: lei que proibia e punia as paralizações.

Em Contagem, 1.200 trabalhadores paralisaram a Belgo Mineira, e animaram outros trabalhadores a pararem. A greve teve início no dia 16 de abril; no dia 24, 1.200 policiais militares cercaram a região.

Em Osasco, 3 mil trabalhadores da Cobrasma, seguidos por seis das 11 principais indústrias da região, não só pararam como ocuparam as fábricas. Vieram tropas do Exército a reprimir os grevistas e levaram mais de 400 pra cadeia.

Ainda em março de 1968, o estudante Edson Lima Souto, de 17 anos, participando de um protesto coletivo contra a má qualidade da comida servida no restaurante estudantil conhecido como Calabouço, no centro da cidade do Rio de Janeiro, foi morto a tiros por um oficial da Polícia Militar.

Uma onda de indignação levou centenas de milhares de pessoas que marcharam pelas ruas do centro. Das janelas dos edifícios ocupantes jogavam papel picado e aplaudiam. Essa mobilização, gigantesca e raivosa, repetindo-se, mais as greves pipocando pelos principais centros industriais, acendeu luz vermelha (ou verde?) entre os militares no poder usurpado.

Foram anos de muita tensão, agravados pelo assassinato do jornalista Vladimir Herzog, em outubro de 1975 e do operário Manoel Fiel Filho, em 1976. Ambos assassinatos foram apresentados à opinião pública como suicídio, mas as evidências eram claras. Tanto o metalúrgico como o jornalista foram levados presos ao DOI-Codi, onde morreram sob tortura. Nesse mesmo janeiro, morreu o presidente Juscelino Kubistchek em um acidente automobilístico que também levantou suspeita de ter sido um crime político. A morte de Manoel Fiel Filho custou a carreira do comandante do 2º Exército, general Ednardo D'Ávila Mello, substituído por Geisel pelo general Dilermando Monteiro, que iniciou o desmantelamento dos organismos de repressão e tortura.

Parece que as mobilizações iniciadas pelos metalúrgicos animam outros setores da sociedade. Jornalistas trabalham intensamente para divulgar os fatos, mesmo na grande imprensa, e voluntariamente nos jornais sindicais. Mulheres organizam movimentos contra a carestia e de apoio aos grevistas. Negros se reorganizam e realizam atos contra a violência e a discriminação.

Ganham intensidade os movimentos pela anistia, por respeito aos direitos humanos e pela restauração da democracia. Eleições diretas e a constituinte passam a ser prioridade na sociedade civil organizada.

As greves no fim do regime militar

Numa manhã de maio de 1978, dia 12, metalúrgicos da Scania-Vabis, em São Bernardo do Campo, param dando início a uma onda de greves contra o arrocho salarial que se estende por todo o ABCD (Santo André, São Bernardo do Campo, São Caetano e Diadema), municípios vizinhos à capital de São Paulo, com grande concentração de fábricas. Os trabalhadores reivindicavam 34,1% não de aumento propriamente, mas de reposição salarial numa época em que a inflação beirava os 40%. Entre maio e agosto, 120 mil trabalhadores de 132 empresas da região conseguem aumentos e antecipações salariais. Em setembro, ocorre a primeira greve geral nacional dos bancários.

Em 30 de outubro de 1979, comandando um piquete na frente da fábrica Sylvania, região sul da capital paulista, o metalúrgico Santo Dias da Silva, ligado à pastoral católica, foi assassinado a tiros por um policial militar. Foi a gota d'água que fez desandar em direção ao fim da ditadura.

Em 1980 voltam os metalúrgicos a entrar em greve nos municípios do ABCD, incluindo agora Mauá, Ribeirão Pires e Rio Grande da Serra. Em abril, 330 mil estavam parados. Foram 41 dias de grande tensão:

> A repressão prendeu, cassou, indiciou, enquadrou e condenou pela Lei de Segurança Nacional e perseguiu indiscriminadamente todos os militantes sindicais.
>
> (...)
>
> Muitos ficaram marcados pelas listas negras das perseguições políticas e patronais e nunca mais conseguiram arrumar emprego e trabalhar na mesma função. Muitos não conseguiram nunca mais sequer um emprego registrado.[9]

Animados com o sucesso das mobilizações, em julho de 1983 chamam para uma greve geral nacional. O resultado parcial foi bem menor do que esperavam.

Isso foi lembrado na convocação feita pela Associação dos Metalúrgicos Anistiados do ABC, para comemoração dos 26 anos da primeira lei de anistia, transcorrido em sessão solene da Câmara Municipal de São Bernardo, com a presença de representantes de associações de todo o país, no dia 20 de novembro de 2005.

O ato relembrou todo o processo de luta pela anistia e reportou as dificuldades e erros na execução de processos de anistias perpetrados pela Comissão de Anistia e órgãos da administração federal.

A greve que surpreendeu a Fiat

Em Betim, Minas Gerais, os operários da Fiat se organizaram em surdina e conseguiram surpreender a empresa com uma greve, em outubro de 1978. Surpreendeu porque para vir ao Brasil a empresa havia imposto como condição que não haveria agitação operária nem muito menos paralisações.

Além das garantias o governo mineiro bancou tudo: terreno de dois mil metros quadrados, rede de esgoto, pavimentação, eletricidade e isenção de impostos. Um coronel do Exército, Jofre Mario Klein, organizou a segurança da empresa em parceria com o Dops local e o SNI.[10]

9 Fonte: site do Memorial da Democracia.

10 Fonte: https://theintercept.com/2019/02/25/espionagem-enriqueceu-fiat-brasil/

O coronel foi seguidas vezes à Itália aprender como em Turim a empresa controlava os operários. Os métodos eram fascistas, como escuta telefônica, fichamento, controle da vida privada e terror, tudo para manter a "paz social".

No Brasil ele aplicou os mesmos métodos, fichou todo mundo e encheu de infiltrados o chão de fábrica.

A vinda de trabalhadores italianos para tocar as máquinas, ganhando bem mais que os brasileiros, foi o estopim que levou os metalúrgicos a paralisar a empresa. Depois de cinco dias parados aceitaram um acordo e voltaram ao trabalho. Como a empresa não cumpriu o acordo, no ano seguinte deflagraram nova guerra, esta vez com muito mais força.

Sindicalistas e grevistas

A presença de agentes infiltrados entre os operários e a contribuição dos executivos das empresas com a repressão eram recorrentes, os casos mais conhecidos resultaram na prisão de líderes de comissões de fábrica, dentro de empresas, na Volkswagen e na Mercedes.

Claro que a história do movimento sindical não é objeto deste livro, mas esse pequeno resumo tem a intenção de lembrar que houve, sim, luta, espancamentos e prisões não reconhecidos pela Comissão de Anistia, sob argumentos dos mais desbaratados, como o de que se tratava de greve por aumento de salário, ou que ocorreram depois da Anistia de 1979.

Documento preparado em reunião de representantes de doze entidades de anistiados de todo o Brasil, enviado a Marcello Lavenère, presidente da Comissão de Anistia, deixa claro a ilegalidade dessa atitude:

> O Presidente da República e ex-sindicalista Luiz Inácio Lula da Silva, foi anistiado por ter liderado greves posteriores a 1979. Será necessário desanistiá-lo, em virtude da não concordância da Comissão de Anistia em respeitar o Período Constitucional de 1946 a 5 de outubro de 1988, e a explicitação em todas as Leis de Anistia desde 6.683/79 até Lei 10.559/02, dos direitos dos sindicalistas e grevistas. Na década de 1980 as greves não foram somente reivindicatórias como entende essa Comissão. Em seu bojo encontrava-se a demonstração da revolta dos operários contra a situação dominante e a injusta Lei de Greve, então em vigor.

As greves tinham motivação política

Em setembro de 2007, com intuito de esclarecer os problemas com os sindicalistas, a Comissão de Anistia realizou em sua sede uma de suas reuniões temáticas, com trabalhadores e dirigentes sindicais que perderam seus empregos na região do ABC nos anos 1970 e 1980.

O problema é que as autoridades não reconheciam as greves dessa época como de motivação política, mas, sim, como realizadas unicamente para obter vantagens econômicas. Mas os sindicalistas argumentavam que sim, "havia motivação econômica, mas o sentido maior da luta era restabelecer a democracia". Com a sessão temática os metalúrgicos puderam expor diretamente aos conselheiros seus pontos de vista. Para eles, "a greve dos metalúrgicos do ABC teve papel estratégico na luta contra o regime militar. Durante a paralisação de 41 dias, mais de 500 mil trabalhadores das indústrias paulistas cruzaram os braços. O líder do movimento era o presidente Luiz Inácio Lula da Silva, que ficou preso por um mês".

Essas reuniões temáticas serviram para ouvir petroquímicos de Camaçari (BA), trabalhadores do Arsenal da Marinha (RJ), servidores do Banco do Brasil e da Petrobras, metalúrgicos da CSN, Cosipa, Belgo Mineira, Açominas e Usiminas.

Em 1968, o ditador de turno era o general Costa e Silva, que, aparentemente cedeu à reivindicação dos trabalhadores grevistas, apoiada pela população, pois em 1º de maio concedeu aumento de 10% para todos os assalariados. Um alívio ao arrocho iniciado em 1964. Porém, em dezembro, o mesmo Costa e Silva decretou o AI-5, jogando um balde de água frias às pretensões de retorno à democracia.

Massacre de Ipatinga

Outra emblemática recuperação de memória foi realizada pela Comissão Nacional da Verdade do Vale do Aço, em parceria com o Fórum Memória e Verdade, com a participação da Comissão Estadual da Verdade de Minas Gerais, ao recordar o episódio em que mais de oito pessoas foram assassinadas a tiros de metralhadora pela PM mineira.

Em 7 de outubro de 1963, forças policiais a serviço da Usiminas, então estatal, atiraram contra operários da mineradora e de empreiteiras a seu serviço, o que ficou na história como uma conjugação de violações de liberdades civis e políticas e de liberdades socioeconômicas.

Pesquisa realizada pelo Grupo de Trabalho Ditadura e Repressão e pelo Fórum Memória e Verdade do Vale do Aço revelou que os trabalhadores eram submetidos a condições salariais, de trabalho e de vida precários. Para que essa situação não vazasse os trabalhadores eram mantidos sob severa vigilância privada e estadual.

Em 6 de outubro de 1963, 300 operários se revoltaram contra a severa vigilância e revista a que estavam sujeitos e decidiram não entrar na empresa e manifestar suas reivindicações em frente ao portão. Essa atitude, no dia seguinte, atraiu cerca de cinco mil trabalhadores.

Caminhões da PM com policiais armados, mais a guarda de segurança da empresa, iniciaram um tiroteio que deixou oito mortos e 79 feridos. Aos 50 anos da tragédia, a Comissão da Verdade realizou uma audiência pública pra recuperar a memória.

Em 21 de julho de 2014, boletim da ABAP informou que a CNV decidiu convocar para depor 16 pessoas que estiveram diretamente envolvidas nas práticas de tortura e extermínio de militantes opositores. Um dos mais notáveis entre os convocados foi o general José Antônio Nogueira Belham, e o sargento Jurandyr Ochsendorf e Souza, lotados no DOI-Codi do Rio, quando em janeiro de 1971 desapareceram com o deputado Rubens Paiva. Outro convocado foi o o ex-médico militar e general reformado Ricardo Agnese Fayad, ex-subsecretário de Saúde do Exército, que atuou no DOI-Codi do Rio e na Casa da Morte de Petrópolis.

Sete dos 16 convocados atuaram em campanhas militares entre 1972 e 1974, ligadas ao extermínio da Guerrilha do Araguaia. Antes do relatório final, a CNV quer usar esses depoimentos em uma audiência pública sobre o Araguaia, marcada para 12 de agosto, em Brasília. Para esta audiência foi convocado Sebastião Curió, comandante que participou de campanhas que contribuíram ao extermínio da guerrilha.

A CNV também considera que os ex-agentes também têm esclarecimentos a prestar sobre a prisão, tortura e morte de brasileiros no Estádio Nacional, no Chile, e outros episódios de conexão repressiva envolvendo colaboração com agentes da Argentina e do Paraguai, e com operações contra integrantes da Ação Libertadora Nacional (ALN), desencadeadas em São Paulo, que resultaram nas mortes de Iuri e Alex Xavier Pereira.

Em meio a tantas tragédias, no relatório da CNV há episódios tão ridículos que até provocam riso. O escritor Paulo Coelho e o cantautor Raul Seixas, parceiros em músicas de sucesso, foram presos, em janeiro de 1974, para explicar aos agentes do DOI o conteúdo do álbum *Krig-Há, Bandolo!* Paulo Coelho ainda teve que explicar uma história em quadrinho que tinha desenhado tendo como personagem sua namorada.

Sindicatos e a Anistia

A retomada da mobilização dos trabalhadores e reorganização do sindicalismo foi de per se um ato político, não só de confronto com os interventores da ditadura nos sindicatos, como conquistando os postos de direção como de desobediência à Lei de Greve que proibia reuniões e paralizações nas empresas.

Na luta pela anistia se juntaram duas gerações de sindicalistas: aquelas que durante a vigência dos atos institucionais foi expulsa das empresas e dos sindicatos, uma grande quantidade presa e torturada, muita gente no exílio; e uma nova geração que a partir dos anos 1970 reorganizou o sindicalismo e confrontou a ditadura.

Com a adesão dos sindicatos, a luta pela Anistia não só ganhou amplitude como uma grande interação e solidariedade mútua entre os movimentos, reconhecendo uma causa comum, direitos humanos e democracia, e um inimigo comum: ditadura repressiva e custo de vida. Em março de 1978, 7 mil pessoas em assembleia com sindicalistas, estudantes e organizações de mulheres criam o Movimento Contra a Carestia, que veio reforçar a luta nos bairros, levando junto as reivindicações dos movimentos pela anistia e por eleições diretas.

Um exemplo, o V Congresso Nacional dos Trabalhadores na Indústria, em junho de 1978, com representantes sindicais de todo o país, aprovou moção de apoio à luta pela anistia. Um congresso importante porque marca uma virada no movimento operário sindical, que começa a libertar-se da tutela do governo. Os trabalhadores não se intimidaram nem com a presença do general Geisel discursando no evento. Marca também a presença de Lula como uma liderança nacional em ascensão.

Em Brasília, no encontro de agosto de 1978, que aprovou manifestar seu apoio e solidariedade à luta desenvolvida pelos trabalhadores por melhores condições de vida e trabalho, liberdade sindical, direito à greve, pelo fim do arrocho salarial e pela Anistia Ampla, Geral e Irrestrita.

A guerrilha dos artistas ou uma revolução cultural em andamento

Uma nova geração recriou o teatro brasileiro, fazendo teatro e formando atores, artistas e produtores[11]

Os Centros Populares de Cultura – CPC da UNE –, levaram arte ao povo, agitando as consciências com obras de intenso realismo e refletindo a exploração a que estavam submetidos os camponeses.

O TBC em São Paulo, com Ziembinski e Adolfo Celi, foi a grande escola de onde germinou o teatro brasileiro, juntamente com a Escola de Arte Dramática do Décio de Almeida Prado. Antunes Filho saiu do TBC para tornar-se, talvez, o maior nome do teatro brasileiro autoral.

O Teatro de ARENA, fundado nos anos 1950, quando do golpe de 1964, era dirigido por Augusto Boal e Gianfrancesco Guarnieri, que foram proibidos pelos censores de seguir apresentando peças "realistas", como ARENA *Conta Zumbi*, de 1965. Mas a criatividade de Boal não tinha limites e dá início a uma nova fase de sua carreira, com formas ousadas, como a de Teatro Jornal ou de Teatro Invisível, que irrompia num ônibus, por exemplo, e atuava com participação do público. Preso pela repressão em 1971 e exilado, semeou o mundo com seus Teatro do Oprimido. O ARENA fechou as portas em 1972.

José Celso Martinez Corrêa, também teve que recorrer ao exílio para escapar da prisão e tornou-se um ícone da dramaturgia e da rebeldia intelectual. Começou no teatro do Centro Acadêmico 11 de Agosto, com o grupo Oficina. No início dos anos 1960 se transferiu para o casarão no Bixiga, na rua Jaceguai, onde está até hoje. Em 1963 estreou com *Pequenos Burgueses*, de Máximo Gorki, que teve um sucesso estrondoso e lhe rendeu diversos prêmios. Depois de um incêndio o teatro foi reconstruído e fez a reestreia com *O rei da vela*, de Oswald de Andrade.

---

11 Fontes: ww.memoriasdaditadura.org.br, sítios dos teatros mencionados

Ruthe Escobar (1935-2017) fundou seu teatro no Bixiga, bairro boêmio de São Paulo, em 1963, e logo o batiza como Galpão, em homenagem ao grupo uruguaio Galpón, dirigido por Atahualpa del Cioppo (1904-1993), um dos maiores dramaturgos latino-americanos. Seu teatro foi inaugurado com *A Ópera dos Três Vinténs*, de Bertolt Brecht, dirigida por José Renato. Ruth foi uma das grandes damas do teatro brasileiro, e participou ativamente nos movimentos sociais formados para combater a ditadura.

Maria Della Costa (1926-2015) abriu seu teatro, obra de Oscar Niemeyer e Lúcio Costa, também no Bixiga, em 1954. Notabilizou-se por apresentar obras dos mais famosos autores teatrais do planeta e por sua atuação como atriz de cinema. De 1957 a 1959 ela e sua companhia se apresentaram em Portugal, em plena ditadura de Salazar, que impunha tremenda censura à produção cultura. Foi ela quem trouxe o diretor, cenógrafo, escritor e ator Gianni Ratto para o Brasil. Sob a ditadura, protagonizou peças importantes, como *Homens de Papel*, de Plínio Marcos (1967), e *Bodas de Sangue* (1973), de García Lorca, encenada por Antunes Filho.

Gianni Ratto dirigiu peças emblemáticas no período da ditadura, como *Se correr o bicho pega, se ficar o bicho come*, de Oduvaldo Vianna Filho e Ferreira Gullar, com o Grupo Opinião, e *Gota d'Água*, de Chico Buarque e Paulo Pontes, protagonizada por Bibi Ferreira. Ele assinou a cenografia de algumas das mais importantes produções do período.

Greve de artistas paralisa os teatros

Em junho de 1977, a categoria teatral deflagrou uma greve geral em protesto contra a proibição pela censura da peça *Abajur lilás* de Plínio Marcos. Artistas saíram em passeatas pelas ruas e também reforçaram os movimentos cada vez maiores e mais abrangentes pela anistia e por eleições diretas.

O banquete dos mendigos, show musical, no Museu de Arte Moderna do Rio, com os mais renomados artistas da época, foi um verdadeiro manifesto contra a ditadura. Organizado por Jards Macalé, em plena ditadura do general Médici, contou com a presença de Milton Nascimento, Chico Buarque, Gonzaguinha, Raul Seixas, Luiz Melodia, Paulinho da Viola, Edu Lobo, Jorge Mautner e Gal Costa.

O show, que aglutinou pelo menos umas cinco mil pessoas, foi realizado como parte das comemorações para celebrar os 25 anos da Declaração Universal dos Direitos Humanos, promovidas pela ONU. Todos os envolvidos passaram a ser perseguidos e censurados, como já estavam mutilados pela censura o álbum *Milagre dos peixes*, de Milton e Chico canta calabar, do Chico.

Somente em 2015 essa turma de artistas e produtores conseguiu lançar no mercado um álbum com as gravações desse show. Os originais felizmente estavam preservados na casa de um dos produtores.

Define bem o que foi o teatro brasileiro sob a ditadura o extenso texto de Carlos Aparecido Santos sobre O teatro na época da ditadura,[12] do qual recolhemos esse trecho:

> Talvez o ano mais trágico de toda história do teatro brasileiro foi 1968. A censura assume um papel de protagonista na cena nacional, declara guerra contra a criação teatral, torna-se incomodamente presente no cotidiano dos artistas. Em janeiro o general Juvêncio Façanha, que no ano anterior mandou o ameaçador recado para os artistas "ou vocês mudam, ou acabam", dá uma estarrecedora declaração, que define com clareza a atitude do regime com à atividade cênica: "A classe teatral só tem intelectuais, pés sujos, desvairados e vagabundos, que entendem de tudo, menos de teatro".

Em fevereiro, um fato que deixou a classe teatral indignada: a retirada da peça Um bonde chamado desejo, de Tennesse Williams, e a imposição à atriz Maria Fernanda e ao produtor Oscar Araripe de uma suspensão de 30 dias. Os teatros do Rio e de São Paulo declararam-se em greve, em protesto liderados por personalidades como Cacilda Becker, Glauce Rocha, Tônia Carrero, Ruth Escobar e Walmor Chagas. São realizadas por esses grupos diversas vigílias cívicas nas escadarias dos teatros das duas cidades, e ocorrem vários conflitos com a polícia.

Malandro tentou burlar a anistia

Episódio pitoresco, envolvendo o compositor gaúcho Lupicínio Rodrigues (1914-1974), que mostra dois fenômenos típicos. De um lado, a

12 Fonte: http://www.historianet.com.br/conteudo/default.aspx?codigo=716

malandragem numa tentativa de abiscoitar um dinheirinho da Comissão de Anistia; de outro, a leviandade de certas mídias que reproduzem informação que alguém publicou sem checar as fontes.

Lupicínio, o Lupi, um negro na brancura porto-alegrense, que era venerado nas rodas boêmias, mas ao mesmo tempo expulso de alguns bares por ser negro, foi também um guerreiro na conquista dos direitos. Conquistou o Brasil inteiro com suas dores de cotovelo. Caetano cantou *Vingança*, Elizeth Cardoso, *Castigo*, Elza Soares, *Se acaso você chegasse*, Elis Regina, *Cadeira vazia*, Nelson Gonçalves, *Esses moços*...

Um suposto filho de Lupicínio Rodrigues, Lôndero Gustavo Dávila, motorista da Universidade Federal Rural do Rio de Janeiro, diz que o cantor foi preso e na tortura lhe quebraram os dedos para não mais tocar violão e, com isso, queria pleitear anistia. *Carta Capital* procurou Lupicínio Rodrigues Filho, que disse que seu pai sequer sabia tocar violão e nunca foira preso:

> Meu pai nunca tocou nenhum instrumento. Só tocava caixinha de fósforos, nada mais", disse a *Carta Capital* Lupicinio Rodrigues Filho, único herdeiro varão reconhecido pelo compositor, morto em 1974. Ele também teve uma filha, Tereza, do primeiro casamento. Lupicinio Filho, dono do bar em Porto Alegre que leva o título da famosa canção do pai, *Se acaso você chegasse*, garante que a história contada por Lôndero não passa da mais pura ficção. "Não tem nem um fundo de verdade nisso, é mentira da grossa. Eu sei a história da família de cor e salteado e nunca ouvi falar em outro filho do meu pai." E acrescenta: "Se a tortura tivesse ocorrido, pediríamos indenização ao Estado, até por ter direito. Mas meu pai jamais foi preso, em lugar algum".

A guerrilha dos advogados dos presos e perseguidos

São muitos os advogados que atuaram em todos os Estados em defesa de presos e perseguidos políticos e nos movimentos pelos Direitos Humanos. Ainda hoje atuam, pois faltam ainda milhares de pessoas que ainda não entraram com pedido de anistia, e com relação às violações aos Direitos Humanos, seguramente têm mais trabalhos hoje que nunca.

A Ordem dos Advogados do Brasil (OAB), em cada cidade, ajudava na busca de perseguidos políticos para oferecer-lhes a Anistia. Um número grande de advogados atuando isoladamente. Havia os voluntários que colocavam seus escritórios e serviços advocatícios sem cobrar dos clientes.

Em represália ao comportamento dos advogados, dos jornalistas e de intelectuais, a Aliança Anticomunista Brasileira, em agosto de 1976, realizou atentados à bomba contra a OAB e a ABI, no Rio de Janeiro, e contra o Cebrap, em São Paulo.

O atentado na OAB, em 27 de agosto, com uma carta bomba, causou a morte de Lyda Monteiro da Silva, secretária do presidente da entidade. O crime foi atribuído ao Centro de Informações do Exército, o mesmo que praticou o atentado frustrado ao Riocentro.

O livro *Advocacia criminal nos Anos de Chumbo*, de José Mentor, publicado em 2014, pela OAB de São Paulo, lista 165 profissionais de advocacia que atuaram notadamente na defesa de presos e perseguidos políticos. Como a lista é grande, limito-me a citar uns poucos exemplos.

No Ceará, quem fazia o trabalho de pombo-correio, levar notícias para os presos e trazer notícias de fora para os prisioneiros, se destacando na mídia pelo trabalho, era Wanda Rita Othon Sidou, que defendeu presos de vários estados. São muitas as mulheres que atuaram na defesa de presos políticos, e o livro lista Eny Moreira, Ronilda Noblat. Maria Luiza Flores da Cunha Bierrenbach, Elizabeth Diniz Martins Souto, que atuou em vários estados defendendo presos e perseguidos. Em São Paulo, tivemos a própria presidente do Movimento Feminino pela Anistia, a advogada Terezinha Zerbini, e o escritório de Idibal Pivetta, este, sem dúvida, o detentor de maior número de processos, onde atuaram jovens advogados como Luiz Eduardo Greenhalgh, Airton Soares e Belisário dos Santos Jr., que depois fizeram voo solo.

Há as grandes vestais da jurisprudência, como Heráclito Fontoura Sobral Pinto (1893-1991), defensor de presos políticos de todas as ditaduras, ou Evandro Cavalcanti Lins e Silva (1912-2002), referência em todos os cursos de Direito, e há os que como Idibal Matto Pivetta, em São Paulo, e Antonio Modesto da Silveira, no Rio, que, além de defenderem enorme quantidade de presos e perseguidos políticos, fizeram da advocacia uma arma na luta contra o arbítrio dos ditadores, na defesa dos direitos humanos.

Idibal Pivetta é um caso emblemático. Formado em jornalismo pela PUC/SP e em direito pela USP, foi presidente da UNE, criou o teatro popular do Centro Acadêmico XI de Agosto, hoje o Teatro União e Olho Vivo, com mais de 50 anos de apresentações nas periferias da grande São Paulo.

Foi preso, ficou incomunicável por 67 dias. Uma grave violação ao direito dos advogados e, inclusive, ao segredo de justiça ocorreu ao invadirem seu escritório e levarem documentos e cópias de processos. Idibal Pivetta utiliza o pseudônimo de Cesar Vieira para suas obras poéticas e teatrais.

Ele começou fazendo teatro popular quando ainda estudante da Faculdade de Direito da USP. Uma vez formado, criou o Teatro União e Olho Vivo, o mais longevo grupo de teatro em São Paulo. Em 2010, recebeu o prêmio de Direitos Humanos da OAB/SP. Seu relato:

> No dia 5 de maio de 1973, fomos detidos, fomos algemados, fomos encapsulados, tivemos nossa casa invadida. Nosso escritório devassado. Nossos escritos particulares e textos teatrais consumidos. Cópias de processos levadas. Questionou-se honorários profissionais, perguntou-se endereços de clientes.

Modesto da Silveira estreou na profissão em meio à repressão contra a juventude no início da ditadura e tornou-se defensor de presos políticos. Com a democratização e a Lei de Anistia, foi um campeão em defesa dos direitos dos anistiandos e anistiados. Faleceu em 22 de novembro de 2016, aos 89 anos. Eleito deputado federal mais votado pelo Movimento Democrático Brasileiro (MDB) em 1978, foi um dos articuladores da Lei de Anistia, aprovada no ano seguinte. Sua plataforma baseava-se, entre outros pontos, na defesa do estabelecimento de uma Assembleia Nacional Constituinte, na luta pela anistia, pelo fim da censura, pela autonomia e liberdades sindicais e pelo direito de greve. No início da década de 1970, tornou-se advogado voluntário da Associação Brasileira de Imprensa (ABI). Foi membro do Conselho Brasileiro da Defesa da Paz (CONDEPAZ), do Conselho Mundial da Paz (CMP) e da Comissão de Ética Pública do governo federal, entre outras atividades ligadas à defesa dos direitos humanos. Para o presidente da OAB, Felipe Santa Cruz, Modesto da Silveira era

> um dos grandes defensores da democracia no país. Foi advogado no período mais terrível da nossa história, defensor dos perseguidos políticos. Foi deputado federal eleito basicamente pelos defensores da anistia, das liberdades. Sempre se pautou por uma conduta ética de grande correção. Pessoalmente, tenho muita gratidão, pois ele foi advogado da minha família durante a ditadura, do caso do desaparecimento do meu pai. Um homem que deixou como exemplo um modelo de advocacia para que possamos seguir.

OAB homenageia os que lutam pela democracia

Em nota introdutória ao livro de José Mentor, Rubens Approbato Machado, ex-presidente do Instituto dos Advogados de São Paulo, da OAB de São Paulo e da OAB nacional, inicia o texto com uma acertada citação do Padre Antônio Vieira que justifica por si só o projeto: "O efeito da memória é levar-nos aos ausentes, para que estejamos com eles, e trazê-los a nós, para que estejam conosco".

Em 13 de novembro de 2012, o Conselho Federal da Ordem dos Advogados do Brasil (OAB) realizou sessão solene em homenagem a 48 advogados que em todo o Brasil atuaram em defesa de presos e perseguidos políticos na ditadura. O evento foi realizado em parceria com a Comissão Parlamentar pela Memória, Verdade e Justiça da Comissão de Constituição e Justiça da Câmara dos Deputados, presidida pela deputada Luiza Erundina. Quarenta e cinco advogados receberam certificados intitulados "Memória à Advocacia da Resistência Política". Nos anexos consta a relação completa dos homenageados.

O presidente da OAB, Ophir Cavalcante, disse que a homenagem é uma contribuição para o resgate da memória do período:

> A ordem só tem credibilidade por sua postura, sua luta por um país mais justo, igual e fraterno, luta por liberdade, e ninguém expressou melhor essas bandeiras no país do que os advogados que lutaram em defesa dos presos políticos e pelo restabelecimento da democracia entre nós.

O representante da Comissão Nacional da Verdade, Paulo Sérgio Pinheiro, destacou que o principal ator pela retomada da democracia no país é a sociedade civil e que a OAB teve um papel de destaque nesse processo. Ele pediu que os advogados que tenham registros sobre o período colaborem com a comissão. "Os advogados têm, talvez, no seu conjunto, o melhor arquivo sobre a ditadura militar no Brasil, que é a memória de todos os seus clientes."

"Nós advogados aqui presentes e tantos outros que atuaram no período da ditadura somos uma enciclopédia do riso e da dor, uma enciclopédia da tragédia e da tragicomédia, temos milhares de histórias que não podem ser esquecidas ou ignoradas daquele período e que precisam ser contadas", afirmou um dos homenageados, Modesto da Silveira, do Rio de Janeiro, apelando para que todos contribuam com os trabalhos e abram seus arquivos à Comissão da Verdade.

Organizações em Defesa de presos e perseguidos político

Em São Paulo, em fins de 1974, foi criado o Comitê de Defesa dos Presos Políticos, com advogados e familiares de presos, com grande aceitação no meio estudantil e, no ano seguinte, Terezinha Zerbini fundou o Movimento Feminino pela Anistia (MFPA).

Nessa época, estamos falando dos anos 1970 e 1980, duas décadas de transição e de confusão, marcada pelo ressurgimento das greves operárias. Em 1979, o governo militar e um Congresso de maioria governista aprovam a Lei de Anistia, que não atendeu o movimento popular que reivindicava Anistia Ampla, Geral e Irrestrita.

Com a abertura política, em 1980, velhos e novos militantes de esquerda recriaram o Fórum Sindical de Debates, com a ideia de fomentar a participar das discussões em torno da redemocratização e a participação do movimento sindical nesse processo. No debate em torno da Constituinte, o FSD elaborou, com ampla discussão prévia, um projeto de Constituição.

Concluída essa fase, o problema agora era fazer valer os preceitos da nova Constituição sobre a Anistia. Muita gente sequer tinha conhecimento dos direitos adquiridos. A Anistia de 1979 não indenizava trabalhadores de empresas privadas, mas apenas dirigentes sindicais, militares e funcionários públicos. A luta agora passou a ser para obter do Congresso uma Lei que regulamentasse a Anistia concedida pela Constituinte, que indenizasse todos diretamente atingidos, de alguma maneira, pela ditadura civil-militar. Paralelamente, as lideranças do FSD se moviam no meio político para conseguir que a Assembleia Legislativa de São Paulo votasse uma lei – como já ocorrera pouco antes no Paraná – que indenizasse todos os que tiveram seus direitos violados e sofreram torturas em dependências do estado, independentemente dos direitos de reparação pela União.

Desses esforços foi identificada a necessidade de criar uma entidade. Convocou-se uma assembleia, que alcançou cerca de trezentas pessoas perseguidas, ex-presos políticos e afins. É importante dizer que o Fórum, mesmo antes de se legalizar, desempenhou um papel muito interessante: companheiros reencontraram-se depois de 20, 25 anos sem se verem; e o Fórum passou, inclusive, a ser uma referência para isso. Na assembleia, foi sugerido o nome de Fórum Permanente dos ex-Presos e Perseguidos Políticos do Estado de São Paulo, no qual se buscasse aproximar e aglutinar todas essas pessoas, na luta para que seus direitos fossem colocados em lei.

A primeira diretoria eleita foi colegiada, todos participavam na condição de ex-presos. Trinta e cinco pessoas tiveram o interesse de participar da primeira diretoria do Fórum, deste modo, todos esses passavam a fazer parte da diretoria. Foram escolhidos mais seis para constituir o Conselho Fiscal. Quarenta e um companheiros faziam parte.

Contudo, o comando real estava nas mãos de Rafael Martinelli, cujo esforço na coordenação e nas conquistas do movimento o tornou presidente da entidade no período mais difícil da luta dos anistiandos.

Rafael Martinelli, líder ferroviário nos anos 1950-1960, um dos fundadores da ALN junto com Carlos Marighella, preso e torturado, ao assumir a presidência esclareceu que o objetivo desse fórum é informar as pessoas sobre seus direitos e encaminhar o devido processo, com orientação dos advogados militantes da causa e sem cobrar nada do anistiado.

I° Congresso de Ex-Presos e Perseguidos Políticos

Convocado pelo FPPSP, o 1° Congresso de Ex-Presos e Perseguidos Políticos, transcorreu no dia 13 de dezembro de 2007, em memória dos 39 anos da promulgação do AI-5, tendo como pauta fazer um balanço sobre os avanços e retrocessos no processo de redemocratização do país.

Organizado pelo Fórum Permanente dos Ex-Presos e Perseguidos Políticos do Estado de São Paulo, reunidos no auditório da Escola Caetano de Campos, durante dois dias, o Congresso discutiu os temas: "A anistia política e a legislação"; "Movimento Operário e Camponês: ontem e hoje"; "Os meios de comunicação, a cultura e a herança da censura", e "A Ditadura Militar e a impunidade". Para Raphael Martinelli, presidente do Fórum: "Avaliamos que o congresso foi muito positivo, teve uma boa repercussão, comparecimento acima do esperado, e atingiu todos os seus objetivos". Mencionou como importante conquista do movimento dos anistiados a lei estadual 10.726/2001, que criou a Comissão Estadual de Ex-Presos Políticos, que, com ampla participação das organizações de defesa dos direitos humanos e de ex-presos e perseguidos, já havia conseguido, até aquela data, indenizar mais de 1.500 pessoas.

Com um ano de trabalho esse fórum já representava 800 anistiandos, 250 dos quais com mais de 80 anos. Sua maior preocupação era que "com o ritmo de trabalho da Comissão seriam necessários 20 anos para julgar todos os processos."

Com a troca de governo em 2002, o Fórum saudou a ascensão de um operário anistiado político ao poder com a esperança de que melhores dias viriam. Não obstante, passado um ano da gestão de Lula, o Fórum, em carta aberta ao presidente da República, manifestou sua decepção diante do balanço realizado pela entidade:

> O novo governo federal tem se recusado sistematicamente em cumprir a Constituição Federal. Desde que tomou posse, não indenizou um único perseguido político. Esse fato tem preocupado centenas de participantes do Fórum Permanente dos Ex-Presos e Perseguidos do Estado de São Paulo, reunidos no dia 24 de junho, na Secretaria de Justiça do Estado, em São Paulo, assim como entidades voltadas à defesa de direitos humanos. A estupefação é maior quando são lembrados que desde o senhor Presidente da República, há cerca de dez anos, passando por ministros e parlamentares, já receberam os benefícios previstos pelo Artigo 8.º do Ato das Disposições Constitucionais

> Transitórias e regulamentado enquanto Lei n.º 10.559, em 23 de novembro de 2002. A situação se agravou ainda mais quando o senhor Marcelo Lavenère, secretário do ministro da Justiça e presidente da Comissão de Anistia, em visita ao Fórum, comunicou que se encontra em estudo a aplicação de um desconto sobre os direitos assegurados constitucionalmente. Entendemos que assim procedendo, as vítimas passaram a ser tratadas como suspeitas de terem participado de um negócio escuso.
>
> (...)
>
> Além disso, não podemos aceitar, em hipótese alguma, que a Anistia Política seja confundida ou vinculada com a questão previdenciária e como tal tratada por burocratas de plantão que confundem essa questão política com os problemas de ordem tributária, orçamentária ou de qualquer natureza que não seja o dever moral inconteste da reparação de crimes políticos cometidos pelo Estado brasileiro contra a pessoa humana.
>
> A ditadura militar começou a ser desmontada com a Lei da Anistia de agosto de 1979. Já se passaram 24 longos anos de uma angustiante travessia onde muitos pereceram em busca da reparação assegurada pela Constituição Federal. Nesse momento, a nossa reivindicação continua sendo uma só: o respeito à Lei, sem casuísmos de qualquer espécie na sua aplicação.
>
> O Fórum Permanente dos Ex-Presos e Perseguidos do Estado de São Paulo reafirma sua confiança no governo democraticamente eleito. Porém, os primeiros seis meses do governo foram marcados pelo não cumprimento da Constituição Federal. Diante dessa realidade, manifestamos nossa preocupação com o futuro. Afinal, o medo não pode substituir nossa esperança.

As conquistas do Fórum de São Paulo

O Fórum foi responsável também pelo trabalho de definição conceitual de perseguição e tortura para efeito de pagamento de indenizações provindas dos cofres do estado de São Paulo. Depois de oito meses de discussões, definiram-se duas indenizações que se distinguiam para cada caso. Nesse aspecto, São Paulo superou todos os outros estados brasileiros.

O Fórum também cumpriu e cumpre até hoje um importante papel no resgate da memória e na luta pela justiça e verdade, foi responsável por várias visitas da Comissão da Anistia a São Paulo e participou ativamente da construção do Memorial da Resistência. Ainda hoje trabalha no apoio aos anistiados e anistiandos políticos de São Paulo e no apoio também aos movimentos sociais e no combate aos ataques aos direitos humanos.

Sobre esse tema, vale mencionar a publicação do livro *Ex-presos políticos: memórias e conquistas*, pela Secretaria de Justiça e da Defesa da Cidadania, do governo do Estado de São Paulo, em 2014. Importante porque recolhe depoimentos de ex-presos e perseguidos políticos, gente que foi torturada nas prisões sob a responsabilidade do Estado, de advogados e autoridades do judiciário. É, sobretudo, o reconhecimento do Estado de que cometeu crimes de lesa-humanidade e tenta reparar sua culpa. É o que se depreende do prefácio da edição:

> Infelizmente, é necessário reconhecer que apesar de tipificada em lei e repudiada dentro de um Estado Democrático de Direito, a prática da tortura continua a acontecer em algumas situações.
>
> Se ela continua a ocorrer é porque tem raízes no autoritarismo de épocas específicas de nossa história, como a que ocorreu durante o regime militar (1964-1985), quando sua prática era usual e institucionalizada.
>
> Hoje vivemos o período democrático mais longo da nossa história e o mais fértil do ponto de vista de novas perspectivas para a nação. Nesse ambiente propício nosso país se desenvolve, já que a estabilidade democrática favorece o amadurecimento das instituições.

METALÚRGICO DEMITIDO POR PARTICIPAR DE GREVE EM MINAS: *DEPOIMENTO DE ANTONIO JORGE DE OLIVEIRA*

Eu trabalhava na estatal Aço Minas Gerais S/A, a Açominas, e integrava a comissão de fiscalização do Sindicato dos Metalúrgicos de Ouro Branco/MG. No Movimento Grevista de março de 1987, em que conseguimos ficar 12 dias paralisados, fomos reprimidos com pancadaria por um batalhão de choque, detidos e levados ao quartel. O comandante queria esclarecimentos, como se fôssemos nós os agressores. Fui brutalmente torturado física e psicologicamente pelos militares. Não foi possível comprovar as agressões porque não deixaram marcas.

Fui demitido da Açominas em 3 de abril de 1987, e em 21 de dezembro de 1994, entrei com requerimento na Comissão do Ministério do Trabalho, que era o órgão encarregado de aplicar os benefícios da Lei de Anistia de 1979. De lá, o requerimento foi enviado ao Ministério das Minas e Energia, para as providências cabíveis nos termos do Art. 123, parágrafo 1 do decreto Nº 2.172, 5 de março de 1997.

O Decreto regulamentava os Benefícios da Previdência, que na Seção VIII trata da Aposentadoria Excepcional de Anistiado, e o artigo 123 atribuía ao Ministério do Trabalho a declaração de anistiado. Antes da Comissão de Anistia do Ministério da Justiça era assim.

Não tive êxito neste pedido. Foi quando um companheiro já anistiado pelo Ministério do Trabalho, com Aposentadoria Excepcional de Anistiado, me sugeriu procurar a Abap, uma entidade sem fins lucrativos. Fui. A sede era em Brasília, no Edifício das Seguradoras, salas 903/907, Bloco K, e eles estavam cuidando de processos de anistia, cobrando 10% sobre os valores conquistados.

Gostei da sugestão do companheiro, porque teria um acompanhamento jurídico e técnico do meu processo, que estava perdido por aí, jogado de ministério para ministério. Então me filiei à Abap logo em seguida, no começo de agosto daquele mesmo ano. Cheguei lá na parte da manhã e fui muito bem recebido pelo Sr. Cícero e a secretária Mirnalene (Neves da Silva).

Em seguida Carlos Fernandes, presidente, a senhora Alexandrina, vice-presidente, e o Dr. Ian Rodrigues Dias, advogado, me deram as boas-vindas e ali começou uma relação plena de confiança, profissionalismo e conhecimento de causa, que logo se transformou numa profunda amizade.

Já como associado, entreguei cópia em inteiro teor do meu processo e a Abap iniciou imediatamente os trâmites para anistia. A Abap mudou para o Lago Sul, e me mantive sempre em contato com o presidente e a vice-presidente.

Algum tempo depois, a Abap mudou de novo, agora para Lago Norte. Aí o encontro de novas amizades, profissionais competentes como Junior, Leila e Getúlio, sempre prontos para o esclarecimento de qualquer dúvida.

Convocado, como associado, para participar da Assembleia Geral para eleição do Conselho e da Diretoria Executiva, Carlos Fernandes me indicou para integrar o Conselho. A indicação foi aprovada e passei participar dos trabalhos em prol de amenizar o sofrimento de tantos perseguidos pela Ditadura.

Carlos Fernandes nos deixou, mas cumpriu com o que tinha se proposto como missão e nos deixou muitos bons ensinamentos. Xanda (Alexandrina), sua companheira, deu continuidade à sua obra. Com firmeza dirigiu os trabalhos, acompanhou os julgamentos dos processos, inclusive o meu.

Estou anistiado desde 28 junho de 2005, graças ao trabalho da equipe da Abap e a presença constante da Alexandrina acompanhando os julgamentos.

4. O movimento brasileiro pela Anistia

O movimento social pela anistia começou silencioso, por mães que visitavam suas filhas e filhos nos cárceres e aquelas que procuravam por desaparecidos, com o apoio de advogados envolvidos nos processos instaurados pelos tribunais civis e militares. A sociedade estava, de certa forma, chocada com a sequência de assassinatos que vinham ocorrendo desde o início dos anos 1970 e com as informações saídas dos cárceres sobre os maus tratos aos presos políticos. Em janeiro de 1970, ocorrera a morte do jornalista e dirigente do PCBR Mário Alves no DOI-CODI do Rio de Janeiro. Em janeiro do ano seguinte, desaparece o político e jornalista Rubens Paiva, e, em abril, a sociedade se choca com a morte de Stuart Angel, filho de uma modista famosa. Seguem as mortes de Alexandre Vannuchi e de integrantes da VPR traídos pelo cabo Anselmo; segue o morticínio da Guerrilha do Araguaia. Surge a notícia da morte do jornalista Vladimir Herzog e a tentativa do governo de dizer que havia sido suicídio, quando na verdade ele morreu como consequência das torturas. Em janeiro do ano seguinte morre também sob tortura o metalúrgico Manoel Fiel Filho.

Essas duas mortes custaram a queda do comandante do 2º Exército, general Ednardo D'Ávila Mello. Não obstante, os mecanismos da repressão continuaram atuando, inclusive além das fronteiras nacionais, mancomunados todos numa coordenação multinacional da repressão: a Operação Condor.

E nesse mesmo ano de 1976, em março, desaparece em Buenos Aires, sequestrado por militares argentinos, o pianista brasileiro Francisco Tenório Júnior, que participava de uma apresentação musical com Vinícius de Moraes e Toquinho. A classe média sentiu o golpe. No sétimo dia da morte de Vlado. Dom Paulo convocou um ato ecumênico na Catedral da Sé. O coronel Erasmo Dias, secretário de Segurança do Estado, mandou cercar a praça. Vencendo bloqueios e ameaças com cães na tentativa de frear a manifestação, o povo lotou a praça da Sé. O ato foi Conduzido pelo cardeal D. cPaulo Evaristo Arns, tendo a seu lado o cardeal D. Hélder Câmara e mais de 20 sacerdotes, o reverendo Jaime Wright e o rabino Henry Sobel. Aceso o estopim, essa chama já não se extinguiria.

Jornalistas na luta contra a ditadura e pela anistia

O papel dos jornalistas, burlando a censura, passando informações para o exterior, fazendo jornais e revistas alternativos, alguns até mesmo clandestinos, não pode deixar de ser rememorado e homenageado neste livro, mesmo correndo o risco de ser injusto por omissão. Que a homenagem se estenda a todos os ausentes, vivos e mortos.

Proliferou em todo o país o que se denominou imprensa alternativa, na realidade um jornalismo de combate. Eram pequenos grupos e jornais de circulação restrita, sendo que alguns chegaram a ter grandes tiragens, superando a de muitos jornais tradicionais, como foi o caso de *O Pasquim*. Há vários estudos sobre o tema que indicam que entre 1964 e 1984 houve pelo menos 150 jornais alternativos. Todos tinham como característica reunir jornalistas, intelectuais e estudantes, a maioria jovens.

Tentativas heroicas de realizar o sonho de ter um jornal de jornalismo feito por jornalistas, não sujeito às ordens de um patrão conservador ou reacionário. Um jornal que defendesse os reais interesses da Nação brasileira, não submetido a interesses subalternos à política do Estado ditatorial.

No governo João Goulart, o jornal *Última Hora*, *Correio da Manhã* e a *Folha de S.Paulo* davam um apoio crítico às reformas propostas. Assim também as rádios Marconi em São Paulo, Mayrink Veiga no Rio, Farroupilha do Rio Grande do Sul, *O Estado de São Paulo* e *O Globo* faziam oposição, não tão furibunda como a da *Tribuna de Imprensa* de Carlos Lacerda. De repente, o *Correio da Manhã* passa a fazer uma oposição total e furiosa ao governo. Interessante porque isso deu o tom para o consenso dos demais meios. Ficou na história o editorial de capa do *Correio da Manhã*, no dia 30 de março com o título "Basta!".

O que teria feito esse jornal, de maior peso político na República, mudar? Mistério. O certo é que passados uns três ou quatro meses, o jornal se deu conta de que apoiara uma roubada contra o país e passou ser o único grande jornal a enfrentar o regime, denunciando corrupção e violações aos direitos humanos. O *Última Hora* foi empastelado e deixou de ser o que era no mesmo 1º de abril. O *Correio da Manhã* e a *Rádio Marconi* ainda resistiram poucos anos até serem sufocados pela ditadura e extintos. Caladas essas vozes restou a imprensa alternativa. Os demais meios se enriqueceram e cresceram no pasto da ditadura. Um deles foi O *Globo*, que se transformou na poderosa Organizações Globo a serviço da ditadura. E não é que 50 anos depois a Globo reconhece que foi um erro apoiar a ditadura?

Ditadura não conseguiu calar a imprensa alternativa

Se empenharam a fundo os semanários *Opinião*, logo O *Movimento* (1975-1981), dirigido por Raimundo Pereira, em São Paulo, e O *Pasquim*, no Rio. Criado por Jaguar, Tarso de Castro, Sérgio Cabral e Ziraldo, atacava a ditadura através de charges mordazes. O *Pasquim* foi um sucesso, marcou época até na introdução de gírias no vocabulário pátrio.

Havia os jornais praticamente clandestinos, mas que conseguiam uma grande repercussão, como a *Voz Operária* do PCB; A *Classe Operaria* do PCdoB; O *Guerrilheiro*, da ALN; *Política Operária*, da Polop; *Libertação* da AP.

Um resumo daqueles que tiveram maior abrangência e repercussão: O *Pasquim*, 1969 a 1991, no auge chegou a 200 mil exemplares; *Opinião*, lançado no Rio em 1972, patrocinado por Fernando Gasparian e dirigido por Raimundo Pereira. Contou com a colaboração dos melhores jornalistas da época. Vítima de perseguição atroz pela censura da ditadura, fechou em 1977. *Movimento*, lançado em São Paulo, em 1975, e bancado pelos próprios jornalistas, que para isso fizeram uma cooperativa. Apesar de duramente castigado pelos censores, durou até 1978. Nesse período teve nada menos que seis mil artigos vetados. O *São Paulo*, da Cúria Metropolitana de São Paulo, sob a direção de D. Paulo Evaristo Arns, dedicou-se a denunciar as violações aos direitos humanos e, por isso mesmo, vítima da ferocidade dos censores. *Em Tempo*, lançado em 1978 por dissidentes do *Movimento*; *Hora do Povo*, do Movimento Revolucionário 8 de Outubro (MR-8), lançado em 1978, circula até hoje; *CooJornal* lançado em 1974 em Porto Alegre por um grupo de 66 jornalistas reunidos numa cooperativa. Sobreviveu até 1983 tendo desempenhado importante papel em denúncias inéditas como foi a publicação de documentos sobre a Guerrilha do Araguaia, ou a revelação de que em 13 anos de revolução foram cassados 4.682 pessoas;[1] *Binômio* em Belo Horizonte lançado por jornalistas em 1952, após o golpe de 1o de Abril de 1964 foi invadido e depredado por oficiais do Exército e seus diretores, Guy de Almeida e tiveram que sair para o exílio. *Cadernos do Terceiro Mundo*, lançado no exílio na Argentina, por Neiva Moreira, Pablo Piacentini e Beatriz Bíssio, com sede na Cidade do México e em Lisboa, ao qual logo se integrou Paulo Cannabrava Filho. No auge era publicada em três idiomas e com assinaturas em mais de 50 países. Editada no Rio de Janeiro a partir de 1980, circulou até 2007. Um projeto de digitalizar o acervo da Editora Terceiro Mundo uniu o Arquivo do Estado do Rio de Janeiro, a Universidade Federal do Rio de Janeiro e a Universidade Federal Rural. Uma boa parte das revistas em português já podem ser consultados no sitio da Universidade Federal Rural do Rio de Janeiro. *Cadernos do Terceiro Mundo* tem sua continuidade na revista virtual bilingue *Diálogos do Sul*, de onde também se pode consultar o acervo da revista; *Jornal do País*, ainda na década de 1980 Neiva Moreira e Paulo Cannabrava lançaram no Rio, para ser veículo da luta que se travava pelas eleições diretas, anistia ampla, geral e irrestrita e Constituinte. Durou pouco mas foi pioneiro em massificar a promoção das diretas.

Ato ecumênico muda o rumo da ditadura

Vladimir Herzog era diretor de jornalismo da TV Cultura e fazia o melhor jornalismo com sua equipe. Estava trabalhando resolveu atender "convite" para comparecer no DOI-CODI para depor. Foi e nunca mais voltou. A polícia e o Exército insistiram na tese de suicídio, até mesmo depois de o fotografo ter revelado que montou a cena. Feita a necropsia, não ficaram dúvidas de que morreu vítima dos maus tratos, e não por asfixia mecânica como constava do documento de óbito.

Vlado, como era conhecido o jornalista Herzog, não foi o primeiro nem o único militante "suicidado" nas masmorras de presos políticos. Com criação da Comissão da Verdade, cruzando dados dos arquivos da repressão com depoimentos de autoridades e de suas vítimas, foram identificados 44 casos de supostos suicídios de opositores à ditadura.

1 Fonte: https://seer.ufrgs.br/NauLiteraria/article/viewFile/4850/2768

O Sindicato dos Jornalistas no Estado de São Paulo, sob a direção de Audálio Dantas, aliou-se a D. Paulo Evaristo Arns na mobilização que resultou no ato ecumênico realizado na Catedral da Sé, uma reação indignada à morte de Herzog.

Uma multidão ocupou a igreja e a praça em aberto desafio à força repressiva do governo do estado a serviço do governo federal. Nem a mídia emasculada pela censura podia mais esconder a violência do regime. Esse ato ecumênico, em 31 de outubro de 1975, com a presença do rabino Henry Sobel e o reverendo evangélico Jayme Wright, passou pra história como o começo do fim da ditadura.

Em 2012, com base em sentença judicial lavrada em 1978, de que não houve como provar que Herzog se matou, a família conseguiu mudança na certidão de óbito, fazendo constar que morreu em decorrência de "lesões e maus tratos sofridos durante interrogatório em dependência do 2º Departamento de Operações de Informações – Centro de Operações de Defesa Interna".

Audálio Dantas (1929-2018)

Um mestre do jornalismo e exemplo de comportamento ético e solidário. Audálio é de uma geração de intelectuais nordestinos que vieram para o sul para brilhar. Esteve na criação, lançamento e na redação dos melhores jornais e revistas já produzidos no Brasil. Sua sensibilidade social o levou à militância política e ao movimento sindical, sem deixar um só minuto abandonada sua têmpera de repórter.

Trabalhou na *Folha de S. Paulo*, na revista *O Cruzeiro* e foi chefe de redação da revista *Manchete*, além de repórter nas revistas *Quatro Rodas* e *Realidade*.

Ricardo Kotscho, repórter de boa cepa, em seu blog o define com acerto:

> Sertanejo valente dos sertões das Alagoas, este brasileiro de muito talento e firmeza foi um dos protagonistas da passagem da ditadura para a democracia, quando falar a verdade era correr risco de vida.[2]

2 Fonte: https://www.redebrasilatual.com.br/cidadania/2018/05/audalio-na-historia-do-jornalismo-e-dos-direitos-humanos

De fato, Audálio Dantas presidiu o Sindicato dos Jornalistas no Estados de São Paulo de 1975 a 1978, auge dos Anos de Chumbo. Com a morte de Vlado, Audálio transformou o Sindicato dos Jornalistas numa trincheira de resistência, vanguarda que protagonizaria um papel decisivo no combate à ditadura.

O semanário *Unidade*, órgão oficial do Sindicato de São Paulo, foi criado por Audálio para ser um instrumento de apoio às lutas sociais por liberdade, democracia, direitos humanos – e continua cumprindo esse papel.

Em 1981, Audálio recebeu o prêmio da ONU por sua atuação na Defesa dos Direitos Humanos e em 2008 recebeu o título de Cidadão Paulistano, em reconhecimento a sua atuação como ativista em prol da cidadania.

O Instituto Vladimir Herzog, por ocasião da morte de Audálio, prestou as devidas homenagens e emitiu uma nota em que constata:

> Quando o medo virava pânico, esteve sempre presente. Quando o Brasil precisava ser retratado, lá estava ele. E assim fez História.
>
> (...)
>
> Em defesa do Estado de Direito, da verdade, da justiça e da memória do amigo que acabara de ter a vida interrompida, Audálio enfrentou os poderosos do momento e exigiu que a morte de Herzog fosse esclarecida. (...) Audálio foi testemunha e protagonista, escreveu a História e nela foi inscrito.

Ainda nos anos 1960, o jovem repórter resgatou a favelada Carolina de Jesus e a transformou num *best seller* nacional e mundial, com o livro *Quarto de despejo*, traduzido que foi para 13 idiomas. Nunca parou de escrever e publicar. Entre os livros mais recentes destacam-se: *O circo de desespero* (1976), *Tempo de luta – Reportagem de uma atuação parlamentar* (1981), *O cão de Graciliano* (2007), *O menino Lula* (2009), *Tempo de reportagem* (2012) e *As duas guerras de Vlado Herzog* (2012).

Audálio Dantas presidiu o Sindicato dos Jornalistas até 1978, quando foi eleito deputado federal pelo PMDB. Exerceu o mandato em defesa das liberdades e do respeito aos direitos das pessoas, principalmente reivindicando políticas públicas de inclusão social.

Nunca abandonou a militância sindical. Como líder sindical estava presente em todos os atos relacionados com a defesa da democracia e dos direitos humanos, com sua oratória escorreita, objetiva e didática, inflamada no momento certo, que transmitia lições de vida e de comportamento ético.

Foi o primeiro presidente da FENAJ, eleito pelo voto direto, em 1983. Foi vice-presidente da ABI, e nos últimos anos integrava o Conselho Diretor da ABI e; em 2016, foi eleito para o Conselho de Ética da FENAJ. Na última década, se engajou de corpo de alma nos trabalhos da Comissão Nacional da Verdade, e junto com outro jornalista de boa cepa, Fernando Moraes, concluiu o Relatório da Comissão Memória e Verdade da Prefeitura Municipal de São Paulo

FENAJ cria Comissão da Verdade

Em novembro de 2012, o 35° Congresso Nacional da Federação Nacional dos Jornalistas, realizado no Acre, aprovou a criação da Comissão da Verdade com a ideia de fazer um trabalho profissional, de levantamento de dados com bastante fôlego. "Paralelo a isso, vamos contar com o apoio dos 31 sindicatos de jornalistas do Brasil, muitos deles foram depositários de informações sobre este período", informou Sérgio Murilo, eleito para coordenar a CV.

O Sindicato dos Jornalistas no *Estado de São Paulo* (SINDJORSP), ao qual o autor deste livro é filiado, teve desempenho importante nas diversas frentes de luta no processo de transição para a democracia. Há que reconhecer que o ato ecumênico deu credibilidade e força à organização e seus militantes para empreenderem essa luta. Audálio Dantas, por exemplo, desde que liderou a campanha de denúncia do assassinato de Vladimir Herzog, até o dia de sua morte em 2018, foi um lutador incansável em todas essas frentes de luta. Vale destacar também:

Saulo Gomes, o primeiro jornalista brasileiro a ter seus direitos políticos cassados pelos Atos Institucionais em 1964, e que talvez tenha também o recorde de processos judiciais contra um jornalista. Foram 106 processos, absolvido em todos, porque nunca disse nada sem ter se munido de documentos comprobatórios. Recebeu também todos os prêmios jornalísticos. Com a morte, em 17 de dezembro, de Alexandrina Christensen de Souza, que estava na presidência da ABAP desde seus primeiros anos, assumiu a presidência, de acordo com o Estatuto, o vice-presidente Saulo Gomes, que logo em 2015 foi reeleito e novamente eleito em 2017. Um mestre do jornalismo investigativo, iniciou sua carreira em 1956, na Rádio Continental do Rio de Janeiro. Em seis décadas ininterruptas de atividades, recebeu alguns dos mais importantes prêmios do jornalismo nacional. Foi preso e exilado logo após o golpe de 1964. Falando dele mesmo, numa das incontáveis entrevistas concedidas aos mais diversos meios de comunicação do Brasil e do exterior, conta como foi sua prisão:

> Como diretor de jornalismo da Rádio Mayrink Veiga, no Rio, liderei a rede da legalidade, no final de março de 1964, com o companheiro Emilson Fróes, da Rádio Nacional. O jornalismo arrojado que eu exercia me fez o alvo principal de civis e militares. Fui exilado no Uruguai, cassado pelo Presidente Castelo Branco e preso ao regressar ao Brasil.

Passou sete meses no exílio no Uruguai, voltou inconformado de estar longe dos acontecimentos de sua pátria e teve que sofrer um ano e meio nos cárceres do DOPS. Liberto reiniciou sua vida de repórter e acumulou 90 anos de sabedoria.

Pudera, de 1950 até hoje, se não esteve presente, acompanhou ou pesquisou sobre todos os fatos históricos relevantes ocorridos no país e também alguns no exterior. Uma carreira tão rica que sua biografia, escrita pela jornalista Adriana Silva, rendeu 350 páginas. Hoje seu acervo está sendo digitalizado e logo poderá ser consultado na web. São muitas centenas de fotos, documentos, áudios, filmes e vídeos recolhidos e sistematizados durante sua longa carreira de jornalista investigativo, em outras palavras, de repórter, repórter de verdade, aquele que cava fundo em busca da verdade dos fatos.

Era repórter radiofônico e já era famoso quando, com a chegada da televisão, incorporou a imagem a suas reportagens. Produziu, dirigiu e apresentou o Pinga Fogo, o programa de entrevistas na TV Tupi, mais famoso em sua época. Foi dos primeiros a denunciar os crimes dos Esquadrões da Morte, que promoviam chacinas nas favelas cariocas. Entrevistou e ficou amigo de Chico Xavier e publicou dois livros sobre a vida e obra do médium espírita: *Pinga-*

Fogo com Chico Xavier (2009) e *As mães de Chico Xavier* (2010). Em 1996 lançou o livro *O último vôo*, denunciando erros técnicos e humanos da queda do avião que levava o grupo *Mamonas Assassinas*. Em 2000, depois de entrevistar o militar que deu o tiro que matou Che Guevara, publicou o livro *Quem matou Che Guevara*; em 2014 publicou *A coragem da inocência de Madre Maurina Borges da Silveira*, o drama da freira presa e torturada pelos agentes da Operação Bandeirantes. Em 2 de maio de 2018 completou 90 anos e foi festejado por seus companheiros de direção da ABAP e de outras entidades de que participa. Ao assumir a presidência da ABAP, aos 20 anos de existência, o balanço dos feitos da associação registrava mais de 1.500 associados anistiados. A Lei 10.559, promulgada por Fernando Henrique Cardoso, em 2002, teve, em grande parte, textos elaborados por Carlos Fernandes.

Milton Bellintani, jornalista e professor na PUC/SP, desde sempre militante ativo em defesa dos direitos Humanos, foi diretor do Núcleo de Preservação da Memória Política e atuou na coordenação da Comissão da Verdade do Sindicato dos Jornalistas. Coordenou projetos de inclusão de pessoas com deficiências.

Milton foi editor na Editora Abril de 1987 a 2001 e editor-adjunto do caderno *Cotidiano*, do jornal *Folha de S. Paulo*, em 2002. Morreu de ataque cardíaco em 2015, aos 55 anos, no auge de sua carreira e militância. Seus companheiros de diretoria no Sindicato registraram que, para ele, jornalismo era a ferramenta para melhorar o mundo.

Rose Nogueira, militante da ALN, presa com um bebê de 33 dias, sofreu todo tipo de tortura, é uma das Donzelas da Torre. Jornalista, trabalhou na *Folha da Tarde*, onde foi demitida por abandono do emprego estando presa. Crueldade de uma família que emprestava viaturas para os organismos da repressão e empregava agentes torturadores.[3] Na década de 1980 se destacou como criadora e diretora do programa *TV Mulher* na Globo. Atualmente integra a diretoria do Sindicato dos Jornalistas. Presidiu o Grupo Tortura Nunca Mais de São Paulo entre 2006 e 2009, que integra desde a fundação e permanece no Conselho; presidiu o Conselho Estadual de Defesa dos

3 Família Frias - Octavio Frias de Oliveira (1912-2007), principal acionista e diretor da empresa editora, emprestava os carros de distribuição ou de reportagem para transportar presos políticos ou para se infiltrar em manifestações de ruas. Foi sucedido na direção da Folha por seu filho Otávio Frias de Oliveira Filho.

Direitos da Pessoa Humana (CONDEPE-SP) e atuou na coordenação da Comissão da Verdade do Sindicato dos Jornalistas. Em depoimento à CV, lembrou que "*os militares diziam que a tortura não passa nunca. Eles tinham razão. A marca não sai, seja no corpo, seja na cabeça.*"

Vilma Amaro, desde 2015 é diretora do Grupo Tortura Nunca Mais e integra a diretoria do Sindicato dos Jornalistas. Presa pela primeira vez quando participava do Congresso da UNE em Ibiúna e uma segunda vez por militar na política universitária e no Partido Operário Revolucionário (Por) em 1969. Em seus depoimentos à Comissão da Verdade, lembra a importância da Rádio Marconi de São Paulo na resistência à ditadura. Era a única voz de oposição, foi fechada pela Polícia Federal várias vezes, voltava ao ar com a mesma disposição de combate:

> Dorival de Abreu estava muito doente, cheguei a conhecê-lo na cama, fiz a entrevista com ele e pretendia até resgatar um pouco a história, mas tive de trabalhar e não deu para levar à frente esses projetos, para resgatar a história da Rádio Marconi. A Rádio Marconi teve o registro cassado.

O chefe de redação da Radio Marconi era João Adolfo Castro da Costa Pinto e o secretário de redação e repórter político era Paulo Cannabrava Filho, que conseguiu escapar da repressão e curtiu 12 anos de exílio. Costa Pinto foi preso e torturado até à beira de morte. Depois de muito tempo a família o encontrou num presídio manicomial, completamente destroçado.

Recuperou-se, foi presidente da ABI em São Paulo e, com Rafael, Martinelli, ajudou a recriar o Fórum Sindical de Debate com a missão de unir as velhas e novas gerações do movimento sindical. Esse fórum teve papel importante na discussão da Constituinte de 1987 e na organização do Fórum Permanente de Ex Presos e Perseguidos Políticos, que desempenharia e continua desempenhando importante papel na luta pela anistia. Morreu de sequelas das torturas.

Raimundo Pereira, é também emblemático por estar há mais de 50 anos fazendo jornalismo de combate. Trabalhou em grandes empresas, como a Editora Abril, mas coerente com suas convicções fez e dirigiu *Opinião*. Saiu por divergências com o patrocinador, foi fazer o *Movimento*, agora sem patrão. Em entrevista a Maria Cristina Oliveira, em 1977, Raimundo revelou como encara o jornalismo.

> O jornalista tem de batalhar para fazer um trabalho bom e sensato, sem precisar sair correndo na frente do trem. Mesmo sob o regime patronal, onde tem um patrão que escolhe a linha editorial da publicação, que define o editor, é você, como jornalista, o sujeito que vai para a rua fazer a matéria, articular os fatos. Então você tem uma margem de atuação onde deve se situar, buscando um trabalho que o dignifique, do qual tenha orgulho, que possa reler com satisfação.

Raimundo Pereira se tornou um símbolo do jornalismo alternativo e viaja muito por esse Brasil afora convidado a dar palestras e aulas. Deixou a carreira de física porque foi expulso do Instituto Tecnológico de Aeronáutica de São José dos Campos, o ITA, por atividades subversivas. Recentemente foi readmitido e homenageado na instituição.

Integrou a equipe que lançou a revista *Veja* e dirigiu os jornais *Opinião* e *Movimento* e a revista *Senhor*. Foi também repórter da revista *Realidade*, da *Ciência Ilustrada*, da revista *IstoÉ* e do *Jornal da Tarde*. Dirigiu a revista *Retratos do Brasil*, que se destacou por denunciar as farsas e mentiras sustentadas pela grande imprensa como o episódio do Mensalão ou sobre o uso da dívida pública como estratégia.

Atualmente conseguiu reunir um grupo de jornalistas e intelectuais em torno de um novo projeto, a Oficina de Informação, e a edição da revista *Grandes Reportagens*.

A Torre das Donzelas

Assim chamada por ser uma extensão do Presídio Tiradentes em formato de torre. Os presos em geral eram levados as salas de tortura do DOPS, onde atuava o Esquadrão da Morte comandado pelo delegado Sérgio Fleury, em seguida eram transferidos para o presídio Tiradentes. Do Tiradentes eram transferidos para a casa de detenção do Carandiru, penitenciária do Estado, para o Presídio do Hipódromo, na Mooca, e os de Presidente Venceslau e de Taubaté, no interior. Havia presos também no presídio da Justiça Militar Federal, no Barro Branco e na Penitenciária Feminina.

A enfermeira Áurea Moretti Pires, presa e barbaramente torturada porque apoiava os que lutavam contra a ditadura, foi uma das que participou da greve de fome de 1972 motivada pelo desaparecimento de presos. Queriam saber o paradeiro dos que foram levados e que parassem com as transferências.

Já há consistente bibliografia sobre as mulheres que foram à luta contra a ditadura, algumas pegando em armas, outras apoiando os movimentos, abrigando perseguidos, e outras ainda fazendo o que podia dentro de seu universo profissional ou pessoal.

Passaram pela Torre das Donzelas mulheres realmente guerreiras. Uma Terezinha Zerbini, sem nunca aderir à luta armada, viajou o Brasil inteiro para criar o Movimento de Mulheres pela Anistia; Rose Nogueira, torturada e recém parida amamentando um bebe de pouco mais de um mês; Elza Lobo, que nem depois de Fleury morto se livrou do fantasma do torturador; e Dilma Rousseff, por dirigir veículo da VPR.

Prisioneiros em greve de fome

A 1ª greve de fome ocorreu em maio de 1972, em protesto pela separação de presos que estavam no Presídio Tiradentes, mandando um grupo para a Penitenciária do Estado. Os presos encararam isso como uma manobra para enfraquecê-los e poder sujeitá-los a maiores torturas. Após cinco dias a greve foi suspensa com a promessa do Conselho Penitenciário de reverter a transferência.

A 2ª greve de fome teve início em junho de 1972, exatamente um mês após a promessa não cumprida das autoridades de reverter a transferência dos presos. Essa foi mais longa e durou 33 dias. Alguns dos grevistas ficaram com a saúde extremamente abalada e assim mesmo foram torturados. Esse novo fracasso afetou mais ainda a psique dos prisioneiros, que ficaram com sequelas pelo resto da vida.

A 3ª greve de fome, durou cinco dias, teve início em outubro de 1974, quando em visita à casa de detenção, o coronel Erasmo Dias, secretário de Segurança Pública de São Paulo, ordenou a transferência de um grupo de prisioneiros para a Penitenciária do Estado. Segundo comunicado do CBA:

> Lá chegando, os presos foram destituídos de todos os seus pertences, tiveram suas cabeças raspadas e obrigados a usar uniforme de brim cáqui de meia manga, sem receber agasalho, e proibidos de recebê-los de seus familiares (em pleno mês de julho, mês extremamente frio em São Paulo).
>
> Colocados em células individuais e proibidos de manter qualquer comunicação entre si, eram levados para o banho frio uma vez por semana e também semanal era o banho de sol, isso quando havia sol.
>
> A censura proibia-os de ler qualquer livro, jornal ou revista. A alimentação precária e insuficiente não podia ser complementada por alimentos levados por seus familiares.

Essa greve foi, digamos, vitoriosa. Os presos foram transferidos para a casa de detenção (da Penitenciária) e depois levados para um presídio político.

A 4ª greve de fome de presos políticos, iniciada em maio de 1978, durou dez dias e teve tal repercussão que provocou uma greve geral nacional de presos políticos, em solidariedade aos presos postos em isolamento no presídio de São Paulo.

A 5ª greve de fome, iniciada em março de 1979, com duração de cinco dias, foi deflagrada para recuperar o direito dos presos de receber visitas de amigos, que fora cassado pelas autoridades, aumentando o isolamento dos presos. A repercussão dessas greves contribuiu para um clima favorável ao desenvolvimento dos movimentos políticos e sociais reivindicando anistia para os presos políticos e liberdades democráticas.

Jejum por 32 dias no Rio de Janeiro

Os presos políticos do Presídio Frei Caneca, no Rio de Janeiro, se declararam em greve de fome no dia 22 de julho de 1979, reivindicando participar das discussões sobre anistia que se travava no Legislativo após entrega do projeto de lei do general Figueiredo. Tentavam convencer os Movimentos de Anistia e os parlamentares envolvidos a não aceitar exclusão de quem quer que fosse da anistia.

A repercussão na mídia foi grande, o que incentivou prisioneiros em celas de outros estados a aderir, o que aconteceu em São Paulo, Fortaleza, Recife, Salvador e Natal.

No Rio Grande do Norte, um único preso decidiu por essa forma extrema de luta das classes exploradas. Em Pernambuco, preocupados com o agravamento da saúde dos detentos em greve, as autoridades os transferiram para o Hospital Militar. Esses presos receberam a visita solidária de D. Hélder Câmara. Essa greve teve ampla repercussão também fora do país provocando mobilizações de instituições relacionadas com direitos humanos, manifestações de solidariedade nas ruas, pressões sobre as autoridades.

Os detentos só voltaram a comer depois do dia 22 de agosto, quando o Congresso aprovou a Lei de Anistia.

A luta não para

A luta continua, agora no combate ao aparato repressivo mantido incólume e atuante; na luta para esclarecer os casos dos mortos e desaparecidos; a necessidade de buscar e reunir pessoas com direito à anistia, a luta para incluir os excluídos; mobilização e articulação com os movimentos populares.

Era importante para os presos políticos se manterem juntos, pois dessa forma podiam organizar cursos de formação política ou desenvolvimento de habilidades, manter grupos de discussão política, assegurar disciplina e compensar a solidão. Interessante registrar que ambos os presídios em que submeteram os pesos políticos, o Tiradentes em São Paulo e o Frei Caneca no Rio de Janeiro, foram implodidos para dar lugar a construções mais adequadas.

MFPA - Movimento Feminino pela Anistia

Como movimento organizado, deu seus primeiros passos em São Paulo, em 1975, com um grupo de oito mulheres conduzido pela advogada Therezinha Godoy Zerbini (1928-2015). Esposa de um general cassado pelo 1º Ato Institucional da ditadura em abril de 1964, ela mesma presa e torturada por ajudar o movimento estudantil de protesto, tendo visto o sofrimento de mães que visitavam suas filhas presas na Torre das Donzelas, no Presídio Tiradentes, reuniu um grupo de mulheres para, em dezembro de 1975, formar o Movimento Feminino pela Anistia – MFPA. Esse movimento teve adesão imediata em vários estados. Em março, aproveitando o fato de a ONU ter instituído 1975 como Ano Internacional da Mulher, Therezinha Godoy Zerbini percorreu o país e conseguiu 16 mil assinaturas para lançar o Manifesto da Mulher Brasileira pela Anistia:

> Nós, mulheres brasileiras, assumimos nossas responsabilidades de cidadãs no quadro político nacional. Através da história, procuramos o espírito solidário da mulher, fortalecendo as aspirações de amor e justiça. Eis porque nós nos antepomos aos destinos da nação, que só cumprirá a sua finalidade de paz se for concedida a Anistia Ampla e Geral a todos aqueles que foram atingidos pelos atos de exceção. Conclamamos todas as mulheres no sentido de se unirem a este movimento, procurando o apoio de todos os quantos se identifiquem com a ideia da necessidade da anistia, tendo em vista um dos objetivos nacionais: a união da Nação![4]

Esse manifesto foi lido no Congresso Nacional pelo líder do MDB no senado, Franco Montoro, e encaminhado ao Ministério da Justiça e à Presidência da República, sabendo que o plano de distensão de Geisel não contemplava a anistia.

Nos dias 19 a 27 de julho de 1975, a ONU realizou no México o Congresso Internacional da Mulher, com a participação de mais de duas mil mulheres, representando mais de uma centena de países. Therezinha pronuncia, contundente e emotivo discurso conclamando as mulheres do mundo a se organizarem e lutar pela paz, só possível com conciliação nacional e a fraternidade entre os povos. Trecho da intervenção da delegada brasileira:

> A anistia é um Instituto do Direito de Processo Penal e para nós significa muito mais: é uma bandeira que está acima de todos os partidos e interesses das nações. A anistia virá fortalecer a união e desarmar os espíritos nas nações aonde existir sua aplicação. A anistia conduz à liberdade. Liberdade, e desenvolvimento e paz são indivisíveis e nenhum deve ter prioridade sobre o outro. Estabelecerá a paz e a concórdia em cada nação, será um princípio que levará à meta final, ou seja, a paz mundial. Sem justiça não há paz, sem paz não existe

4 Zerbini, Therezinha Godoy. *Anistia: sementes da liberdade*. São Paulo – Salesianos. 1979.

> o desenvolvimento global. O desarmamento compreende: liberdade política, cultural e econômica.[5]

Therezinha, uma mulher de coragem, convivi com ela na reorganização do trabalhismo varguista em São Paulo e na fundação do Partido Democrático Trabalhista, que elegeu Leonel Brizola governador do Rio de Janeiro e Darcy Ribeiro e Abdias Nascimento senadores. Para organizar o MFPA ela viajou quase que o Brasil inteiro, enfrentou reações as mais descabidas de defensores da ditadura, e sob seu estímulo e exemplo juntaram-se mulheres valorosas liderando núcleos de combate pela anistia em todas os estados. E esse movimento de mulheres se multiplicou nos Comitês Brasileiros de Anistia, os CBAs que também se multiplicaram por todos os estados e no exterior.

Quando em 1978 desembarcou no Brasil o presidente estadunidense Jimmy Carter (1977-1981), Therezinha burlou toda a segurança e conseguiu colocar nas mãos da primeira-dama da Casa Branca, Rosalyn Carter, uma carta com denúncias sobre as arbitrariedades e torturas cometidas pelos órgãos de repressão da ditadura militar. Abaixo o episódio, com o sabor do relato da própria protagonista, em conversa com a jornalista Eleonora de Lucena, da *Folha de S.Paulo*:[6]

> Tenho uma coragem de mamãe onça. Em 1978, quando Jimmy Carter veio ao Brasil, resolvi fazer uma carta de saudação para a Rosalyn dizendo: "Nós que lutamos por justiça e paz..."
>
> Fui para Brasília bem bonita, com um vestido de flores. Com a minha cara clara, parecia uma gringa.
>
> Quando a Rosalyn chegou, com a carta na mão, disse para ela: "Madam, it's for you". Senti a mão dela gelada, parecia uma lagartixa. Ela estava lívida. Foi um fuzuê. Os repórteres franceses me perguntaram: "Madame, vous êtes maquis [militantes da resistência francesa]?" Eu disse: "Oui, oui, maquis".
>
> A anistia foi uma conquista. Não foi dádiva, foi luta. Não tem que rever.

---

5 *Ibidem*

6 https://www1.folha.uol.com.br/fsp/poder/51985-a-burguesona-que-foi-a-luta.shtml

Em 1977 lançou o jornal *Maria Quitéria*, para reforçar a luta pela Anistia e por Direitos Humanos. Nele o movimento se qualificava de feminino e negava ser feminista, o que incentivou divergências em vários núcleos. Deixou de circular após promulgação da lei de anistia de 1979. Em 2000 criou o Instituto Aberto Redenção das Águas (Iara), para lutar pela preservação do meio ambiente com foco na água, a seu ver, "o ouro do futuro". Em 2010, já enferma e frágil fisicamente, continuava a participar de atos políticos em defesa da abertura dos arquivos da ditadura, e a reivindicar a punição dos torturadores.

MFPA de Minas Gerais: mulheres mineiras, sob a liderança de Helena Greco (1916), foram as primeiras a atender o chamado de Therezinha e organizaram o núcleo já com vocação de ir além das trincheiras de luta pela anistia. Em 1977, já contava com cerca de 300 ativistas, quando ocorreu a primeira manifestação pública, organizada por estudantes da Universidade Federal de Minas Gerais, contra a ditadura. Todos cercados pela polícia e um grande número de presos. O Manifesto de Protesto foi o primeiro documento do MFPA de Minas e em ato seguinte Helena Greco foi conduzida à sua presidência.

A liderança de Helena foi muito importante porque politizou o movimento, dando-lhe a abrangência não só de combate à ditadura, mas fundamentalmente da libertação da mulher e sua participação na construção de um novo modelo de democracia no lugar da ditadura. Em outras palavras, Helena olhava o futuro como socialismo, único caminho para conduzir à democracia socialmente justa.

O Estatuto, elaborado por Helena e aprovado pelo MFPA-MG, reza:

> (...) promover a elevação social, cultural e cívica da mulher através de cursos, palestras e atuação no desenvolvimento de sua consciência social e cívica e orientando-a para a sua compreensão de suas responsabilidades perante a sociedade e a integração da família na comunhão social sempre dentro dos ideais democráticos.

Quando em 1978, formam o CBA de Minas Gerais, e Helena, sem abandonar a presidência do MFPA, assume a vice-presidência. No ano seguinte, em julho, estava em Roma representando a mulher brasileira e, junto com Luiz Eduardo Greenhalgh, os movimentos de luta pela anistia no Tribuna Roussel:

> todos os opositores do regime, perseguidos, presos, torturados e mortos merecem o mesmo respeito. Lutaram e lutam ao lado do povo por melhores condições de luta e trabalho, por uma sociedade justa e humana. Denunciaremos vigorosamente qualquer medida discriminatória, qualquer arremedo de anistia que se tente impingir. Seguiremos em nossa luta que é a de todo o povo brasileiro por anistia ampla, geral e irrestrita e pelas liberdades democráticas.

Por iniciativa de Helena vieram para o Brasil as Mães da Plaza de Mayo. Em 1982 foi eleita vereadora, criou e dirigiu a primeira Comissão Permanente de Direitos Humanos em um órgão público, no caso, o legislativo municipal de Belo Horizonte. Documentação referente à atuação do MFPA e CBA de Minas Gerais se encontra no Instituto Helena Greco de Direitos Humanos e Cidadania (IHG), criado em 2008 sob a tutela de sua filha Heloísa Greco, que prossegue na luta, agora com as bandeiras de resgate de história, memória, verdade e justiça.

MFPA do Ceará (1976-1979): fruto do movimento que se inicia em 1975 sob a liderança de Therezinha Godoy Zerbini. O núcleo cearense também contou com apoio de setores da Igreja de Roma, cedendo locais e fazendo proselitismo em favor da anistia. Já eram 15 mulheres, lideradas por Nildes de Alencar Lima, quando institucionalizaram o MFPA-CE em 1976. Tiveram não só apoio como trabalho intenso de mobilização de vários jornais alternativos que circulavam em Fortaleza. Talvez o mais expressivo tenha sido O *Mutirão*, feito por jornalistas e que ganhou circulação estadual.

Nildes de Alencar era irmã mais velha de frei Tito, o dominicano que foi levado à morte pelos agentes da repressão em São Paulo. Católica devota, Nildes envolveu com facilidade setores da Igreja de Roma na luta pela democracia e anistia. Assim, utilizavam os salões paroquiais para realizar as reuniões.

Em março de 1979, resultado da mobilização do núcleo feminino, foi criado o Comitê Brasileiro Pela Anistia do Ceará, envolvendo remanescentes das organizações que optaram pela luta armada, partidos políticos, organizações da sociedade civil, com papel protagônico dos advogados e dos estudantes organizados. Em 2000, no bojo do movimento *Anistia 20 anos*, foi criada no Ceará a Associação Anistia 64/68, com objetivo de congregar anistiados e anistiandos, ajudando-os nos processos em curso na Comissão de Anistia do Ministério da Justiça.

MFPA-Rio de Janeiro: instalado em dezembro de 1975, com participação do núcleo de dirigentes de São Paulo, o núcleo do Rio teve papel importante na confecção e distribuição do jornal *Maria Quitéria* e em 1978 criou, no Teatro de Bolso, o Núcleo de Artistas, Músicos e Atividades congêneres pró-Anistia.

Trabalharam unidos até 1980, quando, divergindo da Direção Nacional, criaram, em maio de 1981, o Movimento Feminino pela Anistia e Liberdades Democráticas, presidido por Regina Von der Weid, ampliando o espectro de luta e a abrangência do movimento que, em dezembro de 1999, encerrou suas atividades.

O trabalho dessas duas organizações serviu de alicerce para o primeiro Comitê Brasileiro de Anistia (CBA), com participação de advogados e profissionais liberais e familiares de perseguidos políticos, e centrado não só na questão da Anistia, mas aprofundado as denúncias e as análises sobre a natureza do regime ditatorial e chamando o povo à lutar pelo fim do arbítrio e pela construção da democracia.

O manifesto de fundação argumentava que

> Os movimentos pela anistia entendem claramente que não se trata de reformar o poder judiciário, a legislação eleitoral, a LSN. Impõe-se a supressão do aparato repressivo, a desativação dos centros de tortura, oficiais, clandestinos ou militares. Impõe-se a responsabilização dos que, investidos da autoridade conferida pelo poder de polícia, têm praticado torturas e assassinatos; impõe-se acabar com a impunidade dos órgãos paramilitares.

MBA do Rio de Janeiro: em fevereiro de 1978, com a advogada de presos políticos Eny Moreira como presidente, foi lançado na ABI, com a presença do general Peri Bevilacqua. Este pregava anistia a todos, e nominava os torturadores, ao que Eny respondia assertivamente que anistia "é perdão para os que foram punidos". Não se podia falar de anistia para os acusados de prática de tortura, "porque tais crimes nunca foram punidos e não se pode anistiar quem não chegou a ser punido".

MFPA-Bahia: seguindo a inspiração de Therezinha Zerbini, Isabel Veiga de Santana, com três de seus filhos presos pela equipe do delegado Fleury, presidiu o primeiro núcleo de mulheres organizadas para lutar pela anistia na Bahia. Surge em abril de 1978, em pleno segundo mandato do governador biônico (1979-1983) Antônio Carlos Magalhães (1927-2007). Em 1978 já contava com 70 mulheres na linha de frente da luta pela anistia.

Junto com os filhos, cerca de uma centena de professores, membros de organizações profissionais, sindicalistas e militantes do MDB, foram presos, torturados e duramente perseguidos com base na Lei de Segurança Nacional. Vinte e uma entidades de classe firmaram pedido de habeas corpus para que os presos exercessem o direito de defesa.

Nesse contexto o MFPA-BA foi buscar apoio da Igreja de Roma, através do cardeal D. Avelar Brandão Vilela, arcebispo primaz do Brasil. Para ele, todos os presos eram cristãos e o dever dos cristãos é defender os direitos humanos. Vale registrar que, do lado oposto, o arcebispo D. Augusto Álvaro da Silva oficiou um Te Deum em louvor às forças armadas.

Manifesto encaminhado por 40 familiares de presos políticos, assinado também por personalidades como Jorge Amado, Vinícius de Moraes, João Ubaldo Ribeiro, ao primaz Avelar pediu sua interferência junto ao comando da VI Região Militar para que não fossem indiciados os presos políticos. O trabalho e a articulação do MFPA-BA foram decisivos para a organização do II Congresso Nacional Pela Anistia, em julho de 1979, no Colégio 2 de Julho, em Salvador, que contou com a presença de militantes pela anistia de todo o país, políticos, advogados e religiosos, com grande cobertura na imprensa local.

Maria Liège Rocha de Paula, secretaria do Comitê, era também da direção do movimento feminino. O presidente era o sociólogo Joviniano Neto, que antes militava no CEAS – Centro de Estudos e Ação Social da Bahia, dedicado à difusão da doutrina social da Igreja.

Os CEAS desempenharam relevante papel na luta pela anistia e pelo fim do arbítrio denunciando torturas e assassinatos em todos os estados. Finda a luta pela anistia, assumiram as tarefas empreendidas pelo Grupo Tortura Nunca Mais e os movimentos das famílias de mortos e desaparecidos.

MFPA-Rio Grande do Sul: criado em Porto Alegre, 1975, tendo como presidente e vice Lícia Peres e Mila Cauduro, que, acompanhadas por um grupo de dez mulheres, se empenharam para obter o apoio do cardeal D. Vicente Scherer. Quatro irmãs do presidente João Goulart (Maria Goulart Macedo, Iolanda Goulart, Maria Goulart Dornelles e Cila Goulart de Moura Valle), e uma irmã do ex-governador e deputado Leonel Brizola (Francisca Rotta Brizola) cobraram do cardeal e da Igreja maior empenho na pacificação da nação brasileira. A partir de 1977 publicavam o boletim informativo *Maria Quitéria*, que resumia o debate que estava sendo travado e promovia a articulação entre os movimentos.

MFPA Santa Catarina: o núcleo inicial começou com uma dezena de mulheres, todas com algum parente ou amigo próximo preso, lideradas pela professora Marise Marvalhas, que participou do 1º Encontro Nacional. Em abril de 1979 esse movimento, em conjunto com Comitê Brasileiro pela Anistia, Comissão Pontifícia Justiça e Paz e o Instituto de Estudos Políticos Pedroso Horta, lançou o manifesto *Anistia para todos os brasileiros*, em que reitera a palavra de ordem de Anistia Ampla, Geral e Irrestrita. Presidido por Edyla Mangabeira Unger, em Florianópolis, se institucionaliza em 1977 e se dissolve em 1979. Conseguiu mobilizar os católicos, envolvendo o bispo D. Afonso Niehues.

Pela luta e empenho dessas duas mulheres, uma paulista, Therezinha Godoy Zerbini, e uma mineira, Helena Greco, elas foram agraciadas com o título "Brasileiras Guerreiras da Paz" e incluídas numa relação de mulheres indicadas para o Prêmio Nobel da Paz em 2005. Não ganharam, porém, como justificou a coordenadora brasileira do movimento, Clara Charf,

> o projeto abriu e seguirá abrindo canais e sensibilidades em prol da divulgação dos trabalhos pela paz, tecidos no dia a dia, pelas mil mulheres indicadas. Assim como reconhecerá os esforços empreendidos por outras milhares de pessoas para construção da paz no mundo.

O projeto nasceu na Suíça por iniciativa de um grupo de ativistas em prol dos Direitos Humanos que, para concretizar a ideias, criou a Associação 1.000 Mulheres para o Prêmio Nobel da Paz 2005, que culminou com o envio à Estocolmo de lista de 948 mulheres de 153 países, entre as quais 52 brasileiras.

Rumo ao Comitê Nacional da Anistia

O *1º Encontro Nacional pela Anistia* transcorreu no início de dezembro de 1977, em São Paulo, com a presença de representantes de núcleos de todo o país, e deu grande impulso ao movimento consolidando a unidade em torno das bandeiras de luta. Além do objetivo específico da Anistia se propunha a fazer do movimento "um canal de participação da mulher".

A organização desse encontro contou com a participação ativa do já bem organizado MFPA do Rio de Janeiro – na época presidido por Judith Vieira Lisboa. Transcorreu na sede da Associação Brasileira de Imprensa (ABI), então presidida por Barbosa Lima Sobrinho, no Rio de Janeiro, com ampla repercussão. Serviu para sensibilizar amplos setores da sociedade civil, notadamente advogados e parte da hierarquia da Igreja de Roma.

O foco central do movimento, liderado exclusivamente por mulheres, era a abolição da Lei de Segurança Nacional e uma Anistia Ampla, Geral e Irrestrita. Por quê? *Ampla*, porque devia abranger todos os atos e manifestações de oposição ao regime; *Geral*, porque tinha de se estender a todas as vítimas dos atos de exceção; *Irrestrita*, porque devia ser concedida sem discriminações e sem restrições.

Ganhou a amplitude pretendida e envolveu toda a sociedade civil organizada em torno de ideais democráticos a lançar, em maio de 1978, o Comitê Brasileiro pela Anistia (CBA), congregando entidades e personalidades relacionadas com a luta pelos direitos humanos e pela restauração da democracia.

SBPC e a Anistia: em 1976, cientistas e intelectuais reunidos na 28ª Reunião da Sociedade Brasileira pelo Progresso da Ciência (SBPC), em Brasília, lançam um manifesto exigindo liberdades democráticas e anistia, o que provocou comoção nos meios pelas personalidades que envolvia e pela repercussão internacional, pois o texto foi traduzido e publicado em jornais mundo afora. Essa "Carta aos Brasileiros" foi lida pelo professor Goffredo da Silva Telles, em ato multitudinário realizado em frente da Faculdade de Direito do Largo São Francisco, serviu de motivação à convocação de um Congresso Nacional pela Anistia.

Em 1978, na 30ª Reunião da SBPC, diversas entidades que lutavam pela anistia se reuniram e aprovaram pauta de discussão para a próximo reunião de entidades, a ser realizada em Brasília. A SBPC não poderia estar de fora de um movimento nacional pela anistia, tendo em vista o número enorme de professores e pesquisadores universitários demitidos sumariamente por divergirem da ditadura e outros tantos presos por levar essa divergência a uma atitude proativa no combate ao arbítrio.

Rumo ao Congresso de Anistia – São Paulo: as lideranças femininas nos núcleos regionais do MFPA tiveram papel vital na organização dos CBA em cada estado da União. Por isso é que em maio de 1978 foi constituído o CBA de São Paulo, o primeiro núcleo regional que vai impulsionar a formação dos demais e da coordenação nacional do movimento, bem como a realização do primeiro Congresso Nacional pela Anistia.

Primeira Reunião Conjunta dos Movimentos de Anistia do Brasil: Ocorrida nos dias 5 e 6 de agosto de 1978 em Brasília. Havia delegados dos CBA e MFPA do Distrito Federal, Rio de Janeiro, São Paulo, Goiás, Feira de Santana (BA), Mato Grosso do Sul, Bahia, Pernambuco, Minas Gerais, Rio Grande do Sul, Paraná e um membro do CBA da Holanda.

Esse encontro elegeu a primeira Secretaria Executiva do Movimento. No manifesto aprovado reivindicou que a anistia devia ser de competência exclusiva do poder legislativo, ressaltou a importância política do retorno dos exilados, exigia o fim das prisões e sequestros, a apuração das torturas e assassinatos e a Anistia Ampla, Geral e Irrestrita. Concluem convocando um Congresso Nacional de Anistia.

Documento preparado para essa primeira reunião mostra a clareza com que essas lideranças entendiam a conjuntura da transição anunciada com grande destaque pela mídia e, materialmente, sendo executada passo a passo, no ritmo de marcha militar. Lê-se no documento:

> A ditadura, embora tendo sido obrigada a fazer concessões e a acenar com promessas liberalizantes, não abandonou, ainda, nenhuma das suas prerrogativas de poder político real, mantendo intato seu aparato repressor e o controle econômico e ideológico sobre todas as instituições do país.
>
> As "reformas", que o sistema engendra em seu próprio interior, destinam-se, evidentemente, à sua perpetuação e não à sua destruição ou sua substituição por um novo sistema democrático e popular

O Estatuto aprovado compromete o CBA a

> Trabalhar, pacificamente e dentro das leis do país, pela Anistia Plena e universal a todas as pessoas atingidas por atos de exceção praticado pelo governo, a todos os presos políticos e a todos os condenados em virtude de processo contra si movidos com fundamento do Decreto Lei n 898/69 e na lei 5.250/67.[7]

Primeiro Congresso Brasileiro pela Anistia: Ocorreu entre 2 e 5 de novembro de 1978 e foi realizado em São Paulo. A presença de representante de sindicatos e trabalhadores organizados pela anistia mostra que a abrangência se ampliava no caminho de tornar-se um grande movimento de massa. Representantes de movimentos por direitos humanos e por anistia de vários países da Europa estiveram presentes, contribuindo com suas ideias e organizações para fortalecer as pressões contra o governo militar e reforçar a luta dos movimentos de base popular. O senador italiano Lelio Baso (1903-1978) encabeçou uma delegação internacional que trouxe documento aprovado pelo Tribunal Roussell II, também denominado Tribunal Internacional de Crimes de Guerra, com representantes de 18 países, e que reuniu-se em Roma, em 1973, para analisar as denúncias de violações dos direitos humanos no Brasil e Argentina e no ano seguinte para analisar a situação no Chile. Contou com a participação de 15 núcleos de CBA da Europa. Entre as personalidades presentes: Lelio Basso, italiano; Seán MacBride, prêmio Nobel da Paz, irlandês; Alfred Kastler, prêmio Nobel de Física, francês; Gabriel García Márquez, prêmio Nobel de literatura, colombiano; Noam Chomsky, linguista estadunidense; François Rigaux, presidente da Liga Internacional pela Liberdade dos Povos, belga; três ministros de estado da Holanda, líderes religiosos, diretores de jornais.

A morte do senador em dezembro desse mesmo ano não arrefeceu a ideia nem a iniciativa que culminou com a realização do Tribunal Bertrand

---

7 O Decreto Lei define os crimes contra a segurança nacional que não seriam julgados pela justiça civil e sim pelos tribunais militares. A 5.250/67 tem o pomposo (e mentiroso) nome de Lei da Liberdade de Manifestação do Pensamento e da Informação, conhecida como Lei de Imprensa, mas que é bem mais ampla, pois estabelece censura e também atribui a juízes especiais os julgamentos além de outras maldades.

Russell II, também conhecido como Tribunal Permanente dos Povos. Reuniu-se finalmente em Roma, em junho, com a seguinte pauta de trabalho, através de mesas redondas com ampla participação de personalidades estrangeiras e brasileiras do Brasil e do exílio:

- Anistia e Repressão Política
- Opressão das mulheres e das minorias raciais
- Liberdade de expressão e de criação cultural e artística
- Movimento de trabalhadores da cidade e do campo
- Condições de vida do povo
- A legislação repressiva do regime

Destaca-se a importância da atuação de Lelio Basso, herói da resistência italiana, preso mais de uma vez pela repressão fascista, que sofreu torturas nos cárceres e em campos de concentração. Professor na Universidade de Roma, intelectual marxista fecundo, criou várias publicações de combate ao fascismo e de conteúdo teórico para reflexão. Foi fundador de vários movimentos de luta pela democracia e também do Partido Socialista Italiano.

Em 2012 a Fundação Lélio e Lisli Basso aprovou digitalizar e doar para o Memorial da Anistia cópia dos documentos do Tribunal Russell II e do 1º Congresso Nacional do Comitê Brasileiro pela Anistia.

II Encontro da Comissão Executiva Nacional dos Movimentos de Anistia: com participação do Movimento Feminino pela Anistia e organizações de defesa dos direitos humanos transcorreu em São Paulo entre os dias 26 e 29 de janeiro de 1979. Participaram representantes dos movimentos do RJ, MG, RS, MT, MG e BA. Gerou grande mobilização pela libertação de Flávia Schilling e Flávio Koutzii e foi criada comissão especial para trabalhar pela realização de uma Conferência Internacional pela Anistia no Brasil, a ser realizada no exterior.

Outro fato relevante foi a invasão e apreensão do jornal *Resistência* de Belém, órgão da SDDH, processado pela 8ª Auditoria da Justiça Militar por veicular denúncias de torturas. Diante de tal fato resolveram convocar movimentos em todas as cidades para pressionar o governo por cumprir com a abertura anunciada, que não pode ser verdadeira sem liberdade de expressão.

Segundo levantamento feito pelo CBA paraense, os atingidos por atos discricionários dos órgãos de repressão do governo, desde 1964, somam quase duas mil pessoas, entre elas vários camponeses de Conceição do Araguaia, onde transcorreu a Guerrilha do Araguaia.

III Encontro Nacional dos Comitês Brasileiros pela Anistia: Ocorreu em 16 e 17 de junho de 1979, se realizou no Rio de Janeiro e em 7 e 8 de julho, em São Paulo, com o comparecimento de 120 delegados, de mais de 20 entidades. Em setembro, dias 8 e 9, já promulgada a Lei de Anistia de 1979 pelo Congresso Nacional e sancionada pelo governo, a Direção Executiva dos Movimentos de Anistia se reúne em Belo Horizonte para fazer um balanço dos trabalhos realizados e traçar novos rumos e tarefas a serem alcançados.

Denuncia o caráter mistificador e com a clara intenção de dividir os movimentos de anistiandos e anistiados no projeto do governo, ao favorecer uns e excluir outros, e apela pela unidade e coesão como único caminho para se conseguir o objetivo de uma anistia ampla, geral e irrestrita.

IV Encontro Nacional dos Comitês Brasileiros pela Anistia: realizado em julho de 1979, em Piracicaba, teve como foco principal o combate ao projeto do governo que não libertava os presos políticos e a unidade dos movimentos em prol da anistia e pelo fim do regime de exceção.

Os jornais entram no debate sobre a anistia, ampliando o conhecimento da luta de se travava e contribuindo para a polarização entre apoiadores e contrários à concessão de Anistia. A grande preocupação nesse contexto é por manter a unidade do movimento, manter o foco nas questões básicas e não se deixar enganar pela falsa anistia:

> Gerar divisões neste momento seria subestimar, esquecer, desvalorizar nossas posições estratégicas fundamentais, em função de questões secundárias. (...) Unidade em torno da conquista da anistia e avançar na luta pelo fim do estado policial repressivo, que consiste na revogação da Lei de Segurança Nacional e das salvaguardas, na investigação e na punição dos responsáveis pelas torturas, assassinatos e desaparecimentos de brasileiros e no total desmantelamento dos serviços de informação.[8]

8 Fonte: Documento do encontro – acervo do autor.

Como tarefa aos engajados na luta pela anistia: intensificar os contatos com parlamentares, levando a eles informações com dados comprobatórios para manter vivo o movimento em favor da anistia no seio do Congresso Nacional.

Outra pauta tão importante quanto foi a mobilização do mundo jurídico para que esclarecessem a população sobre as aberrações jurídicas com que burlam as leis, colocar as Ordens de Advogados, regionais e nacional, na vanguarda da luta que se trava no Legislativo e na imprensa.

Comitês brasileiros de Anistia, no exterior: CBA Itália, CBA Estocolmo – Suécia, CBA Gotemburgo – Suécia, CBA Lund-Malmo – Suécia, CBA Noruega, CBA Dinamarca, CBA da Escandinávia, CBA Holanda, Comitê Amsterdã-Brasil; CBA Genebra – Suíça, CBA Lousane – Suíça, Liga Suíça dos Direitos Humanos, CBA Londres – Inglaterra, CBA Paris – França, CBA Berlim – República Democrática Alemã, CBA Berlim – República Federal da Alemanha, CBA Colônia – República Federal da Alemanha, CBA-Roma, Itália; CBA Lisboa – Portugal; Liga Internacional pelos Direitos e pela Liberdade dos Povos; Juristas Católicos-Comissão Internacional; Organização Internacional para apoio de refugiados de todo o mundo Cimad; Secretariado Internacional de Juristas pela Anistia no Uruguai; Comissão para o Terceiro Mundo da Igreja Católica de Genebra.

Esses comitês foram importantes porque alimentavam com informações. Os escritórios da Anistia Internacional, por sua vez, estimulavam as organizações sociais e a os meios de comunicação europeus, fundamentalmente na Alemanha, Bélgica, França, Inglaterra e também nos Estados Unidos; havia também o envolvimento de diversas denominações religiosas. Entre os refugiados, falava-se em 12 mil brasileiros vivendo no exílio, a maioria na condição de refugiado ou simples residente no exterior. Oficialmente, com pedido de asilo, segundo a ACNUR (Agência das Nações Unidas para Refugiados), eram 1.800, e cerca de 5 mil os refugiados.

Para a ditadura havia tão somente 128 brasileiros impedidos de ingressar no país por terem sido banidos. Vale registrar que grande número desses brasileiros sofreram um duplo e até mesmo um triplo exílio. Aqueles que foram para o Uruguai, por exemplo, com a instalação da ditadura, foram obrigados a deixar o país, indo para a Argentina. Para eles, era o caminho natural por estar próximo da fronteira. Com o golpe fascista na Argentina, de novo os que ali estavam refugiados escaparam e foram para o Chile. Santiago do Chile era a capital da esperança de quantos torciam pelo socialismo, país conduzido por Salvador Allende, eleito pelo voto, até que... mais uma vez tiveram que fugir da tirania. Nem todos. Alguns foram mortos como o jornalista brasileiro Vânio Mattos, outros desaparecidos.

No Chile houve a maior concentração de latino-americanos, num primeiro momento para apoiar de alguma forma forma o governo de Salvador Allende, da Unidade Popular. Num segundo momento, uruguaios, argentinos e brasileiros fugidos de ditaduras. Mais de 5 mil. Com o golpe de 11 de setembro de 1973, um novo exílio, agora assistido pelo ACNUR, foram para países que concordavam recebê-los: Bélgica, Suécia, Itália, França e Portugal; União Soviética; Argélia, México e Cuba. Segundo o ACNUR, 800 brasileiros desembarcaram na França.

O II Congresso Nacional de Anistia: Transcorreu em Salvador, na Bahia, entre 15 e 18 de novembro de 1979. Sessenta entidades de anistia de todo o país enviaram delegações, com dezenas de representantes. Estudantes e trabalhadores sindicalizados, e também a Igreja de Roma, se organizaram para atender toda essa gente. Já se conhecia o projeto de uma falsa anistia. A sociedade civil organizada estava convencida da necessidade da restauração de uma democracia plena, só aceitável com anistia, eleição direta e constituinte. Contribuiu para esse clima a greve de fome iniciada pelos presos políticos em praticamente todos os cárceres brasileiros. Como aceitar continuar presos? Afinal, anistia para quem?

Novas bandeiras de luta já estavam colocadas, como a dos desaparecidos da Guerrilha do Araguaia, anistia e a luta dos trabalhadores da cidade e do campo, as greves operárias.

O CBA de Salvador, presidido por Joviniano Neto, oriundo do movimento católico de base, contou com colaboração do Cardeal D. Avelar Brandão Vilela, envolvendo grande parte da comunidade católica. O CBA-BA mais tarde se transformaria no Grupo Tortura Nunca Mais – Bahia (2006). Esse II Congresso instituiu o dia 25 de outubro como Dia Nacional de Luta, em homenagem ao jornalista Vladimir Herzog, assassinado em 25 outubro de 1975, no DOI-CODI de São Paulo. O Sindicato dos Jornalistas do Estado de São Paulo instituiu o Prêmio Vladimir Herzog para as melhores matérias nas diversas mídias sobre direitos humanos.

A simples presença de Luiz Carlos Prestes como convidado serviu para a imprensa conservadora desqualificar o evento como coisa de comunistas, fazendo eco aos militares contrários à anistia. Presentes também estavam o ex-governador de Pernambuco, Miguel Arraes, e o líder do PCBR, Apolônio de Carvalho, ambos recém-chegados de um longo exílio. Também compareceu um representante da Frente Sandinista de Libertação Nacional, num momento decisivo da luta que derrubou a ditadura de 40 anos da família Somoza. A sessão de encerramento teve como presidente de honra Ana Maria do Carmo Silva, viúva do operário Santos Dias, assassinado na porta de uma fábrica em Osasco, na Grande São Paulo, e o discurso de encerramento proferido pelo senador Teotônio Vilela, presidente da Comissão Mista do Congresso encarregada de analisar o projeto de Lei de Anistia do general Figueiredo.

O senador não poupou críticas à violência do sistema e apelou à popularização do movimento para que esses casos não se repetissem.

ANISTIA 1979: VITÓRIA INCONCLUSA: *DEPOIMENTO DE MARIA AUXILIADORA DE ALMEIDA CUNHA ARANTES*[9]

A luta por um país onde a verdade se manifestasse inteira, a liberdade se tornasse plena e a justiça fosse exercida como valor supremo foram consignas da Campanha da Anistia no final dos anos de 1970.

Militantes da luta pela anistia exigiam liberdade para os que estavam nas prisões por motivos políticos e o retorno ao país dos banidos e exilados. Exigiam liberdade para todos os que foram cassados e expulsos de seus locais de trabalhos, de suas escolas e universidades, de seus sindicatos e entidades de classe. Exigiam liberdade de ir e vir pelas ruas e praças onde faixas pudessem ser abertas e cartazes levantados por muitas mãos. Liberdade para expor ideias, escrever, cantar, encenar peças e projetar filmes.

A liberdade da palavra, da expressão e de manifestação constavam dos princípios do Comitê Brasileiro pela Anistia de São Paulo, CBA-SP, ao lado da liberdade de associação e de reunião, da autonomia sindical e de atuação política e partidária.

---

9 Versão modificada do texto apresentado na Terceira Conversa Pública da Clínica do Testemunho do Instituto Sedes Sapientiae. Publicação original: Maria Auxiliadora de Almeida Cunha Arantes, 3ª Conversa Pública. Lei de Anistia 1979-2013, O que falta? In: *Violência de Estado na ditadura civil-militar brasileira (1964-1985)*: Efeitos psíquicos e testemunhos Clínicos/Maria Cristina Ocariz (Org.). São Paulo: Escuta, 2015. p. 101. Membro do Departamento de Psicanálise do Instituto Sedes (1978-1982). Coordenadora Geral de Combate à Tortura da Secretaria de Direitos Humanos da Presidência da República (2009-2010). Foi militante da AP e casada com Aldo Arantes, ex-presidente da UNE. Foi presa no sertão de Alagoas, com dois filhos pequenos, André e Priscila, de três e dois anos, e passou por diversos cárceres. Torturada, integrou o projeto Clínica de Testemunho da Comissão de Anistia. Vários livros publicados, entre os quais *Tortura*, editora Casa do Psicólogo: 2014; *Ditadura Civil-militar no Brasil*: o que a psicanalise tem a dizer, Editora Escuta: 2016; *Pacto Re-velado*: psicanálise e clandestinidade política, editora Escuta: 1999.

Sim, a campanha pela anistia ampla, geral e irrestrita não foi um movimento sem bandeiras e muito menos sem programa. Aos poucos todos nós que nos reunimos para fundar os Comitês Brasileiros pela Anistia, os CBAs, percebemos que estávamos em desvantagem em muitos sentidos e sobretudo estávamos sob a mira de armas e espreitados permanentemente.

Inúmeros dirigentes políticos estavam presos, outros banidos e muitos exilados. Um contingente enorme de militantes resistentes estava clandestino. Muitos haviam sido assassinados e outros ainda desaparecidos.

Percebíamos cada vez mais que a ditadura que vigia no país há quinze anos viera para ficar. Os próprios ditadores quando se apossaram da cadeira da presidência da República em 1° de abril de 1964 se autolegitimaram no poder. Puseram sobre suas próprias cabeças a coroa e nas suas mãos estavam armas. Tornaram-se donos do poder.

Os 17 Atos Institucionais, e os quase 200 Atos Complementares baixados, caíam sobre nós como barreiras quase intransponíveis: banimento do país, pena de morte, extinção do habeas corpus e a obstrução do direito de defesa. Cassaram mandatos parlamentares impondo um arremedo de funcionamento legislativo, tentando disfarçar o Estado de Exceção. A Justiça passou a ser uma prerrogativa das forças armadas. Não conhecíamos os ditadores que passaram a mandar no país. Mas conhecíamos muito bem suas vítimas. Eram nossos irmãos, nossos companheiros e amigos. Eram filhos e eram pais. Sabíamos o que tinha acontecido com eles. Mas não sabíamos tudo. E foi por isso que o movimento de Anistia se organizou. Para dar um basta, para saber tudo, para exigir a verdade e sustentar a liberdade.

Inicialmente como um movimento de mães de jovens e estudantes e depois organizando mulheres no Movimento Feminino pela Anistia, tendo em Therezinha Zerbini sua principal dirigente, a anistia propunha o esquecimento e falava em perdão. Paulatinamente, após 1975, muitos brasileiros que não estavam presos ou que tinham sido soltos, resolveram ir além. Os partidos políticos revolucionários estavam destroçados, as organizações políticas proibidas. Um olho enorme nos vigiava e uma orelha maior escutava nossos telefones. Aliciavam os porteiros dos nossos prédios para dar informações, disfarçavam-se de pipoqueiros e vendedores de porta de fábrica e das universidades, para serem olheiros dos nossos passos e dos nossos mínimos movimentos.

O movimento de anistia tinha que inventar para poder se organizar. E assim fizemos. Em São Paulo fundamos o Comitê Brasileiro pela Anistia – o CBA-SP, em 12 de maio de 1978. O CBA do Rio de Janeiro foi o primeiro dos CBAs a ser fundado, no mês de fevereiro deste mesmo ano. O CBA-SP estava disposto a levar à frente um programa político mínimo e de ação que ia além do esquecimento e do perdão e exigia a libertação imediata de todos os presos políticos; volta de todos os exilados, banidos e cassados; reintegração política, social e profissional dos funcionários públicos ou privados demitidos por motivos políticos; fim dos efeitos dos Atos de Exceção. Propúnhamos o fim radical e absoluto da tortura; revogação da Lei de Segurança Nacional; desmantelamento do aparato repressivo; esclarecimento das mortes e dos desaparecimentos por motivação política. Fizemos a denúncia sistemática da tortura e dos casos de mutilação; e em todos os nossos textos e conversas públicas, exigimos o julgamento e punição dos responsáveis.

O CBA e o Sedes Sapientiae: as primeiríssimas reuniões do CBA-SP foram feitas no Instituto Sedes, onde Madre Cristina nos acolheu. A primeira sala em que nos reunimos foi a sala quatro do primeiro andar, perto da lanchonete. Madre Cristina não participava das reuniões, dizia que precisava ficar do lado de fora, para que ninguém pudesse nos interromper. Depois fomos percebendo que ela era nossa protetora e guardiã. Temia a presença da polícia e ficava do lado de fora, no corredor, vigilante.

Além da Madre Cristina, na lanchonete do seu João, podíamos tomar um café. Mas o principal que o seu João oferecia era a aliança férrea com a Madre. Ele fazia parte do esquema de proteção das nossas reuniões. Só muito depois ficamos sabendo destas coisas. O tal do café era um pretexto e o balcão que ele limpava o tempo todo, na verdade, era um disfarce para ficar vigiando quem entrava e quem andava no corredor da sala de reunião. O balcão de madeira pintada de branco, em algumas ocasiões, serviu de esconderijo para os militantes que não podiam ser vistos.

Uma das primeiras tarefas do CBA-SP e de sua Executiva foi a discussão e elaboração da "Carta de Princípios e Programa Mínimo de Ação", terminada em julho de 1978, cuja redação final coube ao representante do Sindicatos dos Jornalistas no Estado de São Paulo, Perseu Abramo.

O CBA-SP foi estruturado a partir de representantes de entidades e não exclusivamente através de filiações individuais. Reuniu em seu elenco executivo pessoas já conhecidas publicamente e outras na qualidade de familiares dos militantes políticos atingidos. Durante os dois primeiros anos o CBA-SP teve como dirigentes: Luiz Eduardo Greenhalgh, advogado de presos políticos; Perseu Abramo, representando o Sindicato dos Jornalistas no Estado de São Paulo; Vanya Sant'Anna, da Associação dos Sociólogos no Estado de São Paulo; Judith Klotzel, da Associação de Docentes da USP; Ruth Escobar, empresária e diretora de teatro; Rubens Boffino, professor da Associação de Professores do Estado de São Paulo, e Maria Auxiliadora Arantes (Dodora), que representava na Executiva a Comissão de Familiares de Presos Políticos. Juntaram-se à Executiva: Hélio Bacha, médico sanitarista, e Maria Augusta Capistrano, da Comissão de Familiares de Mortos e Desaparecidos Políticos. Posteriormente Fernanda Coelho, vinda do Rio de Janeiro, e Suzana Lisboa, de Porto Alegre, integraram a Comissão de Familiares de Mortos e Desaparecidos, que permaneceu reunindo-se mesmo após o encerramento das atividades da campanha da Anistia.

Junto à Executiva foram estruturados núcleos de apoio à campanha, entre estes o Núcleo de Profissionais de Saúde, que prestou especial atenção aos presos políticos, sobretudo em relação às sequelas da tortura. Estes profissionais estabeleceram protocolos de atendimentos e foram os primeiros a sistematizar as sequelas de torturas. As representantes deste núcleo eram Zilah Abramo e Martha Salomão, e também estavam os médicos Sergio Paschoal, Cláudio Meneghini, Jorge Mattar, Milton Martins. O Núcleo de Advogados foi essencial na defesa dos atingidos e mesmo os que não participavam presencialmente de reuniões do CBA-SP foram seus consultores em diversas ocasiões. Entre eles: Airton Soares, José Carlos Dias, Idibal Pivetta, Belisário dos Santos Jr., Marco Antonio Barbosa, Mario Simas, Iberê Bandeira de Mello, Márcia Ramos de Souza, entre outros.

Houve intensa articulação com os CBAs no interior do estado de São Paulo, que multiplicavam e expandiam a luta pela anistia através de atividades próprias públicas ou em parceria com o CBA-SP. Espalharam-se em São José dos Campos, Santos, Campinas, Piracicaba, Limeira, Sorocaba, Ribeirão Preto, Bauru, no ABC, Assis, Osasco, Itapira, Jacareí, Mogi das Cruzes e Guaratinguetá.

Aos CBAs foram se juntando muitos que não eram militantes e nem familiares, eram cidadãos cansados da ditadura civil militar e que se indignavam. Eram músicos, poetas, cartunistas, escritores e artistas. Emprestaram seu texto, seu traço e sua voz, sua profissional capacidade de comunicar para que fôssemos ao mesmo tempo aguerridos e sem perder a ternura.

Em novembro de 1978 organizamos o Primeiro Congresso pela Anistia, nos dias 2, 3 e 4 de novembro. As reuniões preparatórias do Congresso foram feitas no Sedes Sapientiae. Não conhecíamos pessoalmente quem participaria das reuniões. Afixamos nas portas das salas do primeiro andar do Sedes pequenos cartazes nomeando as diferentes categorias dos atingidos: familiares de presos, de exilados, cassados e aposentados, familiares de mortos e de desaparecidos. Cada um que chegava dirigia-se à sala onde encontraria atingidos pela mesma situação. E foi assim que conhecemos pouco a pouco parte dos que moravam em São Paulo, seus nomes, as histórias de seus familiares e tomamos consciência da profundidade da repressão, da violência da tortura e dos casos de assassinato e de desaparecimento.

A abertura oficial foi realizada no teatro da PUC-SP, o TUCA, durante a reitoria da professora Nadir Gouvêa Kfouri, que um ano antes, em setembro de 1977, defendera com altivez o campus da universidade durante sua invasão pela Polícia Militar comandada pelo coronel Erasmo Dias. O encerramento do Congresso realizou-se no teatro Ruth Escobar e foi um marco na implementação dos comitês de anistia, que chegaram a ser sessenta comitês organizados em todo o Brasil.

Sete meses depois, em junho de 1979, realizamos o Primeiro Encontro das Entidades de Anistia organizado pelo CBA-RJ. Neste encontro a Comissão Nacional de Mortos e Desaparecidos divulgou uma publicação então datilografada com a relação dos mortos, dos desaparecidos no Brasil e no exterior, com suas biografias e as condições conhecidas de seu assassinato. Publicou-se também extensa lista com o nome de todos os torturadores e a descrição dos instrumentos de tortura bem como a denúncia da máquina de tortura usada em todo o país, sob o patrocínio do Estado brasileiro, com o apoio de empresários e de civis, aliados aos ditadores.

Agosto de 1979: Antes da votação da Lei de Anistia, a mobilização foi intensa nas ruas de São Paulo. No dia 8 de agosto de 1979, o comício na Praça da Sé foi um marco decisivo na campanha da anistia. Até então a Praça de Sé estava proibida para manifestações e a realização do primeiro Ato Público para a retomada da praça, fortemente cercada pela Polícia Militar, a pé ou a cavalo, foi uma vitória na conquista dos espaços públicos proibidos para manifestação de qualquer natureza. No coração da cidade de São Paulo e junto ao seu Marco Zero, os movimentos tomaram politicamente a praça que voltou a ser do povo. A convocatória para o ato, escrita pelo CBA-SP, dizia:

> Hoje se sabe no Brasil que o regime militar que se implantou no país em 1964 prendeu, torturou, matou, baniu e exilou, cassou e demitiu inúmeros brasileiros de seus postos de trabalho. (...) Fez calar a livre manifestação do pensamento, fechou universidades, invadiu sindicatos e deixou o povo sem liberdade e com fome, no campo e na cidade. Hoje os brasileiros que querem para esta nação a liberdade e a justiça vêm publicamente exigi-las. (...) Este mesmo regime apresentou no dia 27 de junho um Projeto de Anistia Parcial que deixa de fora muito brasileiros atingidos durante estes 15 anos. Submete funcionários civis e militares a novos condicionamentos e humilhações para a reintegração em seus cargos. Deixa de fora trabalhadores e estudantes atingidos pela CLT e pelos Atos de Exceção. Deixa na prisão e no exílio muitos brasileiros. Nem sequer uma palavra sobre os que matou e fez desaparecer durantes estes anos. Este projeto deverá ser votado pelo Congresso Nacional ainda neste mês de agosto. (...) Não podemos em nome da justiça e da própria grandeza da Anistia aceitá-lo e por isso mesmo o repudiamos.

Para o dia 14 de agosto foi organizada a caravana de militantes, familiares e representantes de entidades de anistia a Brasília, para acompanhar o desenvolvimento do debate no Congresso Nacional e estabelecer um contato com parlamentares. Mantivemos a mobilização nas ruas e, no dia 21, foi realizado um segundo ato público na Praça da Sé em São Paulo.

O menestrel das Alagoas: sabíamos que o Congresso Nacional legislava dentro dos limites impostos pelos ditadores. Não tínhamos ilusões mas pensávamos que poderia prevalecer o que as ruas exigiam. Era improvável, mas tivéramos uma convivência fraterna com o Senador Teotônio Villela, presidente da Comissão Mista da Câmara e do Senado. Ele era o principal responsável por todas as reuniões no parlamento federal e pela coleta dos textos que chegavam de todo o país apresentando listas de torturadores, descrição das torturas, relato de sequestros, casos de assassinato, de mortes presumidas.

O senador nos surpreendeu. Era latifundiário e usineiro de Alagoas e do partido do governo, a ARENA. Tornou-se sensível à luta pela anistia. Veio até os movimentos: visitou os presos e se reuniu com a militância da anistia. Tornou-se nosso interlocutor. Prestava atenção ao nosso relato. Na primeira visita que fez aos presos políticos em São Paulo, confinados todos no Presídio do Barro Branco, Celeste Fon e eu fomos designadas para acompanhá-lo. Juntamente com o senador Severo Gomes, do MDB, fomos buscá-lo no hotel Jaraguá e o levamos ao presidio. Nós, familiares, não entramos. Depois de longa permanência, já ao final da tarde, ouvimos o que disse aos jornalistas:

> Aqui não encontrei nenhum lobo das estepes e nenhum terrível homem das cavernas. Encontrei brasileiros idealistas que lutavam por seus ideais.

Teotônio visitou os presos no Rio de Janeiro, em Pernambuco, no Ceará.

A proposta de ampliação do projeto da ditadura, que desde então denunciávamos conforme exigência dos movimentos de anistia, foi plenamente encampada pelo Senador a partir desta aproximação cordial.

O Legislativo traiu os movimentos de anistia: no dia 28 de agosto de 1979 finalmente conhecemos o que o Congresso Nacional produziu: uma anistia parcial e de dupla mão. Deixou de fora muitos brasileiros, não abriu para eles as portas da prisão. E pior, anistiou também os torturadores. Não podia ser diferente: legislaram sob a tutela dos generais e sujeitaram-se a eles. Negociaram o inegociável, entenderam que a tortura não é crime quando o Estado não a proíbe expressamente. Fortaleceram a contramão da ética, desrespeitaram seus próprios concidadãos que consideravam seus inimigos internos, seguindo à risca a Doutrina de Segurança Nacional. Não se envergonharam da lei que aprovaram em um acordo de liderança, levando ao plenário uma votação decidida previamente. O legislativo traiu os movimentos de anistia. A derrota foi um duro golpe. Ao longo de todos estes anos muitos continuam incansáveis na busca dos desaparecidos exigindo que a justiça leve os responsáveis a julgamento.

A tortura, o assassinato, o sequestro e ocultação de cadáveres são crimes e todo crime deve ser punido.

Trinta e um ano depois, em 14 de abril de 2010, fomos surpreendidos com a decisão do Supremo Tribunal Federal, o STF, que manteve a compreensão de que a Lei de Anistia anistiou sim os torturadores apesar da Arguição de Descumprimento de Preceito Fundamental nº 153, proposta pelo Conselho Federal da Ordem dos Advogados do Brasil, que formulou o seguinte pedido:

> A proponente (Conselho Federal da Ordem dos Advogados do Brasil) pede que o Supremo Tribunal Federal dê à Lei nº 6.683, de 28 de agosto de 1979, uma interpretação conforme à Constituição, para declarar que a anistia, objeto desse diploma legal, não se estende aos crimes de homicídio, estupro e tortura, praticados por agentes públicos contra opositores ao regime político então vigente.
>
> (...)
>
> Em outras palavras, o que se pede na presente demanda não é a revisão da lei de anistia, como se diz por aí, mas sim a sua correta interpretação, de acordo com os padrões de técnica jurídica consagrados e a exigência fundamental de respeito à dignidade humana".
>
> (...)
>
> O que está em causa, na presente demanda, não é uma controvérsia jurídica comum. O Supremo Tribunal Federal, como órgão de cúpula do Estado Brasileiro, assume agora a responsabilidade histórica de defender a honra nacional e a dignidade do nosso povo, pelo reconhecimento de que os crimes hediondos, praticados pelos agentes do regime autocrático do passado, *são inapagáveis*, qualquer que seja o tempo decorrido desde o seu cometimento.[10]

O STF desconsiderou a brilhante argumentação do jurista Fábio Comparato e manteve a interpretação de que os crimes conexos aos crimes políticos foram anistiados. Esta interpretação mantém-se e não se discutiu mais. Pelo menos até agora.

10 Destaque do autor.

Mas os movimentos sociais podem discutir. A sociedade pode questionar. Assim fizemos na época da campanha de anistia de 1979. Enfrentamos as leis e sua interpretação. Não perguntamos o que era possível e o que era permitido. A interpretação de quais são crimes conexos aos crimes políticos anistiados distorceu o entendimento a ponto de interpretar a tortura como um crime conexo ao crime político. Uniu em um mesmo laço o crime político e um crime imprescritível, a tortura. O esclarecimento bem como o julgamento e penalização dos responsáveis é uma proposta que tem se mantido insolúvel.

Não fizemos um raciocínio técnico. Fizemos uma campanha política. Exigimos o que era justo. Conseguimos um pouco. Fortalecidos pela experiência da democracia, temperados pela liberdade de expressão e autorizados a buscar a verdade, podemos tentar mais uma vez.

O que podemos fazer?

Os que hoje portam cartazes em locais públicos talvez não saibam que houve um tempo em que não se podia andar livremente pela Avenida Paulista, pelo Viaduto do Chá, pela orla de Copacabana e nem ao redor da Praça da Liberdade. Se a praça é do povo, se a rua pode ser ocupada, porque não exigimos em movimento e nas ruas que os dirigentes do Brasil digam para todos nós e principalmente aos familiares onde estão os corpos dos nossos desaparecidos? Desde que se compreendeu que a tortura é um crime que fere os humanos, estejam onde estiverem, sabemos que a tortura é um crime contra a humanidade.

Em nosso curto tempo presencial na história podemos construir novas reciprocidades e melhorar a condição das relações entre os humanos. Podemos exigir que a tortura seja penalizada onde tiver ocorrido e quando estiver ocorrendo. A compreensão da legislação internacional referente aos direitos humanos é de que o crime de tortura praticado pelo agente do Estado, no exercício de sua função, é crime. Foi o que ficou estabelecido no art.1° da Convenção da ONU de 1984 – *Contra a tortura e outros tratamentos ou penas cruéis, desumanos ou degradantes.* É crime de quem praticou diretamente o ato de tortura, de quem a autorizou e testemunhou e de quem soube que ocorreu.

A Constituição Federal de 1988, no art. 5°, inciso III, diz o seguinte: "ninguém será submetido a tortura nem a tratamento desumano e degradante"; e o inciso XLIII, "a prática da tortura inafiançável e insuscetível de graça ou anistia".

Devemos encorajar nossos dirigentes e representantes que estão no Executivo, no Legislativo e os que estão no Judiciário, a fazer o que tem que ser feito.

Não podemos descansar antes disso. Os familiares dos mortos e desaparecidos políticos não descansaram, não dormiram, estão sempre em busca do possível e recorrem ao impossível.

Juntamente com o Centro pela Justiça e o Direito Internacional-CEJIL e a Human Rights Watch-Américas, em 1995 encaminharam à Corte Interamericana de Direitos Humanos uma petição que se refere à responsabilidade do Estado brasileiro pela detenção arbitrária, tortura e desaparecimento forçado de 70 pessoas, entre membros do Partido Comunista do Brasil e camponeses da região do Araguaia. Em 2010 foi publicada a decisão da Corte que impôs ao estado brasileiro um conjunto de decisões expressas em um longo texto de quase 120 páginas. Ao aceitar a petição, a Corte declara por unanimidade, entre outras, que:

> As disposições da Lei de Anistia brasileira que impedem a investigação e sanção de graves violações de direitos humanos são incompatíveis com a Convenção Americana, carecem de efeitos jurídicos e não podem seguir representando um obstáculo para a investigação dos fatos do presente caso, nem para a identificação e punição dos responsáveis, e tampouco podem ter igual ou semelhante impacto a respeito de outros casos de graves violações de direitos humanos consagrados na Convenção Americana ocorridos no Brasil. O Estado é responsável pelo desaparecimento forçado e, portanto, pela violação dos direitos ao reconhecimento da personalidade jurídica, à vida, à integridade pessoal e à liberdade pessoal; (...) O Estado é responsável pela violação dos direitos de liberdade de pensamento e de expressão consagrados no artigo 13 da Convenção Americana sobre os Direitos Humanos.

Escolhi este fragmento da sentença para que saibamos que estamos no caminho que deve ser percorrido. As decisões não estão referidas exclusivamente aos que caíram no Araguaia, aplicam-se a todas as violações que não puderam ser, até hoje, investigadas. Temos agora um suporte internacional para que demandas da campanha da anistia que não foram aceitas possam ser finalmente atendidas.

Queremos que todos os responsáveis sejam julgados. Que sejam penalizados.

Já sabemos seus nomes. Estão nas incontáveis listas que foram organizadas pelos próprios presos políticos ainda dentro das prisões, há mais de 40 anos. Estão em textos, em livros e dossiês publicados pelo próprio governo brasileiro organizados pela Secretaria de Direitos Humanos da Presidência da República. Queremos que o Brasil honre a história de lutas de todos os que tombaram para fazer com que neste país a *Memória, Verdade e Justiça* sejam sustentadas sob a bandeira da Liberdade de *asas sempre abertas sobre nós.*

5. Anos 1980: finalmente as Leis de Anistia, mas não tanto

Rebelião popular em Florianópolis marca o começo do fim da ditadura

Em novembro de 1979, o general Figueiredo anunciou visitar Florianópolis, e o governador Jorge Konder Bornhausen (ARENA) resolveu recepcioná-lo com uma grande festa cívica. O tiro saiu pela culatra. O que houve foi uma belíssima rebelião popular liderada por jovens estudantes. E, claro, violenta e intensa repressão, com a prisão de sete estudantes e censura aos meios de comunicação. Os jornalistas Sergio Rubin e Jurandir Camargo cobriram esses fatos. Os jornais estavam censurados e comprometidos com a ditadura. Demitidos e exiliados, quando voltaram fundaram o jornal *Afinal* em Florianópolis.

Processados por revelar contas na Suíça

Em maio de 1980, o jornal *Hora do Povo*, do Rio de Janeiro, publicou matéria titulada "Figurões botam 700 bilhões na Suiça" e, numa extensa lista nomina o governador de Santa Catarina, Jorge Konder Bornhausen. Essa lista foi reproduzida pelo *Afinal*, pelos jornalistas Sergio Rubin, Jurandir Camargo e Nelson Rolim. A lista é verdadeira, foi interceptada pelo Partido Socialista Suíço. O governador desmentiu em nota oficial e processou os jornalistas.

Sergio Rubin e Jurandir Camargo foram anistiados e indenizados pelos danos morais e prejuízos materiais sofridos durante a ditadura. O ato da Comissão de Anistia transcorreu na sede do Complexo de Ensino Superior de Santa Catarina (Cesusc), em Florianópolis, mantenedor de faculdades de diversas especialidades. Nada melhor do que ler a versão dos que protagonizaram os fatos. A entrevista foi concedida a Diego Wendhausen Passos e está em seu blog.

Sobre a Novembrada de 1979, e o processo movido pelo governador, Sérgio Rubin relatou

> Eu trabalhava no jornal *O Estado*, naquela época, como repórter, e três repórteres foram destacados para fazer a cobertura. O Jurandir Pires de Camargo, cobriria da chegada do aeroporto, do presidente Figueiredo, do aeroporto até a Praça XV. Eu fiquei encarregado de cobrir a manifestação na Praça XV, e o Luís Fernando da Silva Pontes, que trabalhou dentro do Palácio. Nesse período, vimos todos os acontecimentos, todas as movimentações dos estudantes, as agressões, e, depois, eles sumiram. Ficou o povo na praça, na rua, até umas quatro da tarde, não tinha polícia, eles tomaram conta do Centro. Não eram os estudantes, era o povo, que tinha descido dos morros, a população, e eu acredito que a questão da Novembrada foi consequência do excesso de propaganda que eles fizeram buscando popularizar a figura de João Figueiredo.
>
> Nas duas semanas anteriores à chegada do presidente a Florianópolis, eles fizeram uma propaganda maciça, o João do Povo, como civil, tiraram a farda do general. Isso atraiu muita gente. Pela primeira vez na vida eu vi aquele número da pessoas juntas, tinham 15 mil pessoas. Eu nunca tinha visto, e, na hora que começaram os problemas, eles perderam o controle de tudo. Já o jornal *Afinal*, é consequência, fizemos na cobertura do Jornal O Estado, chegou lá, tivemos todo o material censurado. Todas as nossas obras foram praticamente censuradas, fomos todos censurados.
>
> Isso criou um problema dentro do jornal, reagimos, protestamos, e, logo em seguida, o governador Jorge Bornhausen colocou um interventor dentro do jornal *O Estado*, mas, na verdade, fomos demitidos, já que eles iriam fazer uma reengenharia. Começou com a minha demissão, depois, o Nelson Rolim de Moura, o Jurandir e toda a equipe.
>
> Eu, o Jurandir e o Nelson Rolim fundamos o jornal *Afinal*, que durou até o fim de 1980. Sofremos processo na Lei de Segurança Nacional, fomos ao Tribunal Militar, em Curitiba. Quando estávamos aguardando o resultado final do julgamento, pelas denúncias que fizemos contra o então governador Jorge Bornhausen, sobre a conta bancária na Suíça, aí para não sermos presos, fomos embora para o Uruguai, onde ficamos três anos, e fomos os últimos jornalistas a serem anistiados no Brasil, anistiados pelo Figueiredo.

Na verdade, no jornal O *Estado*, tínhamos muitas denúncias, mas não conseguíamos publicar porque o jornal se auto-censurava e vivia da verba do governo, de dinheiro do poder público. Então, não tínhamos como, eles não deixavam. O jornal O *Estado* era governista, eles se autocensuravam, censuravam nosso projeto, então não fazíamos nada. Quando fizemos o jornal *Afinal*, em 1980, aí tínhamos, o Inimigo do Rei, em Salvador, na Bahia, tinha o *Pasquim*, no Rio de Janeiro, o *Afinal*, em Florianópolis, e o *Coojornal*, em Porto Alegre, que eram os veículos de oposição.

Todos sofríamos processos, perseguição, o jornal *Afinal* era proibido de vender em banca, aqui em Santa Catarina. Nenhuma banca vendia o nosso jornal. Não podia ser impresso em nenhuma gráfica, em Santa Catarina, porque o governo do Estado tinha um poder muito grande, de financiar essas empresas, de dar serviços para elas, e praticamente fizeram uma coisa velada, que proibiam. Sempre tivemos que imprimir o *Afinal*, no Rio Grande do Sul ou no Paraná, então, tinha uma censura violenta. Nós denunciávamos.

O começo do fim da ditadura

O mesmo episódio descrito acima, agora relatado por Jurandir Camargo:

Na época da Novembrada, eu era editor do jornal O *Estado*. Ele estava em uma fase difícil porque estava demitindo jornalistas que tinham ideologia, que lutavam contra a ditadura. Então, uma série de colegas saíram da redação, e eu fui colocado em uma espécie de geladeira. A editoria internacional, era uma editoria que não tinha vinculação com o mundo local, ela tinha uma relação com o mundo internacional. Tanto na visita do Figueiredo aqui, que desencadeou a Novembrada, eu fui escalado para fazer uma cobertura da chegada do Figueiredo, que tinha uma tropa da Polícia Militar formada, que entraria no começo da Praça XV, passaria em revista a tropa, e entraria no Palácio Cruz e Souza, onde funcionava a sede do governo.

Os outros repórteres estavam dentro do Palácio, onde haveria a solenidade e iriam acontecer as coisas. Mas como eu sou um jornalista com sorte, na história, eu fiquei na rua, e na rua que aconteceu tudo. Então, acompanhei, como repórter, todo o conflito ocorrido no dia 30 de novembro, em Floripa, que ficou conhecido como a Novembrada.

> Eu vi o destempero do Figueiredo, a dois metros dele, dizendo que a mãe dele não estava em jogo, eu vi as brigas que ocorriam no calçadão, o César Cals tomou um tapa, de fato ele levou, tanto que caiu, e subiu pela minha perna.
>
> Então, eu considero a Novembrada como um marco na redemocratização do país, porque o regime estava no abre ou não abre, e depois do que aconteceu em Florianópolis o general entrando em uma briga de rua, com pessoas que se manifestavam contra o regime, houve um escancaramento na abertura política. Então, em Florianópolis, isso precisa ser melhor analisado, foi o botão que acabou desencadeando o fim da ditadura.

Figueiredo e sua falsa lei de anistia

Em 27 de junho de 1979 o general Figueiredo enviou ao Congresso Nacional o projeto de um arremedo de anistia. O caráter mais que parcial, enganador, do projeto, teve como efeito que os movimentos sociais, em favor da redemocratização e da Anistia, redobrassem seus esforços, continuando a luta por uma lei abrangente. Já havia um precedente indicando que não seria fácil o caminho a percorrer no Legislativo. Ocorrera a derrota do projeto de instituir uma CPI para investigar violações aos direitos humanos cometidas pelo governo, tema que tinha sido objeto de relatório enviado pela embaixada estadunidense ao Congresso em Washington. Um MDB domesticado dificilmente avançaria em temas mais sensíveis aos militares. E foi o que aconteceu.

O projeto de lei enviado ao Congresso não anistia os condenados, não contempla os trabalhadores das empresas privadas nem os servidores em regime de CLT, tampouco se estende aos cônjuges e filhos de perseguidos políticos que sofreram igual perseguição.

A perplexidade causada pelo projeto do governo militar, de conceder uma falsa anistia, serviu para reforçar a ofensiva da sociedade organizada sobre Congresso Nacional, agora o responsável por transformar o projeto em lei. As pautas aprovadas enfatizam a necessidade de mobilização popular.

Uma das reações mais violentas provocada pela falsa anistia foi a greve de fome de presos políticos pela anistia ampla, geral e irrestrita, ou seja, libertar todos os presos e abrir as fronteiras para os asilados ou refugiados.

A mais radical das manifestações, pois a fome leva à morte ou no mínimo deixa sequelas no organismo.

Lei de Anistia de 1979

Num primeiro momento foi bem recebida, pois permitiu "a volta do irmão do Henfil", e com ele políticos, intelectuais e militantes que de uma forma ou de outra lutaram contra a ditadura; tirou muita gente da cadeia e livrou do sufoco famílias condenadas a sofrer pelas angústias de seus filhos e/ou parentes e amigos perseguidos, torturados e sumidos na clandestinidade.

Num segundo momento, continuado até os dias de hoje, tem suscitado polêmica com relação à extensão da anistia, por não ter deixado brecha para punir os algozes da ditadura, aqueles torturadores e assassinos que permaneceram e permanecem impunes.

O projeto governamental de anistia parcial passou por várias etapas, como se verá. A primeira, do projeto de lei enviado ao Congresso pelo general Figueiredo, o último dos generais do ciclo de militares no poder, certamente não poderia estar isenta do ranço anticomunista próprio dos militares formados com mentalidade da Guerra Fria, nem do corporativismo próprio aos quartéis. Depois, veio a fase de discussão do projeto de Lei de Anistia, enviado pelo presidente da República, pelos legisladores e a mobilização da sociedade no intento de influenciar os parlamentares. Debate tampouco livre de conservadorismo, desconhecimento da história e insensibilidade social. Mesmo assim, o que se conseguiu, com a promulgação da Lei 6.683, de 28 de agosto de 1979 foi vitória de abnegados democratas, sensíveis à pressão social, pois a luta pela anistia empolgou a nação.

O projeto excludente de Figueiredo

O Projeto de Lei Nº 14, de 27 de junho de 1979, enviado ao Congresso, "como sendo prioridade para aquele ano", textualmente concede

> anistia a todos quantos, no período compreendido entre 02 de setembro de 1961 e 31 de dezembro de 1978, cometeram crimes políticos ou conexo com estes, aos que tiveram seus direitos políticos suspensos e aos servidores da Administração Pública, de fundações vinculadas ao

> Poder Público, aos dos Poderes Legislativo e Judiciário e aos militares, punidos com fundamento em Atos Institucionais e Complementares.
>
> § 1º - Consideram-se conexos, para efeito deste artigo, os crimes de qualquer natureza relacionados com crimes políticos ou praticados por motivação política.
>
> § 2º - Excetuam-se dos benefícios da anistia os que foram condenados pela prática de crimes de terrorismo, assalto, sequestro e atentado pessoal.
>
> Art. 2º– Os servidores civis e militares demitidos, postos em disponibilidade, aposentados, transferidos para a reserva ou reformados, poderão, nos cento e vinte dias seguintes à publicação desta Lei, requerer o seu retorno ou reversão ao serviço ativo.
>
> Art. 3º - O retorno ou a reversão ao serviço ativo somente será deferido para o mesmo cargo ou emprego, posto ou graduação que o servidor, civil ou militar, ocupava na data de seu afastamento, condicionado, necessariamente, à existência de vaga e ao interesse da Administração.
>
> Art. 11 - Esta Lei, além dos direitos nela expressos, não gera quaisquer outros, inclusive aqueles relativos a vencimentos, saldos, salários, proventos, restituições, atrasados, indenizações, promoções ou ressarcimentos.

Veja que pelo parágrafo 2º estão fora da anistia "os que foram condenados pela prática de crimes de terrorismo, assalto, sequestro e atentado pessoal". A intenção do autor do texto era manter presos os condenados e também os banidos, enfim, aqueles que pegaram em armas para combater a ditadura. Caso se interpretasse ao pé da letra a lei, sequestros e atentados à pessoas que se opunham ao regime, também estariam fora do alcance da anistia. Essas práticas faziam parte do cotidiano dos agentes da repressão, tanto dos serviços de inteligência militares como de todo o aparato de repressão.

Tortura, sequestro, assassinato e desaparecimento de cadáveres, práticas que foram iniciadas pela Operação Bandeirantes, seguidas pelos atentes do DOI-Codi e dos serviços de inteligência das três armas da República, que se generalizaram por todo o território nacional e se internacionalizou, abarcando os países vizinhos e o Chile, através da Operação Condor. Não obstante, nenhum militar foi sequer advertido por práticas anti-humanitárias. Ao contrário, muitos foram agraciados com medalhas e promovidos a patentes superiores como prêmio pelos bons serviços prestados à pátria. Pátria de quem?

A maioria dos artigos se referem aos servidores públicos. Estava bem explícita que a intenção do governo não ia além da revisão de processo e do atendimento ao lobby do funcionalismo público e dos militares, deixando de fora todos os que combateram o regime, seja como estudante ou professor, sindicalista, trabalhador ou empregador nas empresas privadas e de economia mista.

O Art. 11 excluía a possiblidade de o Estado indenizar os anistiados pelos danos sofridos. Os demais artigos, em sua maioria, referiam-se aos servidores públicos. Estava bem explícita a intenção limitada do projeto.

Para Carlos Fernandes, bancário do Banco do Brasil, demitido, cassado perseguido político, que mais tarde criaria a Associação Brasileira de Anistiados Políticos, a ABAP, narra assim o momento:

> Apesar de amordaçada a imprensa, os acontecimentos de maior gravidade que ocorriam nas prisões, atingindo até mesmo membros da Igreja, foram levantando a opinião pública e terminaram por gerar os CBAs – Comitês Brasileiros de Anistia, cujos gritos ressoaram no Palácio do Planalto. Foi o grito da Nação quando, horrorizada ante os lamentos que vinham dos porões da ditadura, cansada da mordaça que lhe haviam aplicado, lançou-se nas campanhas dos Comitês Brasileiros de Anistia. A Ditadura perdera força.
>
> Era necessário um ato de conciliação. Alcançamos, então, em 1979 a primeira Lei de Anistia após 1964. Aprovada no Congresso Nacional sob vaias da oposição que a desejava como reclamada pelo povo, Ampla, Geral e Irrestrita. A Lei 6683/79, porém, apesar de restrita, teve o grande mérito de reabrir as portas do Brasil aos seus exilados e de libertar os que aqui permaneciam presos. Permitiu o retorno ao trabalho dos que haviam sido demitidos, em havendo interesse das empresas estatais, dando-lhes prazo para reversão e aposentando compulsoriamente os que não fossem aceitos. Seu pecado maior foi o de excetuar da Anistia, no parágrafo II do Artigo 1°, aqueles que haviam participado da luta armada contra a Ditadura Militar.

Comissão Parlamentar Mista da Anistia

Recebido o Projeto Lei do general Figueiredo, em 28 de junho de 1979, o Congresso Nacional instituiu a Comissão Mista da Anistia, aprovando, pelo voto, sua composição: 7 senadores da ARENA, e 4 do MDB; 6 deputados federais pela ARENA e 5 do MDB. Total de 13 votos para a ARENA e 11 para o MDB. Apesar dessa desproporção em favor do governo militar, o senador Teotônio Vilela (1919-1983), eleito pela ARENA, de Alagoas, assumiu como presidente, e logo trocaria o partido governista pelo MDB opositor, para melhor levar o combate pela Anistia. Como vice-presidente estava Helvídio Nunes (1925-2000), senador pela ARENA do Piauí, e como relator o deputado Ernani Satyro (1911-1986), ex-presidente da velha UDN e ex-governador da Paraíba.

Vale recordar que as eleições gerais de 1978, apesar de presididas pelo governo militar, deu retumbante vitória aos oposicionistas do MDB, já configurado como uma ampla frente democrática impulsionada por forte movimento de massa, exigindo eleições, democracia e anistia.

O cenário político e social se transfigurava com a restruturação dos movimentos sindical e as greves operárias; estudantes reorganizando a UNE; as mulheres se mobilizando nos movimentos contra a carestia e, logo, politizadas por mães de perseguidos políticos, encampando os movimentos por anistia e eleições livres e diretas. Essa comissão teve seu mérito e isso se deve ao empenho e dedicação do senador Teotônio Vilela, que não só abriu as portas da Comissão para a organizações da sociedade civil relacionadas com a luta pelos direitos humanos, democracia e anistia, como percorreu as principais regiões do país, dialogando com as pessoas envolvidas e até mesmo visitando presos políticos ainda nos cárceres da ditadura. Por esse empenho foi homenageado por Milton Nascimento e Fernando Brandt com a bela canção *O menestrel das Alagoas*.

A proposta de Figueiredo, de uma anistia parcial e difusa, provocou indignação nas organizações sociais, levando-as a reforçar a luta. Um grupo de deputados motivados, e também indignados, enviou carta ao general presidente lembrando a ele que seu pai, general Euclides Figueiredo, implicado na contrarrevolução dos paulistas de 1932, preso e forçado ao exílio, foi anistiado e pôde voltar ao seio de sua família.

Mais de 300 emendas ao projeto de lei foram apresentadas. Um dos substitutivos incluía os dirigentes sindicais punidos. Houve até proposta de uma lista nominal de quem deveria receber o benefício da anistia.

O deputado Ernani Satyro, relator da Comissão, ao apresentar o substitutivo ao projeto a ser transformado em lei, escreveu que

> o momento marca a superação de um período que requerera procedimentos às vezes traumáticos e de caráter excepcional. Alarga-se o horizonte político, cabendo neste contexto proporcionar oportunidades a todos os brasileiros que pretendam oferecer sua contribuição. (...) Não abrangendo quem foi condenado pela justiça por crime que não é estritamente político.

Nem toda a mobilização social, nem todo argumento jurídico mostrando ser uma aberração, mais parecido com um indulto do que anistia, conseguiu demover os governistas a ampliar o espectro da lei.

Para colaborar com a Comissão a OAB enviou o vice-presidente, o jurista José Paulo Pertence, que afirmou, em nome dos advogados brasileiros,

> (...) somar-se ao das críticas logo endereçadas à mesquinharia das discriminações e ressalvadas que apequenam, desfiguram e desqualificam a proposição governamental.
>
> De resto, passado quase um mês da revelação da proposta, não é temerário afirmar que, à falta de contestação válida dos intérpretes do poder, já se conscientizou a opinião pública da procedência das objeções suscitadas pela vanguarda da sociedade civil contra as restrições que o governo pretende impor à conquista da anistia.
>
> O exame global do projeto desvela de imediato o seu pecado substancial: é a sua frontal incompatibilidade com um dado elementar do próprio conceito de anistia, ou seja, o seu caráter objetivo. Em outras palavras: o que o governo está propondo, com o nome de anistia, tem antes o espírito de um indulto coletivo que o de uma verdadeira anistia. Esta distorção básica está subjacente aos pontos mais criticáveis do projeto: da odiosa e arbitrária discriminação dirigida exclusivamente aos já condenados por determinados crimes políticos (art. 1°, #2°), ao condicionamento do retorno ou reversão dos servidores públicos

> à existência de vaga e ao interesse da administração (art. 3º), e à exclusão desse benefício "quando o afastamento tiver sido motivado por improbidade do servidor" (art. 3º, #4º)

Depois de citar Raimundo Macedo, a enfatizar que a anistia "é como a lei nova que deixou de considerar o fato como crime", Pertence pondera que

> a recordação dessa verdade elementar basta para ver como não se pode sustentar a sério a legitimidade jurídica ou moral de pretender engalanar-se com a grandeza da anistia – que está, por definição, na generalidade objetiva da determinação de seu alcance – um projeto que discrimina entre autores não condenados e autores já condenados pelos mesmos crimes políticos, para excluir estes dos benefícios da anistia que se estenderão àqueles.

O artigo é longo, pois faz considerações jurídicas a cada item do projeto, considerações sustentadas por citações de reconhecidos mestres do direito e por jurisprudência firmada. Não poderia deixar de fora, portanto, o fato de o governo nem sequer fazer menção aos agentes do Estado que praticaram crime contra a humanidade, através da tortura, assassinato e sumiço de cadáveres de presos políticos. Diz o item 13 do documento da OAB:

> Não há, com efeito, como aceitarmos – à luz dos valores do Estado de Direito Democrático, que integram o compromisso da Ordem perante a nação – que a condenação ética do terrorismo sirva para excluir os contestatários de uma ditadura, embora violentos, dos benefícios da mesma lei de anistia, na qual a mais forte e universal condenação ética da tortura policiais não foi óbice à extensão da impunidade legal aos crimes dos que a tornaram rotina, no procedimento da repressão aos adversários do regime.

Terminado o processo e promulgada a lei, o Senado publicou livro que descreve como se desenvolveram os trabalhos e as transcrições dos tópicos essenciais dos debates, bem como a íntegra das propostas de artigos e parágrafos alternativos à proposta original. Um trabalho de fôlego, com 745 páginas no primeiro volume e outras 559 no segundo, organizado pelo senador Teotônio Vilela. O povo queria, e a oposição ao governo encampou, anistia ampla, geral e irrestrita. Essa Comissão não conseguiu o que pretendia: o povo exigia os substitutivos, mas as emendas apresentadas pela oposição eram derrubadas pela maioria governista da ARENA. Não obstante, foi uma vitória que se alargaria mais adiante.

Foi preciso uma emenda para tornar a lei inclusiva

As dúvidas relacionadas aos excluídos da anistia pela lei 6.683/79 foram superadas quando o Congresso Nacional promulgou a Emenda Constitucional Nº 26, de 27 de novembro de 1985. Ela na realidade foi feita para transformar os parlamentares eleitos para legislar em constituintes, mas se dedicou também a estender a anistia a todos, irrestritamente. Nos primeiros artigos da emenda determina que os membros da Câmara dos Deputados e do Senado reunir-se-ão, unicamente, em Assembleia Nacional Constituinte, livre e soberana, no dia 1º de fevereiro de 1987, na sede do Congresso Nacional.

Por abranger os cidadãos comuns (não servidores), ficou por eles entendida que a anistia era ampla e irrestrita.

No Artigo 4º determina:

> Art. 4º - É concedida anistia a todos os servidores públicos civis da Administração direta e indireta e militares, punidos por atos de exceção, institucionais ou complementares.
>
> § 1º - É concedida, igualmente, anistia aos autores de crimes políticos ou conexos, e aos dirigentes e representantes de organizações sindicais e estudantis, bem como aos servidores civis ou empregados que hajam sido demitidos ou dispensados por motivação exclusivamente política, com base em outros diplomas legais.
>
> § 2º - A anistia abrange os que foram punidos ou processados pelos atos imputáveis previstos no "caput" deste artigo, praticados no período compreendido entre 2 de setembro de 1961 e 15 de agosto de 1979.
>
> § 3º - Aos servidores civis e militares serão concedidas as promoções, na aposentadoria ou na reserva, ao cargo, posto ou graduação a que teriam direito se estivessem em serviço ativo, obedecidos os prazos de permanência em atividade, previstos nas leis e regulamentos vigentes.

> § 4º - A Administração Pública, à sua exclusiva iniciativa, competência e critério, poderá readmitir ou reverter ao serviço ativo o servidor público anistiado.

Interessante recordar que o que movia muita gente a rechaçar como falsa a lei de anistia proposta pelo governo militar, mesmo depois de modificada e aprovada pelo Congresso Nacional, era a comparação que se fazia com a anistia concedida por Vargas em 18 de abril de 1945. Tal a abrangência e a importância dessa lei no contexto da história que o 18 de abril é homenageado todos os anos como o Dia Nacional da Anistia. Ela marca o fim do Estado Novo, das leis de exceção, perdoa os crimes políticos e libera a formação dos partidos políticos. Nesse contexto se realizam as eleições parlamentares com poderes constituinte e, no ano seguinte, temos aprovada a Constituição de 1946, que foi estraçalhada com o golpe de 1º de abril de 1964.

Militares inimputáveis

Não obstante o determinado pela Emenda Constitucional e a própria Constituição, que seria promulgada em 1988, confirmar os termos nela contidos, a polêmica com relação à imputabilidade dos militares que cometeram crimes de tortura e morte de pessoas sob a tutela do Estado prosseguiu e persiste ainda hoje. O professor de direito Tércio Sampaio Ferraz Júnior esclarece que a exclusão dos agentes da repressão da anistia

> violava um princípio de justiça: anistiava os torturadores, mas não os terroristas. Diante desse flagrante tratamento desproporcional, a jurisprudência do STM (Superior Tribunal Militar) estendeu o benefício aos terroristas: a anistia tornou-se geral e irrestrita.

A Constituição de 1988 consagrou de vez o conceito de anistia aos punidos pelo Estado por razões políticas desde 1946 até a entrada em vigência da Carta. O documento é detalhista e sistematiza e aperfeiçoa todos os documentos anteriores referentes à anistia.

Diz a Ato das Disposições Constitucionais Transitórias (ADCT) em seu Artigo 8º:

É concedida anistia aos que, no período de 18 de setembro de 1946 até a data da promulgação da Constituição, foram atingidos, em decorrência de motivação exclusivamente política, por atos de exceção, institucionais ou complementares, aos que foram abrangidos pelo Decreto Legislativo nº 18, de 15 de dezembro de 1961, e aos atingidos pelo Decreto-Lei nº 864, de 12 de setembro de 1969, asseguradas as promoções, na inatividade, ao cargo, emprego, posto ou graduação a que teriam direito se estivessem em serviço ativo, obedecidos os prazos de permanência em atividade previstos nas leis e regulamentos vigentes, respeitadas as características e peculiaridades das carreiras dos servidores públicos civis e militares e observados os respectivos regimes jurídicos.

§ 1º - O disposto neste artigo somente gerará efeitos financeiros a partir da promulgação da Constituição, vedada a remuneração de qualquer espécie em caráter retroativo.

§ 2º - Ficam assegurados os benefícios estabelecidos neste artigo aos trabalhadores do setor privado, dirigentes e representantes sindicais que, por motivos exclusivamente políticos, tenham sido punidos, demitidos ou compelidos ao afastamento das atividades remuneradas que exerciam, bem como aos que foram impedidos de exercer atividades profissionais em virtude de pressões ostensivas ou expedientes oficiais sigilosos.

§ 3º - Aos cidadãos que foram impedidos de exercer, na vida civil, atividade profissional específica, em decorrência das Portarias Reservadas do Ministério da Aeronáutica nº S-50-GM5, de 19 de junho de 1964, e nº S-285-GM5 será concedida reparação de natureza econômica, na forma que dispuser lei de iniciativa do Congresso Nacional e a entrar em vigor no prazo de doze meses a contar da promulgação da Constituição.

§ 4º - Aos que, por força de atos institucionais, tenham exercido gratuitamente mandato eletivo de vereador, serão computados, para efeito de aposentadoria no serviço público e previdência social, os respectivos períodos.

§ 5º - A anistia concedida nos termos deste artigo aplica-se aos servidores públicos civis e aos empregados em todos os níveis de governo ou em suas fundações, empresas públicas ou empresas mistas sob controle estatal, exceto nos Ministérios militares, que tenham sido

> punidos ou demitidos por atividades profissionais interrompidas em virtude de decisão de seus trabalhadores, bem como em decorrência do Decreto-Lei nº 1.632, de 4 de agosto de 1978, ou por motivos exclusivamente políticos, assegurada a readmissão dos que foram atingidos a partir de 1979, observado o disposto no § 1º.

Apesar da clareza meridiana com que trata o tema a Constituição, não aplainou o caminho para os anistiandos e anistiados, mantendo-se a polêmica em torno das reparações concedidas e, principalmente, a má vontade dos órgãos da administração, pois o texto constitucional não aponta o como fazer nem os responsáveis por fazer.

E as incertezas e mau funcionamento se arrastariam por longos e tortuosos 14 anos, até que, em atenção à pressão política dos anistiandos e anistiados e o apoio da sociedade, o governo promulgou a MP que convertida na Lei 10.559 de 2002 consolida as normas já consagradas e regulamenta o seu funcionamento.

A Lei 10.559/02 é a que está em vigor, embora de per si seja um grande avanço e melhor conquista, em pouco diminuiu as polêmicas e a má vontade dos órgãos da Administração em cumprir a lei. A Universidade Estadual do Ceará publicou livro com texto de vários autores, organizado por André Pinheiro de Souza, cujo título é quase um resumo da obra: Do *Movimento Feminino pela Anistia (MFPA-CE) ao Comitê Brasileiro pela Anistia (CBA-CE): as motivações e os caminhos percorridos pela anistia política no Ceará (1975 a 1980)*. André Pinheiro, em sua dissertação, fez um bom resumo do que foi a batalha que envolveu a mídia e as organizações sociais e sobre as emendas ao projeto original que, obviamente, alteraram muito pouco:

> De 28 de junho de 1979, início dos trabalhos, até o dia 28 de agosto de 1979, fim dos trabalhos (retirando-se o mês de julho, que é o mês do recesso dos parlamentares), foram propostas 305 emendas substitutivas, ou seja, foram propostas 305 emendas parlamentares propondo a substituição dos artigos enviados pela mensagem em forma de projeto remetido ao Congresso Nacional pelo governo Figueiredo.
>
> Essas emendas (substitutivas) pediam modificações no artigo 1º (emendas de 10 a 91), no artigo 2º (emendas de 92 a 131), no artigo 3º (emendas de 132 a 180), no artigo 4º (emendas de 181 a 196), no

artigo 5º (emenda 197), no artigo 6º (emendas de 198 a 215), no artigo 7º (emendas de 216 a 218), no artigo 8º (emendas de 219 a 223).

As emendas 224 a 305 foram utilizadas para tentar acrescentar artigos, expressões ou esclarecimentos. Dessas 305 emendas foram acolhidas apenas 67, porém sem nenhum caráter revolucionário no tocante à redação. O resultado das votações apresentava-se sempre na proporção de 13 a 8 a favor da Aliança Renovadora Nacional (ARENA).

Do artigo 1º ao 8º mencionava-se a respeito do alargamento do prazo da anistia começando em 1961; mencionava-se a respeito dos militares demitidos, dos aposentados, dos transferidos, dos reformados; quanto ao retorno do militar à ativa o mesmo poderia retomar o mesmo cargo que ocupava antes da anistia; mencionava-se o pagamento de pensão aos que foram aposentados, sendo que não cabia o pagamento de atrasados, restituições, promoções, indenizações.

Mobilização pelas Diretas Já

Na Boca Maldita, no centro de Curitiba, ocorreram as primeiras manifestações públicas, de massa, em favor das eleições universais, livres e diretas. Universais porque todo mundo vota; livre, sem peias, cada um com sua vontade; diretas, cada cidadão um voto secreto na urna.

Com o retorno dos exilados a partir de 1979, o movimento foi ganhando força no meio político e social e se transformou numa gigantesca onda que empolgou todo o país. Mais de um milhão de pessoas na Candelária/Av. Brasil no Rio, no dia 10 de abril, e no Vale do Anhangabaú, em São Paulo, em 16 de abril. Dois dias depois, assustado, o general João Batista Figueiredo decretou uma especie de Estado de Sítio que autorizava prender quem quer que fosse por qualquer motivo. A mídia ficou calada.

Diante dessa maré, a imprensa oligarca e pró-ditadura não pôde mais ignorar o fato. Não obstante, a esperança do povo seria mais uma vez frustrada.

A decisão dependia do Congresso. A emenda constitucional estabelecendo eleições diretas apresentada pelo deputado Dante de Oliveira teria que ser aprovada por dois terços dos legisladores, faltaram 22 votos. Houve 298 votos a favor, 65 contra, 113 ausências e 3 abstenções.

Eleição de Tancredo Neves

O Congresso transformado em Colégio Eleitoral, em uma sessão de pouco mais de três horas, teve que escolher entre o candidato da situação, Paulo Maluf (PDS-SP) e o mineiro Tancredo Neves, apoiado por uma ampla frente partidária, o PMDB e a torcida do povo brasileiro. Segundo as pesquisas da época, 70% da população queria Tancredo na Presidência. Ganhou Tancredo por 480 votos contra 180. Levou como vice-presidente o maranhense José Sarney, que fora da ARENA se bandeara para o PMDB.

A ABAP saudou as palavras proferidas por Tancredo:

> Chegamos a essa hora cavalgando todas as dificuldades. Há duas décadas interrompemos o paciente caminho que percorríamos, dentro da razão democrática, para sofrer tempos tormentosos. Mas as mãos anônimas do povo indicaram-nos com o protesto e a esperança, a trilha democrática. Podíamos tomar de Malreaux a imagem genial que serve esta luta admirável: morriam as liberdades e de suas cinzas nasciam as forças que iam lutar por elas, prevalecia a prepotência e, sob suas sombras, iluminava-se nova resistência; organizava-se, sobre a aparente passividade do povo, o sistema fechado e cruel – e, no silêncio imposto, como no fundo da terra, plantavam-se as sementes da vontade popular. Na luta contra as forças da sombra houve os que tombaram, os que conheceram o degredo e os que não aceitaram a humilhação dos poderosos, vencendo, com dignidade, a perseguição e a calúnia.

Constituição e a Lei de 1979 não destravaram a anistia

Quem cuidava dos processos de Anistia dos servidores eram os ministérios que estiveram subordinados e, para os celetistas em geral, era o Ministério do Trabalho. O INSS pagava as aposentadorias especiais de anistiados. São inúmeros os casos de perseguidos que tiveram seus pedidos indeferidos e outros que tiveram que recorrer à Justiça do Trabalho para obrigar a empresa a reconhecer o vínculo empregatício. Nesse clima houve abusos dos dois lados, mas principalmente do governo, como se verá ao longo destas páginas. No governo de Itamar Franco (1992-1995) ocorreram fatos que deram munição para a mídia fazer escândalo. Não era pra menos, pois havia denúncia de gente que forjou dados nos processos para conseguir indevidamente a reparação de anistiado.

É Carlos Fernandes que denuncia ao próprio governo o que estava a ocorrer. Um critério que visava proteger o que de bom poderia haver e manter fluidos os canais de diálogos. Esse comportamento deu credibilidade à ABAP e resultou no acolhimento, por órgãos do governo, de muitas sugestões formuladas pelos anistiados através da entidade:

> Ao final do Governo de Sua Excelência o Presidente Itamar Franco, foram deferidos pela Comissão de Anistia do Ministério do Trabalho cerca de 200 processos de Anistia, que o então Ministro Marcelo Pimentel não assinou.
>
> Estranhamente, porém, este Ministro assinou o deferimento de 37 processos referentes a jornalistas, entre os quais foram propositada e desonestamente incluídos cerca de meia dúzia de casos em que não cabia a concessão da anistia e de seus benefícios. Tornando público o favorecimento e sua natureza, com o estabelecimento de altos valores indenizatórios, a questão constituiu-se em escândalo devidamente explorado pelos reacionários de sempre, contra o direito adquirido dos punidos da Ditadura Militar.
>
> Os pedidos de anistia passaram a ser, já no inicio do período FHC, sistematicamente indeferidos por decisão política, procrastinando-se e contrariando a aplicação do Art. 8° do ADCT da CF de 05.10.88, da Lei 8.213 e Decreto 611 que regulamentavam o assunto.
>
> Os 200 processos que haviam obtido deferimento no período de Itamar Franco permaneceram sem assinatura do Ministro Marcelo Pimentel e foram todos, sem exceção de nenhum, indeferidos pelo ministro Paulo Paiva.
>
> Iniciava-se assim o caudal de injustiças cometidas contra os requerentes de anistia, tanto no Ministério do Trabalho, quanto no INSS. Os detratores dos que reclamavam anistia chegaram a editar decreto que eliminava do Regime Geral de Previdência Social (RBPS) a seção que regulamentava o direito e Ordem de Serviço do INSS afirmou não mais existir Aposentadoria Excepcional de Anistiados. Absurdo que desconhecia o direito adquirido e a própria hierarquia das Leis.

Era muito difícil o encaminhamento de processos de anistia sob a responsabilidade do INSS, que não estava preparado para isso. Aliás, nenhum órgão da União estava, e o problema é que eles se negavam a aceitar as novas normas. A norma instituiu o conceito de Aposentadoria Excepcional de Anistiado, e não se tratava de aposentadoria *strictu senso*, dado ter, na realidade, caráter indenizatório. A advogada Paula Sapir Febrot, que representava nessa época uns 35 processos de anistia excepcional de anistiado, diz taxativamente que

> a lei era clara. O valor da aposentadoria não corresponde ao que o requerente tenha contribuído enquanto trabalhador nem por tempo de contribuição. É excepcional por ter caráter indenizatório. O anistiado recebe com base no último salário como se na ativa estivesse, portanto com as promoções a que teria direito.
>
> O requerente apresentava a documentação fornecida pelo DOPS e pela Justiça Militar comprovando ter sido condenado, preso, demitido, e o INSS exigia muito mais documentos, dificultando ao máximo a vida do requerente.
>
> Inúmeros cidadãos que conseguiram provar que estiveram presos, que responderam a processo na Justiça Militar, que foram absolvidos ou condenados e posteriormente anistiados pela Lei de 25/08/79, se lhes impunha novas e descabidas exigências, como por exemplo, certidão do SNI, documento que tarda de quatro a dez meses para ser expedido.

Lei dos Desaparecidos

Outra importante conquista do movimento pró anistia e direitos humanos foi conseguir a aprovação, por iniciativa do então deputado federal Nelson Jobim, da Lei 9.140/95, conhecida como Lei dos Desaparecidos:

> Art. 1° - São reconhecidos como mortas, para todos os efeitos legais, as pessoas que tenham participado, ou tenham sido acusadas de participação, em atividades políticas, no período de 2 de setembro de 1961 a 5 de outubro de 1988, e que, por este motivo, tenham sido detidas por agentes públicos, achando-se, deste então, desaparecidas, sem que delas haja notícias.

Art. 3º - O cônjuge, o companheiro ou a companheira, descendente, ascendente, ou colateral até quarto grau, das pessoas nominadas na lista referida no art. 1º, comprovando essa condição, poderão requerer a oficial de registro civil das pessoas naturais de seu domicílio a lavratura do assento de óbito, instruindo o pedido com original ou cópia da publicação desta Lei e de seus anexos.

O Grupo Tortura Nunca Mais (GTNM)

Surgiu no Rio em setembro de 1985 e recolhe o programa e a trilha deixada pelos movimentos pela anistia, servindo de exemplo para os movimentos sociais dos demais estados. Em dezembro desse mesmo ano foi estruturado em Belo Horizonte, liderado por Helena Greco, que fora abandeirada na luta pela anistia.

O 1º Encontro Nacional de Grupos de Tortura Nunca Mais e Entidades de Defesa dos Direitos Humanos foi realizado no Rio, em outubro de 1986, e reuniu núcleos com essa denominação do Pará, Ceará, Pernambuco, Rio Grande do Norte, Goiás, São Paulo, Bahia e Alagoas. Em 1995, no Paraná, a criação do GTNM foi anunciada em ato de rua que contou com a presença das Madres de la Plaza de Mayo, exemplo ao mundo de tenacidade e coragem na luta por encontrar os filhos desaparecidos e/ou mortos pelo terror que apavorou o país por mais de uma década. Las Madres de la Plaza de Mayo, assim como Las Abuelas de la Plaza de Mayo, em abril de 1977, se concentraram na praça principal, em frente ao Palácio do Governo, para exigir da ditadura do general Rafael Videla os filhos desaparecidos e os bebês desses filhos roubados pela soldadesca ignara.

Desde 1995 o GTNM-RJ vem enviando material e mobilizando a Corte Interamericana de Direitos Humanos, comprovando ser a tortura política de Estado e denunciando a morte e desaparecimento de militantes políticos. O Projeto Brasil Nunca Mais encaminhou lista com o nome de 444 torturadores.

As denúncias sobre torturas foram enviadas ao Comissariado da ONU contra a Tortura. O Brasil não cumpre a Convenção Contra a Tortura e Outras Penas Cruéis, Desumanas e Degradantes. O processo na IDH, iniciado em 1982, se arrastou até 2010, quando foi proferida sentença condenatória. O governo não fez caso da condenação, coonestado pelo STF, que em seguida interpretou que a Lei de Anistia é extensiva aos torturadores.

Desde o início as dúvidas sobre os inimputáveis

Vale destacar, em contraposição aos militares raivosos contra a anistia, que as primeiras manifestações favoráveis a ela depois de instalada a ditadura em 1964 foram do general Peri Constant Bevilacqua, ex-chefe do EMFA em 1964 e, em 1965, empossado ministro do STM pelo general Castelo Branco. Contrariado com as punições a servidores, principalmente militares, propugnava por anistia a todos os punidos. Era um nacionalista-legalista, foi contra o golpe que em agosto de 1961 tentou impedir a posse do vice-presidente eleito João Goulart, após a renúncia de Jânio da Silva Quadros. Foi fiel a Goulart até que se apavorou, ou fizeram sua cabeça, com o suposto perigo comunista associado do movimento sindical.

Cassado pelo AI-5, filiou-se ao MDB e em fevereiro de 1978 lançou, em solenidade na ABI, juntamente com a advogada Eni Raimundo Moreira, o CBA. Na sequência, viajou o país com a bandeira de anistia ampla, geral e irrestrita, estimulando a formação de núcleos do CBA. Entendia anistia como um ato

> essencialmente político, que extingue todos os efeitos da pena e impõe perpétuo silêncio ao processo criminal. Não é um indulto, perdão ou clemência e, dessa forma, atinge até os torturadores." (...) "em primeiro lugar, a desarmar os espíritos, a dissipar a sementeira de ódios que as injustiças e violências provocam, a premunir futuras vinganças, a permitir e promover a reconciliação.

Aberta, polêmica levou a nada

Além dos artigos da Constituição de 1988 mencionados, em 28 de setembro de 1989, o Brasil ratificou a Convenção das Nações Unidas contra Tortura e Outros Tratamentos ou Penas Cruéis, Desumanas ou Degradantes – Resolução 39/46 da Assembleia Geral da ONU de 10 de dezembro de 1948. Como o Congresso Nacional, em sessão de 23 de maio de 1989, aprovou a referida Convenção por meio do Decreto Legislativo Nº 4, e este tem força de lei, ela deveria ser obedecida:

> (...) Para os fins da presente Convenção, o termo "tortura" designa qualquer ato pelo qual dores ou sofrimentos agudos, físicos ou mentais, são infligidos intencionalmente a uma pessoa a fim de obter, dela ou de uma terceira pessoa, informações ou confissões; de castigá-la por ato cometido; de intimidar ou coagir esta pessoa ou outras pessoas; ou por qualquer motivo baseado em discriminação de qualquer natureza; quando tais dores ou sofrimento são infligidos por um funcionário público ou outra pessoa no exercício de funções públicas, ou por sua instigação, ou com o seu consentimento ou aquiescência. Não se considerará como tortura as dores ou sofrimentos em consequência unicamente de sanções legítimas, ou que sejam inerentes a tais sanções ou delas decorram.
>
> (...)
>
> Em nenhum caso poderão invocar-se circunstâncias excepcionais tais como ameaça ou estado de guerra, instabilidade política interna ou qualquer outra emergência como justificação para tortura.
>
> Cada Estado Parte assegurará que todos os atos de tortura sejam considerados crimes segundo a sua legislação penal. O mesmo aplicar-se-á à tentativa de tortura e a todo ato de qualquer pessoa que constitua cumplicidade ou participação na tortura.
>
> Cada Estado Parte punirá estes crimes com penas adequadas que levem em conta a sua gravidade.

ONU condena

Em abril de 2011, o alto Comissariado da ONU para Direitos Humanos, presidido pela sul-africana Navi Pillay, condenou a decisão do STF de interpretar a Lei de Anistia como abrangendo os crimes contra a humanidade. Os jornais entraram na polêmica dando voz aos contrários e aos favoráveis à punição dos agentes, mas de certa forma protegendo os agentes militares e civis.

Em 2007, o procurador italiano Giancarlo Capaldo, que investigava os casos de tortura e morte de cidadãos italianos pelos agentes da Operação Condor, identificou e nomeou 140 acusados que ele queria que fossem julgados na Itália, e por isso pediu a extradição. Dessa lista onze eram agentes da repressão brasileira, e o governo negou qualquer tipo de ajuda à justiça italiana.

Em 2009, ao completar 30 anos da promulgação da lei, essa polêmica alcançou seu auge quando a Ordem dos Advogados do Brasil (OAB) entrou com ação no Supremo Tribunal Federal (STF) questionando a extensão dos benefícios da lei aos torturadores. O argumento é que os torturadores estavam protegidos pela Lei de Anistia. Embora os argumentos sejam fortes –, grave violação aos direitos humanos, os princípios aceitos pelos foros internacionais de que a tortura e morte de indivíduos sob a guarda do Estado constitue crime contra humanidade e são imprescritíveis –, nada sensibilizou tanto as autoridades do Executivo como do Judiciário.

Diante do clamor suscitado pela atitude da OAB, o então ministro da Justiça, Tarso Genro, mostrou-se simpático à causa, fez uma boa interpretação, mas na prática nada mudou e prevaleceram os posicionamentos contrários, como o de Nelson Jobim, ex-ministro e presidente do STF, na ocasião ocupando o cargo de ministro da Defesa, que já tinha afirmado que uma interpretação que puna os torturadores seria "revanchismo".

Para Tarso Genro:

> Eu acho que o que pode reabrir feridas é a interpretação de que a Lei da Anistia atende os torturadores, porque essa é uma decisão que colocaria por terra todas as conquistas do direito humanitário, do direito contemporâneo. Eu acho que a manutenção dessa interpretação seria vergonhosa para o país em todos os fóruns internacionais.

Para Nelson Jobim:

> A Lei da Anistia foi a forma política encontrada para a transição. O Brasil sempre foi país de transição de regimes. Você nunca teve uma ruptura. A Lei da Anistia teve importância de conseguir fazer a transição do regime militar para o regime civil. Era a condição estabelecida à época para uma transição gradual, progressiva, para a regra civil. E é uma lei que se esgotou. Esgotou-se no sentido de que cumpriu a sua finalidade. O anistiado está anistiado.

Fato inusitado, o STF não demorou nem um ano para apreciar a demanda da OAB e, em 29 de abril de 2010, rechaçou, por sete votos a dois, o pedido para anular o perdão concedido aos agentes do Estado acusados de praticar atos de tortura.

O ministro Eros Grau, relator do processo, argumentou que

> não cabe ao Poder Judiciário rever o acordo político que, na transição do regime militar para a democracia, resultou na anistia de todos aqueles que cometeram crimes políticos e conexos a eles no Brasil entre 2 de setembro de 1961 e 15 de agosto de 1979.

O então presidente da Corte, ministro Cezar Peluso, encerrou o assunto afirmando, em seu voto,

> que a anistia aos crimes políticos é, sim, estendida aos crimes "conexos", como diz a lei, e esses crimes são de qualquer ordem.

Quem se empenhou ao máximo e continua se empenhando para que o Estado puna os agentes que em seu nome cometeram crimes contra a humanidade tem sido a Comissão Nacional da Verdade e as Comissões da Verdade regionais ou setoriais.

Defendem que a anistia foi concedida aos que foram perseguidos e punidos, não aos perseguidores, e que diante da ética e dos tratados internacionais, não se sustenta que se anistiem criminosos em nome da conciliação nacional.

Também a Associação dos Magistrados do Brasil, em ofício assinado por seu presidente Mozart Pires, enviado ao ministro da Justiça Tarso Genro, apoia a proposta de Paulo Abrão, presidente da Comissão de Anistia, de mudar a interpretação da lei de anistia para que se possa punir os agentes do estado que cometeram crime de tortura durante a ditadura.

> O Conselho de Representantes da AMB, em reunião do dia 4/3/2009, aprovou posição de apoio à proposta de reinterpretação da lei de Anistia (6.683/79). Entendemos que a legislação brasileira que regulou a anistia deve ser harmonizada com a Constituição Federal vigente e a normativa internacional dos Direitos Humanos. Nossa convicção é coerente com precedentes da Corte Interamericana de Direitos Humanos que não admitem qualquer legislação que impeça a apuração de violações de direitos humanos. Não é desejável a qualquer nação que sua história seja ficcional e construída pelo esquecimento. Enquanto persistir a ocultação dos fatos ocorridos durante a ditadura

militar o direito à informação de cada cidadão e cada cidadã do nosso país estará sendo violado.

Punição a militares

Um dos primeiros atos da junta militar, para se garantir no poder, paralelamente às ações contra civis, foi expurgar o meio militar de elementos adversos que pudessem questionar a hegemonia pretendida.

As primeira vítimas foram os oficiais que integravam o governo reformista de João Goulart. Generais, almirantes, coronéis... Num segundo momento atingiram nada menos de 6.591 militares, sendo 3.340 da Aeronáutica, 2.214 da Marinha, 800 do Exército e 237 das polícias estaduais.

Essa "limpeza" nos quartéis, deixou a junta governante à vontade para perpetrar todo tipo de maldade: 434 mortos e desaparecidos, sendo, 210 desaparecidos, 191 mortos e 33 desaparecidos cujos corpos foram localizados. 536 sindicatos sob intervenção, população indígena dizimada sob a complacência das autoridades de União que, constitucionalmente, teriam que protegê-la. Investigação da CNV concluiu que a partir do AI-5, de dezembro de 1968, nada menos que 8.350 indígenas foram mortos. Mas expõe também a dificuldade de investigar esses fatos, o que põe em dúvida se esse número não seria muito maior.

Com relação à comunidade LGBT, embora não tenha registrado números, a CNV recolheu nos depoimentos o caráter machista, homofóbico e extremamente conservador dos protagonistas do golpe de 1964, o que agravou a atitude agressiva das polícias contra essa comunidade e a discriminação social, posto que só após a constituição de 1988 a comunidade pode se expressar e organizar em defesa de seus direitos.

Alguns militares de alta patente punidos em 1964/65, após a lei de 1979, se apresentaram a seus comandos, foram reintegrados e promovidos e em seguida passados à reserva. Capitão Altair se aposentou como major; Thales Godoy, capitão de mar e guerra, se retirou como contra-almirante.

A maioria dos militares punidos não tiveram essa sorte, e tiveram que continuar na luta em associações diversas, como a Associação Democrática e Nacionalista dos Militares (ADNAM). Um de seus membros, Fernando de Santa Rosa, capitão de mar e guerra cassado, hoje advogado, integrou também uma Comissão da Verdade e defende que os que cometeram crime sejam punidos.

Luiz Carlos de Souza Moreira, também capitão do mar e guerra, expulso da Marinha em 1964, em depoimento à Comissão da Verdade, mostrou-se inconformado com o contraste existente entre aqueles que cometeram crimes e continuam impunes e os que por simples posicionamento político continuam a ser punidos:

> Continuamos discriminados e punidos. Não querem nos deixar voltar à condição de militar. Até hoje somos rotulados e mal recebidos nos quartéis. Você é olhado com desconfiança. Eles estão nos humilhando. Eu quero uma anistia ampla, geral e irrestrita como tiveram os torturadores...

Também um oficial da FAB, Rui Moreira Lima, herói da II Guerra por suas façanhas na Itália, desde os anos 1970 esteve nos movimentos populares pela anistia e esteve no lançamento do CBA, na sede da ABI. O oficial que nunca se dobrou à ditadura, em outubro de 2012 prestou longo depoimento à Comissão da Verdade, e em agosto do ano seguinte morreu em consequência de um AVC, aos 94 anos.

Estes, e demais entidades relacionadas com a defesa dos direitos humanos ou representando ex-presos e perseguidos políticos, enfatizam o fato de que, em países de Nossa América, como Argentina, Uruguai, Chile, Bolívia e Peru, os criminosos que praticaram tortura, sequestro e morte de resistentes à ditadura estão sendo punidos.

Não se pode esquecer que a Corte Interamericana de Direitos Humanos julgou a Justiça brasileira, condenou-a e obriga o país a punir os crimes inafiançáveis cometidos pelos agentes da ditadura. Nunca aconteceu nada, mas não por falta de esforço ou desistência dos defensores dos direitos humanos.

A deputada Luiza Erundina conseguiu tramitar na Comissão de Constituição e Justiça projeto de lei que modifica a Lei de Anistia. Presente ao debate, o advogado Belisário dos Santos Júnior, representando a Comissão de Justiça e Paz da Arquidiocese de São Paulo, defendeu a modificação da lei a partir da sentença da Corte Interamericana de Direitos Humanos da OEA (Organização dos Estados Americanos), que determinou a anulação de dispositivos legais brasileiros que impedem a punição dos responsáveis por crimes cometidos por agentes públicos, civis e militares durante a ditadura.

Crimes contra a humanidade são imprescritíveis

Aqui, o máximo que se conseguiu foi o processo aberto pela família de Maria Amélia Teles contra o coronel do Exército Carlos Alberto Brilhante Ustra (1932-2015), que terminou com a Justiça declarando ser ele torturador. Ustra chefiava a equipe de torturadores do DOI/CODI era conhecido como dr. Tibiriçá. Morreu num hospital de Brasília sem ser punido por seus crimes. Cezar Britto, advogado e ex-ministro do Supremo Tribunal Federal, representando e trazendo o apoio da OAB à proposta, justificou: “Crimes contra a humanidade não podem ser objeto de perdão”.

Inúmeros militantes presos foram torturados por Ustra. A atriz Bete Mendes, por apoiar os grupos que combatiam a ditadura, foi presa e torturada e corajosamente denunciou o sadismo com que o coronel a tratou nos cárceres da Oban. Ao denunciar, Bete Mendes era deputada federal e Ustra estava de adido militar na embaixada do Uruguai. Prêmio por serviços prestados, mas mesmo assim teve que ser exonerado. Gilberto Natalini, hoje médico e vereador pelo PV-SP, quando estudante, com 19 anos, foi barbaramente torturado por Ustra. Em depoimento à BBC News Natalini conta ter sido vítima de tortura por cerca de dois meses na sede do DOI-CODI em São Paulo:

> “Tiraram a minha roupa e me obrigaram a subir em duas latas. Conectaram fios ao meu corpo e me jogaram água com sal. Enquanto me dava choques, Ustra me batia com um cipó e gritava me pedindo informações”, relembra. “A tortura comprometeu minha audição. Mas as marcas que ela deixou não são só físicas, mas também psicológicas”. Natalini nega ter participado da luta armada contra a ditadura militar. Ele confirma ter feito oposição ao regime, mas diz que “sem violência”.

Frei Tito carregou o fantasma de seus torturadores e não aguentou, preferiu morrer. Suicidou-se em um convento em Paris. Para preservar a memória do frei que apoiou a ALN de Carlos Marighella, foi criado em Fortaleza o Instituto Frei Tito de Alencar, que realiza atividades culturais diversas relacionada com a luta pelos direitos humanos. Em 2012, realizou uma exposição com pinturas dos artistas argentinos Júlio Le Parc e Alexandre Marco, do espanhol José Gamarra e do brasileiro Contran Guanaes Netto com cenas de torturas descritas pelo Frei Tito. Patrocinada pela Comissão de Anistia teve grande acesso de público e percorreu outros estados. O Instituto Frei Tito também ofereceu a obra teatral *Frei Tito: Paixão, Vida e Morte*, do dramaturgo Ricardo Guilherme, levada pelo Grupo Formosura de Teatro e dirigida por B. De Paiva. No ano seguinte foi apresentada no Teatro Luiz Mendonça, no Recife.

Cartilha militar contra a história

Pode ser o Brasil o único país do mundo em que um pesquisador da história pátria tem que ir a Washington para saber o que aconteceu nos períodos mais críticos de instabilidade política e social. Por mais escabrosos que sejam os temas, deixam de ser secreto num prazo de 30 anos. Você pode consultar na Biblioteca do Congresso, nos arquivos dos vários órgãos do Executivo, inclusive da Casa Branca.

Pra quem tiver interesse, todos os dias tem coisa nova pra se ver. Para dar um só exemplo, o roteiro do jornalista Flávio Tavares, que deu origem ao documentário do cineasta Camilo Tavares, *O Dia que Durou 21 anos* revela minuciosamente a participação dos Estados Unidos no golpe de 1º de Abril de 1964 e nos episódios posteriores de implantação do terror de Estado. No filme ouve-se a voz do presidente Kennedy e do secretário de Estado Kissinger, e também a voz de Nixon, dando instruções contra o governo de Goulart.

Os livros do Elio Gaspari, mostram como os generais presidentes Arthur da Costa e Silva, Emílio Garrastazzu Médici (1905-1985), Ernesto Geisel e João Batista Figueiredo organizaram os serviços secretos e demais organismos de repressão com ordem de capturar, prender, bater e até matar os que se opunham ao regime. Os documentos da CIA e do Pentágono contabilizam 104 pessoas que foram "sumariamente executadas pelo CIE durante o último ano aproximadamente" (refere-se ao governo Médici). No governo Geisel, outros 53. Não precisava estar armado para ser morto. Vladimir Herzog, Rubens Paiva e João Adolfo da Costa Pinto foram mortos sem nunca terem pegado em armas. E muitos jornalistas foram presos, torturados, perseguidos até no exílio por denunciarem e criticarem os ditadores.

No Brasil, em pleno período constituinte, que apontava para uma democracia (pelo menos apontava), muitos oficiais trataram de esvaziar os arquivos de suas unidades que pudessem comprometê-los. Alguns destruíram, outros levaram para casa ou esconderam em lugar não sabido. O que foi para o Arquivo Nacional deixa muito a desejar. Quando foi promulgada a Lei que criou a Comissão da Verdade e começaram a ficar públicos depoimentos sobre os horrores sofridos em carne própria pelos que sobreviveram às torturas, e de militares que se opunham a essa prática, argumentaram ser "revanchismo dos inimigos da pátria".

Reportagem de Francisco Neto, publicada no *Brasil de Fato*,[1] mostra que os organismos de repressão do Estado ficaram parados no tempo.

> No site oficial da Polícia Militar (PM), num texto intitulado "A história dos Boinas Negras", a Ronda Ostensiva Tobias de Aguiar (ROTA), considerada o batalhão especial da corporação, declara combate aos "remanescentes e seguidores de Lamarca e Marighella". O texto associa a luta dos guerrilheiros contra o regime civil-militar (1964-85) com as facções criminosas de hoje.
>
> "Mais uma vez dentro da história, o Primeiro Batalhão Policial Militar 'TOBIAS DE AGUIAR', sob o comando do Ten. Cel. Salvador D'Aquino [fundador da ROTA], é chamado a dar sequência no seu passado heroico, desta vez no combate à Guerrilha Urbana que atormentava o povo paulista (sic)", diz trecho do texto.

Interpretação capciosa da lei

O advogado Chico de Assis em documento enviado à ABAP em 11 de março de 2013, afirma:

> A anistia aprovada pelo Congresso Nacional, a 21 de agosto de 1979, e promulgada pelo então ditador de plantão João Batista Figueiredo, a 28 de agosto do mesmo ano, foi parcial, excludente, restrita e até certo ponto mesquinha. Qualquer outra classificação é produto de uma interpretação capciosa, que deu à expressão "crime conexo" – contida no artigo 1° da Lei sancionada e explicitada no parágrafo 1°

1 https://www.brasildefato.com.br/node/12403/

deste artigo – uma extensão capaz de contemplar todos os crimes cometidos no período de 1961/1979, inclusive os tidos historicamente como imprescritíveis e não anistiáveis.

O que dizem os artigos:

> § 1º Consideram-se conexos, para efeito deste artigo, os crimes de qualquer natureza relacionados com crimes políticos ou praticados por motivação política.
>
> § 2º Excetuam-se dos benefícios da anistia os que foram condenados pela prática de crimes de terrorismo, assalto, sequestro e atentado pessoal.

Para elidir das responsabilidades, os militares emitiram uma "Cartilha do Silêncio" em que chamam a Comissão da Verdade de "Comissão da Calúnia" e instrui incitando ao golpe:

> Dezenas de outras comissões estão sendo criadas nos estados com um único propósito: expor ao público e desmoralizar os agentes do Estado que foram encarregados para pôr fim à baderna que se instalava no país.
>
> (...)
>
> Se vocês tiverem em seu poder registros dos acontecimentos da luta travada contra os comunistas, desfaçam-se dos documentos, ou guardem-nos em lugar seguro. Não cooperem com o inimigo!
>
> Nenhuma informação deve ser prestada que leve aos locais onde foram enterrados ou deixados ao relento os corpos dos terroristas e guerrilheiros mortos. Prestar estes esclarecimentos é formular uma peça acusatória contra si próprios.
>
> Não atendam a quaisquer tipos de intimações para comparecer diante de um tribunal de exceção em que se transformará esta Comissão Nacional da Verdade.
>
> Uma atitude firme tomada pelo comandante do Exército deve funcionar como um sinal para que as forças armadas o apoiem incondicionalmente, colocando-se em prontidão. É preciso reagir!

Diante do exposto cabe uma reflexão: essa cartilha explica muita coisa do que ocorreu no Brasil durante a campanha presidencial de 2018 e após a posse do novo governo, que começou integrando alguma dezena de militares e em março já abrigava mais de 100.

A verdade é que a transição política não acabou com o legado autoritário da ditadura. Ao contrário, em alguns aspectos até mesmo piorou, como é o caso do Rio de Janeiro, em permanente estado de sítio, e a militarização em todos os estados da União. Militarização até do ensino público.

A eleição foi uma operação de inteligência das forças armadas para capturar o poder. Eles advertiram que não dariam um golpe, que o caminho seria o das eleições. Centenas de militares se candidataram aos mais diferentes cargos em todos os níveis por esse Brasil afora.

Discurso de gente despeitada. Esse objetivo de restabelecer a verdade esconde uma submissão à ultrapassada doutrina de segurança nacional e um complexo de culpa enrustido. Não tiveram a hombridade dos militares chilenos que admitiram: erramos, vamos pagar por isso e cuidar para que não se repita. Aqui querem se eternizar no poder, como revelou o próprio presidente eleito.

Punição aos médicos da ditadura

Médicos que violaram o juramento de Hipócrates, que é o de usar a profissão para salvar vidas, participando de torturas e dando atestado de óbito falsos, foram punidos pelo povo e pelo CREMESP, o Conselho Regional de Medicina de São Paulo.

Em 7 de abril de 2012, umas cem pessoas realizaram um "esculacho", ato de protesto com pichação na calçada e discurso e gritos de "Assassino!" em frente à residência do médico Harry Shibata, que servia no DOI-CODI de São Paulo e dava atestados de morte falsos para encobrir os assassinatos dos repressores. Foi ele quem atestou que Vladimir Herzog cometeu suicídio quando na verdade foi assassinado. Ele atestou, entre muitos exemplos, que Sônia Maria Moares morreu em troca de tiros com a polícia. Na realidade ela foi torturada por horas, estuprada com um cassetete e teve os seios arrancados. Depois do esculacho saíram em manifestação pelas ruas reivindicando abertura dos arquivos e punição aos torturadores. Protestos como esse se repetiram por várias cidades do país. Com a criação das Comissões da Verdade, foram revelados muitos outros casos, comprovando que a tortura era política de Estado e que os médicos ajudavam os torturadores.

O médico e general do Exército Ricardo Agnese Fayad teve o registro cassado pelo Conselho Regional de Medicina do Rio e foi denunciado pelo Ministério Público, na 8º Vara Federal, por crime de tortura. Médico e militar como ele havia muitos.

A maioria era civil, o que causa ainda maior perplexidade. A Comissão Estadual da Verdade da Assembleia Legislativa de São Paulo, analisando os resultados de 51 exames necroscópicos de opositores do regime, constatou que havia um grupo de médicos que prestavam esse serviço à ditadura.

O médico legista Abeylard de Queiroz Orsini, denunciado pelo Ministério Público de São Paulo por falsificar três laudos, teve seu registro profissional cassado, mas a Justiça Federal cancelou a punição. O médico omitiu informações essenciais e acrescentou dados falsos nos laudos de necropsia de Ana Maria Nacinovic Corrêa, Iuri Xavier Pereira e Marcos Nonato da Fonseca, integrantes da Ação Libertadora Nacional (ALN), mortos em São Paulo, em junho de 1972, em ação de agentes do DOI-CODI, sob comando de Carlos Alberto Brilhante Ustra.

O medico Isaac Abramovitch assinou 22 laudos falsos, entre eles o do estudante Alexandre Vannuchi Leme, em 1973, vítima, segundo atestou, de atropelamento. Shibata e Abramovitch conseguiram mandados de segurança e escaparam da punição. Mas Cecília Coimbra, presidente do Grupo Tortura Nunca Mais, informou que foram abertos 66 processos contra médicos da ditadura no CRM-SP e 44 no CRM-RJ e assevera com certo orgulho que "o Brasil é o único país que processou profissionalmente os médicos que participaram de tortura." Processou, mas não puniu. Coisas da Justiça brasileira. O que diz o Cremesp sobre isso:

> A partir das denúncias feitas pelo Grupo Tortura Nunca Mais, encaminhadas ao Cremesp, em 1990, o Conselho instaurou sindicâncias e abriu processos disciplinares contra 56 médicos legistas, todos inscritos em sua jurisdição e acusados de serem autores ou coautores de laudos acobertando tortura. Os processos foram conduzidos de 1990 a 1994 por uma equipe do Conselho designada especialmente

> para esse fim. Mais tarde, diante das liminares concedidas pela Justiça Federal suspendendo as cassações, o Cremesp entrou com recursos, alguns que se arrastam até hoje. Passados 51 anos do golpe de 1964, a maioria das penas de cassação de registro aplicadas aos médicos processados não foi cumprida ou continua sem cumprimento, arquivada ou dependente de decisões da Justiça.
>
> Dos 53 processos instaurados, em 15 deles os profissionais foram considerados como não culpados e em 17 as ações acabaram arquivadas por aditamento. Onze processos estão arquivados por falecimento e dois por razões diversas. Os demais oito foram julgados e cassados pelo Cremesp, mas as penas acabaram suspensas por liminares. Esses últimos infringiram, cada um, de cinco a 11 artigos do Código de Ética Médica em vigor na época (Resolução 1246-88). Na soma, o grupo foi julgado e condenado por 70 infrações.

Primeiro foi a lei 6.838, de outubro de 1980, conhecida como Lei Shibata, que estabelece prescrição no prazo de cinco anos da data de constatação do ilícito que gerou a punição pelo Conselho profissional. O Cremesp recorreu, sem sucesso, mas mantém os processos abertos, em obediência à Declaração de Tóquio, que considera imprescritíveis os crimes de guerra e contra a humanidade, entre eles a tortura.

O drama dos filhos sequestrados

Tantas foram as barbaridades cometidas, pensava-se, mas não se tinha certeza, sobre sequestros de bebês nascidos de presas políticas pelos militares brasileiros. Agora já não há como duvidar. Além dos crimes hediondos e imprescritíveis de tortura, roubaram crianças de seus pais.

Eduardo Reina, depois de mais de quatro anos de pesquisas e viagens pelo Brasil, em que rodou mais de 20 mil quilômetros, conseguiu comprovar 19 casos de bebês de pais sob a guarda do Estado que foram sequestrados por militares das forças armadas brasileiras.

Onze desses casos são filhos de guerrilheiros no Araguaia ou filhos de camponeses que aderiram à guerrilha. Os oito restante estão espalhados pelo Brasil. Eduardo conta que no Araguaia eram chamados de "bebês malditos" e que ele os chama de "segredo dentro do segredo".

Os pormenores dessa pesquisa estão no livro com o significativo nome de *Cativeiro sem fim*, lançado em abril de 2019 pelo Instituto Vladimir Herzog e a Alameda Editorial. Veja no anexo a este capítulo resumo desse crime hediondo contado pelo próprio autor da reportagem denúncia.

Pensávamos que esse crime só havia ocorrido na Argentina. O que ocorreu no Brasil foi exatamente a mesma coisa do ocorrido no país vizinho. Só não temos as mães e avós reclamando na Praça dos Três Poderes, em Brasília.

Mães e Avós da Plaza de Mayo

As Madres de la Plaza de Mayo, é um grupo de mães mobilizadas e se manifestando em praça pública querendo saber o paradeiro de suas filhas e filhos sequestrados ou mortos pela ditadura argentina. A repressão e a mídia as chamavam irrespeitosamente de "loucas da praça da maio", tal o empenho com se dedicavam à causa e porque nunca desistiam. E muitas conseguiram enterrar seus mortos.

Mas ainda ficou o drama das crianças raptadas. As Abuelas de la Plaza de Mayo (as avós) conseguiram, junto com o movimento das mães, formar um banco de dados de DNA para identificar os filhos perdidos, agora já em idade adulta. Meninos e meninas que se sentiam diferentes de seus pais procuraram os especialistas do movimento e encontraram sua verdadeira identidade. Segundo as Avós, superam 500 os bebês sequestrados.

Outros foram encontrados após árdua investigação nos arquivos da repressão e o confronto com os registros de nascimento de filhos de famílias suspeitas. No total as Avós da Praça de Maio conseguiram, até agosto de 2018, devolver a verdadeira identidade a 128 filhos de desaparecidos roubados pelos militares.

Martín Fresneda foi um desses meninos que, quando criança (4 anos), junto com seu irmão (2 anos), assistiu ao sequestro de seus pais pelas forças repressivas da ditadura militar.

Adulto, formado em direito, foi um dos fundadores, em 1995, da organização HIJOS, que significa *Hijos por la Identidad y la Justicia contra el Olvido y el Silencio*, Filhos pela Identidade e a Justiça contra o Esquecimento e o Silêncio.

Após revogação das leis de Obediência Devida e Ponto Final, que protegiam os militares que haviam participados dos atos contrários aos direitos humanos, o advogado Martin fez as primeiras denúncias que culminaram na condenação dos generais Luciano Benjamím Menéndez e Jorge Rafael Videla.

Em maio de 2012, a convite da presidenta Cristina Kirchner, assumiu a secretaria de Direitos Humanos, substituindo Eduardo Luis Duhalde, falecido.

No Brasil, a pernambucana Elzita Santa Cruz Oliveira, morreu aos 105 anos, em 2019, sem ter encontrado o filho desaparecido que procurou por mais da metade de seus anos de vida.

Casada com o médico sanitarista Lincoln Santa Cruz, simpatizante do comunismo, foi mãe de dez filhos, teve 28 netos e 24 bisnetos. Em 1966, seu filho Fernando, por participar de uma passeata estudantil, foi preso. Por ser menor de idade sua mãe conseguiu soltá-lo. Em 1969 foi a vez de seu filho Marcelo ser expulso da faculdade de Direito da Universidade Federal de Pernambuco por fazer oposição à ditadura. Sem poder matricular-se (o Ato Institucional proibia aceitar subversivos), foi para Portugal para prosseguir os estudos. A ditadura daqui pediu, a ditadura de lá deu prazo de poucos dias para Marcelo abandonar o país. Em 1971, foi a vez de sua filha Rosalina, militante da VPR sequestrada pela repressão. Elzita foi para o Rio de Janeiro e não desanimou. Depois de meses de procura encontrou a filha. Grávida, foi barbaramente torturada no cárcere. Em 1974, Fernando, militante da Ação Popular Marxista Leninista (APML), foi preso pelo DOI-CODI em São Paulo. Rosalina conseguiu confirmar nos quartéis que o filho fora preso, más nunca mais o viu e nunca deixou de procurá-lo.

Nossos vizinhos não perdoaram os torturadores e genocidas

Na Argentina também havia uma lei que impedia a punição de militares por haver cumprido ordens de seus superiores. Igualmente no Chile, decreto que protegia os militares foi revogado. Em ambos os casos por incompatibilidade com a Convenção Americana de Direitos Humanos e outros tratados internacionais. Na Argentina, ocorreu o maior julgamento da história envolvendo generais e ex-presidentes. A Comissão da Verdade, instalada no fim da ditadura, em 1983, já tinha no ano seguinte concluído os trabalhos. Os resultados da Comissão permitiram o indiciamento de 1.136 pessoas por participarem dos crimes perpetrados durante a ditadura, 312 dos quais, civis, e entre estes 17 empresários. Já foram condenados 563 por centenas de acusações que incluem roubo de bebês, torturas, sequestro, desaparecimento de cadáveres (voos da morte) e formação de quadrilha.

No maior julgamento da história contra agentes do Estado, de 54 réus acusados dos crimes cometidos com os "voos da morte", 48 foram condenados a prisão perpétua, sendo 29 militares. Em processos anteriores já haviam sido condenados a prisão perpétua três ex-presidentes e mais 41 militares de alta patente. Outros a penas que variam de 8 a 15 anos de reclusão.

Os militares respondem por 3.225 mortos e desaparecidos num período (1976-1983) em que mais de 30 mil argentinos foram mortos pela repressão. O General Leopoldo Fortunato Galtieri integrou a junta militar de 1976-1983 e foi quem resolveu declarar guerra contra Inglaterra, invadindo as Ilhas Malvinas em abril de 1982. Foi destituído e condenado a 12 anos de prisão por ter perdido a guerra. Anistiado pouco depois, foi novamente condenado, agora por crimes contra a humanidade. Gravemente enfermo morreu em prisão domiciliar. O General Jorge Rafael Videla, um dos mais cruéis entre os ditadores militares, foi condenado a prisão perpétua em 2010 e morreu no cárcere em 2013. Tanto Videla como o almirante Emilio Massera, autores do golpe de 1976, estavam protegidos pelas leis de anistia Punto Final y Obediencia Debida, anuladas pela Corte Suprema argentina. O General Reynaldo Bignone, o último dos ditadores militares (1982-1983), foi condenado a prisão perpétua e morreu em 7 de março de 2018, no hospital militar. Foi ele quem sancionou a lei de anistia aos membros das forças armadas que praticaram delitos contra os direitos humanos. Em 2007, porém, a Justiça declarou a lei inconstitucional e a aboliu. Outros militares condenados a perpétua: Roberto Eduardo Viola, Carlos Alberto Mulhall, Luciano Benjamín Menéndez, Jorge Acosta, comandante da Esma, capitão Alfredo Astiz.

Documentos desclassificados nos Estados Unidos revelam a intimidade dos dirigentes estadunidenses, envolvendo 14 agências e departamentos nos governos de Jimmy Carter (1977-1981), Ronald Reagan, George W. Bush (1989-1993), com destaque para Henry Kissinger, com os generais da linha dura argentina. Não só os militares foram punidos. Em junho de 2017, a Justiça argentina condenou 4 juízes federais por garantir impunidade aos militares assassinos.

No Uruguai, o presidente Tabaré Vázquez Rosas decretou o 19 de junho como o *Día del Nunca Más*, para celebrar o fim da ditadura que vigorou de 1973 a 1985. Uma Secretaria de Acompanhamento foi criada para acolher os casos de desaparecidos. Vinte oficiais das Forças Armadas foram condenados e presos por violar direitos humanos. Entre eles, o tenente-general Gregório Álvarez, o último dos ditadores, que governou o país entre 1981 e 1985, condenado a 25 anos de prisão, morreu no hospital militar em 28 de dezembro de 2016. Em setembro de 2007, o Tribunal de Apelação confirmou a condenação de Juan María Bordaberry (1928-2011), eleito tomou posse em março de 1972, em junho de 1973 dissolveu o Congresso, rasgou a constituição e governou ditatorialmente até 1976 pelo crime de 14 assassinatos, entre eles, os dos legisladores Zelmar Michelini e Héctor Gutiérez Ruiz e dos tupamaros Rosario Barredo e William Whitelaw.

No Chile, em novembro de 2004, o então comandante do Exército, general Juan Emílio Cheyre, publicou nota oficial, com o título "O fim de uma visão", em que afirma: "O Exército tomou a decisão, difícil mas irreversível, de assumir as responsabilidades que lhe cabem, enquanto instituição, nos acontecimentos puníveis e moralmente inaceitáveis do passado." Relatório da Comissão da Verdade entregue em 1991 identificou pelo menos 40 mil vítimas, das quais 3.225 mortos ou desaparecidos pela repressão durante a ditadura do general Pinochet (1973-1990). Em 2003 a Corte Suprema anulou a Lei de Anistia que impedia os militares de serem processados. A Comissão Valech – Comisión Nacional sobre Prisión Política y Tortura, criada em setembro de 2003 pelo presidente Ricardo Lagos, presidida pelo monsenhor Sérgio Valech, com a finalidade de identificar as vítimas das arbitrariedades do estado, ouviu mais de 35 mil chilenos, e isso levou a Justiça a processar e condenar 355 pessoas entre civis e militares. Entre os condenados figuram 106 militares, 39 coronéis e 16 generais, entre eles vários oficiais da agência de inteligência e repressão DINA. Oito militares foram condenados a 15 anos de prisão pela morte do cantor e compositor Victor Jara, cujo cadáver foi encontrado com 44 balas. Augusto José Ramón Pinochet Ugarte, o maior dos facínoras, responsável por todas essas mortes e também pela fortuna roubada do país, foi detido em Londres em 1998. Em 2000 retornou ao Chile, ficou em prisão domiciliar e morreu sem ser julgado.

No Peru, Alberto Kenya Fujimori, tendo a seu lado Vladimiro Montesinos Torres, implantou um narcoestado e inaugurou o período mais longo de terror no país. Ambos, num momento, conseguiram fugir do país mas foram detidos, julgados e condenados a 25 anos de prisão. Montesinos continua em prisão de segurança máxima da Marinha; Fujimori foi indultado em 2017, por um presidente (Pedro Pablo Kuczynski) que ficou refém de uma maioria parlamentar fujimorista. Ironia do destino, assim que promulgou o indulto a Fujimori, foi deposto por essa mesma maioria. O chefe do Batalhão "Los Cabitos", tenente-coronel Humberto Orbegozo, recebeu a maior pena, de 30 anos de prisão, enquanto o chefe do Destacamento de Inteligência de Ayacucho, Pedro Paz Avendaño, a 23 anos. Quinze oficiais sofreram penas de cinco a dez anos.

No Brasil, a Comissão Nacional da Verdade foi instituída em maio de 2012, no governo de Dilma Rousseff, para apurar denúncias de violações dos direitos humanos cometidas entre 1946 e 1988. Com base em testemunhos de milhares de pessoas que passaram por todo tipo de perseguição, prisão e maus-tratos no transcorrer dos Anos de Chumbo, foi feito relatório com mais de quatro mil páginas, entregue à Presidência da República, em que foram responsabilizados 377 agentes do Estado por crimes cometidos no período de 1964 a 1980, e numera os crimes e os 230 locais, distribuídos em 23 estados, em que foram cometidos. Na lista de militares figuram cinco que exerceram o poder na Presidência da República, todos eles generais:

> General Castello Branco, o primeiro pós-golpe (1964-1967), que institucionalizou o Serviço Nacional de Informações (SNI) criado e organizado polo general Golbery do Couto e Silva;
>
> General Arthur da Costa e Silva (1967-1969), responsável pelo Ato Institucional N° 5, que suspendeu garantias constitucionais;
>
> General Emílio Garrastazú Médici (1969 -1974), que criou os Destacamentos de Operações de Informações - Centros de Operações de Defesa Interna (DOI-CODI);
>
> General Ernesto Geisel, (1974-1979), autor do processo de "abertura segura" e do extermínio dos remanescentes das organizações que lutaram pela restauração da democracia;

General João Baptista Figueiredo, foi comandante do SNI e chefe do Casa Militar no governo Médici e presidente da República entre março de 1979 e março de 1985.

Também fazem parte dessa categoria oficiais que integraram a junta militar que governou o país entre 31 de agosto e 30 de outubro de 1969 (durante o período em que o então presidente Artur da Costa e Silva se afastou devido a um derrame cerebral – ele morreu em dezembro daquele ano), além de ministros militares das forças armadas e chefes do Serviço Nacional de Informações (SNI).

UMA VIDA DE LUTAS E DE BUSCAS INCESSANTES: *HOMENAGEM A CARLOS FERNANDES*

Carlos Fernandes (1935-2015), um homem de coragem. Estudioso da realidade nacional, inconformado com as disparidades de uma sociedade excludente, entendeu que era preciso lutar para mudar isso e que para lutar por uma sociedade mais justa era necessário se organizar. Junto com as buscas de caminhos para mudar a realidade de um país que insistia em regredir no tempo, comportando-se como colônia, Carlos buscava o sentido da vida, vida que para ele era mais espírito que matéria, mais divina que terrena. Na busca do conhecimento da mente humana, entrou fundo na prática da hipnose e no estudo do sono, e do animismo de nossos povos originários. Vivia na histórica cidade portuária de Santos, litoral de São Paulo, maior porto da América Latina.

O Fórum Sindical de Debates, de Santos, criado em 1960, reunia os sindicalistas de todas as categorias para debater a realidade nacional e fazer planos de luta para a classe operária, como partícipes do processo político. Portuários, marítimos, ferroviários, petroleiros e bancários compunham uma das maiores forças do sindicalismo brasileiro. Nesse contexto Carlos Fernandes iniciou sua militância no Sindicato dos Professores do Ensino Secundário e Primário de Santos, e posteriormente no Sindicato dos Empregados em Estabelecimentos Bancários de Santos, funcionário que era do Banco do Brasil. Logo ascendeu a vice-presidente e exercia o mandato quando do golpe de 1º de abril de 1964.

Habeas data fornecido pela Secretaria de Assuntos Estratégicos da Presidência da República registra que, em março de 1964, Carlos Fernandes

> compareceu a uma reunião levada a efeito pelo "Fórum Sindical de Debates" (FSD), na sede do Sindicato dos Marinheiros de Santos/SP, a qual teve, entre outros objetivos, alertar os trabalhadores para que se mantivessem em Assembleia Permanente; aguardar e acatar

> todas as decisões do "Comando Geral dos Trabalhadores" e do FSD; defender intransigentemente as reformas de base; e organizar uma comissão para planificação de comícios relâmpagos nos locais de trabalho, sendo o requerente escolhido para integrar a dita comissão.

Os primeiros momentos do golpe foram avassaladores em todo o país visando principalmente o movimento sindical, como se vê nas páginas deste livro. A cidade de Santos foi ocupada militarmente, os sindicatos invadidos, Carlos Fernandes destituído através de ato de exceção do Delegado Bolivar Barbanti, titular da 7ª Divisão Policial, em 8 de abril de 1964. Apesar de ter ingressado no Banco do Brasil por concurso público, no qual obteve o 3º lugar, foi demitido através de uma simples Portaria do Ministério do Trabalho e, com base nos Atos Institucionais, teve seus direitos políticos cassados e foi impedido de exercer qualquer atividade sindical por 10 anos. Essa medida atingiu todos os destituídos de funções sindicais pelos atos excepcionais a partir de 1964. Em 1965 foi detido arbitrariamente, com base no Art. 43 da LSN, sem culpa formal, em flagrante desobediência à lei, ou qualquer outra prova circunstancial, e foi com seus companheiros de diretoria indiciado em Inquérito Policial Militar (IPM) como incurso no Art. 12 da Lei de Segurança Nacional por "incitar diretamente e de âmbito deliberado as classes sociais à luta pela violência." Em represália a sua militância e participação nas greves deflagradas em todo o país, a direção do banco o transferiu para trabalhar em regiões as mais distantes e inóspitas, separando-o de sua família, sem direito às promoções próprias da carreira e usufruídas pelos demais funcionários do banco.

Mas a luta não para e o militante enfrentou a ditadura lutando pela restauração da democracia em todas as frentes possíveis. Em 1968 estava de novo na frente sindical dos bancários em São Paulo, lutando contra o arrocho salarial, pregando a união dos trabalhadores contra o imperialismo e os patrões, lembrando que "a única arma de que dispunham os trabalhadores era a greve e que, neste sentido, deveria ser estudada uma luta organizada."[2]

Três vezes preso, torturado, marginalizado da vida social como milhares de cidadãos que contrariaram o regime autoritário, em agosto de 1969

2 Fonte: Documento a Presidência da República de 11 de outubro de 1994.

a Justiça Militar decretou a extinção da punibilidade pela prescrição. Nas eleições gerais, de novembro de 1986, Carlos Fernandes candidatou-se, sem êxito, a deputado federal por São Paulo pelo PSB. Queria levar ao parlamento sua luta em favor dos humildes e dos perseguidos políticos. Em 1998 voltou a candidatar-se à Câmara Federal, em dobradinha com Jooji Hato, candidato ao Senado, ambos pelo PMDB de São Paulo. De novo seu propósito era dos mais altruístas. Agora presidente da ABAP, queria reforçar no parlamento a luta dos anistiados e anistiandos. Ele se apresentava como membro do Grupo de Revisão da Legislação de Anistia da Comissão de Direitos Humanos da Câmara dos Deputados e membro do Fórum Contra Violência no Campo do Conselho Superior da OAB-DF. Como candidato se propunha a trabalhar pela revogação de leis que prejudicam a soberania do Brasil, como a abertura da exploração de petróleo a grupos estrangeiros e a permissão para empresas de outros países atuarem no serviço de cabotagem nos portos nacionais. Em seus discursos enfatizava que "a sociedade de nossos dias tem o dinheiro como o seu Deus e o ser humano como insumo da produção cujo único objetivo é o lucro. Essa, na minha opinião, é a causa da desordem, da miséria e da morte que assolam a humanidade."

Nos santinhos de sua propaganda política incitava pelo amor e pela liberdade:

> Cabe ao Brasil a liderança do mundo no sentido de uma ampliação da solidariedade e do amor entre os homens e as nações...
>
> A liberdade é imprescindível ao desenvolvimento da consciência humana, tanto quanto a água o é para sua vida física.
>
> (...)
>
> [Defendia] a livre manifestação do pensamento político, religioso ou filosófico e sua manifestação na sociedade.

Uma vida pela anistia

Carlos Fernandes, não poderia ser diferente, sistematicamente monitorado e perseguido pelos organismos de repressão da ditadura, inicia uma nova luta que culmina com a fundação da Associação Brasileira de Anistiados

Políticos, em 26 de maio de 1995. Pode então realizar seu sonho, juntamente com sua companheira Alexandrina Cristensen, de organizar a luta pela anistia, ampla, geral e irrestrita, não só dos bancários, mas a todas os presos e perseguidos políticos e demais punidos pela ditadura. Em 11 julho de 1995, Carlos Fernandes iniciou uma greve de fome em frente à sede do Banco do Brasil em Brasília. A intenção era corroborar com a luta dos bancários contra o Programa de Desligamento Voluntário pelo qual o banco pretendia demitir 16 mil servidores. A Justiça obrigou o banco a parar o programa, mas, de liminar em liminar, todas foram derrubadas e as demissões confirmadas com o apoio do presidente da República, Fernando Henrique Cardoso. Em comunicado à imprensa ele foi profético ao justificar que o fazia

> em protesto contra a agressão que se faz ao Banco do Brasil e ampliei seu objetivo quando, aderindo à Frente Tiradentes em Defesa da Soberania do Brasil, manifestei também meu protesto contra as Emendas Constitucionais que ameaçam nossa independência.
>
> Todas as manifestações, das mais expressivas lideranças de nossa sociedade, demonstram que estamos às portas de uma crise sem precedentes em nossa história. Estes momentos sempre trazem desfechos dramáticos.
>
> A previsão que faço do perigo mortal que corre, Fernando Henrique Cardoso, baseia-se em análise histórica, na observação dos fatos atuais e na sincronicidade de Carl Gustav Jung. Por carta ao Presidente, entregue pessoalmente, alertei-o para esta possibilidade sombria e para fatos mais graves e mortais que poderão atingir nosso povo, caso não sejam mudados os rumos pelos quais caminhamos em alta velocidade.
>
> Cessei em 10/09/1995 o meu jejum, por considerar impossível atingir maiores objetivos do que os alcançados: o protesto e o alerta a quem ocupa a posição de maior responsabilidade em nossa hierarquia.
>
> Faço esta Comunicação à Impresa porque, ao iniciar-se, e durante algum tempo, meu gesto provocou noticiário nacional em todas as emissoras de televisão, em muitos jornais e estações de rádio em todo o país.

A utopia

Em agosto Carlos Fernandes, ainda em greve de fome, estava acampado no Salão Verde do Congresso Nacional e as motivações eram fundamentalmente políticas, a inconformidade com a política do governo. Em carta aberta ao presidente da República e à Nação, ele discorreu sobre a utopia. Começa se referindo ao desmantelamento da União Soviética:

> Ruiu porque – face a inúmeras contradições enfrentadas –, foi incapaz de criar um sistema de liberdade, onde toda a criatividade e espiritualidade do ser humano pudessem manifestar-se e florecer.
>
> É falsa, portanto, a aparência de poder total dos Estados Unidos, como falsa é a opção de progresso dentro de seus padrões e conceitos de sociedade moderna.
>
> Esta opção do atual governo brasileiro e de suas lideranças, cegas diante da ilusão do lucro desmedido e do poder formal, o que temos alcançado, neste rumo, é a prostituição, a corrupção e a indignidade na luta pela vida, (...) genocídio pela fome, pelas doenças e pelas armas.
>
> (...) Se a opção não se encontra entre a Liberdade -eixo teórico da Revolução Francesa –, e a Justiça – eixo teórico da Revolução Russa –, estará, sem dúvida, no eixo teórico da terceira Revolução Mundial, síntese milenar de todos os anseios da humanidade: o amor!
>
> O Brasil desponta como a maior nação do Terceiro Mundo, capaz de liderar essa revolução para criar a sociedade solidária do Terceiro Milênio. Não podemos, portanto, no caminho da internacionalização, que sabemos inevitável, entregar nossa soberania a quaisquer senhores, do Oriente ou do Ocidente. Não podemos, portanto, senhor presidente, permitir a agressão que se faz ao Banco do Brasil, à Petrobras, às telecomunicações, à Cia. Vale do Rio Doce, à cabotagem e às empresas nacionais.

Um sonho que tem uma história, um ideal, alma e muitos companheiros! A história da ABAP é a construção ordenada de memórias, das lutas, das conquistas e dos ideais dos que buscam justiça.

No comando da ABAP, se vê ao longo deste livro, Carlos Fernandes participou ativamente nas discussões e formulação das Medidas Provisórias 2.251 de 31/05/2001, que regulamenta a reestruturação da remuneração dos militares das três armas das forças armadas (Decreto 4.307/2002), e 2.151 que sofreu três alterações, de maio a agosto de 2001, até ser revogada pela MP 65 de 28 de agosto de 2002, transformada na Lei 10.559 de 13 de dezembro de 2002 que cria a Comissão da Anistia. Acompanhou sem descanso amplo debate no plenário da Câmara e após aprovação da Lei, o trabalho da Comissão de Anistia, apontando erros, sugerindo e/ou aplaudindo acertos. São incontáveis os documentos que registram essa história -cartas às autoridades máximas da República, relatórios, análises, fotografias- e compõem o acervo da ABAP, boa parte digitalizado e aberto à consulta pública no sitio da organização. Carlos Fernandes era poeta. Transcrevemos os seguintes versos copiados do livro: *Prece - poemas nos caminhos*, de Carlos Fernandes:

CAMPANHA POLÍTICA

Na louca agitação de uma campanha,
Contendem com o nada, homens de pouco.
Falam e cantam, gritam sua manha,
Como a julgar o povo todo louco.

Não têm programas, não. Nem metas sérias.
De objetivo, só a ânsia insana
De dar de sábio em todas as matérias,
De ser senhor, ser rico e ser bacana.

Pobre Nação! Se desses homens vive,
À míngua fica e só caos a espera.
Que o povo não se mexa e parvo siga,
A deles aguardar algo que o livre,
Pode perdida ter toda quimera
De alçar-se longe da miséria antiga

6. Anos I990 a 2000 - Congresso aprova Nova Lei de Anistia

Nas eleições gerais de 1994, foram eleitos Fernando Henrique Cardoso, do PSDB, presidente e Marco Maciel, da PFL, vice. Empossado em 1995, ao final do mandato FHC conseguiu aprovar emenda constitucional para reeleger-se. Foi um escândalo, porque ficou provado que comprou voto dos deputados. Mas não aconteceu nada.

Em 1997, FHC extinguiu a Secretaria Nacional dos Direitos da Cidadania e cria a Secretaria Nacional dos Direitos Humanos (SNDH). Em 1999 essa secretaria foi elevada a Secretaria de Estado de Direitos Humanos, com hierarquia de ministério.

Em 2003, o governo de Luiz Inácio Lula da Silva criou, no âmbito da Presidência da República, as secretarias especiais dos Direitos Humanos (SEDH), de Política para as Mulheres (SEDM) e a de Políticas da Igualdade Racial (SEPIR), todas de nível ministerial.

Em 2019, com a posse do governo Jair Bolsonaro, todas essas secretarias foram extintas, e as responsabilidades passaram para o novo Ministério da Mulher e dos Direitos Humanos. No mesmo ato o Ministério da Justiça foi transformado num superministério incumbido da Justiça, da Segurança e de parte das atribuições do Ministério do Trabalho, também extinto.

Direitos Humanos, Direitos das Mulheres, Direitos Trabalhistas, Justiça Restaurativa, tudo foi congelado e sem que se saiba o que será o futuro para essas questões, que correm paralelas à desmontagem do Estado e do setor produtivo industrial. Esse não é tema deste livro. Mas o parêntesis necessário complementa o projeto. Ao completarem-se 40 anos da Lei de Anistia, em agosto de 2019, estão no poder os que promoveram o regime de excessão, com torturas, desaparecimentos, sequestros e mortes de políticos opositores, os que se arvoram de julgadores de suas vítimas. Um governo de ocupação, com oito generais, um almirante e um brigadeiro, no Palácio, às ordens de um capitão, e outros 6 mil oficiais de variadas patentes em diversas funções e hierarquias do governo. O que esperar da Justiça Restaurativa?

Resistência e luta: surge a ABAP

A Associação Brasileira de Anistiados Políticos (ABAP) surgiu nos dias 27 e 28 de maio de 1995 para fazer frente às enormes dificultades impostas pelos diferentes poderes da República ao cumprimento da Lei de Anistia, corroboradas pela confusão entre os vários órgãos da administração e a ausência de uma regulamentação. Sob a liderança de Carlos Fernandes, reuniram-se em Brasília representantes das diversas entidades que desde 1980 vinham lutando por uma regulamentação que viabilizasse e tornasse efetiva a Lei de 1979. A composição da primeira diretoria eleita dá uma idéia da amplitude da representatividade, que abarcava as mais diversas categorias, de todas as partes do Brasil.

Primeira diretoria eleita da ABAP:

Presidente: Carlos Fernandes - Comissão Executiva Nacional de Bancários Anistiados (Cenba)

1º vice-presidente, DF: Ari Celestino Leite - Associação Nacional Anistiados da Petrobras (Conape)

2º vice-presidente, RJ: Reinaldo Hélio da Costa (Mangabeira) - Associação Trabalhadores Aposentados da Petrobras (ASTAPE)

1º secretário, BA: Henrique Roberti Sobrinho Confederação dos Servidores Públicos do Brasil

2º secretário, MG: Jones Oliveira Carvalho - Sindiquímica

1º tesoureiro, BA: Hélio Carneiro Moreira - Anabb e Sindicado de Professores da Bahia

2º tesoureiro, DF: Fernando Arthur Tolledal Pacheco - Federação Associação de Aposentados do Banco do Brasil (FAABB)

Conselho Fiscal, efetivos:

José Heleno Rodrigues Vieira - ANAP/RJ

Dilson Ribeiro Souza - Sindicato dos Jornalistas do DF e RJ

Espedito Oliveira da Rocha - Sindicato dos Químicos e Artistas Plásticos do RJ

Conselho Fiscal, suplentes:

Aparecido Lino do Prado - Sindicato dos Metalúrgicos de Santos, SP

Antonio de Faria Lopes - Sindicato dos Bancários de MG

Getúlio António Guedes de Souza - Embraer - São José dos Campos, SP

Conselho de Representantes: íntegra dos os listados acima e mais:

Sebastião Hott dos Reis - Sindicato dos Metalúrgicos de Santos, SP

Antonio Batista Filho - Sindicatos dos Bancários, PR

António Alves Assis Diniz - Sindicato dos Metalúrgicos da Unisiminas, MG

Wilson Previdi - Sindicato dos Bancários, RJ

Francisco Soriano de Souza Nunes - Conape, RJ

Entidades e pessoas que apoiaram a constituição da Associação Brasileira de Anistiados Políticos - ABAP

Comissão de Direitos da Câmara dos Deputados - Rep. Victor Carvalho Pinto

Confederação Nacional dos Trabalhadores em Empresas de Crédito - CONTEC

Associação Nacional dos Funcionários do Banco do Brasil - ANABB

Departamento Intersindical de Assessoria Parlamentar – DIAP

Em defesa do patrimônio nacional

O primeiro embate da recém-criada ABAP foi com a direção do Banco do Brasil e o governo liberal de Fernando Henrique Cardoso, que assumiu com intenção de privatizar todas as empresas estatais, inclusive o BB, além da entrega dos recursos naturais aos estrangeiros. Era agosto de 1995 e a direção do BB havia lançado, em 29 de junho, um Programa de Desligamento Voluntário (PDV), com intenção de demitir pelo menos 16 mil funcionários, de um total de 115 mil na época. Isso, mais o fato da onda de privatizações e alienações das riquezas nacionais, deixou em polvorosa os bancários e demais categorias. Não era só o emprego que estava em jogo, mas sim a própria existência do banco, o maior do país, o único presente nos mais remotos rincões do Brasil, o único a financiar a agricultura e outras áreas do desenvolvimento com crédito subsidiado.

Carlos Fernandes estava na direção da ANABB, entidade que acionou a Procuradoria Geral do Trabalho, que, por sua vez, mandou o banco sustar o programa de demissão. A direção negou-se a aceitar a ordem alegando que tal medida só seria válida se houvesse uma decisão judicial. Não tardou, por proposta do Sindicato dos Bancários de Brasília, e o juiz da 3ª Vara acatou a decisão da PGT e mandou suspender o PDV. Não demorou também e o BB conseguiu derrubar a liminar. No mesmo dia, nova liminar por ação executada pela Procuradoria Geral de Defesa da Cidadania exigia obediência à interrupção. A direção do banco derrubou todas as liminares e estendeu o prazo para adesão ao PDV. O objetivo era despedir 16 mil. Ao plano aderiram 12.973. O problema agora era proteger os três mil que não aderiram à demissão compulsória. Tudo isso não só com o apoio, mas estimulado pelo presidente FHC: "Tem que demitir mesmo... a direção do banco está certa." Nesse impasse, Carlos Fernandes iniciou, em 11 de julho de 1995, uma greve de fome, acampando em frente a sede do BB em Brasília, que se estendeu por dois longos meses, terminando nos corredores da Câmara dos Deputados.

Não era só a questão do PDV do BB que movia o pessoal da ABAP. As manifestações tinham caráter político de defesa da soberania nacional e a atenção pormenorizada aos erros e incumprimentos do Executivo com relação ao processo de anistia. Em carta de 16 de novembro de 1995, entregue pessoalmente pelo presidente da ABAP a Luciana Cardoso, filha e assessora do presidente FHC, com cópias a parlamentares, ao mesmo tempo em que solicitava audiência com o ministro Sepúlvida Pertence, presidente do STF, e com o Nelson Jobim, ministro da Justiça. A ABAP dizia:

> Senhor Presidente,
>
> 1º Desde que foi aprovada a 1a Lei de Anistia, de no 6.683, em 1979, nunca foi tão difícil obter a qualificação de anistiado, para fins de receber os benefícios atribuídos a título indenizatório a essa condição.
>
> 2º As dificuldades são flagrantes, visto que, neste ano, apesar da existência de uma Comissão Especial de Anistia instalada no Ministério do Trabalho às voltas com cerca de dois mil pedidos, até o momento, em todo o governo de V. Excia., somente foi deferido um caso. Um caso apenas, Sr. Presidente!

> 3º Além das razões de caráter político, técnico, a nosso ver, [o que] mais emperra o andamento dos processos e até o seu injusto indeferimento é o texto do Decreto 1.500 de 25/05/95, que amplia e detalha fatores prescindíveis ao julgamento criterioso dos processos, exigindo documentos inexistentes face o longo tempo decorrido dos fatos geradores das punições e que para mais nada serviram do que para confirmar outros apresentados e de origem mais do que fidedigna, como por exemplo, a SAE dessa Presidência da República, os Arquivos Públicos Estaduais que guardam os acervos do DOPS, ou as Auditorias Militares.
>
> 4º A necessidade de os processos, após apreciados, serem encaminhados à Secretaria de Coordenação e Controle das Estatais, constante do referido Decreto 1.500, é outro fator impeditivo e burocratizante de um processo que, por ter sido violento e sumaríssimo na ocasião das perseguições, deveria ser menos complexo e burocrático nesta hora, 16 anos após a 1ª Lei de Anistia.

Passados quase dois anos desse comunicado, a situação para com os anistiados permanecia como se nada tivesse acontecido. Em fevereiro de 1997, a ABAP conseguiu ser recebida pelo general Alberto Cardoso, chefe do Gabinete Militar e da Secretaria de Assuntos Estratégicos da Presidência da República. A audiência foi conseguida com o apoio do deputado Hélio Bicudo, presidente da Comissão de Defesa dos Direitos Humanos da Câmara dos Deputados, e serviu para mostrar as dificuldades dos anistiados, inclusive os da área militar. Foram entregues documentos que comprovaram as restrições absurdas que estavam sofrendo os que foram punidos por motivos políticos na Marinha, Exército e Aeronáutica, e os absurdos que se cometiam na área administrativa contra os anistiados civis. Na ocasião foi proposta a formação de uma Comissão Tripartite, Governo, Câmara e ABAP, para revisar toda a legislação, os processos ditos fraudulentos, a enorme quantidade de indeferimentos que estavam ocorrendo no Ministério do Trabalho e a morosidade e os empecilhos do INSS para a concessão dos benefícios.

Anistia Política: agravos à concessão

A ida de José Gregori à direção da SNDH, onde permaneceu de 1997 a 2000, quando assumiu o Ministério da Justica, sendo personalidade ligada aos Movimentos de Direitos Humanos promovidos pela Igreja de Roma, fez com que a ABAP pedisse uma audiência para explicar a situação e apresentar as reivindicações dos anistiados. Participaram da reunião Carlos Fernandes, presidente, Getúlio Dias e Paula Frebrot, conselheiros da ABAP.

O informe inicia com suscinta descrição do que foi a luta pela anistia, com movimentos que mobilizaram o melhor da sociedade civil em todos os estados, e mobilizou a solidariedade dos povos mundo fora, onde se reproduziam os movimentos e comitês pela anistia. Argumenta:

> Estamos neste momento chegando com nossas reivindicações às mais altas autoridades do Executivo do País, já esgotadas todas as tentativas anteriores em outros escalões;
>
> Não temos feito alarde público das injustiças que estão sendo praticas contra os que sofreram perseguições por razões políticas, por não estarmos visando promoção pessoal e porque consideramos mais útil elidir o conflito, solucionando harmonicamente as divergências, do que incentivá-lo criando abismos intransponíveis ao entendimento;
>
> Acreditamos, face à natureza justa e conciliadora do Governo do qual V. Excia. faz parte e do seu comprovado objetivo de prestigiar a Defesa dos Direitos Humanos, que as reivindicações que apresentamos ao final, por serem simples, objetivas e concisas, serão atendidas.

São muitas páginas em que são apresentados os agravos à concessão de anistia e ao pagamento dos benefícios indenizatórios. Selecionamos alguns e apresentamos resumidamente:

> Até a gestão do ministro Walter Barelli eram deferidos 98% dos pedidos de anistia; atualmente o indeferimento atinge os 98%.
>
> Os julgamentos demoram até três anos para serem julgados e há ausência de critérios na análise dos casos.
>
> São indeferidas petições de cidadãos comprovadamente presos, torturados, exiliados.
>
> A comissão pede informação às empresas que demitiram por razões políticas, como se estas pudessem confirmas as causas das punições, já fartamente comprovadas nos processos.

> Existem cerca de 800 marinheiros e fuzileiros já anistiados via judiciário e outros 600 não anistiados que estão sendo embargados pela Advocacia Geral da União.
>
> Os militares da Aeronáutica, impedidos de exercer sua profissão na área civil por decreto secreto, esperam há nove anos por regulamentação.
>
> Militares do Exército esperam as promoções que teriam se não tivessem sido punidos politicamente.
>
> Postos do INSS se negam a receber requerimentos de Aposentadoria Excepcional de Anistiado. Quando não somem com o processo, aceitam e pagam sem a devida correção monetária.

Conclusivamente, solicitava que todos os processos tramitando no Ministério do Trabalho e no INSS fossem transferidos para a recém-criada Secretaria dos Direitos Humanos.

Violação permanente dos direitos

Fernando Henrique Cardoso (FHC), governou de 1995 a 2003, durante os seis primeiros anos, os direitos dos anistiados, garantidos pela Constituição de 1988 e pela Lei de Anistia (lei n° 6.683) de 1979, foram sistematicamente violados. Melhorou após o envio da Medida Provisória 65, de 28 de agosto de 2002 que se transformou na Lei 10.559 de 13 de dezembro de 2002 que regulamenta o Art. 8° das Disposições Transitórias da Constituição de 1988.

Culminando esse processo, o governo promulgou o Decreto 3.048, de maio de 1999, que ignora os Regulamentos de Benefícios da Previdência Social anteriores, nos quais uma sessão especial regulamentava aqueles direitos. O Art. 8° do Ato das Disposições Constitucionais Transitórias da Constituição Federal de 88 e a Lei 8.213, em seu Art. 150 determinam que os punidos por razões políticas têm direito à reintegração ou aposentadoria com proventos integrais como se em atividade estivessem. Com base no Decreto Lei 20.310, de 1932, os direitos pecuniários provenientes de processos administrativos ou judiciários prescrevem em cinco anos. A legislação regulamentadora dos benefícios da anistia (Decretos 611 e 2.172) determinou que fossem pagos cinco anos retroativos, devidamente atualizados, a partir da data do requerimento ao INSS pela concessão da Aposentadoria Excepcional de Anistiado. A Constituição, as Leis e Decretos mencionados foram ignorados pelo Decreto 3.048 e pela Ordem de Serviço 623 do INSS que declarou, em maio de 1999, desconhecendo a hierarquia das Leis: *extinta a aposentadoria excepcional de anistiado*. Mesmo as pessoas que foram anistiadas após 1998 deixaram de receber qualquer benefício. Essa esdrúxula situação, persistentemente denunciada pelas Associações de Anistiados levou o governo de FHC a conceder a formação de uma Comissão para estudar a situação e propor uma nova regulamentação para as Leis de anistia que eliminasse a necessidade de ações judiciais para garantir os direitos adquiridos.

A Constituição, as leis e decretos mencionados foram ignorados pelo Decreto 3.048 e pela Ordem de Serviço 623 do INSS que declarou, em maio de 1999, desconhecendo a hierarquia das leis: "extinta a aposentadoria excepcional de anistiado". Mesmo as pessoas que foram anistiadas após 1998 deixaram de receber qualquer benefício. Essa esdrúxula situação, persistentemente denunciada pelas Associações de Anistiados, levou o governo de FHC a conceder a formação de uma comissão para estudar a situação e propor uma nova regulamentação para as leis de anistia que eliminasse a necessidade de ações judiciais para garantir os direitos adquiridos.

I° Encontro Nacional em Defesa da Anistia

Passados vinte anos da aprovação da Lei de Anistia de 1979, apesar das poucas melhoras conseguidas pelos constituintes, quase nada funcionava em benefício dos anistiandos, ao contrário, só aumentavam os entraves na medida em que havia renovação dos poderes incumbidos de fazer cumprir a lei.

Mais de trinta entidades representativas de anistiandos e anistiados de todo o país, preocupadas com a inércia do governo, infenso às críticas e sugestões encaminhadas principalmente pela ABAP, com apoio de deputados federais, convocou e realizou o Primeiro Encontro Nacional em Defesa da Anistia, que transcorreu nos dias 17 e 18 de agosto de 1999, nas dependências da Câmara dos Deputados, com a presença de jurisconsultos para orientar nas questões constitucionais e legais.

Depois de dois dias de exposições e debates, foi aprovado um documento com a participação de Carlos Fernandes, presidente da ABAP, e Paulo Cannabrava Filho, representando os jornalistas anistiados de São Paulo, que resume os problemas e as reivindicações das diversas representações de anistiandos e anistiados. Um documento à Nação e às autoridades do governo. Por ser um documento histórico de suma importância, porque retrata fielmente a situação da época e tem o respaldo das principais entidades representativas de anistiados, como também demonstra a força do movimento, publicamos na íntegra nos anexos ao final.

A medida provisória de 2001 e na sequência a aprovação pelo Congresso Nacional da Lei de Anistia de 2002, como fica demonstrado, não foram dádivas, mas sim fruto de muita luta e muita atenção para corrigir os erros e elidir obstáculos postos pelos órgãos da Administração Pública.

Trabalho intenso da ABAP para assegurar a legalidade da Lei

Os primeiros cinco meses de 2001 foram de trabalho intenso envolvendo a ABAP e muitos anistiados, organizados ou individualmente. O objetivo era obter do Congresso Nacional uma lei que regulamentasse as disposições provisórias da Constituição Federal de 1988, o que foi aprovado só em novembro de 2002.

Já se tinha obtido uma primeira vitória, que foi o envio ao Congresso Nacional, pelo presidente da República, FHC, e seu ministro da Justiça, José Gregori, da Medida Provisória 2.151, assinada em 31 de maio de 2001. Projeto que, se não atendia integralmente o que era reclamado com base na legislação anterior, pelo menos desconsiderava a absurda anulação dos benefícios por simples atos administrativos.

Durante os quatorze meses seguintes o projeto original foi modificado na forma e na essência para atender objeções e restrições dos Ministérios da Justiça e da Defesa, transformando-se no texto da Medida Provisória 2151-3, em 13 de agosto de 2001, que com força de lei resultou na criação da primeira Comissão de Anistia. A comissão nomeada por decreto exerceu suas funções durante período de seis meses, nos quais, além de suas próprias conclusões, acatou sugestões apresentadas pelos anistiados, muitas delas encaminhadas pela ABAP.

Ao mesmo tempo, a comissão considerou que o INSS, nem mesmo nos casos em que a aposentadoria fora concedida, vinha agindo de acordo com a lei, que estabelecia que a aposentadoria excepcional não sendo decorrente de salário benefício, não estava submetida aos princípios básicos da Previdência. Ou seja, contagem de tempo de serviço ou de contribuição. Isso porque seu valor integral é de caráter indenizatório, de responsabilidade do Tesouro Nacional, nada tendo a ver com os cálculos atuariais da Previdência. Ferindo direitos adquiridos, o INSS, em novo processo persecutório, de caráter nitidamente político, reduziu valores de aposentadoria e pensões que vinham sendo pagas há mais de cinco anos e chegou ao cúmulo de cancelar o pagamento de aposentadorias que já eram pagas havia cerca de vinte anos, agredindo o Art. 5º inciso 36 da Constituição, que reza não poderem ser revogados, nem mesmo pelo Congresso Nacional, os direitos adquiridos.

Diante de tanta irregularidade, Carta Aberta ao Presidente

Diante de tanta irregularidade, inclusive desobediência à Constituição, Carlos Fernandes organizou reuniões e seminários com representantes de organizações de anistiados, consultou advogados, realizou prolongadas reuniões com membros da ABAP e concluiu que a entidade que representava os Anistiados não poderia ficar calada. Colocou mãos à obra para esmiuçar o projeto e apontar as falhas e junto com o conselheiro jornalista Paulo Cannabrava Filho elaboraram uma "Carta Aberta ao Presidente da República", que foi enviada com cópia para os presidentes das duas Casas Legislativas, para a presidência do STF e para os meios de comunicação.

Os documentos demonstram que o projeto de MP dessa comissão transferia todos os processos de anistiados para a esfera do Ministério da Justiça. Como esse projeto de MP incluía soluções para problemas de militares punidos, incluía também a participação do Ministério da Defesa e de representantes dos anistiados na Comissão Permanente de Anistia a ser criada.

A carta, datada em São Paulo, 21 de junho de 2001, aponta que, ao contrário de solucionar os problemas existentes, como havia sido solicitado pelo Presidente da República, a MP transbordava de inconstitucionalidades:

> - fere o princípio da isonomia (Art. 5º da Constituição) quando estabelece tratamento diferenciado aos perseguidos políticos do

setor militar, dos servidores civis e dos empregados nas empresas privadas e estudantes;

- fere a garantia dos direitos adquiridos (Inciso 36 do Art. 5°) quando excetua dos benefícios os punidos políticos anteriormente enquadrados nas leis de anistia ou aqueles que foram readmitidos após anos de marginalidade, prisão ou exílio;

- fere o parágrafo 2° e 3° do Art. 8° das Disposições Transitórias da Constituição quando confere uma indenização em prestação única, de valor não compatível com os proventos que estaria recebendo hoje se não houvesse sido perseguido político;

- fere o Art. 8° da Constituição quando concede apenas indenização em prestação única aos atingidos por atos de exceção institucionais ou complementares anteriormente garantidos com readmissão ou aposentadoria pelo valor integral como se em atividade estivesse.

Além das inconstitucionalidades, têm as seguintes ilegalidades:

- contraria os Decretos 20.310, 611 e 2.172 acima referidos, quando se omite em relação ao pagamento de cinco anos de proventos em atraso;

- agride o direito garantido pelos Decretos 3.048 e Portaria 4.883 e Ordem de Serviço 623, que confere ao anistiado a contagem de tempo de serviço pelo período em que ficou fora do mercado de trabalho por motivo político, sem qualquer contribuição previdenciária. A MP em seu Art. 18 estabelece o recolhimento de atrasados à Previdência para efeito de contagem de tempo de serviço. Em se tratando de contribuição única ou pensão vitalícia, a cargo do Tesouro Nacional, não se constitui em salário de contribuição, referindo-se a prejuízos sofridos pelo anistiado;

- quando não revoga a exceção constante do parágrafo 2° do Art. 1° da Lei 6.683/79, a MP contraria a amplitude da anistia pretendida pelo Art. 8° das Disposições Transitórias da Constituição de 1988;

- quando revoga o Art. 150 do Decreto 8.813/91, a MP elimina um ponto de apoio aos direitos adquiridos pelos anistiados políticos que contribuíram com a Previdência e que em nada colide com a pensão permanente instituída pela Medida Provisória;

> - a MP exclui dos benefícios da anistia considerável parcela dos militares ao não considerar as Portarias e Ofícios Reservados pelos quais foram punidos nas suas respectivas Armas;
>
> - a MP desconhece o direito à anistia e decorrente indenização de empresários, profissionais liberais ou autônomos, agricultores e trabalhadores em geral das empresas privadas.

A ABAP advertia que além de todas essas e de outras irregularidades a Medida Provisória criaria problemas com o Poder Judiciário que, por unanimidade de seus membros, na sentença ao Mandado de Injunção 626-1, de 18/06/2001, consagra a

> eficácia plena do Art. 8º das Disposições Transitórias da Constituição de 1988 e a amplitude de sua aplicação a todos os punidos por razões políticas, sejam eles servidores, empregados e profissionais liberais, enfim, todo e qualquer cidadão qualificado como trabalhador.
>
> Face ao explícito entendimento da Corte Suprema do País e em favor da harmonia entre os poderes da República, é de se esperar que o Executivo e o Legislativo revejam todas essas irregularidades antes de que seja aprovada a MP para que se evite nova seqüência de ações judiciais.

Audiência com o presidente garantiu a promulgação da Lei

O ministro da Justiça era José Gregori, ambas as medidas provisórias (MP 2151 e 2.151-3) tiveram como antecedente uma ampla reunião no Plenário da Câmara Federal, ao final da qual pediu-se audiência ao presidente da República para levar as resoluções aprovadas, com ampla participação pública e de parlamentares.

O relato foi enviado pela advogada e conselheira da ABAP, Paula Sapir Febrot, a pedido do autor:

> Por ocasião da comemoração dos 20 anos da lei de Anistia em Brasília, na seção da Câmara Federal, Arthur Virgílio, líder do governo, ao se pronunciar sobre o caráter democrático de FHC, foi apartado pelo Deputado Jacques Wagner (PT-BA), que argumentou que se o governo era tão democrático porque até hoje o presidente se furtava em

> receber a Comissão de Anistiados para discutir problemas urgentes e as injustiças que estavam sendo cometidas neste governo com os pretendentes à Anistia Política, tanto na área da Previdência quanto na área da Comissão Especial de Anistia do Ministério do Trabalho.
>
> Artur Virgílio disse então que não era homem de se intimidar e prometeu em plenário que FHC receberia uma Comissão de Anistiados. Realmente, no final daquela mesma tarde, tivemos resposta positiva do Palácio, de que o Presidente receberia uma comissão de dez pessoas.
>
> Relatados todos os "absurdos" que estavam ocorrendo com os processos, FHC prometeu e incumbiu Aloysio Nunes Ferreira [então ministro da Casa Civil] de constituir uma comissão que elaborasse uma nova lei que solucionasse definitivamente todos os problemas e pendências relativas à Anistia, de civis e militares, não deixando margem a processos judiciais.
>
> Foi então constituída, dentro do Ministério da Justiça, na gestão de José Carlos Dias, uma Comissão que trabalhou dentro do tempo estipulado. A comissão foi instituída através de decreto em 17/09/1999.
>
> A Comissão concluiu os trabalhos com um anteprojeto que serviu de base para a Medida Provisória que serviu de base para Lei de Anistia de 28/08/1979, bastante limitada, posto que dada numa época de transição, em que a democracia era ainda um sonho a ser concretizado.
>
> O próprio Ministro Clóvis Ramalhete, do Supremo Tribunal Federal, assim se expressou sobre a Lei: "Tal lei não é das mais acabadamente bem-feitas e bem redigidas da República, apesar de singular importância política".
>
> Na própria exposição de motivo da Medida Provisória, fica claro que a anistia é uma conquista política e na medida em que redemocratiza o país o instituto avança com ele.
>
> O anteprojeto se esforçou no sentido de contribuir para o aperfeiçoamento do processo de anistia.

Foi preciso também a interferência direta do presidente do Senado, à época Antônio Carlos Magalhães (1927-2007), para que o presidente concordasse em receber uma comissão de representantes da plenária realizada.

Finalizada a reunião o presidente outorgou a Aloysio Nunes a tarefa de resolver o assunto. Ato contínuo a Casa Civil encaminhou a MP à Câmara dos Deputados. Carlos Fernandes, como presidente da ABAP, e a incansável Xanda (a vice-presidente Alexandrina Cristensen), não deram trégua às autoridades envolvidas, contribuindo com aconselhamento e até mesmo textos que foram integralmente inseridos na MP 2151-3. Foi decisiva a ajuda de Aloysio Nunes, ministro da Casa Civil, e de José Gregori, então ministro da Justiça, para convencer o presidente da República, Fernando Henrique Cardoso, a resolver de uma vez os problemas com a anistia.

A promulgação da MP foi uma primeira vitória que a ABAP transmitiu a todos os associados, advertindo que a luta apenas começara. A batalha a ser travada agora era no Congresso Nacional, para assegurar que os parlamentares não desvirtuassem o espírito do projeto, que tanto trabalho custou.

Foi uma larga e árdua trajetória, de trabalho intenso, contato com deputados, senadores e ministros que reconheciam os direitos dos presos e perseguidos políticos. Havia gente que se opunha a converter a MP em lei. Gente do próprio governo autor da MP, como o ministro do Planejamento, Orçamento e Gestão, Guilherme Dias, e seus assessores e, claro, setores das forças armadas e dos meios de comunicação historicamente conservadores e fiéis ao regime repressivo.

Congresso aprova a Nova Lei de Anistia

Só em 29 de maio de 2002 é que o senador Renan Calheiros entregou o Relatório à Comissão Mista encarregada de apresentar o projeto de conversão da MP em lei. Nessa etapa foi importante o empenho de parlamentares engajados nas questões de direitos humanos que encamparam a luta pela anistia. Eduardo Greenhalgh, Claudio Cajado, Tadeu Filippelli, entre outros. Seria muito longa a lista. E para não deixar que arrefecesse o processo, manteve-se a presença constante de anistiandos de todo o país, a maioria chegando em caravanas de ônibus. Em novembro, saiu o ministro José Gregori, da Justiça, e entrou Aloysio Nunes, que continuou dando apoio ao trabalho das diversas associações de anistiandos e anistiados. Grupos de todo o Brasil chegavam à Brasília para fazer lobby, ou seja, contato permanente com os parlamentares, para evitar qualquer emenda que desvirtuasse o projeto, que finalmente aprovassem a transformação da MP em Lei. E não era fácil para essas pessoas se mobilizarem, a maioria idosos, aposentados e com pouco dinheiro. Muitos viajavam às expensas de seus sindicatos ou associações e até mesmo de parentes. Para manter os interessados informados, a ABAP criou um espaço na Internet *(www.anistiapolitica.org.br)* e passou a emitir comunicados frequentes sobre os acontecimentos relativos ao andamento dos problemas com a anistia. E isso no exato momento em que se discutia no Congresso a conversão da MP 2151-3 na Lei 10.559/2002.

Para melhor compreensão de como o governo burla a Lei, que procuramos demonstrar ao longo deste livro, transcrevemos os pontos essenciais da lei. A íntegra da lei está nos Anexos:

> Art. 2° São declarados anistiados políticos aqueles que, no período de 18 de setembro de 1946 até 5 de outubro de 1988, por motivação exclusivamente política, foram:
>
> I - Atingidos por atos institucionais ou complementares, ou de exceção na plena abrangência do termo;
>
> II - Punidos com transferência para localidade diversa daquela onde exerciam suas atividades profissionais, impondo-se mudanças de local de residência;
>
> III - punidos com perda de comissões já incorporadas ao contrato de trabalho ou inerentes às suas carreiras administrativas;
>
> IV - Compelidos ao afastamento da atividade profissional remunerada, para acompanhar o cônjuge;
>
> V - Impedidos de exercer, na vida civil, atividade profissional específica em decorrência das Portarias Reservadas do Ministério da Aeronáutica n° S-50-GM5, de 19 de junho de 1964, e n° S-285-GM5;
>
> VI - punidos, demitidos ou compelidos ao afastamento das atividades remuneradas que exerciam, bem como impedidos de exercer atividades profissionais em virtude de pressões ostensivas ou expedientes oficiais sigilosos, sendo trabalhadores do setor privado ou dirigentes e representantes sindicais, nos termos do *§ 2° do art. 8° do Ato das Disposições Constitucionais Transitórias;*
>
> VII - punidos com fundamento em atos de exceção, institucionais ou complementares, ou sofreram punição disciplinar, sendo estudantes;

VIII - abrangidos pelo Decreto Legislativo nº 18, de 15 de dezembro de 1961, e pelo *Decreto-Lei nº 864, de 12 de setembro de 1969;*

IX - Demitidos, sendo servidores públicos civis e empregados em todos os níveis de governo ou em suas fundações públicas, empresas públicas ou empresas mistas ou sob controle estatal, exceto nos Comandos militares no que se refere ao disposto no § 5º do art. 8º do Ato das Disposições Constitucionais Transitórias;

X - Punidos com a cassação da aposentadoria ou disponibilidade;

XI - desligados, licenciados, expulsos ou de qualquer forma compelidos ao afastamento de suas atividades remuneradas, ainda que com fundamento na legislação comum, ou decorrentes de expedientes oficiais sigilosos;

XII - punidos com a transferência para a reserva remunerada, reformados, ou, já na condição de inativos, com perda de proventos, por atos de exceção, institucionais ou complementares, na plena abrangência do termo;

XIII - compelidos a exercer gratuitamente mandato eletivo de vereador, por força de atos institucionais;

XIV - punidos com a cassação de seus mandatos eletivos nos Poderes Legislativo ou Executivo, em todos os níveis de governo;

XV - Na condição de servidores públicos civis ou empregados em todos os níveis de governo ou de suas fundações, empresas públicas ou de economia mista ou sob controle estatal, punidos ou demitidos por interrupção de atividades profissionais, em decorrência de decisão de trabalhadores;

XVI - sendo servidores públicos, punidos com demissão ou afastamento, e que não requereram retorno ou reversão à atividade, no prazo que transcorreu de 28 de agosto de 1979 a 26 de dezembro do mesmo ano, ou tiveram seu pedido indeferido, arquivado ou não conhecido e tampouco foram considerados aposentados, transferidos para a reserva ou reformados;

XVI - impedidos de tomar posse ou de entrar em exercício de cargo público, nos Poderes Judiciário, Legislativo ou Executivo, em todos os níveis, tendo sido válido o concurso.

§ 1º No caso previsto no inciso XIII, o período de mandato exercido gratuitamente conta-se apenas para efeito de aposentadoria no serviço público e de previdência social.

§ 2º Fica assegurado o direito de requerer a correspondente declaração aos sucessores ou dependentes daquele que seria beneficiário da condição de anistiado político.

A primeira Comissão de Anistia

Publicada a Medida Provisória, com força de lei, foi logo instituída, no Ministério da Justiça, a primeira Comissão de Anistia. Esta enfrentou enormes dificuldades, por falta de local, pessoal e dinheiro. A confusão inicial provocou a demissão do presidente e de três relatores da comissão. Houve inclusive a morte de um dos membros. Também faltava entrosamento entre as autoridades encarregadas de executar o disposto em lei. O Ministério do Planejamento, Orçamento e Gestão, por exemplo, não cumpria o determinado pelo Ministério da Justiça e protelava o pagamento das indenizações.

Foi necessária pressão social para pôr as coisas no lugar. Finalmente os Ministérios da Justiça e do Planejamento, atendendo às reivindicações da ABAP e outras associações, editaram a Portaria 447, em 6 de maio de 2002, cujo Artigo 4º garante prioridade no julgamento para: desempregados; inválidos ou portadores de doenças graves; os mais idosos; e para os que mesmo empregados recebam remuneração menor que cinco salários mínimos.

No início dos trabalhos da Comissão de Anistia, a ABIN, herdeira dos arquivos do extinto SNI, o serviço de informação da ditadura, se negava a fornecer o Habeas Data, ou seja, o resumo do conteúdo dos dossiês dos perseguidos políticos, exigido para iniciar os processos de anistia. Foi necessária a intervenção do ministro da Casa Militar, general Alberto Cardoso, e as informações passaram a ser solicitadas pela própria Comissão de Anistia.

Na época ainda não estavam abertos os arquivos secretos. Hoje, os arquivos dos organismos da repressão estão no Arquivo Nacional, catalogados e digitalizados à disposição dos interessados. E há também farto material à disposição de estudiosos com a abertura dos arquivos secretos do governo dos Estados Unidos.

Além disso há o acervo da Comissão Nacional da Verdade, com suas múltiplas comissões regionais e setoriais, com depoimentos as vezes lancinantes sobre os sofrimentos infligidos nas masmorras da ditadura, onde até mesmo crianças foram machucadas e separadas de seus país. Outro arquivo valioso para os que queiram se aprofundar no conhecimento do que foi a participação de intelectuais e operários é o do CEDEM da UNESP. Ali estão acervos documentais que pertenceram a líderes operários e revolucionários, como do sindicalista e anarquista Edgard Leuenroth, do líder comunista Luiz Carlos Prestes; o arquivo e biblioteca de Astrogildo Pereira, valioso acervo das lutas operárias do início do século 20, que foi resgatado por José Luiz del Roio. E tudo isso num prédio histórico que foi a editora de Monteiro Lobato.

Apesar de tudo isso, e da presidenta Dilma Rousseff ter ordenado a todos os organismos oficiais a entrega dos acervos ao Arquivo Nacional, há que considerar que ainda hoje, passados 17 anos, existem muitos arquivos de órgãos de repressão da ditadura que estão desaparecidos. Havia pelo menos uns 200 órgãos de inteligência atuando durante a ditadura, mas só 53 entregaram seus arquivos, assim mesmo, sabe-se lá se estão completos. O próprio diretor do Arquivo Nacional, Jaime Antunes, revelou ao jornal *Folha de S.Paulo*:

> Recebemos muitos telefonemas de muitos órgãos no sentido de que estavam com dificuldade para identificar o material. (...) O Ministério da Defesa continua apontando que eles não têm mais acervo nenhum. Teriam sido incinerados. Para eliminar [documentos], tinha que deixar uma ata de eliminação. Onde estão as atas? [Dizem] que também foram eliminadas

A segunda Comissão de Anistia

Em abril de 2002, nova troca no Ministério da Justiça: sai Aloysio Nunes, entra Miguel Reali Júnior. A comissão foi recomposta e empossada em 28 de maio de 2002, tendo como presidente o Dr. José Alves Paulino. Antes cogitado para representar os anistiados, imediatamente convocou os membros da comissão para a primeira reunião em agosto.

Durante a tramitação no Legislativo a MP 2151-3 recebeu nada menos que 109 emendas. A ABAP realizou o trabalho de análise e classificação das emendas, que foi encaminhado à assessoria do senador Renan

Calheiros, e serviu de base para elaborar o pré relatório a ser apreciado pelo Congresso Nacional.

Deputados, senadores, ministros, candidatos à Presidência da República e até o vice-presidente, Marco Maciel, e o ex presidente Itamar Franco foram mobilizados para pressionar pela aprovação do relatório do senador Renan Calheiros. Foi necessário mais de um ano de luta e mobilizações que envolveram anistiandos e anistiados de todo o Brasil e amplo apoio das organizações de defesa dos Direitos Humanos e também de advogados. Finalmente, a Lei 10.559, de 13 de novembro de 2002, instituiu a Comissão de Anistia e estabeleceu os procedimentos a serem cumpridos tanto pelos requerentes como pelo Poder Executivo. Integrada por 23 conselheiros, sendo um indicado pelos anistiados para representá-los, outro pelo Ministério da Defesa e membros da sociedade civil.

A Lei de Anistia foi sem dúvida uma grande conquista, assim como a constituição da Comissão de Anistia. Não obstante, a lei não assegurou estrutura organizativa nem orçamentária para sua implementação, o que continuou sendo um agravante aos problemas dos anistiados. Somente em 2007, com o decreto 6.061, a Comissão de Anistia teve aprovada sua estrutura regimental e quadro demonstrativo dos cargos comissionados e funções gratificadas. Mas isso nada resolveu. Foi preciso criar uma estrutura funcional provisória para que pudesse atuar nas suas múltiplas funções: atendimento, protocolo, diligência, análise, julgamento, contadoria e finalização, arquivo e memória, chefia de gabinete e assessorias etc. Com essas medidas mais a criação de grupos de trabalho, o Ministério da Justiça informou que foi possível reduzir o tempo de finalização dos processos de 120 dias para 45 dias.

Relatório de atividades da ABAP constata que nos primeiros seis anos do governo Fernando Henrique (1996-2002), foram aprovados apenas 68 processos, mas, finalmente se conseguiu, ainda no seu governo, a aprovação da Lei 10.559/02 e a instalação da Comissão da Anistia vinculada ao Ministério da Justiça.

2003 - Transição para um novo governo

Não foi fácil manter o espírito da lei. Atenção redobrada para garantir sua manutenção, e isso em plena campanha eleitoral, com articulistas nos grandes jornais vituperando contra as altas indenizações concedidas, sem considerar que eram valores corrigidos em razão do grande tempo transcorrido, como previsto na lei. 2003 tem início com novo Presidente da República e, por consequência, trocas nos ministérios relacionados com os processos de anistia: Justiça, Trabalho e Planejamento e a pressão de grupos contrários à anistia, tendo como aliados articulistas dos grandes jornais diários.

Luiz Inácio Lula da Silva tomou posse no dia 1° de janeiro de 2003, num clima de grande euforia popular e expectativa de que se teria um governo de novo tipo, pela primeira vez em muitas décadas, preocupado com os problemas da maioria da população, finalmente um governo de inclusão social.

Os anistiandos receberam bem a posse de Márcio Thomas Bastos (1935-2014) no Ministério da Justiça. Advogado criminalista, de família de políticos, não escapou de associar à carreira jurídica atividades político-partidárias. Foi presidente da OAB de São Paulo e presidente do Conselho Federal da OAB. Permaneceu ministro até o final do mandato do Presidente da República, reassumiu o posto com a reeleição de Lula, tendo permanecido até março de 2007, quando foi substituído por Tarso Genro. Empossado no Ministério, Márcio Thomas Bastos logo atendeu solicitação de associações de anistiados para uma reunião de troca de informações. A audiência transcorreu no dia 12 de fevereiro. O ministro recebeu delegação da ABAP, dos anistiandos e anistiados do Sindicato dos Metalúrgicos de São José dos Campos, e mais de 50 anistiados que vieram de várias regiões do país, acompanhados dos deputados federais Luiz Eduardo Greenhalgh (PT) e Jamil Murad (PCdoB). Os anistiados estavam reunidos havia já uns quatro dias num dos auditórios da Câmara dos Deputados em virtude de campanha contra a Anistia desencadeada pelos jornais *O Globo* e *Folha de S.Paulo*, com repercussão nos demais meios.

Foram apresentadas ao ministro queixas com relação à demora nos trâmites da Comissão de Anistia e a preocupação pela repercussão das notícias desfavoráveis. Márcio Thomas Bastos respondeu positiva e enfaticamente esclarecendo que estava procedendo a troca dos membros da Comissão de Anistia, que “até o final do mês seria estabelecido o cronograma de pagamento com os ministérios da Defesa e Planejamento” e anunciou o reinício dos julgamentos pelo Conselho da Comissão para o dia 14 de março.

De fato, passado um mês da reunião dos anistiados com o ministro da Justiça, no dia 12 de março de 2003, tomaram posse os novos membros da

Comissão de Anistia, tendo como presidente o advogado Marcelo Lavènere Machado, que, no dia seguinte, recebeu uma comissão de representantes dos anistiados e anistiandos, Ato contínuo, a assessoria do Ministro da Justiça informou que os processos a serem revisados que não suscitassem dúvidas seriam assinados pelo ministro Márcio Thomas Bastos no dia 14. Outrossim, que os processos dos aeronautas, dos petroleiros e requerimentos encaminhados de acordo com o Artigo 1.104 do Código Processo Civil seriam devolvidos à comissão para revisão.

Mobilização contínua

Na transição de troca de pessoas e de estilo de governo, redobraram os ataques da mídia e setores do próprio governo contra o trabalho da administração com vistas a resolver os problemas relacionados com a anistia. Isso exigia muita atenção e mobilização das organizações e das pessoas com direito a reivindicar a anistia. O objetivo agora era obter reunião com o novo Presidente da República para expor os problemas e entraves aos trabalhos da Comissão de Anistia e, fundamentalmente, garantir o cumprimento da Lei 10.559. Pelo menos 700 pessoas estavam mobilizadas em Brasília e articuladas com organizações de praticamente todas as categorias: metalúrgicos, aeronautas, militares, petroleiros, jornalistas, bancários, entre outros.

No dia 14 de maio numerosas delegações de anistiandos e anistiados realizaram uma passeata e manifestações em frente dos ministérios da Defesa, Justiça, Planejamento e do Palácio do Planalto com discursos, faixas e cartazes exigindo fiel cumprimento da lei. Na véspera, houve encontro dos anistiados e anistiandos com objetivo de sistematizar e harmonizar as diferentes reivindicações. Foram convidados o presidente Lula, José Dirceu, ministro da Casa Civil, José Genoíno e a primeira dama Marisa Letícia, que não compareceram. As manifestações surtiram efeito. Nesse mesmo dia o ministro da Justiça solicitou à Comissão de Anistia o maior número possível de portarias concedendo anistia para que ele assinasse e mandasse publicar no Diário Oficial da União.

Presente à reunião, realizada no auditório Nereu Ramos da Câmara de Deputados, Marcelo Lavenère, presidente da Comissão, acompanhado de seis conselheiros, informou sobre algumas vitórias do movimento pelo cumprimento da lei.

A mais importante das reivindicações atendidas resolveu a grande confusão que havia com relação aos processos de Aposentadoria Excepcional de Anistiados a cargo do Ministério da Previdência. Solução simples e correta: transferência de todos os processo para o Ministério da Justiça, para submetê-los a julgamento da comissão de Anistia. Além disso, foram concedidos pelo Poder Executivo maior número de assessores para análises dos processos, tornando mais ágil e efetivos os trabalhos; a designação de local com espaço adequado para o funcionamento da Comissão no edifício do Ministério da Justiça; e uma agenda com as datas para as seguintes reuniões das câmaras de julgamento.

Gente nova na Comissão de Anistia

Em 2007 a ABAP saudou a renovação na direção da Comissão de Anistia, com a nomeação do advogado Paulo Abrão para presidi-la. Saulo Gomes e Paulo Cannabrava Filho, jornalistas e conselheiros da ABAP, foram entrevistá-lo, repletos de expectativas positivas: inteligente, simpático, bem-falante, desprovido de sentimentos nefastos.

Ampliou a comissão e seus diversos setores de trabalho, demonstrou a intenção de erradicar a desordem e o fez. Propôs e realizou as reuniões temáticas para analisar, do ponto de vista coletivo, os diferentes grupos de processos que estavam engavetados, por força de uma ótica esdrúxula que nada tem a ver com o espírito e a letra da lei 10.559/02. Com a troca de comando na direção da Comissão de Anistia as reuniões temáticas foram saudadas como caminho efetivo e eficaz para discutir e superar os impasses e passou-se a viver um clima de cordialidade. Ponto alto no transcurso do ano foi sem dúvida a realização do 1º Seminário de Anistia e Direitos Humanos no auditório Nereu Ramos da Câmara Federal, com a presença de 800 anistiados e anistiandos vindos de todos os estados da União.

Com sete meses de trabalho da nova equipe da Comissão de Anistia, comunicado do Ministério da Justiça deu conta de que foram julgados 10.228 processos, 40% mais que durante todo o ano anterior. Do total, mais de 10 mil foram aprovados. A média de prestação única, cujo limite é de R$ 100 mil, ficou em R$ 56 mil. As prestações mensais tiveram valor médio de R$ 3,7 mil.

Dimensão pedagógica da Comissão de Anistia

> Uma significativa parte da história brasileira pode ser contada pelos processos que estão aqui. É preciso dar à Comissão de Anistia uma dimensão pedagógica. É preciso que a sociedade entenda a complexidade política da anistia enquanto instrumento de transição democrática. A anistia é um instrumento de consolidação da democracia. A atual Lei de Anistia no Brasil é fruto do acerto da transição democrática, que é o modelo que nós escolhemos.
>
> Dar essa dimensão educativa, pra que todos os jovens, de no máximo vinte anos, que não sabem o que foi não ter a liberdade de ir e vir, não ter a liberdade de comunicação, não ter a liberdade de expressão do livre pensamento e a liberdade de organização. Que esses jovens de hoje saibam que esses direitos que eles exercem hoje é fruto de uma luta de uma série de pessoas, e essas pessoas devem ser valorizadas.

Na entrevista supracitada, Paulo Abrão também assinalou como dos pontos altos de sua gestão a realização de reuniões temáticas e as Caravanas de Anistia. Há que registrar também o esforço por interagir com órgãos relacionados, no âmbito oficial, como os projetos *Direito à Memória e à Verdade*, da Secretaria Especial de Direitos Humanos da Presidência da República, *Memórias Reveladas*, da Casa Civil da Presidência da República, *Memorial da Resistência*, do Governo do Estado de São Paulo, e a Comissão de Direitos Humanos da Câmara dos Deputados.

Entre 2008 e 2010 as caravanas apreciaram 1.096 processos. Abrão deu como exemplo a sessão de julgamento realizada dentro do Congresso da União Nacional dos Estudantes, que transcorreu na Universidade de Brasília. Na ocasião foi anistiado o ex-presidente da UNE entre 1961 e 1962, Aldo da Silva Arantes, em 6 de julho de 2007, durante a realização do 50ª Congresso da entidade. Militante do PCdoB, em 1964 saiu para o exílio, voltou, viveu na clandestinidade, foi preso em 1976, solto com a Anistia de 1979, filiou-se ao PMDB e foi eleito deputado por quatro mandatos consecutivos. Nessa mesma sessão foi também anistiado Jean Marc Von der Weid, que foi eleito presidente da UNE no XXX Congresso de Ibiúna, que foi invadido pelas forças da ditadura. Foi preso pelo Cenimar na base naval da Ilha das Flores. Antes, em 15 de maio de 2008, a 3ª Caravana de Anistia foi realizada no terreno em que se localizava a sede da UNE, na praia do Flamengo, no Rio de Janeiro, onde ocorreu a apresentação de peça teatral e da mostra fotográfica *Direito à Memória e à Verdade – A ditadura no Brasil 1964-1985*.

Nesse mesmo ano, em 26 de setembro, significativa Caravana de Anistia, pelo seu ecumenismo, aconteceu na sede da CNBB, em Brasília, com a presença de D. Geraldo Lyrio Rocha, presidente da entidade, do ministro de Direitos Humanos, Paulo Vanucchi, e de representantes do Conselho Nacional de Igrejas Cristãs, da Conferência Nacional dos Religiosos do Brasil, da Igreja Metodista e da Comissão Brasileira Justiça e Paz. O presidente da Comissão, Paulo Abrão, anunciou a aprovação da anistia do ex-padre Alípio de Freitas, de Rui Frazão, da militante evangélica Eliana Rosemberg e do jornalista Nilmário Miranda, todos ex-presos e perseguidos políticos.

Em destaque também a publicação do *Caderno das Liberdades Democráticas: Levante esta Bandeira*, que foi distribuído a 2.000 jovens participantes da 1ª Conferência Nacional de Juventude. O material resume o regime repressivo e conta história de militantes que enfrentaram a ditadura, como Ziraldo, Frei Tito, Crimeia de Almeida, Carlos Lamarca, Carlos Marighella e Honestino Guimarães. Foi tão grande a aceitação que tiveram que fazer reedições. Encerrando o balanço de atividades, o ministro da Justiça, Tarso Genro, informou que a meta era zerar a pauta de julgamentos até o final do governo Lula, em 2010, e vaticinou que "a República democrática só será efetivamente consolidada quando toda a memória for resgatada e todos os indivíduos forem igualmente respeitados em seus direitos."

Anistia a Carlos Lamarca

Paulo Abrão, presidente da Comissão, assinala que assumiu pondo em julgamento o caso mais polêmico, logo de maior repercussão, a anistia concedida ao capitão Carlos Lamarca, que deixou uma unidade do Exército brasileiro com armas para dar combate à ditadura. E justifica:

> O intuito foi o de trazermos à tona a importância de se fazer uma discussão ampla e pública com a sociedade sobre a preservação das conquistas pelas quais tantas pessoas lutaram à época do regime autoritário.

> (...)
>
> Nós temos que mostrar à juventude brasileira o que foi o regime militar, o que é um regime de força, que transforma os agentes públicos em agentes de uma autoridade sem legitimidade e que exerce a sua autoridade sem nenhum limite e sem nenhum respeito aos direitos humanos e individuais.

A concessão de anistia irritou setores militares, que consideram Lamarca um desertor, e logicamente tiveram ampla cobertura da mídia, que não mediu esforços no apoio ao regime de terror.

Sobre quem cometeu crime, os que rasgaram a Constituição em 1964, violaram todos os direitos humanos durante mais de duas décadas, ou aqueles que lutaram para restabelecer a democracia? Responde Paulo Abrão:

> Eu vejo que nesse aspecto nós temos que ter muito cuidado. Acredito que todas as manifestações que estão ocorrendo sobre o caso Lamarca são legítimas. Todas, indistintamente, são porque a democracia permite que elas sejam expressadas, porque nós estamos num ambiente democrático. Mas o trabalho da Comissão de Anistia, nesse aspecto, foi muito tranquilo, porque não foi a Comissão de Anistia que afastou a tese da deserção. Quem afastou a tese da deserção foi a Justiça brasileira, em decisão confirmada pelo Superior Tribunal de Justiça, pelo STJ, transitado em julgado. Nós apenas referendamos uma decisão que o Poder Judiciário já tinha tomado.

A condição de anistiando para Lamarca foi dada pela Comissão dos Mortos e Desaparecidos Políticos, criada pela lei 9.140/95, no governo Fernando Henrique, nos primeiros anos presidida pelo advogado Miguel Realo Jr.. E é o próprio Reali Jr. quem relata as circunstâncias da morte do capitão:

> Consta desse relato que forças militares cercaram e invadiram a Fazenda Buriti, na Bahia, onde Lamarca estava homiziado com mais quatro pessoas. Três foram mortas, mas Lamarca e Jessé se evadiram, passando a ser perseguidos. O relatório assinala não ter o bando expressão militar, pois composto por duas pessoas em fuga na caatinga inóspita, onde o deslocamento exigia grande esforço físico, sem ter os fugitivos sequer alimentos.

> (...)
>
> No encontro da equipe Águia com os dois guerrilheiros, revela o relatório não ter havido troca de tiros. Apenas acordados, os dois buscaram fugir, sendo Jessé ferido e em seguida metralhado ao jogar uma pedra. Lamarca, puxando um saco na mão, caminhou cinco metros e caiu atingido em movimento por vários disparos, como indica o laudo de exame necroscópico, com tiros na mão, na nádega, na clavícula, nos braços e na região do tórax.
>
> Havia, então, nas circunstâncias, pleno domínio da situação pelas forças do Estado, que poderiam facilmente prender os guerrilheiros, em vez de tê-los abatido a tiros. A execução de Lamarca foi, portanto, um julgamento sumário. Agonizante, no instante em que morria, ouviu do comandante a motivação da sentença de morte que lhe fora imposta: "Você é um traidor do Exército Brasileiro".
>
> No âmbito de competência da comissão, cumpria examinar objetivamente se na ação militar houvera ou não abuso dos agentes do Estado. E abuso houve: os guerrilheiros, exangues, sem portar armas nas mãos, surpreendidos dormindo, poderiam ter sido presos pelas forças militares, que detinham absoluto domínio da situação. Por essas razões, reconheceu a comissão a responsabilidade do Estado, em obediência ao espírito da Lei 9.140/95, que reputava haver abuso no uso desnecessário da violência.

Novos critérios e reuniões temáticas

Com a troca de governo e assunção de gente nova na Comissão de Anistia, mudaram-se os critérios com vistas a não "incorrer no erro das indenizações milionárias", como se justificou o novo presidente Paulo Abrão. Entre os novos critérios, deixou de se consultar os sindicatos classistas sobre tabelas salariais para consultar índices de remuneração por categoria profissional publicado no caderno de economia de um jornal, no caso a *Folha de S. Paulo*, contestada por todas as categorias por referendar salários iniciais e estar de acordo com os patrões. Ocorre que a lei diz que o anistiado tem o direito de receber o salário como se na ativa estivesse e respeitando as promoções no tempo decorrido. E há o prejuízo social e moral sofrido. Como mensurá-lo?

Quando se trata de dinheiro, implicando altos salários, sempre há resistência que talvez se explique por frustração, pois os recursos saem do Tesouro Nacional já aprovados por lei. Mas, como disse Lavenère, quando presidente da Comissão de Anistia, "se o salário que a pessoa recebia era alto, o mensal será também alto", é certo, como também é certo que o retroativo será tanto mais alto quanto maior a demora da União em pagar, pois acumula juros e correção monetária.

Em abril de 2008, Paulo Abrão levou a Caravana de Anistia para a sede da ABI, no Rio de Janeiro, para aprovar processos de vinte jornalistas. Provocou críticas as indenizações concedidas a Ziraldo Alves Pinto (R$ 1.002.383,29, em valores da época, como os demais casos) e a Sérgio Jaguaribe, o Jaguar (R$ 1.253.000,24). Ambos os cartunistas editavam o irreverente semanário *O Pasquim*, que com humor atacava o regime autoritário e o moralismo das elites. Ambos foram presos e o jornal dos mais censurados deixou de circular em novembro de 1991. Era a única fonte de renda para toda a equipe do jornal. Como mensurar as perdas e danos pela extinção do jornal? Não foram só danos materiais e patrimoniais, era necessário calcular também os danos morais e de imagem. Diante disso tudo, as indenizações pagas são irrisórias. O ato vale pelo reconhecimento do Estado de que foi responsável pelo arbítrio.

Outro caso polêmico foi a anistia concedida ao poeta, músico e diplomata Vinícius de Moraes (1913-1980), *post mortem*, e indenização a suas três filhas, por danos morais, no valor de R$ 600 mil. Ocorre que Vinicius teve sua carreira interrompida e seus direitos políticos cassados pelo AI-5 em 1969 e a indenização foi calculada com base na remuneração de ministro de primeira classe do Ministério das Relações Exteriores.

O julgamento de pacotes assemelhados e por tema, embora desagradasse alguns, foi bem recebido por outros principalmente pelo aspecto de desburocratização, que imprimiu mais agilidade aos processos. É o caso dos jornalistas mencionados.

Na semana seguinte, foi realizada nova sessão temática, desta vez para ouvir trabalhadores que participaram das greves nas fábricas da General Motors (GM) de São José dos Campos e de São Caetano do Sul, e das greves dos bancários, também em São Paulo, nos anos 1980. No caso da GM, 90 trabalhadores foram demitidos em 1985: "Após a paralisação, passamos a viver um pesadelo. Famílias foram desestruturadas", afirmou o ex-presidente do sindicato da categoria Antônio Ferreira.

Já foram realizadas sessões com petroquímicos de Camaçari (BA), trabalhadores do e servidores da CSN, Cosipa, Belgo Mineira, Açominas e Usiminas.

Simbologia do ato

Ao ser criada a Comissão de Anistia, foi também estabelecido um ritual. Os assessores analisam, os conselheiros dão pareceres e julgam. Deferido o processo, estando presente o requerente ou seu representante, o presidente da comissão, em nome do Estado, pede desculpas ao anistiado pelos incômodos que lhe causou em vida. A partir de 2007, sendo o advogado e professor Paulo Abrão presidente da comissão, estendeu essa simbologia às Caravanas de Anistia, por ele instituídas. O presidente e alguns membros do conselho, viajavam para uma capital de estado, ou cidade onde houvesse grupos de processos já deferidos, e proclamava publicamente o pedido de perdão da União ao anistiado. Segundo informe da comissão,

> ao todo, foram realizadas mais de 90 Caravanas da Anistia, mais de 65 mil petições de anistia foram analisadas pela Comissão e restam muitas outras ainda aguardando análise e parecer.
>
> Os principais projetos implantados de 2007 a 2010 foram as Caravanas da Anistia, o projeto Marcas da Memória e o Memorial da Anistia do Brasil – centro de pesquisa e documentação – em construção na cidade de Belo Horizonte.

Em janeiro de 2011, Paulo Abrão assumiu o posto de Secretário Nacional de Justiça, o 2º na hierarquia do Ministério da Justiça, cargo que exerceu até 2015 sem deixar a direção da Comissão de Anistia. Em março de 2015 assumiu a secretaria executiva do Instituto de Políticas Públicas em Direitos Humanos (IPPDH) do Mercosul, com sede em Buenos Aires, que dispõe de importante acervo sobre a Operação Condor. Deixou o IPPDH para assumir, em agosto de 2016, a posição de secretario executivo da Comissão Interamericana de Direitos Humanos (CIDH), órgão da Organização de Estados Americanos (OEA), onde os mandatos são de quatro anos. Em 2012, ao receber o título de doutor honoris causa na Faculdade Cesusc, de Florianópolis discurssou:

> A verdadeira anistia precisa promover quatro movimentos: a memória, para que a tragédia não se repita; a reforma do sistema democrático, para acabar com resquícios da ditadura nas instituições; a justiça, para garantir que não haja impunidade; e a reparação, para amenizar a dor dos que sofreram com o regime.

Nesse sentido, ele finalizou com um apelo à nova geração: "Eu acredito que a tarefa histórica dos jovens nessa nova era será o de aprofundar a conquista democrática conquistada por aqueles jovens da época da oposição ao Governo Militar".

Com o passar do tempo, após Paulo Abrão ter assumido a secretaria executiva da Comissão Interamericana de Direitos Humanos, e seguidas crises políticas, as questões da anistia vem progressivamente perdendo importância para a administração federal.

Para muitos, depois de tanto tempo de amarga espera por uma reparação, esse ato tinha mais importância que o valor da indenização ou mensalidade outorgadas, sempre calculadas por baixo e quase irrisórias.

Todas as mazelas já descritas e as contidas até o final deste livro só se agravaram. Tal os desmandos dos membros da Comissão de Anistia e demais órgãos da administração envolvidos, que anistiandos e advogados estão preferindo que não sejam julgados seus processos. Foi nesse clima que, no governo de Michel Temer, a Comissão de Anistia abandonou a prática do ritual do pedido de perdão. Sem dúvida uma prova da insensibilidade dos membros da comissão e maus presságios para o futuro. Oxalá se imponha o bom senso. O certo é que, anistiandos e anistiados e, fundamentalmente as organizações que como a ABAP representam tanto os que requerem como os já anistiados, tem que redobrar esforços em defesa da lei.

Comissão Interministerial trava processos

Em outubro de 2003, os impasses em torno da aplicação da Lei 10.559/02, agora ampliados com a intromissão de uma Comissão Interministerial, fez com que a ABAP enviasse ofício aos membros dessa comissão. A questão é quase sempre dinheiro e, a bem da verdade, falta de informação e/ou disposição das autoridades sobre os alcances da Lei de Anistia e diante dos problemas suscitados em cada processo.

A União estima em R$ 4,7 bilhões o custo total da Anistia. Para a ABAP esse valor está superdimensionado, porque incluiu processos que não têm direito a indenização. Neste caso, estão mais de 18 mil vereadores que só pleiteiam direito a contagem de tempo para aposentadoria; outros milhares de processos que vieram do Ministério do Trabalho ou do INSS (antes da lei de 2002), incluídos como novos, quando se trata de já julgados; mais de 6.000 militares cujos processos foram devolvidos por ausência de direito; e outros 1.600 processos indeferidos, ou seja, uns 7.500 processos, mais de 50% do que foi protocolado até o momento.

Carlos Fernandes pondera: "É alto o valor das indenizações? Sim. Não têm, entretanto, relação direta com o valor individual dos benefícios a serem pagos, porém, com o tempo em que está sedo procrastinada a aplicação do direito e seu pagamento." (...) "Quanto gastou a ditadura militar para promover todos os crimes que cometeu contra nosso povo?" Feita a pergunta, ele lembra que Fernando Henrique Cardoso, quando autorizou a formação da comissão que prepararia o texto da Medida Provisória que regulamentasse o Art. 8° do ADCT, afirmou que "desejava elidir a possibilidade de novas ações judiciais contra o governo" e, ao término de seu mandato, recebeu consagradora menção da ONU pela Lei 10.559/02. Após o que, repergunta: "Quanto custaria agora ao governo atual, sua postura contrária aos direitos adquiridos dos anistiados?" O ofício, datado de 13 de outubro de 2003, está dirigido ao Advogado Geral da União, ministros da Defesa, da Fazenda, do Planejamento, Orçamento e Gestão, secretário especial dos Direitos Humanos da Presidência da República.

Regimes de Previdência

A União instituiu três regimes de previdência de caráter distintivo, sendo um para celetistas, ou seja, com carteira de trabalho assinada, outro para funcionários públicos, ambas obrigatórias, e uma terceira, complementar e facultativa, para quem deseja ter uma aposentadoria mais bem remunerada.

> RGPS – Regime Geral da Previdência Social, operado pelo INSS, contribuição obrigatória para trabalhadores no regime da CLT – carteira assinada.
>
> RPPS - Regime Próprio de Previdência Social, para servidores públicos efetivados, operado por Institutos ou Fundos de Previdência de filiação obrigatória.
>
> RPC – Regime de Previdência Complementar, entidades fechadas ou abertas de previdência complementar, filiação facultativa, complementa a renda da previdência oficial.

Vale reiterar que as entidades fechadas de previdência complementar são sujeitas ao regime jurídico próprio das entidades privadas, não tendo nada a ver com órgãos da administração federal, como determina o Art. 202 da Constituição de 1988 acrescido da Emenda Constitucional Nº 20 do mesmo ano.

Ocorre que órgãos do governo e membros da própria Comissão de Anistia entenderem, erroneamente, descontar da remuneração do anistiado os valores que recebem como aposentado do INSS ou de previdência privada. Essa questão também gerou controvérsias, o que levou a ABAP a realizar um estudo que foi enviado ao governo para dirimir as dúvidas e esclarecer os procedimentos de acordo com a legislação. A ABAP também tomou as providências necessárias junto aos órgãos responsáveis, Previ e INSS, orientando seus associados para que exerçam seu direito de voltar a receber do INSS a aposentadoria por tempo de serviço.

Anistia se soma à aposentadoria

No entendimento do que determina a Lei 10.559/02 referente à mudança de Regime das Aposentadorias Excepcionais de Anistiados para a de Prestação Mensal, Permanente e Continuada, a cargo do Ministério do Planejamento, e à revogação do Art. 150 da Lei 8.213, os anistiados passam a ter direito à contagem de tempo e a receber, do INSS, a Aposentadoria Espécie 42, ou seja, aposentadoria por tempo de contribuição. Parece um absurdo, não é? Feitos os esclarecimentos sobre como funcionam os mecanismos legais, os anistiados voltaram a receber a remuneração de anistiado e a outra, geralmente muito pequena, do INSS. Porque é ilegal o desconto? Muito simples.

A remuneração do anistiado é de caráter indenizatório, a cargo do Tesouro Nacional. Já os regimes da previdência são de caráter contributivo, ou seja, o trabalhador tem descontado a vida inteira de seu salário a contribuição previdenciária, em torno de 8%, e outra parcela é recolhida pela empresa. Ou seja, o ônus da aposentadoria não é do Tesouro, o dinheiro deveria estar lá, para garantir uma velhice digna. Também a previdência complementar, privada, é de caráter contributivo. O que diz a ABAP:

> Descontar da pensão por anistia qualquer valor de aposentadoria contributiva é injusto e absolutamente contrário à lei. Além disso, o INSS reconhece o direito dos anistiados, na forma das Leis 8.213/91 e 10.559/02, a continuarem a receber a aposentadoria pela qual contribuíram, independente do valor que recebiam como Aposentadoria Excepcional de Anistiado (Lei. 8.213), ou do valor que passarem a receber pelo novo regime da Lei de Anistia de 2002.

Mas o governo dos financistas resolveu tungar o trabalhador até na sua aposentadoria. O fato é que quem contribuiu, por exemplo, para ter uma remuneração de três salários mínimos recebe apenas um.

Foi Fernando Henrique Cardoso quem instituiu, através da Lei 9.876/99, o fator previdenciário, uma fórmula matemática criada com a finalidade de reduzir o valor dos benefícios previdenciários[1] no momento de sua concessão, de maneira inversamente proporcional à idade de aposentadoria do segurado. Quanto menor a idade no momento da aposentadoria, maior o redutor e, consequentemente, menor o valor da aposentadoria a receber. Outra maneira utilizada para burlar os aposentados e o povo foi manter o salário mínimo nos níveis mais baixos do mundo, sem sequer acompanhar a inflação. Como as pensões e aposentadorias são proporcionais ao salário mínimo, o aposentado nunca recebe o que deveria receber para uma vida digna. Tabela publicada pela *Folha de S.Paulo* em 15/1/2014 mostra o quanto o sistema Previdenciário é injusto e reforça as diferenças sociais. São valores

1 Fonte: http://www.guiatrabalhista.com.br/tematicas/fator_previdenc.htm

médios que recebem como aposentados. Como os que estão no poder são os que decidem o quanto vão ganhar....

Trabalhador rural	R$ 680
Trabalhador urbano	R$ 1.240
Poder Executivo (civis)	R$ 6.558
Poder Executivo (militares)	R$ 7.741
Poder Judiciário	R$ 16.726
Ministério Público	R$ 19.234
Poder Legislativo	R$ 25.225

Outra pesquisa, esta feita pelo *O Globo* (19/2/2019), indica que 110 mil filhas de militares custam à União nada menos que R$ 5 bilhões anuais.

Anistiados esquecem dos favores do Estado

É, Fernando Henrique Cardoso e Luiz Inácio Lula da Silva, por terem, cada um a seu modo e em seu momento, se oposto à ditadura e sido punidos, "são beneficiários da lei, estando ambos de posse de suas pensões como anistiados. Era de se supor que, pelo menos por identificação e compromisso, tivessem o sentido de prioridade que o tema exige." O texto entre aspas, é de Dora Kramer, em sua coluna no jornal *O Estado de S. Paulo*:

> Na hora de aprovar o ressarcimento aos anistiados, todo mundo aplaudiu, na hora de pagar, porém, a história muda de figura e até hoje 20 mil pessoas estão à espera do ressarcimento prometido. Três mil delas já passaram por todos os trâmites e tiveram seus pedidos aprovados, estando apenas no aguardo da liberação do dinheiro.

Esse comentário é de 13 de outubro de 2003 e descreve uma situação que permanece até os dias de hoje. Parece incrível, mas a verdade é que a ABAP, em parceria com as demais associações de anistiados, não pôde, não pode e nem poderá baixar a guarda por um minuto. Em todos os governos, o que se viu foi um responsável empurrar o problema para outro, ministro da Justiça empurrando para o Planejamento, este para Defesa. Desconhecimento das leis, protelação e inclusive chantagem com os anistiados, oferecendo liberar logo o recurso devido se aceitassem redução de até 50 por cento do valor. Diante disso, Dora Kramer acerta no alvo quando conclui que "só é difícil entender qual a razão de tanto estudo se a questão é simplesmente cumprir a lei."

Os que se opõem recebem aposentadorias milionárias

Pois não é que foi preciso assumir um governo ilegítimo, conformado por contumazes adversários dos movimentos de esquerda e, mais ainda, dos que lutaram contra a ditadura, para voltar a prática ilegal de o indivíduo ter duas fontes pagadoras da União? O mais incrível é que Michel Temer, o professor de Direito que usurpou a Presidência da República, e é, portanto, conivente com essa prática, recebe três régias aposentadorias. O mesmo ocorre com o ex-presidente Fernando Henrique Cardoso. Temer se aposentou aos 55 anos e recebe R$ 43 mil brutos, algo como mais de R$ 22 mil líquidos. A isso se soma o que recebe como ex-deputado e como expresidente que tem direito a todas as mordomias como se presidente fosse Sarney, que álias tem três aposentadorias e recebe algo como R$ 73 mil. FHC e supremos ministros *idem*.

Também é motivo de críticas e controvérsias a intenção de alguns órgãos públicos de descontar contribuição à previdência da remuneração do anistiado, comum no holerite de qualquer empregado, mas ilegal na condição de anistiado. Carta da ABAP, dirigida ao presidente da comissão e a cada um dos conselheiros, cita a legislação para não deixar dúvida sobre o tema:

> O inciso II do Artigo 1° da Lei 10.559/02 é nítido, dispensando qualquer interpretação quando concede "reparação econômica, de caráter indenizatório" (...) "assegurada a promoção na inatividade". O Artigo 6° indica como alcançar-se o valor a ser concedido como prestação mensal e, em caso de ser necessário, determina em seu parágrafo 4° que o valor paradigmático deve ser estabelecido com base na "situação funcional de maior frequência constatada entre os pares ou colegas contemporâneos ao anistiado".
>
> (...)
>
> Para maior clareza, repetimos: o valor assim obtido é indenizatório, nada tendo a ver com qualquer outro benefício obtido pelo anistiado. Indenizatório, ou seja, compensador, reparador dos prejuízos sofridos

pelos que foram perseguidos por razões políticas. Não se trata esta verba de complemento aos proventos que o anistiado porventura receba por força do RGPS ou de Fundos Privados de Previdência ou, mesmo, de natureza contributiva de outras fontes.

Não é outra a razão pela qual o Artigo 9º da lei em foco afirma:

"Os valores pagos por anistia não poderão ser objeto de contribuição ao INSS, a caixas de assistência ou fundos de pensão ou previdência, nem objeto de ressarcimento por estes de suas responsabilidades estatutárias".

E no parágrafo único deste artigo, considerada a natureza indenizatória, são isentos de Imposto de Renda.

Repercussão negativa

O processo de concessão de anistia começou confuso, sem um interlocutor único, já que o cidadão tinha que requerer ao Ministério da Previdência o que se chamava Aposentadoria Excepcional de Anistiado. O Ministério do Trabalho tinha que validar os documentos. Os militares tinham que reivindicar em suas corporações, até que se criou o Ministério da Defesa.

A essas dificuldades, digamos objetivas, foram acrescentados danos subjetivos, com repercussão negativa na mídia favorecendo os que se opunham à anistia. De fato, estava havendo favorecimentos indevidos. O Ministério da Previdência, no governo de Itamar Franco, andou distribuindo pensões de R$ 5 a R$ 10 mil a membros da Associação Brasileira de Imprensa, inclusive seu presidente, o vetusto Barbosa Lima Sobrinho. Outros jornalistas, apesar de terem sido punidos pela ditadura, tiveram seus pedidos de anistia indeferidos por não conseguirem reunir documentação requerida. Pouco depois, já em vigor a Lei 10.599/02, e com a Comissão de Anistia já funcionando, sob a presidência de Lavenère, houve outra agitação midiática provocada pela reparação concedida ao jornalista Carlos Heitor Cony.

Idoso (78 anos) e bastante enfermo, a Comissão reconheceu que se não tivessem interrompido sua carreira, ocuparia o mais alto cargo, ou seja, de diretor de redação, e outorgou-lhe o salário correspondente a essa função, na época em torno de R$ 15 mil. Reajustados, passaria a receber R$ 23 mil, porém, limitados a R$ 19 mil, teto salarial da União na época. Questionado por repórteres da revista semanal *Carta Capital* sobre as altas remunerações concedidas, Marcelo Lavenère, presidente da Comissão, no caso específico de Cony, justificou:

> Se à época ele ganhava 20 vezes mais do que um trabalhador braçal, possivelmente irá receber muito mais do que um pedreiro ou um agricultor que também tenha sido prejudicado. A lei não me dá outro critério. Quem ganhava mais recebe mais, quem ganhava menos recebe menos.

"Entre ex-militantes e familiares de mortos e desaparecidos, a questão não é tratada com tanta doçura...", contestou Suzana Lisbôa, na época integrante da Comissão Especial dos Mortos e Desaparecidos, viúva de Luiz Eurico Tejera Lisbôa, da ALN, cujos restos mortais foram encontrados em 1980, também ouvida pela reportagem. Claro que houve inconformidades muito bem aproveitadas pelos meios em busca de oportunidades para transformar fatos em escândalos, porém familiares de militantes, ainda sofrendo sequelas das torturas e na fila de espera que parecia infinita, para receber uma reparação, em alguns casos, dez vezes inferior à de Cony, externaram protesto ao que consideravam uma injustiça.

Teto salarial equivalente ao da União

Diante de controvérsias em torno aos critérios para fixar as remunerações continuadas, principalmente com relação às mais altas, a Comissão adotou a norma vigente na administração federal, segundo a qual ninguém pode ganhar mais que o ministro presidente do Supremo Tribunal Federal.

Como a lei determina ao anistiado se reconhece como se tivesse permanecido no emprego e sujeito às promoções de praxe. Com isso, outro critério adotado foi o de reajuste seguindo as convenções coletivas de cada categoria profissional.

No caso de indenização por prestação única, em respeito à isonomia, também foi estabelecido um limite, na época (2002), de R$ 100 mil. Apesar de transcorridos mais de duas décadas, esse valor permanece o mesmo, desconsiderando a inflação do período e os reajustes do salário mínimo.

CONSCIÊNCIA TRANQUILA DE QUEM REALIZOU UM SONHO: *DEPOIMENTO DE SAULO GOMES*

Em outubro de 2003 nos tornamos sócios da ABAP quando fomos apresentados por Guido Afonso Duque de Norie, nosso companheiro de cadeia no DOPS do Rio de Janeiro, famoso prédio da rua da Relação, nº 40. Bem antes disso, já mantínhamos contato em São Paulo com Carlos Fernandes, que travava uma luta constante pela anistia e nos orientou sobre como iniciar o processo para requerer a anistia. Gravamos várias entrevistas com ele. Relatou como se iniciou na política através da militância sindical e como, junto com outros companheiros sindicalistas, foram perseguidos, presos e tiveram seus direitos políticos cassados, não podendo mais exercer atividade sindical.

Carlos Fernandes falou de sua primeira "tribuna", um balcão da agência do Banco do Brasil, em Brasília, em que exortou a categoria a organizar-se e manter-se unida para vencer o arrocho salarial que afetava a todos, indistintamente. Falou também dos avanços, dos recuos, da perseguição, das traições de alguns companheiros e da coragem e crença da maioria. Contou como o sonho de poder lutar para que todos os presos e perseguidos políticos fossem reconhecidos virou realidade, através da Associação Brasileira de Anistiados Políticos – ABAP. Detalhou o que foi a luta nos bastidores do Congresso para o convencimento dos parlamentares e relatou os primeiros contatos com o presidente Fernando Henrique Cardoso, intermediados por um grande aliado, o ministro José Gregori. Me deu detalhes de como foi a "gestação" da lei 10559/02, e que está explicita nos vários capítulos deste livro. Carlos Fernandes denunciou os que remaram contra a criação da lei e enalteceu os apoiadores. Detalhes dessa sua história está muito bem contada na transcrição dos documentos guardados nos arquivos da ABAP e muito bem analisados por um "ABAPeano" do início da formação da ABAP, jornalista de boa "cepa", Paulo Cannabrava Filho. Carlos Fernandes administrou a ABAP até 2010, quando faleceu. Deixou grandes conquistas em favor dos anistiados, pois não deixava uma só linha produzida pelas autoridades no processo que culminou com a Lei da Anistia sem exame crítico minucioso, quase tudo, pelo acerto, incorporado pelos governos.

Carlos tinha em sua retaguarda uma companheira ABAPeana, fiel, amiga, competente e seguidora, a quem havia passado o bastão nessa corrida de fundo, de muitos metros de história: Alexandria Christensen. Eleita e reeleita, incansável e indomável, presidiu a ABAP até sua morte. Alexandrina, na sua atuação na comissão de anistia, se destacou pelas posições firmes, pelo conhecimento pleno das causas e valentia na defesa dos anistiandos, a maioria gente simples, idosa e de parcos recursos sem ter a quem recorrer. Sou testemunha disso, pois ela bravamente me defendeu, no julgamento do processo que me concedeu a Anistia e o pedido formal de desculpas pelo Estado. A ela nossa gratidão. Após o falecimento de Carlos Fernandes, grave doença atingiu nossa Alexandrina. Foram muitas internações, cirurgias e demonstração de bravura e amor à causa, que a obrigaram nos intervalos do tratamento a se deslocar para Brasília e assumir a tribuna em defesa das vítimas da repressão iniciada pela ditadura em 1964. Quanta bravura e superação naqueles momentos, em especial, na defesa do processo da Embraer. Alexandrina lutou, sofreu, sempre sonhando com a justiça, e esse "combustível" a manteve até os últimos dias de sua gloriosa vida, em dezembro de 2013.

Exatamente nesse momento, foi quando estatutariamente assumimos a presidência da ABAP para prosseguir na defesa dos deserdados, oprimidos e órfãos da ditadura de 1964 a 1987. Quanta responsabilidade para prosseguirmos nessa corrida. Conseguimos, graças ao apoio de companheiros como Antonio Diniz, Clélia Hunke, Paulo Cannabrava Filho e outros, dedicados parceiros dessa empreitada, que continua sendo cumprida por termos uma equipe de funcionários capazes e dedicados, como a veterana Mirnalena Neves e as funcionárias Betânia e Leila, sem as quais seria difícil um atendimento de qualidade aos nossos companheiros associados. Queremos também destacar a lealdade dos conselheiros, sem a qual essa corrida não chegaria ao final.

Não fizemos milagres. Com a ajuda de todos pudemos seguir a obra de Carlos e Alexandrina dentro dos princípios de trabalho, dedicação e amor à causa da liberdade, da justiça e da reparação.

Destacamos algumas das conquistas em favor dos presos políticos e cassados pela ditadura que tiveram da ABAP o respeito e o empenho em suas defesas, principalmente após a troca de governo com o impedimento da presidenta Dilma Rousseff, com o acréscimo de elementos contrários ao processo de anistia. Trabalho redobrado da ABAP para fazer valer a legislação vigente. Em carta datada de junho de 2017, ao ministro da Justiça e Segurança Publica, Torquato Jardim, a ABAP explicitava essa dificuldade assinalando existir anistiados cujos processos foram julgados em agosto de 2016 e até o momento não haviam sido pagos.

> Já passaram três ministros, por esse relevante ministério, mas devido ao cenário político que se encontra o país, nenhum dos ocupantes do cargo se dispuseram a assinar essas mais de 500 (quinhentas) portarias, causando enorme prejuízo aos já tão sofridos anistiados políticos.

De fato, a cada troca de ministro, novas paralisações na Comissão de Anistia. E isso vinha de longe. No início de novembro de 2016, com a posse de Almino Afonso no comando da Comissão de Anistia, nos animamos com saudáveis expectativas. Tendo seus direitos políticos cassados imediatamente após o golpe que instaurou a ditadura em 1964, e seu passado como gestor, seja como ministro do Trabalho, ou como secretário de estado da integração regional, esperávamos sensível melhora na gestão da Anistia. Na ocasião informamos sobre os principais problemas a serem superados em favor dos anistiados, fomos bem acolhidos, porém Almino Afonso, com a saúde debilitada e sem apoio dos demais membros da Administração Pública para tocar o barco, desistiu.

Com data de 9 de janeiro de 2018, em nome da ABAP, da Associação Democrática dos Metalúrgicos Aposentados, Anistiados e Pensionistas de São José dos Campos (ADMAP), do Sindicatos dos Metalúrgicos de São José dos Campos, ambos representados por Getúlio Antônio Guedes de Souza, e da Associação dos Metalúrgicos Anistiados e Anistiandos do ABC Paulista, representada por Ana Lúcia Marchiori, solicitamos audiência ao novo presidente da Comissão de Anistia, Paulo Henrique Kuhn, para comunicar que nada estava funcionando em favor dos anistiados.

No âmbito das relações institucionais, fomos convidados pela Comissão Nacional da Verdade a integrar o Grupo de Trabalho “Ditadura e

Repressão aos Trabalhadores e ao Movimento Sindical", que tem por objetivo contar a verdadeira história da perseguição sofrida pelos trabalhadores durante a ditadura militar.

Participamos igualmente da Ceanisti – comissão criada para acompanhar a aplicação das Leis de Anistia, praticamente sem atividades, sufocada, esteve quase inoperante. Integramos a Comissão da Verdade de Ribeirão Preto, ocasião em que tivemos o primeiro encontro com familiares da madre Maurina e recolhemos depoimentos e documentos para a elaboração do livro *Coragem da Inocência*, que relata o martírio da freira nos cárceres da Operação Bandeirantes, livro prefaciado pelo então presidente da Comissão de Anistia, Paulo Abrão. Obra lançada em dezembro de 2014 e patrocinada pela ABAP.

Em novembro de 2014, participamos do Encontro Internacional – Diálogos e Formas de Intervenções no Campo da Violência, promovido pela Comissão de Anistia transcorrida no Memorial dos Direitos Humanos do Mercosul, em Porto Alegre, Rio Grande do Sul. Em 11 de dezembro participamos da Audiência/Reunião Pública de prestação de contas dos trabalhos realizados pela Comissão de Anistia durante 2014, organizada pelo Ministério da Justiça no Hotel Nacional de Brasília. Em 26 de fevereiro de 2016 *Diário Oficial da União* publica portaria em que oficializa nossa participação no Comitê de Acompanhamento da Sociedade Civil, criado para acompanhar os trabalhos da administração federal relacionados com a anistia.

Destacamos a atuação da Alexandrina no caso da Embraer, e a compreensão dos juízes de nossos tribunais superiores, em especial do Supremo Tribunal Federal, onde obtivemos expressiva vitória, graças ao talento e empenho do nobre Advogado Marcelo Torreão. Pelo que me cabe registrar neste livro-documento, que conta um pouco da gloriosa história da ABAP, o sonho e realidade de Carlos Fernandes. Ao entrarmos como *amicus curie* no julgamento de um processo que exigia o cumprimento da Lei pelo Executivo, a sentença lavrada pela mais alta corte teve efeito de repercussão geral e beneficiou a todos os que tinham processos travados no judiciário. Hoje, sentimos que somos respeitados pelas mais diversas entidades relacionadas com os direitos humanos, particularmente aquelas de defesa de ex-presos e perseguidos políticos pelo trabalho realizado pela ABAP, o que nos proporciona satisfação do dever cumprido. Também recebemos críticas, como é natural, de nossos companheiros e de outras entidades, mas isso é inerente ao ser humano. Não somos perfeitos, mas trabalhamos com boas intenções, sempre procurando acertar.

Conseguimos fazer da ABAP – uma das pioneiras associações em favor dos anistiados políticos – uma associação reconhecida e respeitada tanto no âmbito do judiciário ou da administração federal, como vanguarda entre aqueles que lutam pela justiça de transição.

Ao passarmos este ano (2019) o bastão para a Dr[a] Clélia Hunke, o companheiro Antonio Diniz e outros colaboradores, vamos para a "arquibancada" torcer para que ao final dessa corrida pela liberdade das vítimas da ditadura possa hastear, no ponto mais alto do pódio, a bandeira da ABAP e da Justiça.

7: As entidades de classe se mobilizam

Sobre o conceito de Anistia

Essa é talvez a mais complexa das questões relacionadas com a justiça de transição e anistia. A começar com o significado e conteúdo das palavras. Palavras que, desde os tempos bíblicos, são utilizadas como armas, palavras que produzem e fazem guerras. Anistia, em grego é esquecimento. Os militares pretendiam, com a anistia de 1979, voltada inicial e unicamente à servidores públicos (civis e militares) e depois ampliada aos vis mortais civis, passar uma borracha que apagasse o que lhes convém da história. Anistia é esquecimento: vamos, portanto, esquecer tudo. Um absurdo inaceitável. Como uma mãe vai esquecer um filho morto sob tormento? Como uma mãe vai deixar de procurar um filho que lhe foi roubado? Anistia não pode ser esquecimento.

Com a vigência institucionalizada dos Direitos Humanos, mundialmente consagrados, o conceito de anistia se amplia para significar a busca de harmonia entre partes contundentes. No caso em foco, o Estado em sua permanente guerra contra o povo ou o Estado em confronto com a sociedade civil.

A Anistia se impõe como utopia, parte dos Direitos Humanos, entendida como "a necessária e impossível reivindicação da lei à justiça." É aí que a coisa pega do lado dos militares. Tese de pós-graduação de David Barbosa de Oliveira, autor da frase entre aspas, mostra o comportamento dual dos militares com relação à anistia. De um lado, aqueles que foram punidos por não concordarem com a violação da Constituição no golpe de 1964, ou outras motivações de caráter político-ideológico; de outro, aqueles que querem restringir os direitos dos anistiados, e mais, acrescentaríamos, que querem mudar a própria história, passando por salvadores da pátria quando na realidade combateram o próprio povo e abdicaram da soberania.

Advogado de sindicatos antes de ingressar no magistério, integrante da Rede Nacional de Advogados Populares (Renap), o autor lembra que

> A doutrina de segurança nacional tinha como princípios "o ocidente como ideal, a ciência como instrumento de ação e o cristianismo como paradigma ético".[1] Essa política compreendia, no período da guerra fria, impedir a expansão do comunismo pelos países centrais e sufocar os movimentos de revolução proletária nos Estados periféricos, reproduzindo, no Brasil, o conflito bipolar da guerra fria entre os Estados Unidos e a União Soviética.
>
> Entretanto, os inimigos, no embate terceiro-mundista, não eram claramente identificados, daí os militares chamarem de comunistas todos aqueles que se insurgissem contra o seu modelo político-ideológico (estudantes, jornalistas, operários, padres dominicanos etc.). Assim, a doutrina da segurança nacional forneceu o suporte ideológico e estratégico na formação, pela Escola Superior de Guerra, de um oficialato moldado ao pensamento liberal capitalista e pronto a suprimir qualquer doutrina contrária a essa.

Veja que na justificativa dos atos institucionais da ditadura civil-militar diziam

> cumprir a missão de restaurar no Brasil a ordem econômica e financeira e tomar as urgentes medidas destinadas a drenar o bolsão comunista, cuja purulência já se havia infiltrado não só na cúpula do governo como nas suas dependências administrativas.[2]

O que impõe a ideologia e o próprio conceito, conceito da palavra, dizia o sábio Gramsci, é a hegemonia de turno. Isso serve de advertência. Os ditadores do período 1964-1980, repressivo e regressivo, eliminaram dos currículos escolares disciplinas como filosofia e sociologia, precisamente aquelas com possibilidade de desenvolver um juízo crítico. Não é,

1 Fonte:https://repositorio.ufpe.br/bitstream/123456789/17385/1/TESE%20David%20Barbosa%20de%20Oliveira.pdf

2 http://www.planalto.gov.br/ccivil_03/AIT/ait-01-64.htm.

portanto, por mera coincidência, que os ditadores de hoje abominam tais disciplinas, demonizem Paulo Freire e pretendem até mesmo acabar com a escola presencial.

Luta para garantir o Direito Adquirido

É impressionante como todos os governos após instalação da Nova República, derivada da Constituição de 1988, fizeram esforços para prejudicar aqueles com direito a ouvir o perdão do Estado pelos danos causados em suas carreiras, em suas vidas inteiras. Em 1º de janeiro de 2003, o operário filho de migrantes nordestinos, oriundo das lutas sindicais dos anos 1970 e 1980, Luiz Inácio Lula da Silva, assume a Presidência da República. O novo governo enche de esperança os trabalhadores em busca de justiça. Em junho de 2003, preocupado com os tropeços nos trabalhos da Comissão de Anistia do Ministério da Justiça, o presidente da ABAP, Carlos Fernandes, encaminhou carta ao presidente da República e ao ministro da Justiça, denunciando o não cumprimento da lei, principalmente quanto aos valores das indenizações. Para a ABAP, é inadmissível que a União queira negociar redução de até 60% nos valores indenizatórios devidos aos anistiados. A carta conta com clareza a trajetória dos anistiandos e anistiados, juntamente com os governos de turno para chegar aonde chegamos, com a promulgação da Lei da Anistia (Lei 10.559/02). É um pouco longa, mas como a história da Anistia está para ser contada, vale a pena reproduzir partes atinentes:

> Brasília, 20 de junho de 2003.
>
> Sr. Presidente, Sr. Ministro,
>
> A Anistia é instituto jurídico que enobrece, desde o berço de nossa civilização, todos os governos que a promoveram, pacificando cidadãos, corrigindo crimes do Estado e curando, ou amenizando, sequelas de toda ordem. O governo de seu antecessor, presidente Fernando Henrique Cardoso, recebeu da ONU menção honrosa de caráter internacional em Direitos Humanos, pela edição da Lei 10.559/02.
>
> (...)
>
> Esta ABAP esteve presente, desde sua fundação, em todos os acontecimentos que foram coroados com a assinatura, em palácio, da referida

Lei de Anistia e pode relatar-lhes alguns fatos importantes que, se bem considerados, servirão por certo a uma correta decisão sobre os problemas enfrentados atualmente na aplicação do referido diploma legal.

Desde outubro de 1995 reclamamos de Fernando Henrique Cardoso (FHC) que nos ouvisse para esclarecermos o que ocorria. Entretanto, somente se abriu a porta de seu gabinete quatro anos depois, em agosto de 1999. Na oportunidade afirmamos ao presidente, relatando os fatos, que a atitude de seu governo face a questão denegria a sua imagem, exilado e anistiado que fora. Imediatamente, percebendo o erro em que laborava, Fernando Henrique autorizou Aloysio Nunes a organizar a comissão que iniciou os trabalhos no sentido de preparar as Medidas Provisórias que antecederam a Lei 10.559/02.

Chegáramos a uma vitória expressiva em Direitos Humanos, obtendo um texto da melhor qualidade, que não diríamos perfeito, mas capaz de, finalmente, após quatro décadas do Golpe Militar, promover justiça. A dolorida trajetória da anistia teria, entretanto, que enfrentar novo desafio. Assim foi que a voracidade de uns poucos, extrapolando a lei, alcançou em tempo recorde, pareceres que, estranhamente como em 1994/95, indicavam favorecimento doloso e valores indenizatórios absolutamente injustificáveis, ao arrepio da Lei 10.559/02. Surgiu o escândalo, que revoltou inclusive, justamente, Vossas Excelências.

A partir deste momento estabeleceu-se a confusão e o desequilíbrio nas opiniões de quantos estão envolvidos, no governo, ou entre os anistiados e anistiandos, nos processos em tramitação no Ministério da Justiça.

Promoveu-se ajustes, critérios, entendimentos, tudo com o propósito de adequar a lei e sua aplicação à realidade nacional. Maravilhoso! Repensar nossas atitudes, democraticamente, é demonstração de maturidade política e social. Consta, porém, que há a intenção de promover acordo com os anistiados, diminuindo em 60% os valores indenizatórios e escalonando os pagamentos, e consta, também, que aqueles que não aceitarem o "acordo" serão convidados a apelar para ações judiciais.

Não podemos admitir que Vossas Excelências queiram enodoar suas brilhantes histórias de vida. A decisão que se anuncia está devidamente qualificada no Código Penal. Os que reclamam Justiça são velhos, doentes e ou desamparados. Levar os processos incorretamente julgados a um ajuste é louvável. Punir os demais é merecedor do nosso mais veemente protesto.

Não acreditamos que seja decisão de Vossas Excelências cometer os abusos que se anunciam.

Parcelar pagamentos é viável e justo a todo devedor que não possui recursos. Exercer coação e fugir a compromisso assumido por texto legal é ferir o Direito Adquirido e lesar aqueles que sofreram e lutaram para que o governo de Vossas Excelências estivesse hoje no poder.

Apelamos, pois, a vosso indiscutível senso de justiça, para que admoestem os encarregados de equacionar a questão, que se limitem, na decisão, aos parâmetros da lei.

A denúncia da ABAP foi enviada também aos meios de comunicação e teve ampla repercussão. Nota firmada pelo jornalista Henrique Cordeiro Filho, publicada no *Jornal do Brasil*, em 13 de agosto de 2003, critica a intenção do presidente da Comissão de Anistia, Marcelo Ravenère, de reduzir em 60% e parcelar os valores devidos aos anistiados. Do artigo selecionamos:

> A reparação, segundo sua própria natureza – e aí concordam juristas e linguistas – deve ser proporcional ao prejuízo. Trata-se de direito, e não de favor ou ato de caridade. O Congresso, por intermédio da Lei 10.559, regulamentando dispositivo constitucional, sancionada pelo presidente da República, estabeleceu claramente os critérios para a fixação dos montantes das indenizações. Cabe à comissão que julga os pedidos de reparação decidir de acordo com a lei, e ao seu presidente providenciar para que essas decisões sejam cumpridas. Em quase seis meses de funcionamento com os atuais membros, menos de 300 processos foram julgados, dos quais um número bem menor chegou à fase final, recebendo assinatura do ministro da Justiça para produzir efeitos legais. São mais de 20 mil processos à espera de julgamento. Nesse ritmo, levarão mais de 30 anos para serem apreciados.

Diálogos entre surdos

Passado exatamente um ano da entrega dos esclarecimentos enviados ao governo, fica a impressão de que se está travando um diálogo oral com surdos. Em carta a Mino Carta, diretor da revista *Carta Capital*, e tendo como foco a reportagem mencionada, Carlos Fernandes descreve a situação em 14 itens que procuramos resumir para deixar evidente que, depois de 40 anos do Golpe Militar e de 25 anos da primeira Lei de Anistia, a situação continuava a merecer atenção e pressão permanente das entidades de anistiados de todo o país, para manter o cumprimento da lei:

> Grande quantidade de processos deferidos, mas não publicados do DOU, aguardam pagamento;
>
> O governo se nega a pagar os valores retroativos, mesmo parcelados;
>
> Dos 3 mil processos no INSS, que deveriam ter sido transferidos à Comissão num prazo de dois anos, a partir de 2002, apenas 300 foram transferidos. Estes tampouco foram enviados ao Ministério do Planejamento para o pagamento, quando a lei determina o pagamento 90 dias após concessão da anistia;
>
> Concessão de prestação única, irrisória, quando nos termos da lei deveria ser mensal continuada;
>
> Os conselheiros faltam às reuniões, não leem os processos e julgam de acordo com pareceres da assessoria;
>
> Demora no envio dos processos aprovados ao ministro para assinatura e publicação;
>
> Os funcionários são jovens, desconhecem as leis e a história, são terceirizados e recebem salários baixos, sem os vales transporte e refeição.

Essa mesma situação constrangedora estavam vivendo os militares cassados do Exército, Marinha e Aeronáutica, que, em carta ao presidente da República, denunciaram a falta de atenção e solicitaram o "fiel cumprimento, pelas forças armadas, da Lei 10.559/02, que regulamentou o Artigo 8º dos ADCT da Constituição de 1988, ampliando o direito dos anistiados civis e militares". Denunciaram o não pagamento dos processos aprovados alegando falta de recursos quando sabem que há dinheiro para isso. Queixaram-se também de que continuam descontando o IR, contrariando a lei que isenta o anistiados. E argumentam:

> Nesta oportunidade levamos ao conhecimento do Sr. Presidente, a denúncia do flagrante desrespeito à Lei de Anistia, por parte das forças armadas – em especial da Aeronáutica e do Exército – (a Marinha vem cumprindo as decisões da Comissão do Ministério da Justiça com pequenas irregularidades). Na verdade, formou-se no âmbito das FFAA verdadeiro feudo de "Rui Barbosa fardados", cuja função é "interpretar" (a seu modo e sempre para prejudicar o anistiado) uma lei autoaplicável, didática e alicerçada no Parecer nº AGU-JD/1-2003 para orientar e dirimir dúvidas em sua abrangência.
> (...)
> Agora a burocracia castrense arvora-se em "Tribunal Superior" dos militares cassados em 1964, subtraindo promoções na inatividade garantidas na lei, negando emissão de identidade e Carta Patente no posto concedido, procrastinando a aplicação do que restou de benefícios perseguidos desde 1979, deixando de fornecer Título de Inativo ou de Pensionista às viúvas e filhas de anistiados falecidos.
> (...)
> Não bastasse este resumido elenco de humilhações, os anistiados tiveram que "engolir" sem digerir a nefasta contribuição, divulgada pela internet, do Clube Militar, criticando a nova Lei de Anistia e seus benefícios, onde declara, entre outros absurdos, que esta lei está beneficiando marxistas e stalinistas, dos quais "eles" libertaram o país em 1964.

Mudaram apenas os algozes!

Em 28 de agosto de 2003, por iniciativa da ABAP, realizou-se uma grande plenária com representantes de organizações de anistiados de todo o país. Mais de 200 pessoas lotaram o auditório da Câmara dos Deputados para discutir e aprovar nova manifestação contra a procrastinação dos servidores públicos com relação aos processos de anistia.

Ao final aprovaram enviar a seguinte carta, dirigida ao presidente da República, Luiz Inácio Lula da Silva, ao ministro da Justiça, Márcio Thomas Bastos, ao ministro do Planejamento, Guido Mantega, ao ministro da Defesa, José Viegas, e ao ministro chefe da Casa Civil, José Dirceu:

> Há 40 anos a Nação sofreu a maior violência da sua História Política. A partir daquele momento até os dias atuais os brasileiros atingidos

pelo autoritarismo e pelo preconceito vêm sendo punidos, perseguidos, discriminados, excluídos e torturados psicologicamente.

Mudaram apenas os algozes!

Durante todo o tempo, a luta pela reparação do caudal de injustiças cometidas, iniciada com a heróica organização dos CBAs – Comitês Brasileiros de Anistia, resultou na edição da Lei 6683/79, na EC 26/85, no Art. 8 do ADCT da Constituição Cidadã e culminou, mais recentemente, na aprovação unânime pelo Congresso Nacional da LEI 10.559/02.

Foram necessários 14 anos para regulamentar a vontade dos Constituintes de 1988.

A luta pela anistia foi paralela à luta do povo brasileiro para o retorno de um Governo Democrático Popular. A alegria incontida pelas eleições Presidenciais de 2002 reacendeu a esperança dos anistiados e anistiandos de que, finalmente, alcançariam a tão almejada justiça contida nos termos da Constituição Federal de 05/10/88 e na Lei 10.559/02, virando-se definitivamente essa triste página da História.

Entretanto, o recente tratamento da questão causa-nos profunda decepção e receio da manutenção da violenta exclusão sofrida, no momento em que nos atingem os rigores da idade, da doença e da ausência de recursos financeiros para o término de uma vida digna.

São fatores que provocam esta sensação:

a) A morosidade nos trabalhos da Comissão de Anistia (8 meses, apenas 300 processos apreciados, tendo ocorrido intervalo de 79 dias sem reuniões das Câmaras, além do recesso de 4 meses);

b) A procrastinação no encaminhamento dos processos julgados;

c) O não cumprimento de portarias assinadas pelo ministro da Justiça e publicadas no DOU;

d) Interpretações restritivas da Comissão de Anistia, na aplicação da Lei 10.559/02;

e) Uso do Parecer JB-3, da Advocacia Geral da União, para restringir os direitos previstos na lei maior que o antecedeu;

f) As dificuldades para o pagamento das indenizações concedidas, sob a infundada alegação da falta de recursos.

Hoje, ao completarem-se 24 anos da primeira Lei de Anistia, os perseguidos políticos esperam ver concretizado o compromisso assumido pelo Sr. Presidente da República, em reunião de 15 de maio de 2003, de cumprir a Lei 10.559/02 em sua integralidade.

Difícil e duradoura luta pela Anistia

O documento, dirigido à procuradora federal dos Direitos do Cidadão, Eliane Menezes de Farias, foi redigido durante a reunião:

> As entidades representativas dos anistiados e anistiandos políticos, por seus representantes, dirigem-se a Vossa Exa. para encarecer sua especial atenção para o que segue:
>
> Difícil e duradoura foi a nossa luta pela anistia, que perdurou desde a Constituinte, até a edição da Lei 10.559, de 13 de novembro de 2002 que, enfim, define a forma de concessão desse sagrado direito de todos os que, em algum momento, ousaram discordar dos ditames daqueles que, ilegitimamente, usurparam o poder em nosso país, em abril de 64 e, por essa ousadia, sofreram duras consequências.
>
> Sabemos que V. Exa. no intuito de acelerar os trabalhos da Comissão de Anistia, criada pela Lei 10.559/02, pretende encaminhar ao Secretário de Direito Humanos da Presidência da República minuta de Medida Provisória para alterar aquele diploma que o tornaria melhor, com toda a certeza.
>
> Entretanto, nossa experiência nesse campo de luta nos ensina que o momento político em que vivemos não nos permite aceitar qualquer tentativa de alteração da Lei de Anistia – 10559/02 –, pois sabemos que pior do que uma lei imperfeita é tê-la alterada no que ela tem de melhor: os nossos direitos.
>
> Atenciosamente, firmam representantes de 22 entidades representativas.

Vale acrescentar que a ABAP apontou também a não concessão de pagamento mensal, permanente e continuado, a dirigentes e representantes sindicais destituídos de suas funções sindicais ou punidos por greve. No entendimento da ABAP, ao agir assim, o governo contraria a própria Constituição, que não retira de movimentos grevistas a natureza de greve política. O governo também erra ao colocar em julgamento na Comissão de Anistia processos sem análise antecipada dos conselheiros, que apenas leem os pareceres produzidos pela assessoria técnica.

Uma novela ou um novelo interminável

As Leis de Anistia até parece que foram pensadas para e pelos funcionários públicos. Se é certo que grande parte dos funcionários públicos foi injustiçada com punições severas, transferências para lugares inóspitos, aposentadoria compulsória ou a simples e sumária demissão (por justa causa), é certo também que eles possuem um dos mais poderosos lobbies atuando em todos os níveis dos três poderes da República. As grandes corporações estatais, como a Petrobras, os Correios, o Banco do Brasil, a Caixa Econômica Federal e as três armas da República, com numerosos casos de perseguição e punição por razões políticas, organizaram associações de Anistiados, Anistiandos e Anistiáveis para defender seus direitos. Sem dúvida, uma grande vantagem sobre os todos as demais categorias de trabalhadores do setor privado.

Em 2016, a Federação Nacional dos Trabalhadores em Empresas de Correios, Telégrafos e Similares, realizou entre os dias 8 e 11 de março, o 23° Encontro Nacional de Anistiados, Anistiandos e Anistiáveis da categoria de Correios. Impressionante o número de encontros já realizados, a quantidade de representantes sindicais e avulsos presentes e a permanência das mesmas pautas. A cada balanço de atividades se repetem as mesmas denúncias de descaso e não cumprimento das leis pelos órgãos responsáveis, os mesmos apelos às autoridades para que cumpram com a lei e os chamados à mobilização permanente em defesa dos direitos.

Com a mudança de governo, em 2018, as entidades tiveram que redobrar atenção e manter permanentemente mobilizadas as categorias em defesa da Anistia, pois dobravam os perigos diante de um cenário eleitoral tenso. A crise econômica paralisou o governo, afetando severamente os processos de anistia. Caravanas de ônibus lotados com delegados sindicais das mais variadas categorias, vindas de toda parte lotaram o plenário da Câmara Federal em ato lembrando o 39° aniversário da Lei de Anistia. Comunicado da Federação Nacional dos Técnicos Industriais (Fentec) assinala o retrocesso promovido pelo governo:

> O ato foi marcado pela constatação do retrocesso nas reivindicações dos anistiados, apesar dos pequenos avanços ocorridos ao longo da jornada.

> Apenas a luta jurídica tem se mostrado ineficaz, posto que existe uma determinação política para que não avancemos no tocante à concessão pelo Estado, quanto à reparação dos danos causados.
>
> Corremos sérios riscos de retroceder, vergonhosamente, inclusive com a retirada de direitos que foram arduamente conquistados ao longo da caminhada.
>
> Posto isso, esta Comissão avalia que não há possibilidade de avanços enquanto perdurar o estado gritante de ataque à democracia e às leis que regem o País.

Isenção do IR, outra grande vitória

Certo que é cansativo tanta repetição de conteúdo. Mas essa é a realidade enfrentada pelas organizações de anistiados e cada um dos requerentes. Se cansativas para o leitor, frustrante, decepcionante e até mesmo desesperante para os anistiados. A lei é clara, repete-se sempre, basta segui-la, mas sempre há que procurar pelo em casca de ovo para manter morosidade no processo. Ainda em 2003, em 2 de novembro, uma comissão de anistiados conseguiu, finalmente, a tão ansiada audiência com o presidente da República, Luiz Inácio Lula da Silva. Estavam presentes os ministros da Casa Civil, José Dirceu, da Justiça, Márcio Thomas Bastos, e, em representação da ABAP, Alexandrina Cristensen. "Não queremos passar para a história como o governo que tem Lei e não a cumpre!", vaticinou o presidente e em seguida anunciou, e de fato assinou, o decreto 4.897/25/11/03, regulamentando o parágrafo único do Artigo 9º da Lei de Anistia (Lei 10.559/02), que isenta todos os anistiados do Imposto de Renda. Como se pode inferir, nada relacionado à anistia foi conseguido sem árdua e prolongada luta, o desgaste de estar buscando apoio, fazer pressão constantemente. A regulamentação da isenção do IR levou exatamente um ano para ser promulgada.

Dinheiro há, o que não falta são desculpas

Uma das desculpas para o não cumprimento da lei soía ser a falta de verba ou de recurso orçamentário. Até hoje continuam utilizando essa falácia, porque a Constituição determina que o Tesouro faça os pagamentos com recursos próprios. Próprios de quem? Ora, do Tesouro.

Tampouco foi fácil fazer os diferentes órgãos do governo entenderem essa obrigação. A reunião com o presidente e seus ministros se prolongou com o ministro do Planejamento, e foram flexibilizados recursos orçamentários para os pagamentos das prestações mensais e únicas aprovadas e publicadas.

Para as futuras reparações, a partir de 2004, foram destinados R$ 900 milhões. Também com o ministro do Planejamento foi acertada a questão dos reajustes anuais dos anistiados. Vale lembrar que mesmo depois de regulamentada a isenção do IR prevista no texto constitucional e na Lei de Anistia, acrescido do decreto presidencial, surgiram novos questionamentos, o que levou o presidente da ABAP a se dirigir ao subchefe da Assessoria Jurídica da Casa Civil, Dr. José Antônio Dias Toffoli, para esclarecer o assunto.

Entre os questionamentos e resistências mencionados pela ABAP, constava o não cumprimento do prazo de 90 dias para os anistiados transferidos do INSS, dos ministérios militares e outras entidades públicas, inclusive as empresas estatais.

Alguns só querem contagem de tempo

Muita gente pede que apenas se reconheça sua condição de anistiado, para efeito de contagem de tempo para aposentadoria. A maioria dos processos chegam no máximo a R$ 50 mil. A remuneração média dos anistiados que era de R$ 5,6 mil em 2001, baixou para R$ 4 mil em 2006 e a R$ 3,7 mil em 2007. Essa remuneração considera o que o cidadão ganharia hoje, segundo o mercado, não o que ele estaria ganhando se não tivesse sido punido. Segundo Paulo Abrão, presidente da Comissão de Anistia,

> os casos de gente mais conhecida, como os jornalistas e militares de alta patente rebelados, chamam mais a atenção, mas o nosso trabalho maior é com os anônimos.
>
> (...)
>
> Dos 60 mil considerados pertinentes, 22 mil foram deferidos. Destes, 13 mil receberam alguma forma de reparação, na maior parte perto de R$ 30 mil, em prestação única. Só 175 pessoas recebem valores mensais superiores a R$ 10 mil. O número equivale a menos de 1% dos processos julgados. Desde 2001, quando foi criada a lei que per-

> mite a reparação econômica de anistiados políticos, quase 60 mil processos foram considerados pertinentes e 15 mil rejeitados. Ainda falta analisar, até 2010, 25 mil.

Dezembro de 2007 iniciou e terminou com balanços sobre os avanços e retrocessos nos processos de anistia nas diferentes áreas de interesse. Começou com nota da Presidência da Câmara dos Deputados, no dia 3, pedindo a atenção de todos os anistiandos e anistiados para eventual convocação no próximo ano (2008) para tratar do assunto.

> Nos termos da alínea m do inciso I do art. 17, combinado com o inciso II do art. 22, todos do Regimento Interno, esta Presidência decide criar Comissão Especial destinada a acompanhar, até o dia 30 de novembro de 2008, a aplicação das seguintes Leis de Anistia: Lei nº 8878/1994, que "dispõe sobre a concessão de anistia"; Lei nº 10.790/2003, que "concede anistia a dirigentes ou representantes sindicais e trabalhadores punidos por participação em movimento reivindicatório"; Lei nº 11.282/2006, que "anistia os trabalhadores da Empresa Brasileira de Correios e Telégrafos - ECT punidos em razão da participação em movimento grevista"; e Lei 10.559/2002, que "regulamenta o Artigo 8º do Ato das Disposições Transitórias e dá outras providências".
>
> A comissão será composta de 17 (dezessete) membros titulares e de igual número de suplentes, mais um titular e um suplente, atendendo ao rodízio entre as bancadas não contempladas, designados de acordo com os §§ 1º e 2º do art. 33 do Regimento Interno.
>
> Assina Arlindo Chinaglia - Presidente da Câmara dos Deputados.

Idosos são os que mais sofrem

Entre os idosos ocorrem as situações mais dramáticas. Raramente alguém que passou pelos corredores da morte nas masmorras da ditadura jamais consegue se livrar das sequelas da tortura e dos traumas psicológicos. Chegar perto dos 80 anos ou mais, a maioria recebendo uma aposentadoria aviltante, a expectativa de receber uma merecida reparação, torna-se, na maioria das vezes, mais um suplício provocado pela burocracia estatal.

E isso apesar de que tanto a Lei Maior, quanto o Estatuto do Idoso e a própria Lei de Anistia garantem tratamento preferencial aos mais velhos e enfermos. Nessa situação, e esperando anistia, estavam uns oito mil idosos, grande parte com alguma doença. A luta nesses casos é para obter a anistia antes da morte. A maioria dos associados da ABAP é de idosos. É uma corrida contra a burocracia e contra o tempo, para que se reconheçam os direitos ainda em vida. O drama dessas pessoas sensibilizou a reportagem da sucursal de Brasília do *Jornal do Brasil* que foi atrás dos fatos e entrevistou algumas testemunhas. Publicada em 30 de maio de 2003, transcrevemos alguns parágrafos:

> Aos 78 anos, Hermógenes Reis teme não acompanhar em vida a apreciação de seu processo na Comissão de Anistia, do Ministério da Justiça. Preso durante o golpe militar, está perdendo a visão e sofre com as complicações de uma isquemia e de uma ponte mamária no coração. Com cinco filhos, Hermógenes afirma que falta estrutura até para pedir asilo em outro país e lamenta que seu caso não tenha um andamento mais rápido. "Alguns amigos meus morreram. Vai fazer três anos que dei entrada no pedido de anistia" – diz Hermógenes.
>
> A situação vivida por Dalmo Macedo Gaspar não é diferente. Ele criou o Código de Endereçamento Postal, o famoso CEP, na época em que ocupou a Direção Regional dos Correios no Rio. Preso e torturado pelo Exército, Dalmo vive hoje à espera da apreciação de seu processo na Comissão de Anistia. Com cardiopatia e outras doenças, ele lamenta que o país não dispense um tratamento melhor aos idosos. "A sensação é de ingratidão da pátria para conosco. Lutávamos bravamente para dar comunicação ao Brasil" — explica Dalmo.
>
> O deferimento do processo pela Comissão de Anistia, no entanto, não é garantia de que o anistiado vá receber o dinheiro em vida. Começa outra batalha, principalmente na área militar.
>
> Para o presidente da Associação de Defesa dos Direitos e Pró-Anistia (Ampla), José Wilson da Silva, o Ministério da Defesa cria obstáculos para cumprir a lei.
>
> "Está havendo safadeza do governo com um monte de gente que tem câncer e outras doenças graves" – diz José Wilson.

> O presidente da Comissão de Anistia, Marcelo Lavenère, diz-se "aflito" com as demandas dos idosos e lamenta não poder julgar os processos com mais celeridade. Nos primeiros cinco meses deste ano, a comissão já apreciou 5,3 mil processos, quase atingindo o nível de todo o ano passado, quando foram julgados 5,8 mil pedidos. Lavenère afirmou que a comissão dá prioridade às pessoas doentes.
>
> Lavenère reconhece que os problemas para os anistiados continuam após o deferimento do processo na comissão. Ele afirmou que o ministro da Justiça, Márcio Thomas Bastos, tem se empenhado junto ao ministro da Defesa, José Viegas Filho, para superar as dificuldades.
>
> "É preciso enfaticamente que a Aeronáutica, a Marinha e o Exército tenham presteza, tenham agilidade na implantação destes pagamentos" – critica Lavenère.

O próprio presidente da Comissão de Anistia reconhece as dificuldades interpostas por outras áreas para reconhecer os direitos dos anistiados, principalmente na área militar. Os argumentos são repetitivos, com ênfase na falta de recursos. A reportagem do JB, claro, foi se informar no Ministério da Defesa e lá recebeu uma nota que dizia:

> "As forças armadas não receberam do Ministério do Planejamento os recursos orçamentários adicionais para o pagamento das indenizações retroativas",

A resportagem segue:

> O ministério acrescentou que as forças armadas vêm tomando todas as providências para a reintegração, promoção e identificação dos anistiados políticos, "porém, o Comando da Aeronáutica, devido à grande quantidade de anistiados, tem tido maior dificuldade de adaptação de suas rotinas".
>
> Quanto ao desconto do Imposto de Renda de anistiados políticos – o que é proibido por lei e decreto –, o Ministério da Defesa observa que, "para alguns anistiados em ações judiciais contra a União, quando essa isenção não é prescrita na decisão judicial, podem, ainda, estar ocorrendo descontos".

Dois anos decorridos da promulgação da lei, e os responsáveis por sua aplicação reconheciam que não a estavam cumprindo.

Anistiados do Banco do Brasil (BB)

Houve avanços, claro. Nem tudo foi desacerto. Os acertos, contudo, quase sempre foram alcançados por mediação das associações das diferentes categorias de anistiados: militares, aeronautas, bancários, petroleiros, metalúrgicos, jornalistas, entre tantos. Circular da ABAP, datada de 14 de outubro de 2003, assinada pelo presidente Carlos Fernandes a seus companheiros do Banco do Brasil (BB) dá conta de uma das muitas vitórias alcançadas.

Em reunião com o presidente do BB, obteve-se a confirmação de que os anistiados seriam readmitidos para efeito de concretizarem seus direitos junto à Previ – Caixa de Previdência dos Funcionários do Banco do Brasil, e à Cassi – Caixa de Assistência dos Funcionários do Banco do Brasil. Também foi realizado levantamento de dados para informar o Ministério da Justiça sobre cargos e promoções que devem ser atribuídos aos punidos.

> Não queremos indenização em prestação única, por valores irrisórios. Temos direito e estamos, portanto, requerendo e em vias de obter, como acima exposto, a Prestação Mensal, Permanente e Continuada e o retroativo correspondente.
>
> (...)
>
> Foi determinado pelo presidente do banco que as questões da anistia sejam resolvidas com a maior brevidade e que sejam concedidos aos anistiados todos os direitos que lhes cabem nos termos da lei. Nem, mais nem menos.

O que se queria e se quer até hoje é nada mais que o direito dos anistiados políticos seja respeitado e que se cumpra a lei.

Depois disso tudo, em março de 2005, a ABAP informava aos bancários que os processo do BB ainda aguardavam entendimento entre o presidente da Comissão de Anistia e o vice-presidente de Recursos Humanos do BB.

Em novembro a ABAP se queixava ao ministro da Justiça sobre a intenção da comissão de revisar processos já deferidos de pessoas doentes e com idade em torno de 80 anos, quando a lei é clara sobre a prioridade para esses casos. Pouco depois, em maio, a ABAP teve que interferir novamente em defesa dos bancários. Muitos estavam morrendo sem alcançar as reparações pretendidas. Processos basicamente iguais das grandes estatais, como BB, Petrobras, Embraer, poderiam ser julgados em bloco, mas a comissão preferiu individualizar ou no máximo juntar pequenos grupos. Fez-se, então, memorando solicitando providências à procuradora regional dos Direitos do Cidadão (PRDC), Lívia Nascimento Tinôco, do qual reproduzimos alguns parágrafos:

> Funcionários do Banco do Brasil foram punidos pelo Golpe Militar há 41 anos atrás. Alguns tiveram que sair do país, outros foram presos e torturados aqui mesmo. Muitos foram exilados dentro do próprio território nacional.
>
> Dentro do Banco formou-se a Cesin – Comissão Especial de Inquérito – e, em cada agência, em cada seção, por incrível que possa parecer, informantes apontavam a essa comissão e ao SNI as atividades, até mesmo privadas, dos funcionários do banco, principalmente daqueles que, por alguma razão, tinham seus nomes registrados em boletins confidenciais.
>
> "Expedientes oficiais sigilosos" circulavam a partir da Direção Geral para as agências, a fim de impedir que os funcionários simplesmente suspeitos de serem contrários à ditadura militar exercessem cargos de maior responsabilidade dentro da estrutura bancária, ou fossem promovidos com a normalidade da carreira.
>
> A anistia de 1979 marcou o retorno de algumas centenas deles as atividades funcionais, em condições de absoluta inferioridade em relação a seus pares. Aposentados pela Previ com cerca de 1/3, ou até menos, dos proventos de seus colegas, viram com esperança a publicação do Art. 8º do ADCT da CF/88, que lhes garantia o acesso às promoções "como se em atividade estivesse".
> (...)
> Uma centena de processos, de pessoas que ainda estão vivas, permanecem engavetados. Cerca de 20 processos que foram julgados em 25 de agosto e em 6 de outubro de 2004 foram engavetados, porque o Exmo. presidente da Comissão de Anistia do Ministério da Justiça decidiu, contra o julgamento dos demais Conselheiros da 2ª Câmara, que do valor indicado pelo BB, com base no § 4º do Art. 6º da Lei 10.559/02, deveria ser descontado o valor da Aposentadoria de Natureza Contributiva e de Caráter Privado, paga pela Previ, aos punidos pela ditadura militar, de um montante de 1/3 ou menos daquela aposentadoria que recebem os demais aposentados do BB,

funcionários normais admitidos nos mesmos concursos dos punidos por razões políticas pela ditadura.

Em defesa de concursados não empossados

Quase um ano depois, em fevereiro de 2006, nada tinha mudado. Carlos Fernandes, presidente da ABAP, e Evaristo Nascimento, presidente da Associação dos Concursados não Empossados do Concurso do Ministério da Fazenda, C436 de 1961, voltaram à Procuradoria Regional dos Direitos dos Cidadãos para fazer nova reclamação e solicitar providências junto à Comissão de Anistia. Empregos públicos, como do Ministério da Fazenda e do Banco do Brasil, são dos mais cobiçados. O BB, por exemplo, em 2018 abriu concurso para 60 vagas de escriturários, cujo salário inicial é de R$ 3.613,58, com participação nos lucros e possibilidade de fazer carreira. Sobre como se processa uma carreira no BB em contraste de como foram demitidos, foi explicado em ofício pelo presidente Fernando Tristão Fernandes, da Associação Nacional de Anistiados Políticos do Banco do Brasil à Comissão de Anistia.

> É de se notar, Senhor Presidente, que os funcionários atingidos ingressaram no Banco do Brasil mediante rigoroso concurso público e que, ao longo de sua carreira, foram alvo de conceitos semestralmente emitidos pelos seus chefes, em que eram analisados seus perfis funcionais, cultura, comportamento social dentro e fora do banco e outros fatores inerentes ao seu caráter e operosidade. Essas informações tomaram-se básicas para apreciação do mérito individual de cada funcionário e eram os principais instrumentos para as promoções "por merecimento" na sua carreira. Se forem examinadas, uma a uma as "fés-de-ofício" dos funcionários atingidos pelas medidas arbitrárias do Poder Militar, nelas não se verá qualquer restrição quanto aos seus aspectos morais e funcionais.

Com relação a quase uma centena de funcionários do Banco do Brasil, punidos pela ditadura militar e cujos processos tramitavam havia mais de uma década, após ter o setor responsável do banco reconhecido os direitos legais dos anistiados,

> o presidente da Comissão de Anistia, em flagrante desrespeito aos termos explícitos da Constituição e da lei, não concede as indeni-

> zações da forma legalmente indicada. Cerca de 20 processos aprovados em setembro/outubro de 2004, apesar de estarem instruídos e conclusos, encontram-se paralisados, sem serem assinados pelo Ministro da Justiça.
>
> Após diligência da Dra. Lívia Nascimento Tinôco, da Procuradoria Regional dos Direitos do Cidadão (PRDC da PR/DF), o Banco do Brasil, a fim de solucionar o problema, emitiu declarações nos termos impostos pelo Presidente da Comissão de Anistia, estando portanto, a totalidade dos processos em absoluta condição de julgamento por aquela comissão.
>
> Mesmo assim, os processos não são julgados apesar de que a maioria dos requerentes tenha idade em torno de 80 anos e que muitos estejam com a saúde gravemente abalada, havendo nos processos comprovantes médicos e certidões desta condição.
>
> Já que é impossível convencer o governo e a sua Comissão de Anistia de emitir parecer nos exatos termos da Constituição e da lei, e apesar dos absurdos que têm sido cometidos por aquela Comissão, reiteramos a esta procuradoria que mantenha seu empenho no sentido de que os processos sejam imediatamente julgados e publicados no Diário Oficial para que se dê andamento à reclamatória na Justiça Federal.
>
> Aproveita o ensejo para informar oficialmente a esta procuradoria que na ação semelhante referente aos demitidos da Embraer de São José dos Campos, foi inclusive pedida a prisão do presidente da Comissão de Anistia por absoluta desobediência às determinações constantes na liminar deferida pelo Juiz Federal de São José dos Campos e nem mesmo desta forma os processos foram julgados, tendo passado pela pauta da comissão e recebendo da mesma medidas protelatórias. Consta haver novos pedidos de prisão para aquele Servidor Federal. Solicita que seja dado prazo de 30 dias para julgamento dos processos referentes ao Banco do Brasil e à Embraer.

Em 2007, já com novos membros na Comissão de Anistia, foi realizada reunião temática com doze demitidos do BB em 1964 por razões políticas e preocupados com a demora na solução do processo devido à idade avançada.

Pedida prisão do presidente da comissão

Concomitantemente, comunicou-se à procuradoria que o mesmo vinha ocorrendo com os processos dos demitidos da Embraer, já deferidos mas não pagos. Em São José dos Campos chegou-se a pedir a prisão do presidente da Comissão de Anistia por desobediência a Lei. Adiantou alguma coisa?

Com relação aos concursados não efetivados, a denúncia acolhida pela analista processual Fabíola Fontes Rocha, e enviada ao Ministério da Justiça, inicia com o fato de que a Lei 10.559/02, no artigo 2°, inciso XVII, determina que os concursados prejudicados sejam anistiados como determina a lei. Contudo,

> acresce que a comissão insiste em reiterar que o inciso XVII, do artigo 2° da Lei 10.559, não tem valor porque o critério da comissão é de que só têm direito a anistia aqueles que pegaram em armas ou se inscreveram em partidos considerados subversivos, ou pegaram em armas contra o governo da época, razão pela qual mantém o indeferimento.
> (...)
> Cabe ressaltar ainda que o artigo 2°, inciso I, da Lei 10.559/02, estabelece que "são declarados anistiados políticos aqueles que no período de 18 de setembro de 1946 até 5 de outubro de 1988, por motivação exclusivamente política, foram: I – atingidos por atos institucionais ou complementares, ou de exceção na plena abrangência do termo".
>
> Relata que 42 processos foram indeferidos em bloco na última sessão da Comissão de Anistia, realizada em 16/02/2006, com base no Ato Institucional n° 5, que criou paralelamente um concurso para nomear os candidatos nas vagas pertencentes aos concursados C-436, que estavam na expectativa da nomeação em plenitude de todos os seus direitos.

Vale notar que tanto a Advocacia Geral da União, como a Consultoria Geral da República, já tinham respondido à consulta da Casa Civil da Presidência, confirmando o entendimento da lei, tal como expressou a analista processual. Além disso,

> um dos pareceres é da Consultoria Geral da República, de número 119, datado de outubro de 1976, mandando nomear os concursados em expectativa de direito.
>
> Os três Ministros Militares, através do Decreto 1024/69, determinaram que os concursados no segundo concurso ocupassem as vagas dos concursados preteridos com o título de técnico de tributação, ocupando os postos mais altos da referida carreira de fiscalização. Para ocultar a manobra, o Parecer nº 119, com base no Processo 6.354/75, tomou o número de Processo nº 019/C/76 e foi arquivado no Pré-Arquivo do Setor de Imprensa e posteriormente arquivado no Quartel General do Exército.

Em 24 de agosto de 2007, Carlos Fernandes volta a oficiar o presidente da comissão, apontando as irregularidades praticadas no não cumprimento da lei nos processos do Banco do Brasil:

> a) Concessão de Prestação Única em processos onde cabe somente a Prestação Mensal, Permanente e Continuada;
>
> b) diminuição do valor da Prestação Mensal, apesar de documentos do empregador, comprovando os valores requeridos;
>
> c) indeferimento de complemento nas prestações de acordo com declaração do empregador;
>
> d) alegação de que os anistiados readmitidos em 1979 (Lei 6.683) não têm direito aos benefícios da Lei 10.559/02;
>
> e) procrastinação na transferência dos anistiados do INSS para o Ministério do Planejamento e julgamento do mérito nestes processos, que já foram julgados e estão sendo pagos há mais de 5 anos. Nestes casos cabe apenas atualizar valores de acordo com a declaração do empregador;
>
> f) não pode ser considerado indenizatório o valor da aposentadoria paga pela Previ, por ter caráter particular e contributivo; a indenização por anistia é pública e de responsabilidade do Tesouro Nacional. Enquanto a aposentadoria da Previ paga Imposto de Renda, a indenização por anistia, paga em prestações mensais, é isenta pela Lei 10.559/02 (Art. 9º, Parágrafo Único) caracterizando-se aqui a absoluta diferença entre as duas.

Anistiados da Petrobras

Os trabalhadores da Petrobras punidos pela ditadura conseguiram um alto nível de organização em vários estados, o que deu força e eficácia à luta pela anistia. Contudo, como as demais instituições estatais ou mistas, aliada à resistência dos órgãos do Executivo em cumprir com a lei, exigia manter-se em guarda.

Um grande grupo foi punido logo após o golpe de 1º de abril de 1964, outro tanto depois do AI-5, de dezembro de 1968. E há também os punidos em 1983, por terem participado das greves nas refinarias de Mataripe, na Bahia, e em Paulínia, São Paulo, 193 trabalhadores naquela e 152 nesta.

No ano seguinte seria deflagrada a primeira greve geral do período do regime militar.

Restaurada a democracia, a primeira greve dos petroleiros, deflagrada em maio de 1995, durou 32 dias. Uma segunda greve foi deflagrada em 2015 e durou 23 dias. A Federação Única dos Petroleiros (FUP) e a Federação Nacional dos Petroleiros (FNP), em boletim com o balanço das greves, destacam que os petroleiros

> deixaram a sua marca em 2015, com um movimento eminentemente político e ideológico, que garantiu aos trabalhadores o fato inédito de disputarem os rumos da maior empresa nacional. Essa é uma luta que só está começando e que se intensificará em 2016, com novas batalhas contra o retrocesso.

Para a FNP, a greve havia sido vitoriosa, pois vinculou a luta por salários e direitos à defesa da Petrobras 100% pública e estatal:

> Vitoriosa porque denunciamos e fortalecemos a luta contra a venda de ativos, implementada pelo governo, conseguimos aumentar a proposta de reajuste que começou em 5,73% e terminou em 9,53%. Vitoriosa principalmente porque conseguimos reorganizar a mobilização coletiva.

Ambas as organizações demonstram que no ano que se inicia dariam continuidade à luta em defesa da Petrobras, da soberania do Brasil no setor energético, bem como da dignidade profissional dos petroleiros ativos, aposentados, concursados ou terceirizados.

A Abraspet (Associação Brasileira dos Anistiados Políticos do Sistema Petrobras e demais Empresas Estatais), criada em 1996, na Bahia, atuando junto com o Sindipetro Campinas, conseguiu importantes vitórias. Em maio de 2017 a diretoria da Abraspet, representada pelo presidente Raimundo Lopes e pelos diretores Luciano Campos e Jorge Cerqueira, participou de audiência com o então ministro da Justiça e Segurança Pública, Osmar Serraglio, junto com outras 22 entidades de anistiados civis e militares de todo o país. O momento era bastante delicado diante da fragilidade do governo Temer e as tensões geradas em torno da Petrobras pela Operação Lava Jato. Participaram numerosas associações vindas de vários estados. Finda a reunião, o boletim da entidade informava acerca da reivindicação da Abraspet, centrada na proposta de julgamento coletivo dos requerimentos, através de Caravanas, Grupos, Categorias, Blocos ou Plenárias, visando reduzir o estoque dos processos pendentes.[3] Também pediram ao ministro para agilizar a assinatura das portarias dos processos que se encontram conclusos. O ministro foi informado de que permanecem sem solução, por exemplo, requerimentos que foram protocolados em 2002 e 2003 e que não tiveram seu curso normal desde então.

O desrespeito à legislação específica tanto para civis como para militares e a necessidade de compatibilizar a atuação do ministério com a legislação pertinente à anistia foram também temas da audiência. Como exemplos, foram citados o Artigo 8° do ADCT da Constituição Federal de 1988, a Lei 6683/79, a Emenda Constitucional n° 26/85 e, sobretudo, a Lei 10.559/2002, o mais recente diploma legal que vem sendo desrespeitado.

Resgatar a normalidade

Todas as entidades representadas na audiência chamaram a atenção para a necessidade de resgatar a normalidade do funcionamento da Comissão de Anistia, criticando a constante substituição de presidentes, di-

3 http://abraspet.org.br/2015/wp-content/uploads/2017/05/Jornal-Abraspet-MAIO-DE-2017-para-o-SITE.pdf

retores e a nomeação massiva de conselheiros, contrastando com a redução drástica do número de analistas. Preocupadas com os destinos da Comissão de Anistia, as lideranças das associações reclamaram inclusive da rotatividade de ministros à frente da pasta da Justiça e dos sucessivos cortes no orçamento da comissão. Ao tomar a palavra, o diretor da Comissão de Anistia, Renato Jimenez Marianno, registrou dificuldades encontradas na Caravana de São Paulo, mas disse que os sacrifícios vinham sendo superados, muito embora admitia dificuldades como a falta de verbas e corte de pessoal. O diálogo direto com o ministro, que já vinha sendo tentado havia algum tempo, foi obtido com a intermediação do deputado Paulão, do PT de Alagoas, e da deputada Laura Carneiro, do PMDB do Rio de Janeiro, fruto do mais recente encontro, em abril, do conjunto das associações, em Brasília.

A Conape, (Associação Nacional dos Anistiados da Petrobras), representa os direitos dos associados anistiados e pensionistas da Petrobras e seus dependentes. A Conape mobiliza também, realizando encontros anuais, mulheres e pensionistas de anistiados.

Após o golpe de 1964, a Petrobras passou a ser presidida pelo marechal Adhemar de Queiroz, que impunha um regime quase marcial à empresa, não admitindo ter suas ordens contrariadas. Testemunhas relatam que a Petrobras vivia num clima de perseguições ideológicas, interrogatórios, pressões psicológicas, intrigas, clima conspiratório, exigências acima das atribuições dos empregados, entre outros excessos administrativos cometidos pelos interventores e seus colaboradores. São muitos os depoimentos recolhidos pela Conape de seus associados sobre as duras condições de trabalho e as perseguições aos petroleiros nas diversas unidades da empresa sob alegação de atividades políticas. Vale recolher do engenheiro Raymundo Theodoro Carvalho de Oliveira, professor da UFRJ, ex-presidente do Clube de Engenharia por duas gestões (de 1994 a 1997 e de 2003 a 2006), e que foi deputado estadual pelo MDB nos Anos de Chumbo. Anistiado, foi militante ativo contra a entrega da Petrobras. Mais de uma vez em entrevistas a diversos meios, tem afirmado: “Punam-se os culpados, mas sejam mantidas as empresas que são patrimônio do Brasil.” Para Raimundo, a direita não aceita que uma empresa pública tenha sucesso e por incrível que pareça funcionários da empresa se prestaram a esse papel e desviaram muito dinheiro para seus próprios bolsos. Ele concorda que esses mal elementos sejam punidos, mas acha um absurdo que se puna a empresa.

GeuAr - Associação dos Anistiados Políticos e Militares da Aeronáutica

Foi criada em 1994 com a sigla GeuAr, em homenagem ao Grêmio Esportivo Unidos do Ar, fundado em 1963. Instalado o governo do general Castelo Branco, após o golpe de 1° de abril, foram punidos servidores civis e militares, sendo a maior quantidade de sargentos e cabos, pois incluíram nos processos os sargentos e cabos que participaram da Revolta dos Sargentos, em outubro de 1963. Como dentro de um pacote com milhares de processos há muitos que podem ser considerados como similares, a ABAP desde o início argumentou sobre a necessidade de julgar por pacotes, e não um por um. Mas o Tribunal de Contas da União passou a questionar os valores atribuídos.

Segundo boletim do Ministério da Justiça, de 2001 a 2007 a Comissão de Anistia julgou nada menos que 5.900 requerimentos formulados por cabos da Aeronáutica. Destes, 3.117 foram indeferidos e 2.743 deferidos. São processos referentes ao desligamento com base na portaria 1.104-GM3, de outubro de 1964, que determinava que depois de oito anos de serviço deveriam deixar a FAB. Os cabos se sentiram prejudicados, pois, pela lei geral, o servidor adquire estabilidade ao completar dez anos de serviço, e, além disso, poderiam galgar patentes mais altas através de concurso e mérito. Paralelamente, a Associação dos Cabos da Força Aérea teve suas atividades suspensas por Ato Institucional por razões políticas. A Comissão de Anistia concluiu que foram vítimas de ato de exceção apenas aqueles que ingressaram na FAB antes da portaria. Os que ingressaram depois tinham conhecimento do prazo de oito anos e com isso foram anuladas 495 anistias já concedidas.

A luta continuou e os cabos obtiveram parecer de que a portaria teve sim propósito e caráter político, pois, em 1964, as associações de cabos e sargentos da Marinha e da Aeronáutica estavam reivindicando direitos e a portaria, bem como a cassação da associação, teve o propósito de descontinuar a atuação. O TCU julgou o caso em 29/11/07. De acordo com item 130 do Relatório de Auditoria do Tribunal de Contas da União, TC n° 011.627/2006-4:

> É inegável, contudo, que aos problemas operacionais relatados somava-se uma preocupação de motivação política. Conforme consta do mencionado estudo que acompanha o Ofício Reservado nº 04/64, o "problema dos cabos" favorecia a adesão dessa categoria às agitações de caráter político.

Em dezembro, reunião temática realizada pela Comissão de Anistia com representantes dos cabos, advogados das associações e membros do Tribunal de Contas debateu o tema, e segundo o conselheiro Vanderlei de Oliveira:

> Sou uma das pessoas que votou convictamente na concessão da anistia. Examinei os documentos que ocasionaram o nascimento da Portaria 1.104 e ela nasceu fruto de documentos reservados, de todo um estudo a respeito da quantidade de cabos que existiam naquele momento na Aeronáutica.
>
> Eu acho que Aeronáutica mais dia ou menos dia terá que fazer uma reforma administrativa para resolver o problema do excesso de cabos. Mas ela fez no momento errado. Ela fez no momento em que o País estava naquela confusão, e os cabos fundaram a Associação dos Cabos da Aeronáutica, a associação era um local onde eles se reuniam para discutir seus problemas de caráter social e as reivindicações que é de todo ser humano. O direito de votar, de casar, entre outros.
>
> Diante do momento histórico que vivíamos, incomodou as pessoas que estavam no comando, que acreditaram que aquele tipo de reivindicação era uma subversão. Mais dia ou menos dia a reforma seria necessária. Mas infelizmente foi feita naquele momento político e fica difícil você descaracterizar que não houve uma motivação política para também resolver o problema da subversão, que é só administrativa.

O caso da Embraer

Se assemelha aos demais casos envolvendo trabalhadores sindicalizados. O processo envolve 400 trabalhadores que foram demitidos por participarem de greves transcorridas nos anos 1980, cujos processos de anistia já deferidos não foram pagos.

A Empresa Brasileira de Aeronáutica (Embraer) foi criada em 1969, pela Aeronáutica, ao lado do Instituto Tecnológico Aeronáutica, em São José dos Campos, polo industrial no Vale do Paraíba em São Paulo. Criada e dirigida por militares, impunha regime de caserna aos trabalhadores. Com a democratização, Embraer e IPT se transformaram num polo de desenvolvimento tecnológico e industrial de ponta na área de aviação comercial e militar e de produção de foguetes e satélites. Esse patrimônio do povo brasileiro foi privatizado por Fernando Henrique Cardoso quando presidente da República.

Organizados no Sindicato dos Metalúrgicos de São José dos Campos, os trabalhadores da Embraer entraram em greve em 1980 reivindicando melhores condições de trabalho, fim do arrocho salarial e reconhecimento dos direitos sindicais. Não atendidos, voltaram a paralisar a empresa em 1983, 1984 e 1988. Os trabalhadores que lideraram o movimento grevista foram demitidos, alguns presos e torturados. Como era usual na ditadura, isso foi amparado em decreto secreto do general Castelo Branco, o primeiro ditador do ciclo militar, trabalhador que participasse de greve ou de ato considerado subversivo entrava em lista e estava proibido de ser admitido em qualquer outra empresa, pública ou privada.

A ideia era "tranquilizar" o movimento operário sindical através do terror. O movimento de reorganização e ativação do sindicalismo iniciado no governo do general Ernesto Geisel ganhou fôlego no governo do general Figueiredo, o último dos ditadores, que deixou o país mergulhado em todo tipo de crises que perduram até hoje. Os grevistas foram enquadrados na Lei de Segurança Nacional, alguns não só demitidos como presos e torturados. Como negar o caráter político da greve?

Os metalúrgicos da Embraer punidos pela ditadura iniciaram o processo de anistia em 1993 e só tiveram o direito à Anistia reconhecido em outubro de 2008 pela Comissão de Anistia do Ministério da Justiça, que reconheceu a motivação política das greves e das punições sofridas, mas não reconheceu o direito à prestação mensal continuada e ao retroativo correspondente. A que destacar em todo esse processo o trabalho constante de Getúlio Dias, metalúrgico da Embraer, um dos fundadores da ABAP, que esteve na direção dos sindicalistas anistiados de São José dos Campos e integra o conselho diretor da ABAP.

A luta tinha que continuar para fazer valer os direitos garantidos pela Constituição regulamentados pela Lei de Anistia. A ABAP, agora conduzida por Alexandrina Cristensen. Ela teve atuação decisiva para que finalmente fossem reconhecidos os direitos dos metalúrgicos da Embraer. Mesmo enferma, debilitada por estar submetida a sessões de tratamento que a deixavam esgotada, Xanda, como carinhosamente a chamavam, não abandonou nem por um minuto o acompanhamento do processo conduzido pelo advogado da ABAP, Marcelo Torreão.

Para estipular os valores dos salários que ganhariam se funcionários ativos fossem, a Comissão de Anistia consultava um Instituto Salariômetro, de uma empresa editora de jornais, desconsiderando as informações do Sindicato dos Metalúrgicos e até mesmo as fornecidas pela própria Embraer. Em fins de 2006, entre os processos conduzidos pela ABAP, 120 deles eram da Embraer e foram remetidos para diligência. Em outubro de 2007 a Comissão de Anistia ouviu representantes de trabalhadores punidos da Embraer e da Empresa Brasileira de Correios e Telégrafos (ECT) e ouviu as mesmas reclamações. Para o sindicato da categoria "esses trabalhadores foram demitidos exclusivamente por motivação política e esperam pela anistia há 14 anos." Até quando?

Em novembro de 2012, o Sindicato dos Metalúrgicos de São José dos Campos pôde convocar os trabalhadores vítimas de perseguição política para assinarem o documento para liberação da verba indenizatória, a ser encaminhado ao Ministério do Planejamento para que se efetuassem os pagamentos. Depois de 30 anos de espera foram anistiados 125 trabalhadores que participaram das greves dos anos 1980. Com a anistia passaram a receber uma pensão mensal vitalícia de R$ 2 mil e o retroativo a partir de 1988. A cerimônia transcorreu na Universidade do Vale do Paraíba (UNIVAP), em São José dos Campos, São Paulo.

João Casimirov, engenheiro aeronáutico, não só foi demitido como foi preso e torturado. Em declarações no boletim do sindicato, desabafou:

> A anistia não repara os danos físicos e psicológicos que sofri. Mas se pudesse, eu faria tudo de novo. Quem derrubou a ditadura fomos nós, os trabalhadores, pessoas simples. Quem derruba os grandes, os opressores, somos nós, os pequenos.[4]

---

4 http://www.sindmetalsjc.org.br/imprensa/jornal-o-metalurgico-em-familia/noticias/detalhe/86/trabalhadores+da+embraer+conquistam+anistia+historica+apos+tres+decadas.htm

Associação dos marinheiros

Tradicionalmente, marinheiros e demais subalternos da Marinha do Brasil eram subjugados em regime de terror. A Revolta da Chibata foi contra a Lei da Chibata, que institucionalizava castigar a tripulação no tronco, a chicotadas. Em 1910, o marinheiro João Cândido Felisberto (1880-1969), nascido no Rio Grande do Sul e filho de escravos, liderou uma rebelião contra a Lei da Chibata. A repercussão foi tamanha que a Marinha teve que ceder e João Cândido ficou na história como o Almirante Negro.

Mesmo depois de abolida a Lei da Chibata, para servir na Marinha era necessário abdicar da vida cidadã. Marinheiros, fuzileiros navais e cabos não podiam casar nem votar. Sargentos podiam votar, mas não ser votados. A revolta dos marinheiros de 25 de março de 1964, no Rio de Janeiro, ocorreu em resposta à violenta repressão contra a assembleia que realizavam para exigir seus direitos. Vale recordar que os fuzileiros navais enviados para reprimir a assembleia depuseram as armas e aderiram ao movimento. Não chegavam a mil os que participavam da assembleia, mas eram vários milhares que estavam motivados a exigir seus direitos. Nunca foram perdoados por isso. São seis mil a reivindicar Anistia e até hoje sofrem represálias do comando naval.

Nesse episódio, que historiadores registram como a gota d'água que precipitou o golpe de 1º de abril, temerosos os oficiais de Estado Maior de que a insubmissão se generalizasse, destaca-se a figura de um outro almirante negro, também Cândido: Cândido da Costa Aragão (1907-1998). Fez carreira como fuzileiro naval, serviu na Força Expedicionária Brasileira (FEB) como capitão de corveta e em 1961 assumiu o comando do Quartel Central. Em 1963, já vice-almirante, assumiu o comando geral do Corpo de Fuzileiros Navais. Apoiava o governo reformista de João Goulart e concordava com Leonel Brizola sobre a necessidade de organizar a resistência ao golpe que previam que se acercava.

O Exército dizia que ele era um comunista porque tratava bem os subordinados. A verdade é que foram os únicos que tentaram resistir ao golpe. Esperava uma ordem do presidente João Goulart que não veio. Após o golpe de 1964, asilou-se no Uruguai, passou por Cuba, China, Vietnã do Norte e Argélia. De novo no Uruguai, foi preso, foi para o Chile, e com a queda de Allende em 1973, foi para Portugal, onde serviu na Marinha de Guerra.

Voltou ao Brasil depois de 17 anos de um tormentoso exílio. Estava condenado a nove anos, foi preso, mas liberado em seguida pelo STF.

Afinal, quem legisla?

Episódios como o da Embraer, Banco do Brasil ou de simples cidadãos mereceram, do Fórum Permanente de Ex-Presos e Perseguidos Políticos o seguinte comentário:

> É um absurdo o que está acontecendo na Comissão de Anistia. Estão se arrogando de legisladores, passando por cima do Supremo e fazendo emendas constitucionais como se fossem constituintes. A lei é muito clara: o fórum de ex-presos e perseguidos políticos produziu um boletim de 18 páginas com artigos, leis e tratados internacionais violados e desobedecidos por esta comissão, realmente absurdo.
>
> Tem que remunerar como se o trabalhador no emprego estivesse ocupando a função, incorporando as promoções e todos os méritos. O que não pode é regredir, reduzir a gratificação como se a pessoa estivesse iniciando agora, isso é um desrespeito e tem sentença judicial a respeito.
>
> É importante frisar que a Comissão de Anistia é subordinada ao ministro da Justiça. Sendo assim ou o ministro assinou sem ler, o que seria péssimo, ou ele leu a inconstitucionalidade que assinou, o que seria ainda pior. Esta interpretação não é do FPPP, é da Justiça. Duas juízas já emitiram sentenças provando a inconstitucionalidade destes abusos.

Paulo Abrão, presidente da Comissão de Anistia, corroborando com as organizações, esclarece

> que as indenizações representam o custo da ditadura nas vidas dos que foram vítimas do regime militar. Houve um prejuízo causado pela ditadura a milhares de brasileiros. E, portanto, o Estado tem o dever de, nada mais nada menos, devolver aquilo que foi roubado desses cidadãos. São todos valores que pertenceram ao patrimônio dessas pessoas e que foram, arbitrariamente, retirados. É o custo da ditadura.

Finalmente a Justiça julgou procedente os pedidos formulados pelos autores e condenou a União a revisar os valores das prestações mensais recebidas pelos metalúrgicos punidos por fazer grave, conforme abaixo discriminado:

– (Os nomes dos beneficiários foram omitidos) no valor correspondente ao que percebe hoje na Embraer o equivalente a Mecânico Mont. Estr. Aeronáutica, que em abril de 2013 correspondia a R$ 5.153,71;

– (Os nomes dos beneficiários foram omitidos) no valor correspondente ao que percebe hoje na Embraer o equivalente a Oper. Maq. Ferramental, que em abril de 2013 correspondia a R$ 6.079,40.

Condeno a União, ainda, ao pagamento retroativo da diferença apurada entre o valor efetivamente pago e aquele que é devido, a partir de 5 de outubro de 1988, observada a prescrição das parcelas em conformidade com o disposto no § 6º do artigo 6º da Lei 10.559/02, montante a ser atualizado de acordo com o Manual de Cálculos da Justiça Federal.

Condeno a União ao ressarcimento das custas processuais e em honorários advocatícios, os quais arbitro em R$ 15.000,00 (quinze mil reais).

Com ou sem recurso, remetam-se os autos ao Egrégio Tribunal Regional Federal da Primeira Região.

LÍDER SINDICAL E MILITANTE POLÍTICO DEU A VIDA PELA DEMOCRACIA: *DEPOIMENTO DE REGINA MARIA D'AQUINO FONSECA GADELHA*

Fui casada por 42 anos com Antônio da Costa Gadelha Netto, líder político e sindical. A memória que têm dele todos os que o conheceram é de uma personalidade proba, solidária, de intransigente combatividade e coerência, demonstrada por sua longa atuação política e sindical. Filiado ao PCB até 1980, e também ao antigo MDB, Gadelha nunca esmoreceu na luta pela redemocratização do país, pela anistia e na defesa dos direitos dos trabalhadores.

Iniciou sua carreira no Banco do Estado de São Paulo em 1958 e, um ano depois, em 1959, ingressava por concurso público nacional (6º lugar) no Banco do Brasil, um dos empregos mais cobiçados do país, numa época de restrições do mercado de trabalho. Militante e membro da direção do Sindicato dos Bancários de São Paulo, destacou-se nas greves reivindicatórias, em especial na de 1963. Também atuou na redação do projeto de Reforma Bancária Progressista de 1963.

Eleito Secretário Geral da Federação dos Empregados em Estabelecimentos Bancários de São Paulo e Mato Grosso, tomou posse em 12 de março de 1964, às vésperas do golpe de Estado de 1º de Abril de 1964, que deu início à ditadura civil-militar.

Como dirigente da entidade, Gadelha resistiu à intervenção ordenada pelo Governo Militar. Em consequência, amargou longo processo administrativo que culminou com sua demissão do Banco do Brasil, em 4 de janeiro de 1965. Mesmo já demitido do Banco do Brasil, integrou a Comissão que orientou e dirigiu a derrubada da Intervenção no Sindicato dos Bancários de São Paulo e Mato Grosso. Foi o primeiro sindicato a reconquistar independência em 1965, em plena ditadura militar. Anistiado em 14 de maio de 1980, pela Lei 6.683/79, por despacho do então Ministro da Fazenda, foi autorizado a retornar ao BB por Ato de 1 de julho de 1980, e em 27 de julho reassumiu suas funções, lotado na Agência de Piracicaba – São Paulo.

Aposentou-se do Banco em 1996, mas manteve sua militância política até sua morte, em 2012.

Ao lado de outros companheiros, lutou contra a ditadura militar e, como membro da direção estadual do PCB, foi responsável pelo apoio financeiro às famílias de bancários perseguidos no Brasil e no exterior. Nessa condição, em 1965, refundou a CENBA (Comissão Executiva Nacional de Anistia dos Bancários) e foi eleito seu Presidente.

Sempre participando dos movimentos contra a ditadura e na luta pela anistia, de 1965 a 1982 cumpriu longa e árdua jornada em que foi preso por três vezes, sendo que em 1972 e 1975 foi barbaramente torturado pelos agentes da Operação Bandeirantes. Seus algozes conseguiram dele apenas uma simples declaração de que era militante comunista. Em 1975 foi solto, mas ainda teve que enfrentar Inquérito Policial Militar para apurar fatos relacionados à Lei de Segurança Nacional. Sua última prisão ocorreu em 13 de dezembro de 1982, por sua participação como delegado do VII Congresso Nacional do PCB.

Em 1985, já afastado do PCB, ajudou a fundar o Instituto Roberto Morena e se reintegrou à militância no movimento sindical. Em 1986, participou como delegado no Encontro Nacional dos Bancários, organizado para discutir a Reforma Bancária. Em junho de 1987 foi eleito Delegado Efetivo da CONTEC (Confederação Nacional dos Trabalhadores nas Empresas de Crédito). Desde então, seguiu atuando, como dirigente ou representante dos funcionários, nas Mesas de Negociação com dirigentes do Banco do Brasil, nas lutas por aumento salarial e pela ampliação das conquistas e manutenção dos direitos. Nessa trincheira permaneceu até 1995, último ano em que, sob sua liderança nas mesas de negociação, os trabalhadores do BB obtiveram ganhos efetivos reais.

Desde os anos 1970, Gadelha se empenhou pela anistia, seja como Presidente ou Secretário Geral da CENBA. Essa entidade participou ativamente no movimento pela redemocratização do país, por uma anistia ampla, geral e irrestrita e pela Constituinte.

Esse movimento alcançou grande dimensão e abrangência em 1978. Nessa ocasião a entidade passou a se chamar Comissão Nacional de Bancários Anistiados. Em 1979, novamente eleito membro da Diretoria

Executiva da CENBA, foi encarregado de atuar junto aos parlamentares do Congresso Nacional por uma anistia mais ampla do que a inicialmente promulgada.

Após a redemocratização, a CENBA se tornaria uma das mais importantes entidades na luta política para assegurar na Assembleia Constituinte, ampla e geral anistia aos que tiveram direitos políticos cassados e aos presos e perseguidos por lutarem contra a ditadura. Participaram nessa defesa por direitos consagrados na Constituição, que seria aprovada em 1988, colegas dos Bancos oficiais (Banco do Brasil, Banco do Nordeste e Banco da Amazônia), da Petrobras e dos militares, todos ainda não anistiados.

Na ocasião, Gadelha idealiza e colabora com o colega cassado do Banco do Brasil, advogado Wilson Affonso (Rio Grande do Sul), na organização da primeira compilação de Leis de Anistia, obra publicada em primeira edição pela CONTEC em 1988, sob o título *Anistia. Memorial sobre a situação jurídica de Segurados da Previdência Social Beneficiários da Anistia Política*. Em 1998 essa obra foi revista e ampliada, em 2ª edição, pela Associação Brasileira dos Anistiados Políticos dos Sistemas Petrobrás e demais Empresas Estatais – ABRASPET. Este processo é importante para compreender o momento da idealização da ABAP, pelo companheiro bancário e anistiado político do Banco do Brasil Carlos Fernandes. Apesar das vitórias obtidas pelas categorias mais organizadas, como os trabalhadores de bancos oficiais representados pela CENBA, ou da Petrobras, pessoas comuns, sem representação, tinham pouca chance de obter êxito na luta por seus direitos e justas indenizações.

É nesse contexto que foi pensada a ABAP, entidade idealizada por Carlos Fernandes, inconformado diante da dificuldade que as pessoas que foram vítimas da ditadura tinham para conseguir a anistia a que tinham direito. Em 1995, Carlos Fernandes, com apoio de sua companheira, a advogada Alexandrina Christensen de Souza, deu os primeiros passos para a criação da ABAP, com o objetivo de dar voz e unidade à força política dos anistiados do Brasil.

Na ocasião, sem sede e sem recursos, coube a Gadelha apoiar a iniciativa de Carlos Fernandes, considerado por alguns como um sonhador utópico. Por iniciativa e gestão de Gadelha, o presidente da CONTEC, Lourenço Ferreira, cedeu uma sala na sede da entidade, onde um pequeno grupo começou a trabalhar e a crescer até a dimensão que tem hoje essa importante associação que é a ABAP. Gadelha, convidado por Carlos Fernandes e Alexandrina, foi por várias vezes eleito Membro do Conselho de Representantes da ABAP, atuando nessa entidade desde sua fundação até 2012, quando nos deixou, surpreendido por grave falência renal. Exercia então o cargo de 2º Vice-Presidente da entidade que ajudou a consolidar. A ABAP se consolidou na luta pela restauração da democracia e o respeito aos direitos dos anistiados do país e dos anistiandos que ainda não conseguiram resgatar seus direitos.

8. Verdades e Memórias Reveladas

Justiça de Transição

A Europa viveu várias transições como a do nazifascismo para a democracia formal, das sociedades de economia planificada para sociedades liberais, de regimes autoritários para regimes abertos, democráticos. Na Nossa América, temos exemplos recentes de Argentina, Uruguai e Chile, e Brasil, claro. São registros históricos recentes, mas se olhamos pra trás, veremos que são muitas as transições vividas pela humanidade.

Cada transição exige uma quase que reconstrução do ordenamento político e jurídico e nesse contexto é que se formou e consolidou o conceito de Justiça de Transição. No nosso meio, ou seja, o universo latino-americanos, após o término de ditaduras sangrentas a sociedade se deparou com o dilema do que fazer com as vítimas e com os agentes que as vitimaram.

Punir ou não punir os crimes contra os direitos humanos, revelar ou não revelar as verdades ocultas das maldades praticadas, como colocar o ordenamento jurídico na restauração da democracia? Que democracia? Muito além da justiça criminal, a justiça de transição tem a preocupação com a história, com a preservação da memória e daqueles que protagonizaram o momento histórico. Há também o entendimento de que a Justiça de Transição se faz necessária para eliminar as características e métodos dos regimes repressivos, para que nunca mais se repitam. Em suma, se trata de estabelecer a plenitude dos Direitos Humanos consagrados por tratados no mundo inteiro. No Brasil todas as reações se fazem com atraso no tempo histórico. É como se o país vivesse na era das caravelas em que as notícias, notadamente aquelas sobre mudanças de conceitos, demoravam meses, às vezes até anos para chegar. O professor João Teófilo, em artigo no Café História, percebeu isso quando escreveu:

> No Brasil, o processo de transição para a democracia não levou adiante nenhum dos objetivos que dizem respeito à Justiça de Transição.

> Pelo contrário, através da Lei de Anistia de 1979 (Lei nº 6.683), os militares buscaram interditar qualquer medida no sentido de remexer no passado, e as alianças políticas que permitiram uma "transição segura", pelo alto, deixaram de fora da agenda política naquele momento questões relativas às violações de direitos humanos durante a ditadura militar. As políticas de memória, verdade e reparação contempladas no país se deram no momento democrático. Cenário muito diferente daquele da vizinha Argentina, que vivenciou outro processo. Diferentemente do nosso, lá, de imediato, foi criada uma comissão da verdade e se levou a julgamento os perpetradores das violações de direitos humanos, ainda que o processo tenha passado por algumas reviravoltas.[1]

De fato, só em 1995, dez anos depois do fim da ditadura, com a Lei dos Desaparecidos Políticos (Lei n. 9.140/95), o Estado se preocupou em atender os familiares aflitos por não poderem enterrar seus mortos, e se empenhou em ajudar a encontrá-los e a indenizar as famílias. Tardaria ainda outros sete anos para promulgar a Lei 10.559/2002, que criou a Comissão de Anistia do Ministério da Justiça, e passou-se a anistiar e reparar os danos aos ex-presos e perseguidos políticos. Mesmo assim, a Justiça de Transição, conforme constatou Tatiana Waisberg:

> tornou-se tema recorrente no debate público brasileiro principalmente após a publicação do livro *Direito à Verdade e à Memória*, em 2007, resultado de 11 anos de trabalho da Comissão Especial sobre Mortos e Desaparecidos Políticos. O livro recupera a história de 479 militantes políticos, que foram vítimas da ditadura militar no Brasil durante o período de 1961 a 1988. Desta forma o governo brasileiro admitiu de forma explícita a responsabilidade por crimes contra a humanidade cometidos de forma sistemática pelo regime ditatorial do passado.[2]

---

1 TEÓFILO, João. Justiça de Transição: o que fazer com as heranças de um passado violento. In: *Café História: história feita com cliques*. Disponível em: https://www.cafehistoria.com.br/justica-de-transicao-historia/. Publicado em: 7 mai. 2018. Acesso em 6/6/2018.

2 A Teoria e Prática da Justiça de Transição: breves comentários. http://www.conteudojuridico.com.br/artigo,a-teoria-e-pratica-da-justica de-transicao-breves-comentarios,23849.html

Sobre Justiça Restaurativa, estudada e praticada em países da Europa desde os anos 1970, somente a partir dos anos 2000 o Brasil passou a considerar a sua prática que se opõe à da Justiça criminal, punitiva, ao praticar o uso racional do direito, com respeito às pessoas e na negociação envolvendo vítima, agressor, família e sociedade, na busca de conciliação.

Incentivado pelo Conselho Nacional de Justiça (CNJ), em 14 de agosto de 2014, o presidente do CNJ e do Supremo Tribunal Federal (STF) Ricardo Lewandowski assinou com o presidente da Associação dos Magistrados, João Ricardo dos Santos Costa, e representantes de instituições de todo o país, o Protocolo de Cooperação para difusão da Justiça restaurativa em todo o país. Discursando na ocasião, Lewandowski lembrou que o filosofo italiano Norberto Bobbio, em seu livro *A era dos direitos*, mostra que na passagem do século XX para o XXI o mundo entrou na era dos direitos, e que a Constituição de 1988, ao assentar que todo o poder emana do povo, indica que o povo deve procurar exercê-lo participativamente. O ministro Lewandowski explicou que

> para que nós possamos dar conta desse novo anseio por Justiça, dessa busca pelos direitos fundamentais, é preciso mudar a cultura da magistratura, mudar a cultura dos bacharéis em Direito, parar com essa mentalidade, essa ideia de que todos os conflitos e problemas sociais serão resolvidos mediante o ajuizamento de um processo.
>
> Nós precisamos buscar meios alternativos de solução de controvérsias. Nós precisamos buscar não apenas resolver as questões litigiosas que se multiplicam na sociedade por meio de uma decisão judicial, mas sim buscar formas alternativas, devolvendo para a própria sociedade a solução de seus problemas.
>
> É necessário que hoje o magistrado tenha não apenas a inteligência técnico-jurídica, conhecimento do processo, do Direito material, civil, penal ou militar. Ele precisa ter inteligência emocional ou, mais do que isso, a sensibilidade social, porque, afinal de contas, a grande missão hoje do Poder Judiciário é dar concretização aos direitos sociais e garantir a paz social.[3]

3 Fonte: sítio do Conselho Nacional de Justiça.

Pioneiro na implantação do método no país, o juiz Asiel Henrique de Sousa, do Tribunal de Justiça do Distrito Federal e dos Territórios (TJDFT) explica, na entrevista abaixo, como funciona essa prática e compartilha alguns bons resultados da aplicação da Justiça Restaurativa no Distrito Federal:

> Justiça Restaurativa é uma prática que está buscando um conceito. Em linhas gerais poderíamos dizer que se trata de um processo colaborativo voltado para resolução de um conflito caracterizado como crime, que envolve a participação maior do infrator e da vítima. Surgiu no exterior, na cultura anglo-saxã. As primeiras experiências vieram do Canadá e da Nova Zelândia e ganharam relevância em várias partes do mundo. Aqui no Brasil ainda estamos em caráter experimental, mas já está em prática há dez anos. Na prática existem algumas metodologias voltadas para esse processo.
>
> A mediação vítima-ofensor consiste basicamente em colocá-los em um mesmo ambiente guardado de segurança jurídica e física, com o objetivo de que se busque ali acordo que implique a resolução de outras dimensões do problema que não apenas a punição, como, por exemplo, a reparação de danos emocionais.
>
> No Brasil temos trabalhado ainda, na maioria das vezes, com os crimes mais leves, porque ainda não temos estrutura apropriada para os crimes mais graves. Em outros países até preferem os crimes mais graves, porque os resultados são mais bem percebidos.
>
> A diversidade de crimes e de possibilidades a serem encontradas para sua resolução é muito grande. Vamos supor que, após um sequestro relâmpago, a vítima costuma desenvolver um temor a partir daquele episódio, associando seu agressor a todos que se pareçam com ele, criando um "fantasma" em sua vida, um estereótipo.
>
> Independentemente do processo judicial contra o criminoso, como se retoma a segurança emocional dessa pessoa que foi vítima? Provavelmente se o ofensor tiver a oportunidade de dizer, por exemplo, porque a vítima foi escolhida, isso pode resolver essa insegurança que ela vai carregar para o resto da vida.

Percebe-se, lendo as explicações e motivações das maiores autoridades judiciais, o quanto estamos longe de uma justiça democrática, que assegure direitos à cidadania. O direito criminal quer um culpado, a polícia, em nome do judiciário, prende, bate e confina em situações desumanas gente com culpa ou sem culpa, delito leve ou crime grave, sem ser ter sido julgada em qualquer instância, e vem falar de Justiça Restaurativa. Pra quem?

Boa pergunta. Deveria valer para toda a sociedade. Por isso é importante seguir com a bandeira de luta pelo respeito aos direitos: *Justiça igual para todos!*

Paulo Abrão, no exercício da presidência da Comissão de Anistia, do Ministério da Justiça, estava empenhado em aplicar os princípios da Justiça Restaurativa, ao levar as Caravanas de Anistia a realizar sessões com ampla participação de membros de uma comunidade de interesses, ou com as Clínicas de Testemunho, a oferecer atendimento psicológicos às vítimas de sequelas psíquicas causadas pelos tormentos sofridos O entendimento da Comissão de Anistia é usar a Justiça Restaurativa para reparação dos danos-morais e materiais causados às vítimas. No caso, o Estado é o ofensor, reconhece a culpa e pede desculpas à vítima sem que tenha havido um julgamento por um tribunal. A coisa foi resolvida mediante mediação da comunidade, no caso, o Conselho da Comissão de Anistia, integrado por 24 pessoas, inclusive os representantes das vítimas, em sessão aberta ao público.

Nesse aspecto, no marco dos 30 anos de luta pela Anistia no Brasil, lançou-se em agosto de 2009 revista semestral *Anistia Política e Justiça de Transição*, como suporte para o estudo e debate em torno da Justiça de Transição para analisar como os países migram de um regime para outro, no caso, de uma ditadura repressiva para a construção de um regime democrático, de respeito aos direitos humanos.

Revista informativa e teórica, com perfil acadêmico e quase 400 páginas, esclarece no prefácio ser Justiça Transiciona

> um ramo altamente complexo de estudo, que reúne profissionais das mais variadas áreas, passando pelo Direito, Ciência Política, Sociologia e História, entre outras, com vistas a verificar quais processos de justiça foram levados a cabo pelo conjunto dos poderes dos Estados Nacionais, pela sociedade civil e por organismos internacionais para que, após o Estado de Exceção, a normalidade democrática pudesse se consolidar.
>
> Mais importante, porém, é a dimensão prospectiva desses estudos, cuja aplicação em políticas públicas de educação e justiça serve para trabalhar socialmente os valores democráticos, com vistas à

incorporação pedagógica da experiência de rompimento da ordem constitucional legítima de forma positiva na cultura nacional, transformando o sofrimento do período autoritário em um aprendizado para a não-repetição.

Seminário sobre Justiça de Transição

Em junho de 2015, integrantes da Rede Latino-americana de Justiça de Transição (RLAJT) se reuniram no campus da Universidade de Brasília para debater temas relacionados com a Justiça de Transição. Presentes especialistas de dez países, trocaram conhecimentos e experiências sobre o papel do Judiciário na Justiça de Transição e os princípios e as regras para preservação de arquivos sobre violações de direitos humanos cometidas durante as ditaduras em Nossa América.

No ano seguinte, a Comissão de Anistia e a rede RLAJT lançaram o livro *Justiça de Transição na América Latina* (Panorama 2015), com uma coletânea de textos produzidos por integrantes da rede. Os países examinados na publicação (Argentina, Brasil, Chile, Colômbia, El Salvador, Guatemala, México, Peru e Uruguai) possuem experiências bastante distintas de Justiça de Transição, mas compartilham passados de rupturas institucionais e desafios de aprofundamento democrático e de promoção dos direitos humanos. Nesse sentido, a publicação se soma aos esforços da Comissão de Anistia e da RLAJT para fomentar a troca de informações e experiências entre parceiros latino-americanos a fim de reforçar os processos de aprendizado comum e de integração regional.[4] Em versão bilíngue (português e espanhol), o livro já está disponível para download gratuito.

---

4 O livro em sua versão bilingue pode ser baixado neste sítio: http://www.justica.gov.br/central-de-conteudo/anistia/anexos/justica-de-transicao-e-justicia-de-transicion-web-final.pdf

2011: arquivos revelados

Relevante ao processo de Justiça de Transição e fundamental para recuperação da memória histórica e ressignificação dos fatos foi a promulgação da Lei de Acesso à Informação (LAI). De fato, muito importante, porém, com 23 anos de atraso em relação à Constituição, que em seus Artigos 5º e 17º indica que

> XXXIII - Todos têm direito a receber dos órgãos públicos informações de seu interesse particular, ou de interesse coletivo ou geral, que serão prestadas no prazo da lei, sob pena de responsabilidade, ressalvadas aquelas cujo sigilo seja imprescindível à segurança da sociedade e do Estado; [...]

Em novembro de 2011, a presidenta Dilma Rousseff sancionou a Lei 12.527, que entrou em vigor seis meses depois e permite que qualquer cidadão possa consultar documentos públicos. Teoricamente, inclusive aqueles considerados secretos. Na prática, desde que não seja muito secreto. Segundo o próprio governo, os aspectos principais da LAI são:

- Acesso é a regra, o sigilo, a exceção (divulgação máxima)
- Requerente não precisa dizer por que e para que deseja a informação (não exigência de motivação)
- Hipóteses de sigilo são limitadas e legalmente estabelecidas (limitação de exceções)
- Fornecimento gratuito de informação, salvo custo de reprodução (gratuidade da informação)
- Divulgação proativa de informações de interesse coletivo e geral (transparência ativa)
- Criação de procedimentos e prazos que facilitam o acesso à informação (transparência passiva)

Não obstante, para a Justiça de Transição, tem maior relevância os artigos 21 e 22 do Capítulo IV, das Disposições Gerais da Constituição que determinam:

> Art. 21. Não poderá ser negado acesso à informação necessária à tutela judicial ou administrativa de direitos fundamentais.
>
> Parágrafo único. As informações ou documentos que versem sobre condutas que impliquem violação dos direitos humanos praticada por agentes públicos ou a mando de autoridades públicas não poderão ser objeto de restrição de acesso.
>
> Art. 22. O disposto nesta Lei não exclui as demais hipóteses legais de sigilo e de segredo de justiça nem as hipóteses de segredo industrial decorrentes da exploração direta de atividade econômica pelo Estado ou por pessoa física ou entidade privada que tenha qualquer vínculo com o poder público.

A Lei de Acesso estabelece que documentos públicos podem ter três graus de sigilo: ultrassecreto (25 anos); secreto (15 anos) e reservado (5 anos). Contudo foi um grande avanço e nos primeiros três anos de vigência da lei foram desclassificados algo como 236 mil documentos. Mas o Exército e o Itamaraty continuam guardando a sete chaves o que consideram ultrassecreto.

Em fevereiro de 2019, menos de dois meses de empossado, o governo dos generais à paisana, sem consulta ao Congresso, mudou essas regras que, de toda maneira, não vinham sendo cumpridas. Porém, como um lei não se revoga por decreto, teve que emitir outro decreto anulando o anterior. Com este (decreto No 9.716 de 26 de fevereiro de 2019), fica tudo como dantes.

Em junho de 2011 a Agência Brasil informava que o Itamaraty dispõe de dois arquivos – um no Rio de Janeiro, onde estão os documentos datados de 1808 até 1960 e outro em Brasília, que guarda os papéis de 1961 até os dias de hoje. A ordem é para inventariar todos os documentos. Pelo levantamento relativo aos documentos de 2010, foram emitidos no Itamaraty e em todas as embaixadas do Brasil no exterior 340.203 documentos. Deste total, apenas 426 são ultrassecretos, dos quais 292 foram enviados pelas representações diplomáticas do Brasil no exterior e 134 encaminhados pelo Itamaraty. Paulo Abrão, presidente da Comissão de Anistia, já havia advertido sobre denúncia de que diplomatas exerceram o papel de polícia política da ditadura, por meio do Centro de Informação do Exterior (Ciex), que funcionava em coordenação com agentes de outros países. Para Paulo Abrão, presidente da Comissão de Anistia, "Uma documentação como essa implica no que chamamos juridicamente de 'fato novo', e diante disso a legislação brasileira nos permite reanalisar esses processos". Ele explica que "cada indenização está condicionada à evidências dessa perseguição.[5]

Ainda existem perseguidos políticos

O projeto Ainda Hoje Existe Perseguidos Políticos, realizado pela Comissão de Anistia em parceria com a ONG Acesso – Cidadania e Direitos Humanos do Rio Grande do Sul, que percorreu o interior, assentamentos de sem-terra e quilombolas. Foram vários seminários numa agenda de maio a dezembro de 2011. No programa, seminário para mulheres do campo, oficinas sobre quilombolas na Justiça de Transição, desvendando a ditadura civil-militar, audiência com setores da juventude, diálogos sobre direitos humanos e a questão de gênero. O objetivo do projeto era interagir com grupos de sem-terra, quilombolas e outras comunidades historicamente reprimidas pelo Estado plutocrático e produzir material para sensibilizar a sociedade sobre a necessidade de que se respeite os direitos humanos dos povos marginalizados. O título do projeto, no entanto, remete à memória de fatos presentes e não tanto passados sobre a realidade de presos políticos em plena república democrática inaugurada em 1988.

Vale lembrar o estudante de geografia Igor Mendes, preso em fins de 2013 por participar de uma manifestação no Rio de Janeiro, foi solto mediante habeas corpus, contudo, ficou proibido de participar de manifestações públicas. Foi preso de novo por participar de um festival de cultura em homenagem ao Dia do Professor. Amargou sete meses de cárcere. Em setembro de 2017, lançou o livro *A pequena prisão*, em que relata os erros e absurdos jurídicos de que foi vítima. A imprensa alternativa clamava pela soltura do "último preso político."

Igor foi processado e condenado junto com 23 jovens que participaram, no Rio de Janeiro, das manifestações de junho de 2013, que ocorreram nas principais cidades do país. Em São Paulo, no mesmo junho e pelo mesmo motivo, foram julgados e condenados 18 jovens. A prisão dos

5 Entrevista a Claudio Dantas Sequeira, Correio Brasiliense, 27/7/07

jovens repercutiu provocando manifestações de solidariedade na Itália, França, Espanha, Colômbia, Equador, Chile e por todas as partes do território brasileiro, com a bandeira de "liberdade para Igor Mendes e todos os presos políticos da cidade e do campo." Em 2018 esses jovens, com exceção de Igor, continuavam presos. No dia 2 de agosto organizações relacionadas com direitos humanos realizaram ato em frente à Faculdade de Direito da Universidade de São Paulo, com a presença de advogados e de familiares dos presos. Um extenso dossiê publicado no portal do Movimento dos Trabalhadores sem Teto (MTST)[6] recolhe depoimentos de mães e advogados. Jandyra Mendes, mãe de Igor Mendes:

> Posso dizer a todos que a luta é dura, minha gente. Os 23 do Rio de Janeiro foram condenados de cinco a treze anos de regime fechado. Em um primeiro instante, todos nós ficamos chocados com a decisão do juiz. Logo veio à minha cabeça que é gravíssimo. As perseguições políticas e as prisões abrem um precedente para a perseguição de todos os movimentos sociais no país. Coibir manifestações é coibir o direito democrático. E estamos aqui reivindicando esses direitos.

Gabriela Holz, companheira de Filipe Proença, um dos 23 perseguidos do Rio:

> Uma companheira que mora na favela da Maré – e muita gente acha que esse é um processo de estudantes universitários, brancos, burgueses, e não é verdade, tem moradores de favelas entre os 23. Os policiais entraram encapuzados na sua residência, xingaram sua mãe, chamaram a casa de "muquifo", levaram a irmã de 15 anos de idade presa em um tanque – é assim que a polícia do Rio de Janeiro trata sua população – e torturaram essa menina. Ela ficou lá por meses, sem saber se os pais estavam presos ou não.
>
> Os 23 têm seus direitos políticos cerceados, ou seja, nosso estado democrático de direito é uma falácia. Não podem participar de manifestações públicas, nem sair do Rio de Janeiro e todos os meses têm de assinar o processo em cartório, passíveis de receberem mandados de

6 Fonte: https://mtst.org/noticias/ato-em-solidariedade-aos-perseguidos-politicos-caso-dos-23-do-rj-deve-ser-levado-as-nacoes-unidas/

> prisão caso não se apresentem. Sofrem perseguição nos seus locais de trabalho por simplesmente terem se organizado politicamente. (...) Esse é um processo político e ideológico, é a faceta de um Estado racista, genocida e fascista. (...) Todo militante acusado que sentava no banco dos réus era perguntado se era comunista ou anarquista, como se ideologia política fosse crime no nosso país.

Hugo Albuquerque, advogado que acompanha o caso dos 18 de São Paulo:

> Vemos um movimento de repressão política, com uso da lei penal ordinária para fazer a repressão. Se alguém realmente acreditasse que esses grupos estavam fazendo alguma coisa perigosa e pondo a vida das pessoas em risco, estariam enquadrando-os na lei de segurança nacional – pois da forma como as estão enquadrando já passa um recibo de que há perseguição e criminalização da luta social.
>
> Os 23 do Rio são acusados de associação para prática criminosa, mas qual atividade criminosa foi a eles atribuída? Participar de manifestação? Isso é muito sério, escapa de qualquer escopo técnico-jurídico e mostra uma natureza política e autoritária, de fechamento do nosso Estado, e temos de ter consciência de fechamento total do regime, dependendo do que ocorra nessas eleições.
>
> O caso dos 23 tem que ser levado às Nações Unidas, pois é algo sem cabimento. E aqui em São Paulo tivemos um caso posterior que ocorreu em setembro de 2016 em uma manifestação contra o Temer. Inclusive é difícil comparar. A acusação é parecida, ainda que não comparável, pois os 18 de São Paulo sequer chegaram a ir na manifestação. Sequer constituíam um coletivo, nada. Era uma série de garotos e garotas, reunidos por um oficial da inteligência das forças armadas e que foram detidos, presos, processados e mantidos incomunicáveis no DEIC.
>
> Vemos um processo surreal onde as pessoas são tomadas por cristo, pra passar o seguinte recado: "não saia e não se manifeste, senão isso pode acontecer com você também, pois acontece com qualquer um".
>
> Esse caso dos 18 de SP vai além da criminalização, pegaram pessoas aleatórias. Um menino que estava de skate na rua, outro que estava estu-

dando no Centro Cultural, e são jogados como em uma rede de pesca, presos em uma operação que parecia uma operação de contraterrorismo real, com participação de um oficial que foi escondido em quase todo o momento do processo. Oficial este que hoje está sendo investigado, mas ainda assim o processo contra os jovens continua andando.

Não foi o último

Depois desse escabroso caso, veio a ofensiva com objetivo de liquidar com o Partido dos Trabalhadores, encarcerando dirigentes como José Genoino, presidente, José Dirceu, secretário-geral, Delúbio Soares, tesoureiro, e acusando o próprio presidente da República, Luiz Inácio Lula da Silva, como envolvido em crime de corrupção. Empossado na presidência em 2003, após concluir seu segundo mandato, Lula foi preso através de artimanhas jurídicas para não participar das eleições em que, com toda certeza, sairia vitorioso. Tirar o ex presidente Lula da eleição, mantendo-o preso sem provas concretas, repercutiu no exterior projetando a imagem de um Estado em que não há a mínima segurança jurídica. Como negar que Lula é o mais importante preso político no Brasil de hoje? Como negar que Jean Willys seja um exilado político? Eleito deputado federal em 2010, reeleito em 2014, e de novo em 2018, só que assim que assumiu o mandato, diante de tanta violência contra sua pessoa, dentro do próprio legislativo, ameaçado de morte, preferiu se asilar na França.

Jornalista e professor, foi indicado como melhor deputado federal em 2012 e 2015, e em segundo lugar em 2013. É respeitado no mundo inteiro como um ícone na luta pela inclusão e empoderamento da comunidade LGBT, e na Europa está participando de eventos cultura e dando palestras sobre democracia e situação política no Brasil.

Comissão Nacional da Verdade

Instituída pela Lei 12.528, em novembro de 2011, é considerada como um marco para a Justiça de Transição. Impressiona como quase tudo que diz respeito à pessoa humana no Estado brasileiro está sempre atrasado por décadas em relação ao resto do mundo. E mais, quando por ceder às pressões internas e externas, firmam tratados, promulgam leis e criam fatos, são as próprias instituições do Estado a desobedecê-los, contrariá-los e mesmo retroceder no tempo e na história.

Por décadas a sociedade tem lutado por ter reveladas as verdades escondidas sobre os crimes praticados pelo Estado contra a Nação. Escondem e enganam como foi, por exemplo, o vergonhoso período escravagista, formalmente abjurado, porém na prática persistente até nos dias de hoje.

A exemplo de nossos vizinhos, que julgaram e condenaram os algozes militares que em sucessivas ditaduras impuseram o terror à sociedade, os movimentos sociais no Brasil vêm exigindo a verdade e a punição dos que cometeram crime de lesa humanidade no exercício do poder de Estado. Houve um avanço com a entrega ao Arquivo Nacional dos arquivos dos órgãos de repressão civis e militares. Hoje, sistematizados e informatizados, estão à disposição do público.

Outro significativo avanço, também com mais de 40 anos de atraso, foi a criação da Comissão Nacional da Verdade (CNV), e das comissões regionais e setoriais criadas para dar mais abrangência e velocidade à coleta de dados. No ano seguinte a CNV e suas apêndices iniciaram a coleta de depoimentos das vítimas e também de protagonistas do terrorismo de Estado.

Estão aí, nos arquivos da CNV, capítulos tenebrosos de nossa história, através da narrativa daqueles que sofreram na pele, no corpo e na alma os efeitos da tortura. Ficou claro e incontestável tanto o uso da tortura como do assassinato e desaparecimento de corpos como política de Estado.

2012 - Comissões da Verdade por toda parte

É relevante que, com o início dos trabalhos da Comissão Nacional da Verdade, foram criadas inúmeras Comissões da Verdade nos âmbitos estaduais, municipais e de entidades de classe. A Federação Nacional dos Jornalistas, através de seus sindicatos, recolheu testemunho de jornalistas por todo o Brasil que foram engrossar o arquivo da Comissão Nacional da Verdade. Pessoas que, ao revelarem seus dramas como perseguidos políticos, criaram coragem para se expor e reivindicar seus direitos. Algumas pessoas tinham travado esse grito na garganta por várias décadas e depor à Comissão da Verdade foi realmente uma catarse. As revelações decorrentes dos depoimentos às comissões também contribuíram para que emergissem novos requerimentos de anistia. Porém, em contrapartida, a Comissão de Anistia teve que enfrentar o aumento de trabalho com uma redução de quase a metade dos recursos do ano anterior. Segundo relatório anual da Comissão de Anistia, o orçamento para 2012 de R$ 15 milhões foi R$ 14 milhões a menos que o do ano anterior. Além da fragilidade da infraestrutura teve que reduzir o número de pessoal, retardando, claro, os processos de anistia. Ainda segundo o relatório, em 2012 a Comissão recebeu 1.706 requerimentos de anistia, que somaram 71.603 desde o início dos trabalhos em 2001. Destes foram julgados 59.878.

Caravanas da Anistia

Sobre esse tema, importante destacar a publicação do livro *Caravanas da Anistia – O Brasil pede Perdão*, pelo Ministério da Justiça e Comissão de Anistia. É uma sistematização, importante mesmo que sumária, de 50 Caravanas de Anistia, realizadas entre 2008 e 2011, por todas as cinco regiões do país. Até o final da gestão, em 2017, já haviam sido realizadas 90 Caravanas. O livro documenta a memória com vários depoimentos de protagonistas das lutas pelos direitos humanos e daqueles que sofreram perseguições por lutar pela libertação do Brasil.

Em abril de 2009, a 20ª Caravana de Anistia, em Recife, Pernambuco, homenageou o ex governador Miguel Arraes de Alencar (1916-2005) e o arcebispo de Olinda e Recife D. Hélder Câmara (1909-1999), duas figuras proeminentes durante o governo de João Goulart e que foram punidas pela ditadura. D. Helder, conhecido no mundo todo por seu empenho em defesa dos direitos humanos e combate à ditadura, odiado pelos militares e pela plutocracia, tem na Igreja de Roma, desde 2017, um processo para torna-lo santo. Arraes foi deputado estadual, prefeito de Recife (1960-1962), governador (1963-1964) eleito por uma coligação liderada pelo PST que derrotou o candidato da UDN João Cleofás. Foi deposto e preso no isolamento da Ilha de Fernando de Noronha, a 545 quilômetros do litoral de Recife. Ficou 13 anos no exílio, em Argel, capital da Argélia, sob o governo revolucionário de Boumédiène. De regresso ao Brasil, ingressou no PMDB, foi eleito deputado federal por três mandatos (1983-1987/1991-1994/2003-2005) e reeleito governador (1995-1999).

Em 22 de agosto de 2009, em comemoração aos 30 anos de luta pela anistia no Brasil, em parceria com o Arquivo Nacional da Casa Civil, a Comissão de Anistia realizou ato público no Rio de Janeiro com ampla participação da cidadania. Houve exposição fotográfica e exibição de documentários. Ato relevante no funcionamento da Comissão foi a nomeação de seis novos conselheiros: Edson Claudio Pistori, Ana Maria Guedes, Maria Emília Guerra Ferreira, Mario Miranda de Albuquerque, Eneá de Stutz e Almeida e Rita Maria de Miranda Sipahi, esta representando os anistiados. Nos casos especiais, o julgamento de 1.200 processos de militares que foram punidos por razões políticas depois do golpe de 1964.

Pernambuco "frevia"

Arraes de Alencar, de tradicional família com raízes no Ceará e Pernambuco, nunca fora comunista, sequer socialista. Era um democrata radical com grande sensibilidade social. Mas o Partido Comunista Brasileiro (PCB) era muito forte em Recife, Olinda e cidades da área metropolitana da capital. Um governo democrático com sensibilidade social tinha o apoio do PCB, logicamente. Pernambuco, a terra do frevo, "frevia", pra bom entendedor, ao calor do movimento camponês que exigia "reforma agrária na lei ou na marra", as ligas camponesas com seu advogado Francisco Julião pregavam o fim do cambão e da meia e exigia terras para os camponeses. A Igreja de Roma, empenhada em disputar espaço com os comunistas, desenvolvia o Movimento de Educação de Base (alfabetização e educação básica) patrocinada pelo Ministério da Educação. Foi coordenando esse movimento que Paulo Freire desenvolveu seu método de alfabetização libertador.

Os ares do triunfo da Revolução Cubana ainda insuflavam os corações libertários, principalmente no seio da juventude. Isso apavorou de tal maneira os ocupantes da Casa Branca, que enviaram um verdadeiro exército para a região, uns seis mil agentes, a maioria disfarçada.

Consumado o golpe de 1º de abril, Exército e polícia servis às oligarquias e ao império extravasaram todo seu ódio, prendendo, judiando e matando à esquerda e à direita quem se opusesse no caminho.

Miguel Arraes incomunicável na longínqua Fernando de Noronha; o líder operário Gregório Bezerra (1900-1983), dirigente do PCB, um dia depois do golpe, foi arrastado pelas ruas pelos militares... O Instituto Moreira Sales colheu um depoimento de Bezerra em que ele narra o suplício. O simples fato de ser colaborador ou estar próximo de Miguel Arraes era suficiente para desencadear a ira dos militares e seus sequazes. É o caso de Waldir Ximenes, ex-funcionário do Banco do Brasil e conselheiro político do governador Miguel Arraes. Ele aparece numa foto, no dia 1º de abril, dirigindo um fusca tendo o governador no banco traseiro. Artigo do cientista político Túlio Velho Barreto, no *Jornal do Commercio*, em 12 de janeiro de 2013, revela descoberta de que Ximenes foi submetido a sessões de tortura no Regimento de Obuses, em Olinda, ainda em abril de 1964. Ficou severamente lesionado após horas de pau-de-arara e torturas, foi levado ao Hospital Geral do Exército e morreu em consequência das sequelas dos maus-tratos. A Comissão da Verdade pediu que fossem apurados esses fatos. O caso se assemelha ao do padre Henrique, assessor e amigo do bispo D. Hélder Câmara. Como não tinham como atacar o bispo, famoso no mundo inteiro por seu trabalho social, a repressão sequestrou, torturou e matou o padre próximo ao bispo.

Gregorio Bezerra foi alfabetizado pelo Exército e chegou a ser sargento e instrutor. Em 1935, enquanto membro do PCB, liderou o movimento da Aliança Nacional Libertadora (ANL) que promoveu a ocupação dos quartéis e que ficou conhecida como Intentona Comunista. Em 1946 foi eleito deputado constituinte, mas logo em 1948 foi cassado como todos os eleitos pelo PCB junto com cassação do próprio partido. Em 1964 teve os direitos políticos cassados pelo AI-1 mesmo estando preso. Apesar de tudo, Bezerra sobreviveu e em 1969 foi libertado, junto com outros presos, em troca do embaixador dos EUA, Charles Burke Elbrick, encarcerado por um comando revolucionário. Viveu um tempo em Moscou exilado, voltou com a anistia e filiou-se ao MDB.

Aqui, um trecho de seu depoimento ao IMS (áudio disponível no sítio da instituição):

> *Da coiçada de fuzil no estômago" aos golpes do cano de ferro na cabeça, dos pés mergulhados em ácido de bateria de carro ... A dor que senti não sei descrever, (conta ele) ao quase degolamento provocado pelas três cordas amarradas em seu pescoço, pelas quais era arrastado, "num*

desfile macabro", pelo bairro de Casa Forte, na capital pernambucana. O depoimento pode ser ouvido no sitio do instituto.

Pedagogia da libertação e o teatro do oprimido

Paulo Freire soía dizer não conceber a existência fora do sonho e da utopia. Morreu coerentemente perseguindo a utopia por também acreditar que a derrota só existe para quem deixa de lutar. Seu sonho, o mesmo dos grandes mestres educadores, como Anísio Teixeira e Darcy Ribeiro, era o de ver todas as crianças brasileiras na escola, escola pública, de qualidade e de tempo integral. E respeitado no mundo inteiro por seu método de alfabetização e sua pedagogia libertadora, aquela que busca despertar no ser humano o olhar crítico e criativo sobre a realidade para ser transformada. Acreditava piamente na capacidade criadora e transformadora do ser humano e por isso a palavra educar, para ele, tinha mais o sentido de interação entre pessoas, a troca de conhecimento pois todo mundo tem algo de sua cultura para dar aos demais. Paulo Freire hoje também é nome de instituto que preserva sua memória e divulga sua obra. Em 2012, projeto da deputada Luiza Erundina e outros, a Câmara Federal decretou que Paulo Freire é Patrono da Educação no Brasil.

No Fórum Mundial de Educação Profissional e Tecnológica, realizado em Brasília em novembro de 2009, a 31ª Caravana de Anistia, concedeu anistia a Paulo Freire. Assistiram o evento, transmitido ao vivo para mais de 40 países, mais de 3.000 educadores brasileiros e estrangeiros. O presidente Lula, presente, declarou que "anistiar Paulo Freire é libertar o Brasil da cegueira moral e intelectual que levou governantes a considerarem inimigos da pátria educadores que queriam libertar o país do analfabetismo".

Augusto Boal, da geração de intelectuais que inventou o teatro brasileiro, é também hoje nome de instituto, que mantém acesa a chama acendida por ele em mais da metade dos países do mundo onde há grupos formados em torno de sua ideia de Teatro do Oprimido, que, na realidade, se trata de um Teatro de Libertação.

Criador, junto com José Celso, do Teatro de ARENA, levava obras suas e de autores comprometidos com o despertar das consciências, instigar o olhar crítico à realidade com vistas a transformá-la. Perseguido pelos ditadores que criticava, exilou-se na França, inicialmente, e de lá semeou suas ideias pelo mundo, inclusive na América Latina. Ideias de um teatro capaz de ajudar a transformação das pessoas, primeiro passo para transformar o mundo. Boal, enfermo, temia morrer sem ser anistiado, para não deixar no desamparo sua companheira e seus dois filhos. Não foi possível, mas em agosto de 2012, a anistia enfim aconteceu. O pedido de perdão do Estado foi recebido pela viúva Cecília Boal, que junto com os filhos dirige o Instituto Augusto Boal, no Rio de Janeiro, na verdade uma "fábrica de teatro popular".

No projeto de Caravanas Culturais, a Comissão de Anistia, em parceria com Mudança de Cena, foram realizadas 24 apresentações da obra de Boal, *Torquemada 17 Balas*, em onze municípios de cinco Estados, realizou onze oficinas de Teatro do Oprimido, seis rodas de conversa sobre a obra, produção de vídeos, exposições, sítios na web, entre outras. Tomás de Torquemada (1420-1498) é o nome de um bispo da Igreja de Roma que, na época da Inquisição, na Espanha do reino de Fernando de Aragão e Isabel de Castela, de quem era confessor, impôs o terror no reino, mandava torturar e queimar na fogueira quem duvidasse da fé católica. A peça de Boal provoca, com cenas, diálogos e projeções de realidade forte impacto sobre o que foi o período repressor da ditadura no Brasil.

Caravana na Bahia homenageia Marighella

Em 5 de dezembro de 2011, a 53ª Caravana de Anistia realizou ato solene no Teatro Vila Velha, em homenagem ao centenário do nascimento de Carlos Marighella, herói e mártir do povo brasileiro. Estavam presentes o governador Jacques Wagner, os vice-presidentes da Comissão de Anistia Egmar José de Oliveira e Sueli Aparecida Bellato; o governador da Bahia, Jacques Wagner, o secretário-executivo da Secretaria de Direitos Humanos da Presidência da República, Ramaís de Castro; o secretário da Cultura da Bahia, Albino Rubim; e o presidente do Grupo Tortura Nunca Mais Bahia, Joviniano Soares de Carvalho Neto; além de Clara Charf e Carlos Augusto Marighella, viúva e filho de Marighella.

No dia seguinte, no Conselho Estadual de Cultura da Bahia, foram julgados 16 processos. São 15 baianos, entre eles Carlos Marighella, e o ex-perseguido político paulista Mario Barbate, que doaria documentos sobre Carlos Marighella ao Pró-Memorial.

Negro e comunista, Marighella lutou a vida inteira pela libertação de seu povo e foi perseguido, não só pelas ditaduras, mas por todos os governos liberais dessa nossa submissa república.

Foi preso em Fernando de Noronha, na Ilha Grande, nos DOPS de São Paulo e do Rio de Janeiro. Anistiado, foi deputado constituinte de 1946, mas seria de novo cassado e perseguido, pois os governos que seguiram mantiveram o PCB na ilegalidade. Rompeu com o PCB em 1967 e em 1968 assumiu o comando da Ação Libertadora Nacional (ALN). Em 4 de novembro de 1969, foi emboscado e fuzilado por agentes sob o comando de Sérgio Fleury.

4° Seminário Latino-americano de direitos humanos e Anistia Política

Em 4 de fevereiro de 2010, no Sindicato dos Metalúrgicos de São Paulo e Mogi das Cruzes, com a participação da Força Sindical e do Fórum dos Ex-Presos Políticos de São Paulo, a 33ª Caravana de Anistia aprovou 88 processos de trabalhadores. Presentes mais de 300 pessoas.

Em maio, também em ato multitudinário, realizado no Teatro Vila Velha, de Salvador, Bahia, a 37ª Caravana da Anistia anistiou o cineasta Glauber Rocha. Durante a sessão foram apresentados esquetes teatrais e projetado documentário realizado pela filha Paloma Rocha.

Em maio também foi lançada a Cartilha Informativa da Comissão de Anistia, material de utilidade para anistiandos e associações de anistiado, resume o funcionamento da comissão e os caminhos para requerer a anistia.

O 4º Seminário Latino-americano de Direitos Humanos e Anistia Política, promovido pela Comissão de Direitos Humanos e Minorias da Câmara dos Deputados, ocorreu em 16 de agosto de 2010, com uma sessão solene homenageando 31 anos de lutas pela anistia. Foram abordados temas como o julgamento da Lei de Anistia pelo STF; a Comissão da Verdade prevista pelo PNDH-3 e criada pelo governo; apuração, reparação e julgamento do caso Guerrilha do Araguaia na Corte Interamericana de Direitos Humanos; a repressão e a anistia aos militares perseguidos pela ditadura, entre outros. Assim como nas edições anteriores, o seminário homenageou militantes históricos das lutas contra regimes de exceção no Brasil. A Comissão de Anistia se fez presente realizando a 41ª Caravana da Anistia, ocasião em que anistiou nove perseguidos políticos, entre eles, Mário Alves, dirigente do PCB, e Herbert de Souza, o Betinho.

A 50ª Caravana de Anistia, em agosto de 2011, ocorreu na Faculdade de Direito da UFRGS, no marco das atividades da Semana da Anistia em comemoração aos 10 anos de funcionamento da Comissão de Anistia e os 50 anos da Campanha da Legalidade. Houve um seminário intitulado sobre Da Legalidade à Redemocratização: Desafios de Efetivação dos Direitos Humanos no Brasil. Foram homenageados o ex-presidente João Goulart e o ex-governador Leonel Brizola, e anistiados 35 ex-perseguidos políticos gaúchos. Em comemoração ao aniversário da comissão a Semana de Anistia foi realizada em 16 estados e contou também com exposição fotográfica.

Marcas da Memória

A Comissão de Anistia passou a ser, sem dúvida, o marco fundamental da Justiça de Transição no Brasil e geraria outros marcos relevantes como as Caravanas de Anistia, o Memorial, as Marcas da Memória e, nesse contexto, as Clínicas de Testemunha.

Marcas da Memória foi instituído em 2008 com o objetivo de dar visibilidade à memória das vítimas que sofreram nas mãos dos algozes da ditadura e nunca foram ouvidas. Para desenvolver o projeto, foram firmados convênios com as Universidades Federais de Pernambuco, Rio Grande do Sul e Rio de Janeiro, com financiamento do Conselho Federal Gestor do Fundo de Defesa de Direitos Difusos.

O material bruto e produção de pesquisa enriquecerá o acervo do Memorial e das bibliotecas das universidades participantes. Também incluiu entidades da sociedade civil para utilizar o material de pesquisa para produção de livros, filmes etc. Para o primeiro projeto foram realizadas 108 entrevistas previstas, que enriquecerão o acervo do Memorial da Anistia. Em 2011 foram aprovados 21 projetos de caráter cultural e artístico com o propósito de ampliar e trazer novos públicos para o tema. Foram realizados eventos no Ceará e em Pernambuco em parceria com os governos estaduais.

Clínica de Testemunho

O Estado levou 27 anos para criar as Comissões da Verdade e 28 anos para oferecer reparação psíquica aos que sofreram sob a guarda do Estado. Em muitos casos não havia percepção da dimensão dos danos psicológicos em muitas famílias. Essa percepção foi corroborada no processo de Marcas da Memória e também das Comissões da Verdade.

O fato de a pessoa falar sobre os traumas abriu feridas para serem curadas. Mas, para a pessoa chegar a dispor-se a falar, não era fácil, como registra o Instituto Projetos Terapêuticos do Rio de Janeiro

> Em primeiro lugar era preciso contar com a resistência ativa ou passiva por parte significativa de seus beneficiários potenciais. Considerando a tardia e incompleta iniciativa do Estado em assumir sua responsabilidade frente às violações passadas e presentes e tendo em vista algumas de suas tentativas de encerrar as demandas dos afetados/familiares, por meio de políticas de esquecimento e reconciliação forçada, era possível esperar pela recusa em participar, tanto por parte de muitos militantes por memória, verdade e justiça – insatisfeitos com a forma com que suas demandas de esclarecimento e reparação estavam sendo tratadas pelo Estado –, quanto por parte de outros que, ainda atados ao imperativo de silenciar e por temor de voltar a ocupar-se com essas dores e marcas, acabaram por silenciá-las e enclausurá-las em alguma parte cindida do psiquismo.
>
> Em segundo lugar, era preciso ir além dos dispositivos clínicos tradicionais, voltados para a interpretação dos conflitos inconscientes. Considerando a limitação do modelo representacional para lidar com aquilo que excede a capacidade de simbolização, era preciso experimentar novas ferramentas clínicas – sobretudo com aqueles que viveram os acontecimentos quando ainda eram crianças –, capazes de acessar e ativar as dimensões extra-linguísticas envolvidas na produção de sentido e, dessa forma, possibilitar a saída da condição passiva produzida pela vivência da tortura.

O projeto Clínica de Testemunho, iniciado em 2012 resultou de parceria com o British Council no âmbito do projeto de Cooperação Técnica com a Comissão de Anistia do Ministério da Justiça. Foi implementado por quatro instituições conveniadas: Instituto Sedes Sapientiae de São Paulo, Instituto Projetos Terapêuticos de São Paulo, Instituto Projetos Terapêuticos do Rio de Janeiro e a Sigmund Freud Associação Psicanalítica de Porto Alegre. Em 2014, o projeto recebeu a adesão da clínica implementada em Pernambuco.

O Informe Anual de 2017 da Comissão de Anistia registra que, de 2012 a 30 de dezembro de 2014, as cinco clínicas constituídas promoveram cerca de 4.129 atendimentos terapêuticos e capacitaram mais de 600 profissionais de diversas áreas. Ainda, as clínicas realizaram eventos de divulgação pública do projeto e sua metodologia (as chamadas "Conversas Públicas", com alcance de mais de 1.600 pessoas, num total de 33 "conversas públicas"), abrindo espaço para o debate e a reflexão sobre as marcas psíquicas deixadas pela violência de Estado. Foram realizados também 17 insumos de referência temática (levantamentos bibliográficos e artigos científicos). Através dos Centros de Capacitação para Reparação Psíquica e Enfrentamento da Violência, as cinco Clínicas do Testemunho atenderam 343 pessoas, em grupo ou individualmente.

A Sigmund Freud Associação Psicanalítica (SIG), com sede em Porto Alegre, na Rua Marquês de Herval, 375, tendo como coordenadora técnica Barbara de Souza Conte, realizou intenso trabalho de atendimento e de pesquisa contribuindo para o alargamento da abrangência do projeto através da comunicação. As Conversas Públicas foram a forma de tornar conhecida a proposta. Realizadas na sede da Sigmund Freud Associação Psicanalítica, no Arquivo Público do Rio Grande do Sul, em diversas Universidades públicas e privadas (IPA, EST, UFRGS, PUCRS) e em espaços públicos (teatros e praças), sob a forma de discussão de filmes, palestras e diálogos com ex-presos e perseguidos políticos que sofreram torturas. Foram realizados 22 eventos, envolvendo 1.280 pessoas.

O Grupo de Reflexão, atividade em parceria com o Conselho Regional de Psicologia e Sociedade de Psicologia do Rio Grande do Sul, também procurou divulgar o SIG/Clínica do Testemunho e criar espaço de fala para testemunhos de afetados pela violência de Estado do período da ditadura civil-militar e seus familiares que não estão inscritos no projeto Trabalhar, na perspectiva da psicanálise, a repetição e a temporalidade no que se refere à lembrança e ao esquecimento, e o trauma em suas possibilidade de elaboração. O programa, nos três anos de atividade, atendeu 55 pessoas em 1.260 horas de sessões terapêuticas. Entre elas, 9 filhos e 3 netos de vítimas de prisão e tortura. Atendidos também 27 militares que foram exonerados, presos e torturados e precisavam de ajuda.

O livro *Clínicas do Testemunho: reparação psíquica e construção de memórias*, organizado pela Sigmund Freud e Comissão de Anistia, Ed. Criação Humana, 2014, recolhe a experiência do trabalho realizado e se tornou referência para os estudiosos do assunto. O livro está disponível no site www.sig.org.br e no site da Comissão de Anistia.

Clínica do Testemunho Sedes Sapientiae: sob coordenação da professora, psicóloga e psicanalista Maria Cristina Ocariz, é composta por uma equipe específica de profissionais capacitados para desenvolver o trabalho clínico e de pesquisa teórica relacionada a traumas de violência causados por Estados autoritários. Os atendimentos foram realizados na Clínica Psicológica do Instituto Sedes Sapientiae, em São Paulo, com 40 anos de trabalho sobre desdobramentos psíquicos e sociais das diversas formas de violência de Estado, inclusive das atuais:

> Os efeitos devastadores destes crimes incidem tanto no plano coletivo quanto no individual, com ressonâncias para as gerações seguintes. Ao invés de apagar vestígios, queremos recuperar memória; ao invés de esquecer a história, queremos recontá-la, abrindo novas possibilidades de simbolização. E, sobretudo, legar àqueles que nos sucedem o que lhes corresponde por herança simbólica.[7]

Instituto Projetos Terapêuticos de São Paulo: mantém sete profissionais na equipe – dois/duas deles(as) psiquiatras e psicanalistas e os(as) demais psicólogos(as) e psicanalistas, todos com ampla experiência em situações de intenso sofrimento psíquico. A atuação se dá em três eixos: atendimento clínico, o que inclui conversas públicas; capacitação e formação de agentes multiplicadores na área da saúde mental e de profissionais da área da justiça para atendimento clínico e escuta diferenciada dos(as) afetados(as) pela violência de Estado; pesquisa, ou seja, produção de conhecimento a partir do

7 Fonte: https://sedes.org.br/site/projetos/lorem-ipsum/.

atendimento à população específica, com registro do material clínico para a elaboração de hipóteses clínicas e de insumos para políticas públicas, publicação de livro e produção de videodocumentário. A psicóloga e psicanalista Maria Beatriz Vannuchi, que integra a equipe clínica, diz

> que a metodologia toma o testemunho como instrumento terapêutico. Os traumas provocados por grandes catástrofes históricas têm sua especificidade. E mais ainda nos casos em que o Estado viola o pacto social e, em vez de sustentar a lei que protege a vida, promove a desumanização e o extermínio.

Instituto Projetos Terapêuticos do Rio de Janeiro: por iniciativa do Grupo Tortura Nunca Mais do RJ, com apoio do Fundo da ONU para as Vítimas da Tortura em 1991. Foi formada uma clínica para atender vítimas de perseguições e torturas. A Equipe Clínico Política que se apresentou ao Projeto Clínicas do Testemunho do Rio de Janeiro, através do Instituto Projetos Terapêuticos RJ, desenvolveu uma experiência de atenção clínica a perseguidos políticos, afetados pela tortura e familiares de mortos e desaparecidos pela ditadura civil militar, de 1991 a 2010, junto ao movimento Grupo Tortura Nunca Mais do Rio de Janeiro, instituído em 1985 por militantes da resistência, sobreviventes e familiares, bem como simpatizantes com a luta contra a tortura

Para a execução do projeto enviado pela Equipe Clínico-Política do Rio de Janeiro foram estabelecidas 3 metas: a atenção às vítimas, com a criação de uma Clínica do Testemunho com capacidade de atendimento de até 200 pessoas, em dois anos; a capacitação de 55 profissionais de saúde para a atenção psicológica a afetados pela violência de Estado (15 nos estados de São Paulo, Minas Gerais e Rio Grande do Sul e 10 no Rio de Janeiro); e a geração de insumos de referência, com vistas à formulação de propostas para a implantação de uma política pública de atenção aos afetados pela violência do Estado. Foram inscritas 172 pessoas, e atendidos em várias modalidades 135 inscritos, dentre os quais 97 pessoas foram acolhidas em grupo, 30 militares de baixa patente (em sua maioria da Aeronáutica) perseguidos, presos, torturados e expulsos das forças armadas. Foram formados grupos de recepção para acolhimento destes, nos encontros do Dispositivo Grupal para Escuta e Elaboração da Experiência do Testemunho – mais conhecidos pelo nome abreviado de Grupos de Testemunho (GrT) –; e nos Grupos de Recepção, 97 pessoas foram acolhidas.

Clínica do Testemunho de Pernambuco: vinculada à Secretaria Executiva de Justiça e Direitos Humanos, da Secretaria de Desenvolvimento Social e Direitos Humanos, com o objetivo de ressaltar a importância de explicitar a memória e a verdade do período militar na história do Brasil. A coordenadora do projeto, Tadzia Negromonte, deu prioridade à realização de conversas públicas, agregando ao atendimento o propósito de tornar conhecido da população o drama sofrido pelas vítimas da ditadura.

Reconheceu que com o apoio da Secretaria de Justiça e Direitos Humanos foi possível a formação da Rede de Clínicas do Testemunho, foi possível a troca de experiência entre as unidades e construir melhores conteúdos aos programas de formação.

Memorial da Anistia

O Memorial da Anistia foi idealizado para ser um espaço de preservação da memória da repressão política no Brasil, de 1946 até os primeiros anos da redemocratização. Um lugar de reencontro dos brasileiros com sua história, de afirmação da democracia e dos direitos humanos e de superação dos traumas do passado. O projeto ocupou um casarão antigo da Faculdade de Filosofia e Ciências Humanas da Universidade Federal de Minas Gerais (UFMG) e um prédio projetado para ser um Centro de Estudos, Pesquisas e Documentação, com espaços para realização de exposições, auditório, laboratório etc. A ideia era dispor para consulta pública nesse espaço os 64 mil processos da Comissão de Anistia.

Os requerimentos de anistia e os processos na Comissão de Anistia estão digitalizados e formam um acervo de mais 70 mil processos que deverão integrar o arquivo de consulta pública no Memorial. Em 2017 foi implementado o portal onde a cidadania tem acesso a todo o procedimento necessário para pleitear anistia, bem como a todo o acervo de publicações e informes sobre projetos da Comissão de Anistia.

Brasil Nunca Mais

Árdua e prolongada tem sido a luta da sociedade para desvendar os subterrâneos da repressão, estendidos por todo o país, encontrar os desaparecidos, poder enterrar seus mortos, saber como e por que morreram e em que circunstâncias. Duas obras que se complementam ajudam a compreender como tem sido difícil vencer as resistências da plutocracia governante.

A primeira grande obra nesse sentido foi o projeto Brasil: Nunca Mais, patrocinado pelo Conselho Mundial de Igrejas e pela Arquidiocese de São Paulo no início dos anos 1980.[8] O projeto, em oito anos de trabalho, examinou mais de 900 mil páginas de processos judiciais contra presos políticos com o propósito de preservar essa memória, que poderia desaparecer com o fim da ditadura.[9]

O projeto culminou com o lançamento do livro *Brasil: Nunca Mais*,[10] intenso trabalho de organizações e pessoas dedicadas aos direitos humanos e grupos de pesquisadores, e que leva a assinatura de D. Paulo Evaristo Arns (1921-2016), cardeal arcebispo de São Paulo e do reverendo Jaime Nelson Wright[11] (1927-1999), pastor presbiteriano, ambos expoentes na luta pelos direitos humanos.

A segunda obra foi o lançamento do livro *Direito à Memória e à Verdade*, pela Secretaria Especial dos Direitos Humanos da Presidência da República, presidida então pelo ministro Paulo Vannuchi,[12] com a presença do presidente Lula e ministros. Nesse episódio o presidente

8 D. Paulo desde 1969 estava empenhado na defesa de presos políticos, proteção aos perseguidos e apoio à luta pela anistia.

9 Esse acervo está digitalizado e disponível para consulta pública no portal do projeto: http://bnmdigital.mpf.mp.br/pt-br/

10 Editora Vozes, Petrópolis.

11 Jaime Wright teve papel importante porque rompeu a frente presbiteriana de direita que apoiava o regime militar. Paulo Stuart Wrigh, irmão do pastor, foi deputado estadual cassado em Santa Catarina, foi assassinado por agentes da repressão em 1973, auge da ditadura.

12 Paulo de Tarso Vannuchi, cientista político, quando militante da ALN, foi preso, torturado e permaneceu cinco anos (1971-1976) encarcerado.

Lula reiterou estar empenhado em abrir os arquivos da ditadura e coloca-los à disposição do público.

O livro, com 500 páginas, sintetiza a sistematização do extenso e minucioso trabalho da Comissão Especial sobre Mortos e Desaparecidos Políticos, presidida pelo advogado Marco Antônio Rodrigues Barbosa, que assina o livro com Paulo Vannuchi, sobre o perfil de 469 mortos e desaparecidos sob a ditadura, entre 1967 e 1974. É fruto, diz o governo, de 11 anos de trabalho da comissão, instituída em 1995, no governo de Fernando Henrique Cardoso, para buscar soluções para casos de mortes e desaparecimentos de 1961 a 1988.

A Lei 9.140, de 4 de dezembro de 1995, que instituiu essa Comissão Especial, dispôs também sobre

> o reconhecimento como mortas, para todos os efeitos legais, às pessoas que tenham participado, ou tenham sido acusadas de participação, em atividades políticas, no período de 2 de setembro de 1961 a 5 de outubro de 1988, e que, por este motivo, tenham sido detidas por agentes públicos, achando-se então desaparecidas, sem que delas haja notícias.

Como justificativa para a obra, dizem os autores na introdução:

> Não poderiam seguir coexistindo versões colidentes com a de inúmeros comunicados farsantes sobre fugas, atropelamentos e suicídios, emitidos naqueles tempos sombrios pelos órgãos de segurança, e a dos autores das denúncias sobre violação de direitos humanos.

Em emotivo discurso na solenidade de lançamento, o presidente Lula, referindo-se às feridas que permanecem abertas, reconheceu que

> é direito dos familiares, por tradição milenar, reivindicar o justo direito de sepultar seus entes queridos... É esse direito que queremos resgatar sem rancor, sem revanchismo de qualquer ordem... tem ressentimento, tem dor e lágrima. É preciso fazer pela sociedade e vamos fazê-lo.

Militares reagiram com irritação por considerar o livro extemporâneo e sem novidades. Chegaram a realizar uma reunião do alto comando (composto por 14 generais de Exército) e manifestaram oficialmente o desagrado em nota oficial entregue ao ministro da Defesa, Nelson Jobim. Diz a nota, assinada pelo comandante do Exército, general Enzo Martins Peri:

> A Lei da Anistia, por ser parâmetro de conciliação, produziu a indispensável concórdia de toda a sociedade (...). Colocá-la em questão importa em retrocesso à paz e à harmonia nacionais. (...) Não há Exércitos distintos. Ao longo da história, temos sido o mesmo Exército de Caxias, referência em termos de ética e de moral, alinhado com os legítimos anseios da sociedade.

Também consideram a obra unilateral, pois relata as vítimas de um só lado, não computa os que foram mortos pelos guerrilheiros. Por mais que o ministro da Defesa, Nelson Jobim, à época e também seus sucessores insistem em dizer que o clima nas forças armadas é tranquilo, o fato concreto é que nenhum oficial compareceu ao ato de lançamento do livro e até hoje manifestam resistência a que se revele a verdade. A imprensa tentou criar um caso maior do que havia entre o ministro da Defesa e o comando militar. Afinal, um ministro do PT não poderia ter autoridade sobre os oficiais generais. Mas, como tudo se arranja, o ministro comprovou ser mais forte que seus antecessores e aprovou um aumento de 54% ao orçamento da defesa, com R$ 1,8 bilhões para gastar em reaparelhamento.

Repercussão no exterior

A importância do livro *Direito à Memória e à Verdade*, é que se trata de um documento oficial. Elaborado por um órgão de governo, é a confirmação de que tanto a tortura como o assassinato foram práticas comuns durante a ditadura militar, política de Estado, poder-se-ia dizer. E o episódio em torno do lançamento provou que os militares não se livraram do ranço anticomunista nem da vocação golpista.

O episódio também deixou claro que o Ministério da Defesa, criado por Fernando Henrique Cardoso, não conseguiu se impor, em outras palavras, não conseguiu a autoridade para mandar nos militares. Cuida apenas dos aspectos administrativos. Uma grande enganação que não disfarça a fraqueza do Executivo.

A repercussão foi grande também no exterior e, em geral, criticando o fato de o governo brasileiro não avançar na punição dos que cometeram crime contra humanidade (assim se considera o crime de tortura de um ser humano).

Para a Human Rights Watch (HRW) o livro foi um avanço, mas falta ainda o governo "processar judicialmente os responsáveis pelas atrocidades cometidas durante o regime militar". Reportagem do *Guardian*, de Londres, registra que "o livro relata torturas sistemáticas, estupros e o desaparecimento de cerca de 500 ativistas de esquerda e inclui fotos de corpos e de vítimas torturadas. (...) coincide com o 28º ano da Lei de Anistia de 1979 que perdoou tanto os dissidentes de esquerda quanto os militares".

Para garantir a identificação de mortos, a Comissão Especial começou em setembro de 2006 a montagem de um banco de DNA com a coleta de amostra de sangue de parentes e consanguíneos dos desaparecidos e dos mortos que foram entregues pelas autoridades, sacados muitos deles de valas comuns.

Ocorre, na verdade, que os pesquisadores que organizaram o livro conseguiram confirmar denúncias feitas em reportagens pelos jornais *Correio Braziliense* e *Estado de Minas*, sobre um livro negro do terrorismo no Brasil. Produzido pelo serviço secreto do Exército, com 966 páginas em que, com base nos arquivos secretos, descrevem cada uma das ações de repressão contra os grupos que combatiam a ditadura. São relatos de assassinatos e desaparecimento de presos políticos. Diz um desses textos secretos do CIE: "Nesse denso relatório, de quase mil páginas, constam informações novas confirmando a morte de pelos menos 16 dos desaparecidos no Araguaia".

Os comandantes das três armas, convidados para o evento, não compareceram. Nelson Jobin, então ministro da Defesa, porém, presente à solenidade, deu uma clara resposta aos divergentes, civis e militares:

> Os fatos do passado autorizam a construção do futuro e, se estes fatos não são conhecidos, as nossas ações são falsas e falaciosas. Não há falácia quando se trata de questão de Estado. Não se trata de questão do governo, mas de Estado. Tudo está sendo feito exatamente na construção de um grande acerto de contas deste país com o seu futuro e todos nós, fardados ou não, temos um compromisso com o povo e a história do Brasil.

Frei Betto, jornalista, escritor e ex-preso político, que participou do projeto do livro *Direito à Memória e à Verdade*, narra em artigo publicado em jornal:[13]

> Quis a sorte, resultante das oscilações conjunturais de nossa política, que o processo que culmina na publicação do livro tenha sido iniciado, em 1995, por Nelson Jobim, então ministro da Justiça do governo FHC. Hoje, Jobim é ministro da Defesa, autoridade máxima, à exceção do presidente da República, sobre as forças armadas, que insistem em não abrir seus arquivos sobre a repressão.
>
> A memória brasileira tem sofrido tentativas de "apagão" quando os conjurados mineiros são qualificados de inconfidentes (que significa aqueles que não merecem confiança ou não são capazes de guardar confidências, leia-se dedos-duros) e em episódios históricos como a Guerra do Paraguai, o massacre de Canudos e tantas outras rebeliões que semearam a nossa independência e forjaram a nossa identidade.
>
> Não se pode admitir agora que um período trágico de nossa história, como foi a ditadura militar, fique relegado ao olvido com seus documentos tão desaparecidos quanto muitas de suas vítimas.
>
> É meritório que o governo Lula tenha revogado o caráter de "sigilo eterno" de documentos oficiais, conforme havia sido determinado pelo governo FHC, ao estabelecer prazo de 30 anos, prorrogáveis por mais 30, para que a sociedade tenha acesso a eles.

Crianças, hoje adultas, recebem anistia

A comissão também contribuiu para uma importante bibliografia sobre a diferentes realidades descritas pelos depoentes nas diversas ações participativas da Comissão de Anistia. Um dos mais comoventes e revoltante é *Infância Roubada: crianças atingidas pela Ditadura no Brasil*, elaborado pela Comissão da Verdade do Estado de São Paulo "Rubens Paiva", reúne relatos de crianças presas, torturadas e exiladas durante a ditadura no Brasil, lançado em maio de 2013.

13 Folha de S.Paulo, 29 de agosto de 2007.

Importante para a autoestima dessas pessoas escutar do Estado um pedido de perdão, reconhecimento de que agiram torpemente com as crianças, privando-as de documento de identidade e passaporte. É o caso de Micaela, filha de Eunice e Etevaldo Sena, nascida no exílio dos pais no Chile.

Filho do dirigente sindical Manoel Dias do Nascimento, Ernesto, hoje residente em Guarulhos. Candidato a vereador nas eleições de 2016, com o nome Ernesto Cubano, ganhou uma suplência. O livro da comissão documenta o sofrimento dele nas mãos dos agentes da OBAN com cinco anos:

> Para fazer com que o adulto fornecesse informações, os militares simulavam torturar o filho na sala ao lado. "Tive muito trauma minha vida toda. Eu não falava nada, não conversava. Aprendi espanhol só ouvindo. O medo se estendia para fora de casa. Eu tinha pavor de policial, tinha medo de sair na rua".

Paulo Abrão, presidente da comissão, relata a anistia que concedeu a Carlos Azevedo, filho de Dermi Azevedo: Ele [Carlos] deixou um registro muito bonito. Estava falando pela primeira vez, dizendo que significava muito para a vida dele. Ele foi torturado com apenas um ano e oito meses, com seus pais encarcerados, e nunca se recuperou desse trauma. No domingo, 17 de fevereiro de 2013, Carlos, com 40 anos, cometeu suicídio.

O jornalista Hildegard Angel, filho de Zuzu Angel e irmão de Stuart Angel, mortos pela ditadura, publicou em seu blog[14] emotiva crônica sobre a Morte de Carlos junto com a sofrida carta do pai de Carlos:

> Não o conhecia, mas para mim a notícia deste suicídio é como uma facada no peito.
>
> A cada ano que passa, quanto mais velha fico, quanto mais distante se vão os fatos trágicos que se abateram sobre os meus, minha familia, por obra dessa maléfica, terrível, ingrata Ditadura, que hoje há quem ainda venere; quanto mais distante está esse sofrimento, mais ele se aprofunda dentro de mim, mais frágil me sinto, mais presente está minha dor, com mais facilidade jorram-me as lágrimas.

14 http://www.hildegardangel.com.br/category/coluna-da-hilde/page/201/?amp;paged=227.

Mais inconveniente me torno para os amigos e os que me cercam, com minhas desconfortáveis lembranças.

Agora, acabo de ser surpreendida por essa terrível notícia: o suicídio de um jovem que, quando bebê, foi torturado pela mesma classe de algozes que assassinou meu irmão, minha cunhada, minha mãe e até hoje mortifica minhas lembranças.

Leiam este triste comunicado postado há duas horas no Orkut pelo pai do rapaz,

Hildegard Angel

Luto

Meu coração sangra de dor. O meu filho mais velho, Carlos Alexandre Azevedo, suicidou-se na madrugada de hoje, com uma overdose de medicamentos. Com apenas um ano e oito meses de vida, ele foi preso e torturado, em 14 de janeiro de 1974, no DEOPS paulista, pela "equipe" do delegado Sérgio Fleury, onde se encontrava preso com sua mãe. Na mesma data, eu já estava preso no mesmo local. Cacá, como carinhosamente o chamávamos, foi levado depois a São Bernardo do Campo, onde, em plena madrugada, os policiais derrubaram a porta e o jogaram no chão, tendo machucado a cabeça. Nunca mais se recuperou. Como acontece com os crimes da ditadura de 1964/1985, o crime ficou impune. O suicídio é o limite de sua angústia.

Conclamo a todos e a todas as pessoas que orem por ele, por sua mãe Darcy e por seus irmãos Daniel, Estevão e Joana, para que a sua/nossa dor seja aliviada.

Tenho certeza de que Cacá encontra-se no paraíso, onde foi acolhido por Deus. O Senhor já deve ter-lhe confiado a tarefa de consertar alguns computadores do escritório do céu e certamente o agradecerá pela qualidade do serviço. Meu filhinho, você sofreu muito. Só Deus pode copiosamente banhar-te com a água purificadora da vida eterna.

Seu pai
Dermi Azevedo

Zuzu Angel

Zuleika (Zuzu) Angel Jones, mãe de Stuart Angel, militante do MR-8, assassinado em 1971 e também ela morta em uma colisão de automóvel no Rio de Janeiro em 1976. Famosa que era, incomodava exigindo entrega do corpo de seu filho desaparecido. Incomodou tanto que a mataram.

O problema é que, como envolvem graúdos, as investigações avançaram devahgar. Mas o pessoal da Comissão da Verdade não descansa nem dá trégua. Em julho de 2014, encontrou uma foto dos destroços do automóvel de Zuzu, em que aparece, observando, o coronel Freddie Perdigão (1936-1996).[15] Para a Comissão da Verdade, é prova irrefutável o envolvimento das forças armadas no assassinato da modista.

A foto foi entregue pelo ex-delegado do DOPS do Espírito Santo Claudio Guerra à Comissão da Verdade. O coronel integrava o Centro de Informação do Exército (CIE) e o Serviço Nacional de Informações (SNI), e esteve envolvido em tortura, morte e desaparecimento de militantes da oposição ao regime militar.

Crianças que sofreram

Foram anistiados pela Comissão de Anistia, segundo boletins do departamento de imprensa do Ministério da Justiça, **Priscila** e **André**, filhos de Aldo Arantes e Maria Auxiliadora, militantes do PCdoB, que nasceram depois de 1964 com os pais na clandestinidade e só souberam seus nomes verdadeiros com 10 anos de idade e no exílio, no Uruguai.

Adilson, **Denise** e **Telma**, respectivamente com 9, 9 e 2 anos, viram o pai, Antônio Raymundo Lucena, ser assassinado em casa, e os policiais diziam que iam matar as crianças também. A mãe foi presa no DOPS, até que conseguiram escapar para o México e em seguida para Cuba.

Eliana Paiva, filha do deputado Rubens Paiva, presa com a mãe aos 15 anos.

Paulo Fonteles Filho, que nasceu na prisão.

---

15 Fonte: https://averdadesufocada.com/index.php?option=com_content&view=article&id=11105:260714-sera-que-a-foto-e-do-cel-perdigao-&catid=58&Itemid=107

Janaína e **Edson Teles**, viram seus pais, Cesar Augusto e Maria Amélia torturados na OBAN.

Anaximandro Orlenas Calle de Paula e **Alexina Lúcia Calle de Paula Witt**, os netos de Francisco Julião Arruda de Paula e Alexina Lins Crespo de Paula, líderes das Ligas Camponesas no Brasil, que sofreram obstáculos decorrentes de atos de exceção praticados durante o regime militar. Nasceram em Cuba e viveram no Chile até o golpe militar ocorrido em 11 de setembro de 1973, que provocou a prisão da mãe dos requerentes, Anataílde de Paula Crespo. Com a soltura da mãe, exilam-se na Suécia, retornando ao Brasil após a promulgação da Anistia, em 1979.

Cícero de Azevedo Chaves e **Leonardo de Azevedo Chaves Filhos de Firmo Chaves**, militar preso e expulso por acusação de participação em atividades subversivas no Rio Grande do Sul, que se exilou no Uruguai, e a família partiu ao seu encontro. Contaram com o apoio de colegas e amigos em Porto Alegre, Canoas, e de exilados no Uruguai.

Luiz Cláudio Arraes de Alencar, **Marcos Arraes de Alencar** e **José Almino de Alencar e Silva Neto**.

Filhos de Miguel Arraes, ex-governador do estado de Pernambuco, cassado em 1964, preso por 11 meses e, posteriormente, exilado na Argélia, viveram fora do Brasil até meados da década de 1980 em virtude das perseguições sofridas pelo pai.

Marina Curtiss Alvarenga, **Andrea Curtiss Alvarenga**, **Patrícia Curtiss Alvarenga** e **Danilo Curtiss Alvarenga**. A mãe dos requerentes sofreu Inquérito Policial Militar e teve prisão preventiva decretada em 24/08/1970. Quatro anos depois, em 03/12/1974, foi banida do território nacional, situação que obrigou os requerentes a acompanhá-la.

Mariana Ribeiro Prestes e **Ermelinda Ribeiro Prestes**, filhas de Luiz Carlos Prestes, sofreram efeitos decorrentes da perseguição imposta ao pai, como visto negado para permanência no Brasil. O primeiro dos dez filhos de Prestes a receber anistia foi **Luiz Carlos Prestes Ribeiro Filho**, em sessão da Comissão de 13 de janeiro de 2010.

Eduardo Jorge Araújo Duarte e **Carlos Luis Araújo Duarte**, filhos de Luiz Cláudio Braga Duarte, dirigente sindical da Rede Ferroviária

Federal Sociedade Anônima, que foram obrigados a se mudar para acompanhar o pai exilado no México.

Lutgardes Costa Freire. Filho de Paulo Freire, foi obrigado a viajar com a mãe para acompanhar o pai, quando exilado no Chile.

Luciana Martinez Medeiros e **Paulo Antônio Martinez Medeiros**, filhos de Paulo Martinez Medeiros e Eva Martinez Medeiros (militantes políticos), se viram obrigados a acompanhar seus pais no exílio, vivendo na Holanda, Chile e Uruguai.

Filhos de Firmo Chaves, militar expulso do Exército.

Filhos de Luiz Cláudio Braga Duarte, dirigente sindical ferroviário, perseguido que se refugiou no México

Em sessão de fevereiro de 2014, no marco das atividades de rememoração de 50 anos do Golpe de 1º de Abril de 1964, que instaurou regime de terror de Estado, a Comissão de Anistia julgou seis dos 18 processos de filhos e netos de presos e perseguidos políticos:

Vânia Alcântara de Carvalho, filha de Nina Alcântara, advogada de presos políticos que teve de sair para o exílio, perdendo a guarda da filha pela Justiça que a considerava subversiva.

Vera Pape Pape, que passou pelo exílio no Chile e na França. Filha de Eveline, militante da Polop - Organização Revolucionária Marxista - Política Operária em Goiás. Vera nasceu em 1962 e aos três anos foi morar no Chile. Em razão do golpe militar naquele país, em 1973, foi morar na França, onde ficou até 1980. Somente em 2010 Vera foi conhecer o pai, que hoje vive na Suécia.

Sílvia Perrone, filha do deputado estadual Fernando Perrone, que teve o mandato cassado pela ditadura, conviveu com Vera durante o exílio quando eram crianças.

Marcos Zamikhowsky Lopes: "Aos cinco anos fui arrancado da convivência com a minha mãe, perseguida política, que simplesmente sumiu da minha vida. Por alguns meses eu não soube se ela estaria vida ou morta. Minha infância foi traumatizante e tive que mudar muitas vezes de um país para outro e sofri com as adaptações. Tive uma infância sem raízes e depois que voltei ao Brasil, sem falar a língua, senti-me exilado no próprio país. O dano moral é intenso e existe até hoje."

Crianças do exílio

Em Caravana da Anistia de abril de 2014, realizada em São Paulo, foram julgados mais 24 requerimentos de filhas e filhos do exílio e/ou da clandestinidade:

> **Jorge, Gilse** e **Mayra Barbosa**, filhos de Nair Barbosa Guedes e José Luiz Moreira Guedes. Com os pais na clandestinidade, receberam nomes falso, foram levados pelos avós para a França; **Kátia Elisa Pinto; Francisco Leonel Ferreira Martins; Gabriela Maya; Iracema Duval da Silva Sant'Anna Oliveira; Moema Seffrin Custódio; Urubatan Duval da Silva; Flávia Macedo e Castro; João Paulo Macedo e Castro; Celina Leiro Rabelo; Lene Silvany Rodrigues Lima Santos; Valeria Rodrigues Lima Gradin; Juliana Cosenza de Avelar; Gilda Cosenza Avelar; André Luis Leiro Rabelo; Julieta Silvany Rodrigues Lima; André Almeida Cunha Arantes; Priscila Almeida Cunha Arantes; Jorge Luiz Guimarães Panzera; Mauro Guimarães Panzera; Maurício Guimarães Panzera; Iracema Guisoni.**

Justiça a um traidor e assassino: Cabo Anselmo

Ponto nos episódios da Comissão de Anistia em 2012 foi negar anistia e reparação a José António dos Santos, conhecido como Cabo Anselmo, que diz ter sido exonerado da Marinha por ter participado do levante dos marinheiros em março de 1964. Na realidade, segundo versões de outros suboficiais presentes, já era um agente provocador infiltrado naquela época. No falso exílio no Chile ganhou a confiança da direção da Vanguarda Popular Revolucionária (VPR) e foi passando aos agentes da repressão no Brasil nomes, planos, lugares, contribuindo para prisão e assassinato de mais de 200 pessoas. Culminou sua carreira participando de uma operação policial-militar, comandada pelo delegado Fleury, do DOI-CODI, em que foram assassinados seis militantes, inclusive sua própria companheira, grávida de um filho seu. Participando do programa Roda Viva, da TV Cultura de São Paulo, em 2011, revelou seu caráter vil e assassino dizendo não sentir culpa nem remorso pela morte de sua companheira, a paraguaia Soledad Barrett. O dramático dessa situação vale ser reproduzido pelas palavras do jornalista e historiador pernambucano Uriano Motta:[16]

> "Eu tomei conhecimento de que seis corpos se encontravam no necrotério... em um barril estava Soledad Barret Viedma. Ela estava despida, tinha muito sangue nas coxas, nas pernas. No fundo do barril se encontrava também um feto".
>
> Quando Mércia Albuquerque declarou essas palavras, não era mais advogada de presos e perseguidos políticos. Estava em 1996, 23 anos depois do inferno. Mércia estava acostumada ao feio e ao terror, ela conhecia há muito a crueldade, porque havia sido defensora de torturados no Recife. Ainda assim, ela, que tanto vira e testemunhara, durante o depoimento na Secretaria de Justiça de Pernambuco falou entre lágrimas, com a pressão sanguínea alterada em suas artérias. Dura e endurecida pela visão de pessoas e corpos desfigurados, o pesadelo de 1973 ainda a perseguia: "Soledad estava com os olhos muito abertos, com uma expressão muito grande de terror".
>
> No depoimento da advogada não há uma descrição técnica dos corpos destruídos, derramados no necrotério. Mércia Albuquerque é uma pessoa se fraterniza e confraterniza com pessoas. "Eu fiquei horrorizada. Como Soledad estava em pé, com os braços ao lado do corpo, eu tirei a minha anágua e coloquei no pescoço dela". Distante dos manuais exatos da Medicina Legal, a advogada Mércia não se refere a cadáveres, mas a gente. Chama-a pelos nomes, Pauline, Jarbas, Eudaldo, Evaldo, Manuel, Soledad. Recorda a situação vexatória em que estavam – porque eram homens e mulheres – despidos. O seu relato é como um flagrante desmontável, da morte para a vida. É como o instante de um filme, a que pudéssemos retroceder imagem por imagem, e com o retorno de cadáveres a pessoas, retornássemos à câmara de sofrimento. "A boca de Soledad estava entreaberta".

Esta novela de heróis e vilões não começou nem terminou no massacre de Pernambuco, em que cinco militantes da VPR foram emboscados e

16 Motta, Uriano. *Soledad no Recife.* Boitempo, 2009

mortos. Uma reportagem de Daniel Bezerra, publicada na *Folha de S.Paulo* agrega romance e aventura a esse drama.[17]

Ele conta da chegada ao Brasil de Ñasaindy Barret de Araujo, pleiteando conhecer a história de seus pais. Ela é filha do marinheiro José Maria Ferreira de Araújo, que depois de ser expulso da Marinha, por ter participado da revolta de março de 1964, foi a Cuba. Lá se apaixonou por Soledad Barreet Viedma e nasceu a menina Ñasaindy, que no idioma guarani significa "a claridade do luar". O casal deixou a menina para ir à guerrilha contra a ditadura no Brasil. Foi então adotada por Damaris de Oliveira Lucena.

Araújo foi morto logo que desembarcou e Soledad encontrou um novo amor em outro militante da VPR de quem ficou grávida. Só que este era um traidor que levou à morte a mulher e sua própria filha.

No ano de 2012 foram realizadas 13 Caravanas de Anistia, passando por Fortaleza, Teresina, João Pessoa, Camaçari, Belo Horizonte, São Paulo, Bauru, Rio de Janeiro, Florianópolis, Curitiba e Porto Alegre. Outro fato relevante no projeto de Justiça de Transição e preservação da memória foi o Cooperação para o Intercâmbio Internacional, Desenvolvimento e Ampliação das Políticas de Justiça de Transição no Brasil, em parceria com o Programa de Nações Unidas para o Desenvolvimento (PNUD). O organismo da ONU financiou quatro consultores para realizar pesquisas nos seguintes temas: Guerrilha do Araguaia, Militares, Grupo dos Onze e União Nacional dos Estudantes (UNE).

2010 - Campanha contra tortura

A organização não governamental Anistia Internacional divulgou o relatório: *Tortura em 2014, 30 anos de Promessas não Cumpridas.*[18] O relatório tem esse título porque se refere aos 30 anos da Convenção contra a Tortura, firmada pelos países membros das Nações Unidas em 1984. O título é bem significativo do que ocorre em países como Chile, México, Argentina, Brasil, em que o encarceramento sem julgamento, maus-tratos e torturas

17 https://www1.folha.uol.com.br/paywall/login.shtml?https://www1.folha.uol.com.br/fsp/poder/43964-filha-de-guerrilheiros-quer-resgatar-memoria-dos-pais.shtml

18 Fonte: https://www.amnestyusa.org/files/act400042014en.pdf

constituem política de Estado. O relatório é chocante, pois mostra até os métodos de tortura utilizados. Reproduzimos parte do relatório, em que deixa claro que Estados Unidos continua sendo uma escola para torturadores.

> Ao longo dos anos, a Anistia Internacional tem recebido denúncias de tortura e outros maus-tratos em prisões e detenções e centros de detenção nas Américas. Em muitos países, detentos são espancados, recebem choques elétricos, abusos sexuais e acesso negado aos serviços relacionados à saúde. Condições extremamente pobres nas detenções – Incluindo superlotação severa – é rotineiro.
>
> O governo dos EUA também está falhando em garantir a responsabilização pela tortura e pelos desaparecimentos forçados cometidos no contexto das operações de luta contra o terrorismo. Ninguém responsável pelo uso de técnicas de interrogatório como "water-boarding" (afogamento simulado), privação prolongada do sono, e a ausência de posições nos centros de detenção secretos da Agência Central de Inteligência (CIA) em todo mundo foram levados à justiça. O Comitê de Inteligência dos EUA selecionou uma revisão do programa da CIA, agora encerrado, mas seu relatório de mais de 6.000 páginas continua classificado".

A pesquisa da Anistia Internacional "aponta que 80% dos brasileiros temem sofrer tortura no caso de serem detidos e 83% afirmam ser necessária a adoção de medidas firmes para eliminar esta prática", segundo o site da organização, que explica ainda que a porcentagem de pessoas que temem sofrer torturas no Brasil está muito acima da média. Em resposta às pressões externas, o governo brasileiro lançou em fevereiro de 2014 campanha nacional para conscientizar a população sobre os danos morais, físicos, psicológicos socioeconômicos provocados pela tortura. Para isso foram mobilizadas as organizações da sociedade civil. Saíram à frente nessa mobilização o Conselho Nacional de Igrejas Cristãs, a CNBB, Pastoral Carcerária, o Comitê Nacional de Prevenção e Combate à Tortura, Procuradoria Federal dos Direitos do Cidadão. Em seguida, a Comissão de Anistia, do Ministério da Justiça, em parceria com a Coordenação Geral de Combate à Tortura da Secretaria de Direitos Humanos da Presidência da República, lançou a Campanha de Conscientização contra a Tortura. Amplo material impresso com dizeres: "A tortura é crime contra a humanidade"; "A tortura é crime que não pode ficar impune"; "Tortura é crime inafiançável".

Estados indenizam presos políticos

Consta que 20 estados promulgaram lei de reparação aos presos políticos que sofreram sob a tutela do estado. A maioria das prisões e torturas eram em cárceres estaduais.

Rio Grande do Sul: dos primeiros estados a indenizar presos políticos. A Comissão Especial de indenização de ex-presos políticos foi criada em 1998 e até 2005, quando completou o trabalho, tinha indenizado 1.173 pessoas, no valor total de R$ 121.055.000,00.

São Paulo: A Lei 10.726/01 reconhece que "o Estado agiu de modo criminoso contra cidadãs e cidadãos durante a ditadura militar, privando-os do conjunto de direitos consagrados pela Declaração Universal dos Direitos Humanos (1948)" e criou a Comissão Estadual de Ex-Presos Políticos. As indenizações variam de R$ 22 mil, em caso de prisão e /ou tortura, a R$ 39 mil, em casos de danos permanentes ou morte. Na vanguarda da luta pelos direitos dos anistiados estava o Fórum Permanente dos ex-Presos e Perseguidos Políticos do Estado de São Paulo, instituído oficialmente depois de promulgada a lei de anistia de 2002. Esse fórum organizou os processos para as indenizações estaduais. Em 2003, o secretário de Justiça, Alexandre Moraes, admitiu que seu orçamento daria para indenizar apenas 200 pessoas. Dos 743 processos aprovados, apenas 140 receberam. Em 2006 o governador em exercício, Claudio Lembo, liberou recursos para indenizar 166 que estavam aguardando desde 2001.

Rio de Janeiro: os ex-presos e perseguidos criaram o Fórum de Reparação do Rio para auxiliar as pessoas a entrar com processo na Comissão de Reparação Fluminense. Entre os 1.115 processos aprovados, em 2012, ainda faltavam 200 para receber a indenização, estipulada em R$ 20 mil para cada um.

Paraná: lei 11.255/95, a primeira lei estadual a reconhecer os danos provocados pelo estado aos presos políticos. Ato contínuo o governo indenizou 229 pessoas. Em 2005 foram indenizadas mais 92 ex-presos políticos.

Ceará: a Comissão Especial de Anistia Wanda Sidou foi criada em 2002 e instalada no ano seguinte. Em outubro de 2007 tinha 483 processos protocolados, aprovou 270 processos, ficando de fora 176 por falta de documentação comprobatória. As indenizações variam de R$ 5 mil a R$ 30 mil. Em 2016 o governador do estado autorizou indenizar os últimos 25 ex-presos políticos anistiados em R$ 10 mil cada e foi aprovada lei que indenizava as vítimas ou as viúvas com valores que iam de R$ 5 mil a R$ 30 mil. Entre os anistiados estão líderes sindicais ferroviários que, nas décadas de 1950-1960, protagonizaram grandes lutas operárias por melhores condições de vida e pelas reformas de base ainda hoje necessárias.

Para se aprofundar sobre esse capítulo das lutas sindicais há o livro *Rebeldes pelos caminhos de ferro: os ferroviários na cartografia de Fortaleza*, do jornalista Nilton Almeida. Uma luta que começa junto com o século XX e se mantém viva mesmo em tempos em que sucessão de governos liberais e entreguistas substituíram o transporte de carga ferroviário por rodoviário. Para conhecer o movimento sindical dos ferroviários no âmbito nacional, há o livro *Estações de Ferro*, uma biografia de Rafael Martinelli escrita por Roberto Gicello Bastos, publicado em 2014. Mais de 500 páginas relatam a vida de um filho de família de operários, que foi ser ferroviário, e de São Paulo se transformou num líder sindical nacional no comando da Federação Nacional dos Ferroviários, do Pacto de Unidade Sindical e do Comando Geral dos Trabalhadores.

Pernambuco: Comissão Especial de Indenização a ex presos políticos.

2008 - Reabilitação do presidente João Goulart

João Marques Goulart (1918-1976), gaúcho de São Borja, conterrâneo de Getúlio Vargas, de quem foi ministro do Trabalho e com ele criou o Partido Trabalhista Brasileiro (PTB), com a ideia de ser o partido da social-democracia no Brasil e governar junto com os sindicatos.

No tempo em que o voto para presidente e vice-presidente eram dados separadamente na urna, Goulart foi eleito vice de Juscelino Kubitschek em 1955, numa coligação entre seu partido, o PTB, e o PSD. Na eleição seguinte, de 1960, ele compôs de novo a chapa ao lado de Teixeira Lott que disputava eleição com Jânio Quadros e Milton Campos, que formavam uma coligação de direita puxada pela UDN.

Jânio ganhou, mas seu vice perdeu. Quem ganhou para vice foi Goulart. Diante da governabilidade quase impossível, dado a maioria oposicionista no Congresso, o errático Jânio renunciou no oitavo mês de mandato. Queria ser ditador com apoio dos militares. Mas os militares preferiram ser eles mesmos os ditadores e armaram o golpe.

Goulart estava na China, em missão do governo, e sendo o vice-presidente eleito (não a reboque como hoje), constitucionalmente deveria assumir a Presidência da República. Mas os militares que derrubaram o governo de Vargas não queriam admitir que o líder dos trabalhistas assumisse o governo.

Leonel de Moura Brizola, também do PTB de Vargas, que já fora prefeito de Porto Alegre, deputado estadual e estava de chefe do governo gaúcho, se insurgiu contra o golpe, em defesa da legalidade, enfim para garantir a posse de Goulart. Utilizando uma rádio local, Brizola chamou a população a resistir. Seu apelo empolgou os setores democráticos. Formou-se a Rede da Legalidade, com centenas de emissoras de rádio transmitindo os discursos e as marchas marciais. De todo o Brasil, voluntários se deslocavam em direção a Porto Alegre.

Foram dias de graves tensões com o país à beira de uma guerra civil. As forças armadas divididas, a população dividida. Fez-se um arranjo para que Goulart tomasse posse com poderes limitados, a emenda Parlamentarista. Goulart tomou posse, convocou um plebiscito em que a população quase que por unanimidade rechaçou o parlamentarismo, governou para realizar as Reformas de Base que o país tanto necessitava e, convenhamos, necessita ainda. Goulart foi deposto pelo golpe de 1° de abril de 1964, um golpe jurídico, parlamentar e militar, com apoio ostensivo dos Estados Unidos. Mais que um golpe foi a captura do Estado pelo poder transnacional a serviço dos interesses dos Estados Unidos.

Brizola tentou resistir ao golpe, mas não teve o consentimento de João Goulart, que preferiu sair para o exílio a provocar um banho de sangue numa guerra civil e confiando de que o golpe era passageiro.

No exílio, Brizola foi o primeiro líder político brasileiro a organizar grupos armados para enfrentar a ditadura. Participaram civis, principalmente jovens, que desde 1961 estavam se organizando em Grupos de 11 e oficiais do Exército legalistas que não concordavam com a ditadura.

São fatos históricos que temos que recordar porque estão na origem dos processos de Anistia. A quase totalidade dos que buscam e dos que receberam a anistia e o pedido de perdão do Estado, foi de alguma forma vítima do regime de exceção desencadeado a partir do golpe de 1964.

João Goulart morreu no exílio, provavelente assassinado pelos esbirros da ditadura, e é o primeiro presidente anistiado *post mortem* de nossa história. A anistia foi outorgada em sessão 16º da Caravana da Anistia transcorrida em Natal, Rio Grande do Norte, em 15 de novembro de 2008.

A viúva de Goulart, Maria Tereza, recebeu, a título de reparação, R$ 5.425,00, mensais, retroativo a setembro de 1999, equivalente à remuneração de um advogado sênior e mais R$ 100 mil pelos 15 anos que Maria Tereza viveu no exílio. É certo que Goulart era bacharel em direito, mas foi constitucionalmente Presidente da República, e parece que as pessoas ignoraram isso.

Brizola também foi anistiado post mortem, em Caravana de Anistia realizada na Assembleia Legislativa do Estado do Rio Grande do Sul em 16 de outubro de 2008. Nesse mesmo ano também foram julgados 403 processos de militantes de Grupo dos 11.

Deputados com seus mandatos de volta

Em dezembro de 2012, em sessão solene na Câmara, foram devolvidos os mandatos de 173 deputados federais que foram cassados pelos Atos Institucionais do governo militar. A maioria das homenagens post mortem, posto que somente 27 ainda vivos puderam comparecer. Para a deputada Luiza Erundina, presidente da Comissão Parlamentar Memória, Verdade e Justiça, que presidiu o ato,

> democracia é uma construção de todo dia, é um processo permanente, e a gente depende das novas gerações. Para isso, elas têm que ter a consciência, a compreensão, os fatos históricos absolutamente revelados, para que eles também se responsabilizem para fazer avançar e consolidar a democracia no nosso país. Passar a limpo essa história tem tudo a ver com essa construção coletiva que a sociedade brasileira e o Estado brasileiro fazem hoje na busca dessa verdade, e quem sabe, fazer a justiça de transição às vítimas da ditadura militar.

Luiza Erundina, deputada já em seu quinto mandato, também defende a necessidade de modificar o entendimento da Lei de Anistia para que se possa punir os agentes do Estado que cometeram crimes durante a ditadura civil-militar de 1964 a 1977. É dela o projeto de lei 573 de março de 2011, que permite poder punir os agentes públicos que cometeram crime contra a humanidade (tortura e morte e desaparecimento). A proposta foi rejeitada nas comissões e nem chegou a ser votada em plenário.

CATIVEIRO SEM FIM DE CRIANÇAS ROUBADAS: *DEPOIMENTO DE EDUARDO REINA*[19]

Os militares sequestraram e/ou se apropriaram de bebês, crianças e adolescentes durante a ditadura no Brasil (1964-1985). Eram filhos de guerrilheiros, militantes de esquerda e de oposicionistas ao regime de exceção. Essas vítimas de sequestro foram adotadas ilegalmente por famílias dos próprios militares ou por famílias ligadas às forças armadas. Os casos desses sequestros foram sistematicamente escondidos, ocultados da história nacional; e negadas. Agora, 34 anos depois do fim da ditadura, são descobertos. Até agora identifiquei e comprovei 19 casos de sequestros e/ou apropriação de bebês, crianças e adolescentes durante a ditadura no país. Estão incluídos na dissertação de mestrado que defendi e no livro que publiquei. Todos guardam semelhanças com crimes desse tipo ocorridos na Argentina, Chile, Uruguai, Paraguai e Bolívia durante períodos de repressão militar.

Dos 19 casos identificados até agora no Brasil, 11 são ligados à guerrilha do Araguaia. As vítimas são filhos de guerrilheiros e de camponeses que aderiram ao movimento. Era o segredo dentro do segredo. Os 11 sequestros no Araguaia foram realizados entre 1972 e 1974, durante as gestões dos generais-presidentes Emílio Garrastazu Médici – quando o ministro do Exército era Orlando Geisel, irmão do sucessor de Médici – e de Ernesto Geisel. Há também casos originados no Rio de Janeiro ou Rio Grande do Sul, Paraná, Pernambuco e até cinco crianças indígenas levadas de aldeia no Mato Grosso.

Há bebês e crianças entregues a famílias de militares ou a orfanatos; que acabaram adotados de forma irregular. Crianças e adolescentes levadas para quartéis e outras abandonadas após seus pais biológicos terem sido presos e desaparecidos. Nem indígenas escaparam.

---

19 Jornalista, autor do livro reportagem *Cativeiro sem fim* (Alameda, 2019), a pedido nosso enviou esse resumo de um dos mais hediondos crimes cometidos por militares na guerra suja contra os movimentos de resistência à ditadura.

Em todos os casos aqui narrados há depoimentos das próprias vítimas, de seus familiares e de pessoas que estiveram envolvidas com os algozes ou com os próprios sequestrados durante a ditadura. Enorme quantidade de documentos, certidões, fotos das vítimas que vivem um cativeiro sem fim. Todos os episódios estão relatados em livro em fase de conclusão.

Um garimpeiro chamado Dejocy Vieira da Silva, que mora em Serra Pelada no Pará, conta que foram 11 as crianças sequestradas naquela época. Eram filhas de guerrilheiros com camponesas e filhos de camponeses que aderiram à guerrilha do Araguaia. Dejocy esteve inicialmente com os comunistas do PCdoB. Depois, durante combate na selva com militares, levou tiro. Sobreviveu, mas ficou com sequelas. Então se bandeou para o lado do major Sebastião Curió e passou a ajudar o Exército.

Dejocy confirma a existência de ordem para sequestrar e desaparecer com os filhos dos guerrilheiros e de camponeses. Afirma se lembrar da história do sequestro de Giovani, filho do líder dos guerrilheiros, Osvaldão. Não presenciou o crime. Diz que foram realizadas em segredo as operações de sequestro dos filhos de guerrilheiros e de lavradores. “Fizeram tudo às caladas”, diz o garimpeiro-guerrilheiro.

O sequestro de bebês, crianças e adolescentes filhos de militantes políticos ou de pessoas ligadas a esse grupo tinha como objetivo difundir o terror entre a população; vingar-se das famílias; interrogar as crianças; quebrar o silêncio de seus pais, torturando seus filhos; educar as crianças com uma ideologia contrária à dos seus país, além da apropriação das vítimas.

Na região do Araguaia, os militares sequestraram por engano Juracy Bezerra de Oliveira. Inicialmente pensavam que ele era Giovani, filho do líder guerrilheiro Osvaldo Orlando da Costa, o Oswaldão. Em comum com Giovani, Juracy tinha a pele morena, a idade aproximada – cerca de sete anos quando foi levado – e o nome da mãe biológica: Maria.

Foi levado para Fortaleza (CE) pelo tenente Antônio Essilio Azevedo Costa. Acabou registrado em cartório com o nome do militar como seu pai biológico. O nome da mãe foi mantido: Maria Bezerra de Oliveira.

Viveu na capital cearense até completar a segunda década de vida. Depois voltou ao Araguaia em busca da mãe verdadeira. Juracy também teve o irmão mais novo – Miracy – levado por outro militar. O sargento João Lima Filho foi com Miracy para Natal (RN). Anos depois, Juracy e a mãe fizeram buscas pelo menino. Não foi encontrado. “A mágoa que tenho deles (militares) é de terem me tirado da minha família biológica. Hoje em dia meus irmãos têm terra, gado. Eu tenho nada. O Exército tinha prometido me dar meio mundo e fundos. E não deu”, desabafa Juracy.

Depois do sequestro de Juracy, militares encontraram e levaram Giovani, o filho de Osvaldão com Maria Viana da Conceição. Além do pequeno Giovani, desaparecido, foi pega na mesma ação Ieda, outra filha de Maria Viana. A mulher morreu dentro de casa quando os soldados fizeram o cerco para sequestrar Giovani. “Eu tinha seis anos. Quando cheguei [no nosso barraco] tinha acontecido isso. [Os militares] Tinham matado minha mãe e carregado o irmão meu, mais minha irmã, que sumiu também”, relata Antônio Viana da Conceição, filho de Maria e irmão de Giovani e Ieda.

Entre novembro de 1973 e o início de 1974, seis filhos de camponeses aliados aos guerrilheiros do Araguaia foram sequestrados: José Vieira, Antônio José da Silva, José Wilson de Brito Feitosa, José de Ribamar, Osniel Ferreira da Cruz e Sebastião de Santana. Eram todos jovens, adolescentes que trabalhavam na roça para o sustento de suas famílias. Foram enviados a quartéis.

José Vieira é filho de Luiz Vieira, agricultor que foi morto pelas forças militares durante a guerra no Araguaia. José foi preso junto com o guerrilheiro Piauí, então subcomandante do Destacamento A, em São Domingos do Araguaia: “Sai de lá com o Piauí. Ele era o comandante dos guerrilheiros. Eu fiquei lá e a tropa chegou e me cercou. Soube que eu tinha ido lá para falar com minha mãe. Mas antes de minha mãe chegar em casa, a tropa cercou. Aí me pegaram. Eu mais ele, o Piauí”, descreve Vieira.

Seu nome está registrado em documentos do Centro de Informações do Exército (CIE) junto com os nomes dos outros cinco filhos de camponeses sequestrados pelos militares entre o fim de 1973 e o início de 1974. Era a fase mais grave de repressão da guerrilha do Araguaia.

Inicialmente Vieira ficou preso e foi torturado na base de Bacaba, erguida no km 68 da Transamazônica. Depois foi levado para o quartel general do Exército em Belém do Pará, onde passou um mês e 12 dias. Depois foi para a 5ª Companhia de Guardas, no bairro de Marambaia, também em Belém. Na sequência foi transferido para Altamira.

Nessa cidade paraense foi incorporado oficialmente ao Exército como soldado no dia 5 de março de 1975. Serviu no 51º Batalhão de Infantaria de

Selva, de acordo com Certificado de Reservista. O documento apresenta data de nascimento alterada para que o sequestrado pudesse servir a corporação.

O primeiro caso de sequestro de bebê filho de militante político por militares no Araguaia a ser descoberto foi o da filha de Antônio Teodoro de Castro, chamado de Raul. Castro foi morto e seu corpo está desaparecido até hoje.

Em 1974, ainda bebê, foi levada por dois militares do Araguaia para Belém do Pará. Foi entregue numa casa de acolhida de crianças, fundada por um sargento da Aeronáutica. Tempos depois acabou adotada por casal que cooperava com a instituição e recebeu o nome de Lia Cecília.

Em 2010, ela mesma descobriu que poderia ser filha de Castro ao ver fotos de irmãs do guerrilheiro num jornal. Manteve contato elas. Já fez dois exames de DNA que constataram que os genes de todos têm quase 100% de compatibilidade.

Motorista de Geisel implicado: Caso emblemático de sequestro de bebê por militares é o de Rosângela Paraná. Foi pega assim que nasceu, no Rio Grande do Sul ou Rio de Janeiro. Acabou entregue a Odyr de Paiva Paraná, ex-soldado do Exército pertencente a tradicional família de militares. Seu pai – Arcy – foi sargento; e seu tio-avô Manoel Hemetério Paraná, médico que chegou ao posto de major e ex-superintendente do Hospital Geral do Exército em Belém do Pará. Odyr manteve relações de trabalho, através de prestação de serviços, com o ex-presidente da República e general Ernesto Geisel. Foi seu motorista por algum tempo no Rio de Janeiro. Também trabalhou na Petrobras e Ministério de Minas e Energia. Rosângela descobriu sua condição de sequestrada em 2013, depois de uma discussão em família. Hoje, debilitada fisicamente e emocionalmente, procura seus pais biológicos. Sua certidão de nascimento é falsificada. Foi registrada em 1967 em cartório no bairro do Catete (RJ). O documento aponta 1963 como ano de seu nascimento.

A certidão apresenta local de nascimento imóvel numa rua no bairro do Flamengo. Mas levantamento em cartório demonstra que a casa citada na certidão pertence a autarquia de previdência dos servidores públicos desde 1958.

A família Paraná fez um pacto de silêncio para que não se fale o nome dos pais biológicos ou de onde a bebê veio. Odilma, irmã de Odyr, o pai adotivo já falecido, confirma apenas que Rosângela foi adotada e que a mãe "era uma baderneira". "Hoje vivo na angústia de não saber quem sou, quantos anos tenho, e sequer saber quem foram ou quem são meus pais. Todos se negam terminantemente a falar sobre esse assunto. Só desejo saber quem sou, e onde está a minha família. Acredito que esse direito eu tenho, depois de sofrer tantos anos. Hoje só sei que sou um ser humano que nada sabe sobre seus pais. Desejo Justiça", fala Rosângela.

Bebês indígenas desaparecidos: em 1966, cinco crianças Xavante Marãiwatsédé foram levadas com anuência de militares e órgãos governamentais que tinham como principal missão defender os indígenas. A aldeia Suiá Missu onde habitavam ficava entre os rios Xingu e Araguaia, no Mato Grosso. Usineiro paulista comprou a terra e efetuou a transferência de toda a tribo, com quase 290 integrantes, para uma outra aldeia, localizada numa missão salesiana chamada São Marcos, na cidade de Barra do Garças, a cerca de 400 quilômetros ao sul de onde estavam.

O desaparecimento das cinco crianças é confirmado pelo padre Bartolomeo Giaccaria, que recebeu os índios na missão. A maioria da tribo morreu numa epidemia de sarampo. Parte da história da disputa por essas terras e da transferência é contada pelo repórter Rubens Valente, da *Folha de S.Paulo*, no livro *Os fuzis e as flechas: histórias de sangue e resistência indígena na ditadura*.

Há ainda o caso do sequestro de filha de militante de esquerda contrária ao regime militar. Foi levada após seu nascimento no Paraná, na década de 1970. Foi entregue a um general em Brasília. Essa vítima da ditadura, atualmente, não quer ser identificada. Mas todos os documentos sobre essa mulher comprovam a irregularidade.

Outro caso identificado de sequestro é o de Iracema de Carvalho Araújo, filha de Lúcia Emília Araújo, integrante do Partido Comunista Brasileiro (PCB). Iracema foi abandonada numa praça em Recife (PE), na década de 1960, depois que sua mãe foi presa. Antes, ambas haviam sido torturadas em delegacia no Recife. Anos depois, Iracema foi adotada por uma família no Rio de Janeiro. Já adulta, se mudou para São Paulo e depois retornou a Pernambuco.

Exército e Aeronáutica calados: Exército e Aeronáutica não querem se manifestar sobre os casos identificados. Instituições envolvidas mantêm a posição de negação. Assim como se nega a prática da tortura e do assassinato nos porões do DOI-CODI, nas bases militares, nos quartéis e nas prisões.

A divulgação desses 19 crimes hediondos, que não prescrevem, deve ser feita para que a história da ditadura do Brasil seja contada sob o olhar de todos os envolvidos. E tomara que a comunicação desses sequestros de bebês, crianças e adolescentes pelos militares leve outras pessoas a revelarem o que sabem e novos casos possam ser identificados.

9. Acordo lesivo para não cumprir a lei

Desobediência e reincidência

Quando em 1999 completaram-se 20 anos da Lei de Anistia, documentos e manifestações da ABAP e demais entidades relacionadas com o processo de anistia, indicavam que pouco havia a comemorar. Em agosto de 2019, aos 40 anos da primeira lei e 8 da MP 2.151 de maio de 2001, transformada na Lei 10.559/2002, que finalmente regulamentou a Constituição e criou a Comissão de Anistia, vale perguntar: o que há pra comemorar?

Sem dúvida, houve avanços e retrocessos, acertos e desacertos. Com certeza mais acertos que desacertos e mais avanços que retrocesso. E isso graças ao empenho dos membros da Comissão de Anistia, das Associações de Anistiados e Anistiandos e anistiados que não deixaram de lutar um só instante para que os órgãos do governo cumprissem a Lei.

A Lei de 1979 teve o propósito de reparar as injustiças cometidas contra milhares de cidadão brasileiros durante o regime de arbítrio instaurado no País pelos governos militares a partir de 1964. São funcionários públicos civis e militares, intelectuais e artistas, trabalhadores em todos os setores da economia, sindicalistas e militantes políticos que foram demitidos de seus empregos, perseguidos, encarcerados, torturados, forçados ao exílio em outros países.

Algumas dessas pessoas conseguiram se beneficiar da Lei de Anistia, reintegrando-se a seus postos de trabalho; outras conseguiram aposentar-se contando o tempo em que estiveram sem contribuir por estarem na situação de perseguidos pela repressão. Contudo, a maioria das vítimas do regime de arbítrio não conseguiu sequer provar sua condição de anistiado.

A advogada Paula Sapir Febrot, advogada e membro do Conselho Diretor da ABAP, que se especializou em processos de anistia, esclarece que

> essa situação ficou mais complicada a partir da criação da Comissão de Anistia pelo Decreto 1500 de 24 de maio de 1995 e da promul-

> gação do Decreto presidencial 2.172 de 5 de março de 1997, que descentralizou poderes e desrespeitou as leis existentes, inclusive o artigo 8° do ADCT – Ato das Disposições Constitucionais Transitórias (sobre anistia), da Constituição Federal de 5 de outubro de 1988.
>
> A inúmeros Cidadãos que conseguiram provar que estiveram presos, que responderam a processo na Justiça Militar, que foram absolvidos ou condenados e posteriormente anistiados pela Lei de 25/08/79, se exigia novas e descabidas exigências, dificultando ao extremo a vida do requerente. Exigia-se, por exemplo, certidão do SAI (ex-SNI), documento que tarda de quatro a seis meses para ser expedido.
>
> A referida Comissão de Anistia, ligada ao Ministério do Trabalho, desde que foi criada até dezembro de 1998, reunia-se uma vez por mês. Nesse período, não conseguiu declarar a anistia de mais de cinco cidadãos por reunião, sendo que havia alguns processos em tramitação há mais de cinco anos.

Para se ter uma ideia da morosidade dessa Comissão, enquanto no governo Figueiredo foram concedidas 600 anistias, o governo de Fernando Henrique concedeu pouco mais de uma dezena, assim mesmo, privilegiando amigos e áulicos da corte.

Governos	**Anistias**
José Sarney	627
Fernando Collor	183
Itamar Franco	896
Fernando Henrique Cardoso	60

Cabe relembrar que, inexplicavelmente, a Comissão de Anistia funcionava no Ministério do Trabalho e não no Ministério da Justiça ou na Secretaria dos Direitos Humanos. Tampouco entendemos porque o anistiado é quem tem que provar, com farta e difícil documentação, que foi perseguido e posteriormente anistiado precisamente por quem o perseguiu e o anistiou.

Não bastasse tudo isso, a Ordem de Serviço n° 623 de 07/05/99, publicada em 08/07/99, da Diretoria do Seguro Social da Previdência, assinada por Ramon Eduardo Barros Barreto, publicada no Diário Oficial da União de 08/06/99, diz, textualmente, que "a partir de 07/05/99 fica extinta a Aposentadoria Excepcional de Anistiado". É incrível, mas é isso mesmo. Uma Ordem de Serviço "anula" um dispositivo constitucional e uma Lei Federal. E isso parte de um governo integrado por grande número de anistiados e que se dizia defensor dos Direitos Humanos. Em 1999 a ABAP registrava que

> a luta pela anistia se transformou num movimento que empolgou grande parte da nação brasileira a tal ponto de tornar-se irresistível. Esse povo queria de volta seus filhos injustamente perseguidos. Esse povo queria reparação das injustiças cometidas. A Lei de Anistia de 1979 foi uma conquista do movimento popular. Como o é também a Constituição de 1988.
>
> Não obstante, é preciso denunciar à Nação que nem a Lei de Anistia nem a Constituição de 88, no que se refere aos direitos dos anistiados, estão sendo respeitadas. Cerca de 20 mil anistiados em todo o Brasil estão tendo seus direitos violados, particularmente o direito inalienável de poder sobreviver com dignidade.
>
> Contra muitos dos brasileiros não cessaram os martírios iniciados a 1º de abril de 1964. Não obstante, uns poucos brasileiros conseguiram sair desse martírio e entrar no "paraíso". Há anistiados que hoje são parlamentares e há anistiados nos mais altos postos do atual governo.
>
> Mas por incrível que pareça, este governo é o que menos fez pelos anistiados. Nega-se até mesmo a ouvir nossas reivindicações. Este governo está sistematicamente negando-se a atender os anistiados e tem declarado abertamente que não pretende fazê-lo.

Que reivindicações são essas?

O que se pretendia é que se fizesse cumprir a Lei da Anistia e a Constituição. E é precisamente porque a Constituição de 88 não está sendo respeitada é que é preciso mobilizar a Nação para lutar pelos Direitos Humanos. Não obstante, há que fazer justiça e registrar que foi esse mesmo governo o responsável pela aprovação da Lei de Anistia ainda em vigência e que beneficiou milhares de homens e mulheres.

Mais um aniversário da anistia

No dia 29 de agosto de 2005, realizou-se uma sessão solene na Câmara dos Deputados, em homenagem aos 26 anos da 1ª Lei de Anistia. Em seguida, também o Senado dedicou o Pequeno Expediente para homenagear a lei. Foi impressionante ver as duas casas legislativas lotadas de anistiados e anistiandos e representações de entidades de todo o país. Carlos Fernandes, presidente da ABAP, participou da mesa e num pronunciamento contundente, em nome dos 450 representantes de anistiados presentes, apresentou as principais reivindicações dos anistiados.

A circunstância foi aproveitada para subscrever um documento que relata os esforços realizados junto às mais altas autoridades do governo, reitera os incumprimentos da lei, o que foi encaminhado ao ministro Márcio Thomaz Bastos, da Justiça. Registra a preocupação diante da afirmação do chefe de gabinete do Ministério da Justiça de que nada mudará, e a ordem é restringir ao máximo o número de anistiados e os valores a serem pagos. Em seguida, repete tudo o que já havia sido reportado aos diferentes órgãos do governo, e, ainda que possa parecer incrível, apresenta fatos novos, que resumimos: a comissão: (...) não aceita testemunhos pessoais nas sessões de julgamento, nem paradigmas, nem declarações com firma reconhecida; desqualifica herdeiros e sucessores, contrariando a lei; não aceita tabelas e declarações dos sindicatos, colocando-as sob suspeita; não admite a progressão de carreiras, principalmente dos bancários; não admite que estudantes tenham direito à contagem de tempo prevista na lei. Isso ocorre também com profissionais; afirma não caber anistia a quem não foi preso; a não inclusão do 13º salário no cálculo do retroativo.

Resultados práticos

O que se conseguiu, informado pela ABAP, foram: primeiro, o agendamento de reunião no Ministério do Planejamento e abertura de um canal para dialogar sobre os valores dos retroativos; segundo: reunião com o chefe de gabinete do Ministério da Justiça que informou "ser decisão do ministro que a Anistia seja cada vez mais restrita, em valores e anistiados".

Pretendia-se também ter uma reunião com o presidente da República, que não foi efetivada.

Em dezembro, a ABAP e as demais organizações que firmaram o documento citado conseguiram apoio da Comissão de Trabalho, Administração e Serviço Público da Câmara de Deputados, e esta convocou os ministros da Justiça e do Planejamento e o presidente da Comissão para debater a questão dos anistiados políticos. Acredita que não apareceu ninguém?

Simplesmente mandaram ofício em que informaram, laconicamente, estarem impossibilitados de comparecer. E, veja, estamos falando de um governo cujo presidente, o sindicalista Luiz Inácio Lula da Silva, já foi anistiado, assim como o ex-presidente da União dos Estudantes de São Paulo, José Dirceu, ministro da Casa Civil e vários dos sindicalistas que estão no governo ou simplesmente dando apoio.

Alguns desses sindicalistas da região do ABC furaram a fila, ou seja, seus processos foram julgados e deferidos antes de muita gente que esperava já há alguns anos. Com a saída do ministro da Casa Civil assumiu a ministra, Dilma Rousseff, também uma das requerentes à espera da anistia, por ter sido presa e torturada. Então, é difícil entender essa insensibilidade. Os parlamentares membros da comissão manifestaram desagrado, e convidaram os faltantes para uma próxima reunião no dia 14 de dezembro...

> Esta Comissão manifesta sua insatisfação com este lamentável procedimento das autoridades convidadas, e torna público que considera tal procedimento um desrespeito ao Poder Legislativo, à Câmara dos Deputados, à Comissão de Trabalho e, principalmente, aos anistiados políticos de todo o país, em especial aqueles que aqui compareceram, na esperança de ouvir do Poder Executivo algum esclarecimento ou justificativa para a forma desrespeitosa com que vêm sendo tratados na busca de seus legítimos direitos.

No dia seguinte, a deputada Lúcia Braga, do PMDB/PB, em discurso no plenário da Câmara, solicitou audiência ao ministro da Justiça, com a presença de Marcelo Lavenère, presidente da Comissão de Anistia, para reiterar a reivindicação de todos os anistiados e anistiandos: *obediência às leis*. Entre seus argumentos, lembra que

> em 1979, o governo militar rendeu-se ante os reclamos do povo brasileiro e o Congresso Nacional, interpretando aquele instante de grandeza política, concede anistia, mas uma anistia caolha!

> Mas, o povo brasileiro continuou a sua marcha ao encontro das liberdades democráticas!
>
> Em 1986, instala-se a Assembleia Nacional Constituinte, da qual tivemos a honra de participar como a única representante feminina do nosso Estado, a Paraíba.
>
> Um dos momentos mais significativos da Assembleia Nacional Constituinte foi a proposta de Anistia para todos aqueles que foram atingidos com demissões, cassações, prisões e mortes pela ditadura militar imposta em 1964.

A Justiça manda e o executivo não cumpre

Em 15 de fevereiro de 2006, a ABAP informou aos anistiados, o que se poderia considerar, senão como vitória, um grande avanço no entendimento do Judiciário com relação ao pagamento dos retroativos devidos. Ocorre que a União estava obrigando os anistiados a recorrer à Justiça pra fazer valer esse direito. Além de ter de arcar com os custos advocatícios, um processo contra a União iniciado em primeira instância levaria, como de fato leva, muitos anos para ser julgado, pois a cada instância a União fazia o favor de recorrer. E ainda o faz.

Porém, naquele fevereiro, o Superior Tribunal de Justiça (STJ), acatando decisão do Supremo Tribunal Federal, tornou possível ingressar com a ação diretamente no STF, com o objetivo de receber o pagamento dos valores retroativos. De acordo com a decisão, tomada em novembro de 2005, o pagamento é realizado sem precatório, de maneira mais rápida. Comunicado da ABAP informava:

> Todos os associados da ABAP que ainda não receberam os valores retroativos podem ingressar com a ação, ainda que já tenha sido ultrapassado o prazo de cento e vinte dias da publicação da portaria. O pagamento de custas nesse tipo de ação representa valores mínimos.

Pois bem, passados treze anos dessa decisão do Supremo, ainda havia anistiado que tivera o recurso deferido em todas as instâncias e ainda não recebido o que lhe era devido.

2006: a desculpa do Orçamento

E assim entramos em um novo ano cheios de esperanças de que, com tantos anistiados nos cargos mais importantes da Administração Federal, teríamos um período de tranquilidade na execução dos procedimentos de anistia, determinados pela Constituição e leis que a regulamentam. Não obstante, prevaleceu a mentalidade que chamou a atenção da jornalista Dora Kramer, que com outras palavras constatou, que na hora de aprovar a anistia e o ressarcimento econômico, todo mundo aplaudiu, mas na hora de pagar, só choradeira.

A culpa é do salário mínimo...

Na campanha de 2002, Lula prometeu dobrar o valor real do salário mínimo. Não conseguiu. Em fins de 2005, ao elaborar a proposta orçamentária para 2006, propôs elevar o salário mínimo em 16,7%, de R$ 300 para R$ 350, aumento real acima da inflação de 11%. O orçamento aprovado também destinou R$ 5 bilhões para reajustes de servidores federais e o pagamento de anistiados políticos.

Segundo o relator da Comissão do Orçamento da Câmara, deputado Carlito Mers (PT/SC), esse aumento representara um gasto adicional de R$ 4.6 bilhões, que poderia ser coberto com folga, considerando que essa mesma comissão previu um aumento na arrecadação em R$ 10 bilhões.

Para aumentar a arrecadação, seriam punidos os trabalhadores que têm o imposto de renda descontado na folha de pagamento. Medida Provisória 280/06, aprovada pela Câmara em 12 de abril, reajustava os valores das tabelas do imposto de renda da pessoa física (nós os mortais) em 8%. Ficava isento quem ganha até R$ 1.257,12. Porém, as empresas que deviam pra União ganharam mais 120 dias no prazo de inscrição no Refis – Programa de Recuperação Fiscal. Na verdade um programa de renegociação, em que o devedor consegue descontos pornográficos, principalmente o agronegócio.

Anistiados não provocam o rombo no Orçamento

Carlito Mers, reeleito deputado por três mandatos, foi eleito prefeito de Joinville em 2006, e em 2018 estava disputando uma cadeira na Assembleia Legislativa catarinense. Pois bem, esse mesmo deputado, do partido que tem, talvez, o maior número de ex-presos e perseguidos políticos em sua militância, passou a integrar a campanha de desmerecimento dos processos de anistia. Em entrevista ao jornal *O Globo*, ocasião em que foi relator do Orçamento da União, simplesmente defendeu a suspensão dos pagamentos "milionários" aos anistiados. Para ele esse pagamento deveria ser feito em dez anos! Da reportagem extraímos:

> Se tivesse poder, eu suspenderia o pagamento. Anistia não pode significar geração de riqueza. Como relator, vou priorizar os pequenos e não os que têm milhões a receber.
>
> O relator vai apresentar aos anistiados a proposta de pagar este ano apenas os valores até R$ 100 mil. Se vingar esse acordo, apenas 550 anistiados, dos 6.685 que têm direito aos atrasados, irão receber ainda em 2006. Ele diz que o governo terá no Orçamento de 2006 R$ 400 milhões para pagar essa conta. A dívida total é de R$ 2.1 bilhões. Militante do movimento estudantil, Merss diz que foi torturado durante a ditadura, mas não quis pedir indenização. Preferiu esquecer.

Diante da pressão havida, notadamente por membros das duas casas legislativas, a Comissão de Orçamento elevou de R$ 400 milhões para R$ 600 milhões o destinado a pagamento dos anistiados. O relator não considerava que, se esses valores eram altos, era precisamente porque a União demora em pagar, a dívida cresce com juros e correção monetária. Para a ABAP, ao super avaliar os cálculos dos gastos, dá munição aos que queriam colocar a opinião pública contra os anistiados.

O verdadeiro rombo no orçamento da União não são, certamente os R$ 2 bilhões (não os R$ 4 bilhões superavaliados na reportagem) devidos aos anistiados, mas sim o que era pago aos banqueiros e financistas, segundo cálculos da ABAP, algo como R$ 800 milhões por dia, R$ 5,6 bilhões por semana ou R$ 24 bilhões por mês. Isso sem contar o que deixam de receber com isenções a grandes empresas, e as dívidas acumuladas dos caloteiros que não pagam impostos nem recolhem à Previdência.

Audiência pública sobre a Anistia: Câmara cria comissão para definir valores

Finalmente, os ministros da Justiça, Márcio Thomaz Bastos, do Planejamento, Paulo Bernardo, e Marcello Lavenère Machado, presidente da Comissão de Anistia, atenderam à convocação da Comissão de Trabalho, Administração e Serviço Público, agora presidida pelo deputado Coronel Alves (PL-AP), e compareceram ao plenário da Câmara, para a Audiência Pública sobre o funcionamento da Comissão de Anistia. Essa foi a primeira audiência pública dos anistiados políticos. Aconteceu numa quarta-feira, dia 12 de abril de 2006, em que lotaram o Auditório Nereu Ramos mais de 500 representantes de associações, anistiandos e anistiados de todo o país, e muita gente relacionada com a defesa dos Direitos Humanos.

O presidente da comissão, Marcelo Lavenère, apresentou informe indicando que até a presente data haviam sido julgados 22.968 processos, faltando ainda pouco mais de 12 mil e outros 18 mil de vereadores que pleiteavam contagem de tempo para aposentadoria e que seriam resolvidos administrativamente. A previsão é de que no correr de um ano seriam julgados três mil processos.

No caso dos vereadores, em 2007, foi criado um Grupo de Trabalho da Comissão de Anistia para forçar o encaminhamento de solução para o caso. Um caso administrativo que não envolve dinheiro e assim mesmo tardou anos para ser resolvido.

Relatório da Comissão indica que de 2005 a 2007 foram julgados 15.072 desses casos, dos quais 14.022 foram deferidos e 1.050 indeferidos. Vale registrar que esse número de processos aumentou a cada ano, na medida em que as organizações iam agregando novos membros e também pessoas que ficavam sabendo de seus direitos. Em 2018 o número de pedidos protocolados ascendia a 75 mil, dos quais 65 mil já julgados.

Uma das questões levantadas por representantes de associações que congregam sindicalistas sobre o direito a anistia dos sindicalistas punidos por participar das greves a partir de 1979. Lavenère foi curto e objetivo na resposta:

> Na minha opinião, compartilhada pelo Ministro da Justiça, o Presidente da República e pela ampla maioria dos Conselheiros, se

> não houver prova cabal da perseguição dos milicos, ou seja, a marca das unhas e das botas dos militares; e a perseguição for do capitalismo, não há como conceder a anistia. Se a gente anistiar grevista pós-79, a Comissão perderá sua credibilidade.

A tabela copiada do relatório anual da Comissão de Anistia de 2007 mostra um avanço real nos trabalhos da comissão a partir da troca de governo. De uma desconsideração quase total no período 2000 a 2002, em que passaram três ministros pelo Ministério da Justiça (José Gregori, Aloysio Nunes e Miguel Reali Jr.), em que foram analisados 92 processos e deferidos 72, em comparação com seis meses do mandato de Tarso Genro, em que foram analisados 2.061 processos e deferidos nada menos que 1.629.

Em 2007 foram deferidos 8.367 requerimentos com reparação econômica ou só declaração de anistiados, tendo sido indeferidos 1.708, ou 16,95% do total.

Ministro	Período	Deferidos	%	Indeferidos	%	Total
José Gregori	14/04/00 a 14/11/01	7	77,78	2	22,22	9
Aloysio Nunes Ferreira Filho	15/11/01 a 03/04/02	61	77,22	18	22,78	79
Miguel Reale Junior	04/04/02 a 10/07/02	4	100,00	0	0,00	4
Paulo de Tarso R. Ribeiro	11/07/02 a 02/01/03	1629	79,04	432	20,96	2061
Márcio Thomaz Bastos	03/01/03 a 16/03/07	14492	57,87	10550	42,13	25042
Tarso Genro	**17/3/27 a 19/12/07**	**8367**	**83,05**	**1708**	**16,95**	**10075**
Total		**24560**		**12710**		**37270**

A Comissão Tripartite aprova acordo e parcelamento

Em abril de 2006, por iniciativa do ministro Thomaz Bastos, foi aprovada a formação de uma Comissão Tripartite, integrada pelo Ministério do Planejamento, Comissão de Trabalho da Câmara dos Deputados e representantes das associações de anistiados, para definir as regras para o pagamento de retroativos das indenizações concedidas pela Comissão de Anistia do Ministério da Justiça. A questão dos valores, sempre presente.

O argumento não poderia ser outro, além da alegada falta de recursos. Segundo o ministro o governo estava gastando R$ 27 milhões por mês com as indenizações concedidas, com a estimativa de que esses gastos poderiam chegar a R$ 40 milhões após atender as anistias pendentes. Como o governo não paga os retroativos, a dívida com os anistiados poderia chegar a R$ 2 bilhões. Para o Orçamento desse ano o governo havia proposto destinação de R$ 400 milhões para pagamento dos anistiados. Vendo que não seria suficiente, a Comissão de Orçamento da Câmara destinou R$ 600 milhões.

Não existiria dívida se tivessem cumprido a lei

No caso de funcionários, civis e militares, José Wilson da Silva, da Associação de Defesa de Direitos Pró-Anistia dos Atingidos por Atos Institucionais, os anistiados não seriam encarados desta forma se a União os tivesse realmente anistiado, reincorporando estas pessoas a seus locais de trabalho no início dos anos 1980. Para Silva,

> independentemente da quantidade de recursos, essa verba possui um mal de origem. Se tivesse havido anistia, cada um de nós teria sido reintegrado à sua função original e, ao final, seriam aposentados. Só que não concederam anistia, deram perdão. Perdoaram politicamente e nos colocaram em um gueto, numa folha especial de pagamento. Então as pessoas acabam achando que nós somos uma despesa.

O ministro Paulo Bernardo aproveitou a ocasião para anunciar uma proposta de “solução”. Defendeu o pagamento das indenizações, com os montantes retroativos de menor valor pagos imediatamente e os de maior valor de forma parcelada.

> Em nenhuma hipótese vamos ter critério justo, mas o menos injusto é garantir os pagamentos mensais e resolver os retroativos que não conseguimos saldar de uma só vez de forma parcelada. Pois se pagássemos apenas os menores valores primeiro, quem tem R$ 1 milhão para receber ficaria esperando muito tempo. A proposta de parcelamento será definida pela Comissão Tripartite.

Corroborando com essa ideia, o relator do Orçamento da União, o deputado Carlito Merss (PT-SC) argumentou que

> É difícil pagar de uma vez só esta conta toda, pois o governo de Fernando Henrique Cardoso e outros anteriores esqueceram e hoje a conta chega a R$ 2 bilhões, podendo atingir R$ 4,5 bilhões se somados todos os processos.

Para a ABAP e outras organizações de anistiados, as principais decisões e ponderações foram as seguintes:

Na Comissão de Anistia:

• A proposta da nova Súmula da Integralidade, que converterá a Aposentadoria Excepcional de Anistiado em Prestação, Mensal, Permanente e Continuada;

• A reunião mensal entre a Comissão de Anistia e representantes dos anistiados e anistiandos, para deliberação de soluções aos problemas mais frequentes na comissão;

• A revelação do presidente Marcello Lavenère de que os casos de grevistas pós/1979 é assunto de debate na Comissão, no que diz respeito à comprovação da motivação exclusivamente política.

No Ministério do Planejamento:

• Apesar da "solução" apresentada pelo ministro Paulo Bernardo, de parcelamento da dívida dos retroativos, a proposta terá que ser, depois de elaborada, enviada ao Congresso Nacional como Projeto de Lei, segundo informações do sítio do Ministério do Planejamento em 12/04/2006;

• Quanto aos chamados "Atrasadinhos", indenização mensal acumulada entre a data do deferimento e a data do primeiro pagamento, o ministro admitiu que, embora haja alguns ainda pendentes, a intenção do Planejamento é quitar essa dívida logo nas primeiras mensalidades, priorizando os pendentes.

Acordo benéfico para uns, lesivo para outros

Em 9 de maio, a deputada federal Laura Carneiro (PFL/RJ) apresentou o relatório sobre o acordo firmado entre a Comissão Tripartite de Trabalho da Câmara Federal e o Ministério do Planejamento sobre o pagamento das dívidas da União para com os anistiados. Ela avaliou que o acordo significava um grande avanço nas negociações e que em seis anos 74% dos anistiados políticos do Brasil teriam recebido os atrasados. "Essa é a realização de um sonho", afirmou.

Depois do acordo, a comissão se reuniu para apreciar a Medida Provisória que seria promulgada no dia seguinte pelo presidente da República, levando em consideração os pontos acordados. De fato, a Medida Provisória 300, de 29 de junho de 2006, com a firma do presidente Lula e dos ministros Márcio Thomaz Bastos (Justiça), Waldir Pires (Defesa) e Paulo Bernardo (Planejamento) levou em conta o acordado pela Comissão Tripartite.

Pouco depois, em 30 de outubro de 2006, o presidente da Mesa do Congresso Nacional, Renan Calheiros, aprovou e divulgou que a MP 300 de 29/6/2006 foi nesta data transformada em Lei 11.354/2006, nos mesmos termos, que regulamenta o Acordo de Adesão.

A lei não obriga, a adesão é voluntária

A lei estabelece que cada anistiado, por sua livre vontade, assinará um termo de adesão em que concorda com o valor e o parcelamento do montante a receber da União referente ao retroativo e os atrasados da reparação econômica concedida pela Comissão de Anistia. Concordar com o valor está implícito um valor negociado, para menor, claro. O anistiado também se compromete a não entrar em juízo contra a União para receber o que lhe é devido e, no caso de já ter movido ação judicial, compromete-se a retirá-la.

A lei compromete a União a pagar os valores retroativos devidos em prazos que vão de 60 dias a dez anos, dependendo do montante da dívida, a partir de janeiro do ano seguinte à assinatura da adesão:

> Em até 60 dias contados da data da assinatura do Termo de Adesão, aos que recebem prestação mensal de até R$ 2 mil, paga-se o valor integral; e aos que recebem prestação mensal superior a R$ 2 mil, uma parcela equivalente a cinco prestações mensais;
>
> Aos que recebem de até R$ 8 mil em 48 parcelas mensais, no valor de R$ 4 mil; e aos que recebem superior a R$ 8 mil em 48 parcelas, no valor de 50% da prestação mensal;
>
> Para quitar os saldos remanescentes, de valores até R$ 50 mil durante os cinco primeiros anos após a assinatura do Termo de Adesão; de até R$ 100 mil, no sexto ano após a assinatura; até R$ 200 mil, no séti-

> mo e oitavo anos após a assinatura; e qualquer valor de saldo a pagar remanescente, no nono ano após a assinatura do Termo de Adesão.
>
> A União poderá antecipar o pagamento em caso de portadores de doença grave, idade avançada, com prevalência dos mais idosos. No caso de falecimento do anistiado, as parcelas vincendas serão pagas aos dependentes.

A ABAP participou de inúmeras reuniões e das providencias adotadas que conduziram ao acordo transformado em lei. Esta, de fato, resolveu o problema para os que aderiram ao plano, principalmente para os processos deferidos de valores menores, o que beneficiou uma expressiva quantidade de anistiados.

Em relatório de final de ano, a ABAP informou a seus associados ter acompanhado as 105 sessões de julgamento realizadas no correr do ano que se encerrava (2006) pela Comissão de Anistia, com o seguinte resultado:

Processos julgados:	2.340
Processos Deferidos:	1.523
Processos Indeferidos:	817

Processos sob responsabilidade da ABAP:	
Processos levados à pauta:	339
Processos Deferidos:	137
Processos Indeferidos:	52
Recursos apresentados:	13
Convertidos em diligência:	137

Entre os indeferidos encontram-se 28 processos que foram ajuizados no STJ e, entre os 137 convertidos em diligência, estavam os 120 da Embraer, em discussão, sendo necessário registrar que o processo piloto já fora aprovado, devendo os demais, por consequência, serem aprovados na reunião em que entrassem em pauta.

Sobre a adesão ao acordo com o governo

No primeiro ano de vigência, o acordo foi aceito por 31 dos associados da ABAP, e foram todos homologados pela Comissão de Anistia. Para muitos, foi sendo uma espoliação, pois os valores acordados foram fixados sem correção a partir da firma do acordo. E muita gente não aderiu precisamente por isso, a imensa desvalorização no decorrer dos dez anos para quitação dos valores mais altos. O acordo também piorou a vida dos que, exercendo seus direitos, se negaram a aderir, precisamente porque os acordos violam direitos consagrado na Constituição, como a inviolabilidade do direito adquirido e o princípio da isonomia.

Em outras palavras, antes do acordo o anistiado recebia os atrasados em parcela única e corrigida desde a data da concessão da anistia. Um valor razoável com o qual poderia comprar um bem, ou reformar a casa própria, por exemplo. Os atrasados diluídos no salário evaporavam nos apertos do dia-a-dia.

Além disso, a União se queixava que os valores eram altos, e já vimos aqui que ficaram altos por não terem sido pagos. Nesse primeiro momento o departamento jurídico da ABAP ajuizou 58 processos no Superior Tribunal de Justiça (STJ), sendo 50 mandados de segurança.

Passado um ano da promulgação da Lei do Acordo, anistiados da Aeronáutica e da Marinha continuavam sem receber os termos de adesão. No caso dos servidores da Aeronáutica, devido o Tribunal de Contas da União (TCU) ter questionado os valores; no caso da Marinha, simplesmente por descumprimento da lei que manda pagar o referente em cinco prestações no prazo de 60 dias após a assinatura do termo de adesão.

Bancos se assanham por anistiados

A divulgação do acordo, com uma cláusula que praticamente sugere ao anistiado procurar um banco para negociar, assanhou o sistema bancário e financeiro na perspectiva de abocanhar uma fatia dos R$ 2,2 bilhões que a União devia a mais de seis mil anistiados. Sendo que, naquele ano (2006), o Executivo liberaria R$ 200 milhões para os anistiados. Destes, 63% tinham retroativos a receber que variavam entre R$ 100 mil e R$ 300 mil.

De fato, um bom negócio, com toda garantia, pois a lei autoriza o banco a receber diretamente da folha de pagamentos. Um estelionato igual ao crédito consignado, em que o banco empresta ao assalariado e as prestações para saldar o débito são descontadas diretamente da folha de pagamentos.

> Art. 7º – Ressalvada a existência de interesses de civilmente incapazes, o beneficiário dos valores pagos na forma desta Medida Provisória poderá ceder os direitos dela decorrentes.
>
> Parágrafo único. Na hipótese de a cessão ser feita em favor de instituição integrante do sistema financeiro nacional, poderá ser autorizado o desconto na fonte das parcelas objeto da cessão.

Com toda essa garantia, deveria ser o empréstimo com os juros mais baratos do mundo. Não tem como o banco levar calote, nem se o indivíduo morre, pois a folha continua ativa para a viúva ou herdeiros.

Mas não era empréstimo que os bancos queriam oferecer. O que propunham era conceder imediatamente uma parte daquilo que o anistiado levaria de três a nove anos para receber, e ficar com o termo de adesão para receber do governo no prazo estipulado. E porque não negociar o papel com fundos especializados?

Reportagem do jornal *O Globo*[1] recolheu alguns testemunhos das ofertas escorchantes feitas pelos bancos. A Micheas Gomes de Almeida, com direito a receber R$ 216 mil de atrasados pagos em quatro anos, o banco ofereceu R$ 100 mil para ficar com o termo de adesão; e José Wilson, da Associação de Defesa dos Direitos dos Atingidos por Atos Institucionais revelou que certos bancos estavam oferecendo menos que a metade do valor a receber. Ele citou nominalmente os bancos HSBC, Real, Cruzeiro do Sul, Votorantim e até a Caixa Econômica Federal.

2007 - Frente parlamentar para assegurar o cumprimento da lei

A ABAP esteve à frente dos esforços para discutir sobre como manter a articulação entre o movimento dos anistiados e os grupos de apoio parlamentar. Nesse sentido, conseguiu-se a participação de representantes de anistiados na Comissão de Direitos Humanos na Câmara de Deputados e foram dados os primeiros passos para constituição de uma Frente Parlamentar permanente no Congresso, para zelar pelo cumprimento da lei de anistia.

1 Jornal O *Globo*, 5 de setembro de 2006

Decidiu-se também convocar um novo Encontro Nacional de Anistiados, cujo tema, Anistia Política no Brasil e América Latina, trouxe delegações da Argentina, Uruguai, Paraguai e Chile. Um dos temas aprovados colocava a necessidade de se discutir o que se ensina nas academias militares e nos cursos de formação para os agentes de segurança. Mais que oportuno, e de poucos resultados, visto que até hoje, nas Academias de Polícia, Academias Militares das forças armadas, cursos e estágios complementares de responsabilidade do Estado, vigoram as doutrinas, como a de Segurança Nacional, levadas pelos assessores dos Estados Unidos, em função de seus interesses durante a Guerra Fria e estratégias de expansão territorial e dominação dos povos. Outros aspectos desses cursos, assinalados por delegados presentes, apresentam o golpe de 1° de abril de 1964 como uma revolução que salvou o país do comunismo, e, mais, incita o ódio ao pensamento divergente daquele que aprendem nas escolas.

A percepção da necessidade de não só discutir no âmbito das instituições oficiais, mas de levar o tema à sociedade, vem do fato de que

> Os movimentos de defesa dos direitos humanos e do cidadão trabalham pela defesa da criatura humana e jamais em defesa do crime ou do criminoso. (...) No entanto, por má fé ou conveniência, está havendo distorção nos objetivos dos movimentos de defesa dos direitos humanos, como se estes estivessem trabalhando na defesa dos criminosos. Aos criminosos as penas cabíveis aplicadas pelas instituições judiciárias e não pela ação individual de vingança. Há uma civilização a ser defendida.[2]

I° Seminário dos Anistiados e Anistiados do Brasil

Cumprindo com a decisão da Frente Parlamentar de Defesa da Anistia, realizou-se o 1o Seminário Anistiados do Brasil: Anistia e Direitos Humanos, organizado pela Comissão de Direitos Humanos e Minorias e representantes das associações de anistiandos e anistiados, entre os dias 14 a 16 de agosto de 2007, no auditório Nereu Ramos da Câmara Federal.

2 Relatório da ABAP, 19 de março de 2007

Houve ampla participação das entidades representativas de anistiados e anistiandos, direitos humanos, advogados, parlamentares, além de representantes do Uruguai, Argentina e Chile, que militam nessa área.

No mesmo dia a Agência Câmara informou da presença do juiz federal argentino Claudio Bonadio, que esclareceu como a Suprema Corte de Justiça da Argentina declarou a inconstitucionalidade da Lei do Ponto Final, de 1986, que estabelecia o fim da perseguição penal aos casos não abertos até 60 dias após a sua entrada em vigor.

Também foi declarada inconstitucional a Lei de Obediência Devida, de 1987, que pressupunha, sem admitir prova em contrário, que todas as violações de direitos humanos durante a ditadura argentina se deviam à obediência típica da estrutura militar, exceto em casos de delito sexual, sequestro de menores, apropriação ou roubo de bens. Com essa decisão, a Corte argentina ordenou aos juízes que dessem continuidade aos processos relacionados ao regime militar.

Voltando ao seminário, o ponto alto foi a entrega ao ministro da Secretaria Especial dos Direitos Humanos da Presidência da República, Paulo Vanucchi, de documento em que se pede a abertura dos arquivos do período militar que, mantidos em segredo, impediam as famílias de mortos e desaparecidos de organizarem seus lutos. Jair Krischke, do Movimento de Justiça e Direitos Humanos de Porto Alegre, esclareceu que a Operação Condor nasceu no Brasil com o golpe de 1964 e daqui envolveu os países latino-americanos numa multinacional do terror que deixou trágico rastro de torturas e assassinatos. Vanucchi informou que a abertura dos arquivos já era uma questão de Estado e que brevemente seria anunciada a forma de como acessar esses dados.

Paulo Abrão, presidente da Comissão de Anistia, informou que no que vai do corrente ano já haviam sido julgados 4.455 processos, sendo 3.758 deferidos e 697 indeferidos, e que sua meta era finalizar todos os processos até o fim de seu mandato. Apesar de seu otimismo e boa vontade, muito ainda ficou por realizar, e os malfeitos só se multiplicaram.

As principais demandas apresentadas pelos participantes, segundo resumiu a Agência Câmara:

- Não alteração da Lei de Anistia (10.559/02);

• Medidas do Poder Executivo para abertura dos arquivos e documentos do período discricionário com duplo objetivo de esclarecer a história do País e de fornecer dados às famílias dos mortos e desaparecidos;

• Ação concreta dos poderes Executivo, Legislativo e Judiciário para estabelecer claramente a distinção entre a legislação sobre a Anistia Política no Brasil e a imprescritibilidade dos crimes cometidos pelos agentes do Estado contra o Estado de Direito Democrático e os direitos da pessoa humana, cumprindo os tratados internacionais;

• Cumprimento das leis de anistia nos prazos compatíveis para que os prejudicados se beneficiem;

• Análise dos pedidos de anistiandos, interpretando os fatos e sua época e as intervenções do estado ditatorial que não permitia recursos e defesas;

• Reconhecimento por parte do Executivo das necessidades de verbas para atender os anistiados, independentemente de especificações setoriais, já que a Lei de Anistia determina ao estado reparar sem distinção;

• Atualizações automáticas das indenizações, como prevê a lei;

• Compromisso do Executivo de não interferir nos trabalhos da Justiça em processos contra torturadores e assassinos de presos políticos, já que o País é signatário de tratados contra os crimes de tortura e crimes de lesa-humanidade;

• Criação de uma Subcomissão de Anistia, na Comissão de Direitos Humanos, para participação das associações de anistiados e anistiandos;

• Revogação pelo INSS de dispositivo da Instrução Normativa 17/07, que estabelece a exigência de que o anistiado político tenha recolhido contribuição previdenciária pelo tempo que esteve fora de atividade, para contagem de tempo certificada, contrariando a lei.

Como conclusão, a mesa do seminário encaminhou ao presidente da Comissão de Anistia as seguintes solicitações:

• Criação de uma Câmara de Solução de Conflitos, visando o entendimento do anistiando político (através das associações), com a Comissão de Anistia, a fim de eliminar a possibilidade de que, para casos semelhantes, haja resultados diferentes;

• Celeridade do Ministério da Justiça na publicação das portarias dos processos julgados, para evitar a geração de passivos (atrasadinho), em prejuízo ao anistiado e desorganização no Ministério do Planejamento;

- Instituição da Defensoria à disposição dos anistiandos carentes de assessorias jurídicas próprias, no julgamento das petições na Comissão de Anistia;
- Que se façam cumprir as leis de anistia nos prazos compatíveis para que os prejudicados se beneficiem. Há processos com mais de dez anos sem julgamento e mais de dois mil recursos ou revisões de erros internos estagnados;
- Que os julgamentos que foram interrompidos (adiados ou sem publicação de portaria) retornem ao andamento;
- Que sejam analisados pedidos de anistiandos, interpretando os fatos e sua época, as intervenções do estado ditatorial que não permitia recursos e defesas, conforme determina a Lei 10.559/02, Art. 2º, § 6º,
- Que sejam aplicados os Artigos 14 e 16 da Lei 10.559/02, em especial para os trabalhadores da iniciativa privada;
- Que sejam respeitados automaticamente todos os direitos garantidos nas Convenções Coletivas nas categorias do anistiado – Art. 6º, § 2º;
- Que todos os processos em que forem detectados erro material, por parte da Comissão, sejam revistos "ex-ofício";
- Definição da situação dos cabos da Aeronáutica atingidos pela portaria 1.104;
- A plena contemplação da Lei 10.559/02

2009: 30º aniversário da conquista da anistia

Tarso Genro, ex-governador do Rio Grande do Sul, assumiu Ministério da Justiça em 2007 e, quando deixou o posto, em 2010, havia propiciado condições para o funcionamento para a Comissão de Anistia ao mesmo tempo em que introduziu procedimentos que acercaram o órgão aos propósitos de Justiça de Transição.

Ato relevante no funcionamento da comissão foi a nomeação de Paulo Abrão como presidente e de seis novos conselheiros: Edson Claudio Pistori, Ana Maria Guedes, Maria Emília Guerra Ferreira, Mario Miranda de Albuquerque, Eneá de Stutz e Almeida e Rita Maria de Miranda Sipahi, esta representando os anistiados.

Em comemoração ao 30º aniversário da conquista da Lei de Anistia de 1979, agregou novas atividades ao projeto de recuperação e preservação da memória e mecanismos para mais eficácia na investigação e julgamento dos processos para reparação das arbitrariedades praticadas pela repressão do Estado ditatorial. Destacam-se as Caravanas de Anistia, Memorial da Anistia e Marcas da Memória, iniciados em 2008.

Em 2009 foram realizadas 15 Caravanas da Anistia e três Anistias Culturais e o lançamento do Memorial da Anistia. Nos casos especiais, o julgamento de 1.200 processos de militares que foram punidos por razões políticas depois do golpe de 1964.

Em 2010, a Comissão de Anistia iniciou o projeto História Oral da Anistia Política do Brasil, com objetivo de reconstruir a memória através de fontes orais e audiovisuais em parceria com as Universidades Federais de Pernambuco (UFPE), Rio Grande do Sul (UFRGS) e Rio de Janeiro (UFRJ), tendo como principal fonte de financiamento o Conselho Federal Gestor do Fundo de Defesa de Direitos Difusos – CFDD, do Ministério da Justiça. Durante este ano e o de 2011, foram entrevistadas 81 pessoas nos estados do Rio de Janeiro, São Paulo, Minas Gerais, Pernambuco, Alagoas, Piauí e Rio Grande do Sul. A pesquisa encerrou-se em 2012 com 108 entrevistas.

Em agosto de 2011, em comemoração ao décimo aniversário da institucionalização da Comissão de Anistia, realizou-se a Semana da Anistia, em onze estados, com ampla participação de protagonistas e parceiros nas atividades em prol da anistia. Culminou com uma exposição sobre os dez anos de atividade.

Com objetivo de auxiliar as Comissões da Verdade em seus trabalhos de investigação de graves violações de direitos humanos, foram realizadas pesquisas sobre perseguidos políticos no acervo da Comissão de Anistia. Em 2013, tiveram início três consultorias com conhecimento técnico especializado para prestar apoio às Comissões da Verdade parceiras no âmbito do Projeto BRA/08/021, cooperação estabelecida entre a Comissão de Anistia e o Programa das Nações Unidas para o Desenvolvimento (PNUD). Foram realizadas, com a supervisão da Comissão de Anistia, 18 pesquisas para 15 Comissões da Verdade parceiras e foram analisados 750 processos de anistia.

Preservação da Memória Digital

O projeto Memorial ganhou um adicional que foi o Projeto Memorial Virtual, que inseriu numa base de dados única os 74 mil processos de anistia autuados na comissão. Está disponível ao público desde 2015.

Em 2013 a Comissão de Anistia fez um convênio com a fundação Lelio e Lisli Basso, da Itália, com o objetivo de reorganizar, catalogar, inventariar, digitalizar, sistematizar e disponibilizar cópia dos documentos do Tribunal Russel II, que realizou sessões de denúncia sobre repressão na América Latina no período de 1974 a 1976; do I Congresso Nacional do Comitê Brasileiro pela Anistia; do Tribunal Permanente dos Povos, entre outros fundos custodiados pela fundação. Foram digitalizadas cerca de 70 mil páginas desse acervo inédito – para compor também o Centro de Documentação do Memorial da Anistia –, além de panfletos, fotografias, slides, videocassetes e fitas cassete. Dessa parceria, resultaram ainda três pesquisas que deram origem a uma publicação que as compila. O projeto foi executado no decorrer de 2013 e a entrega de seus produtos foi concluída em 2014. Tudo isso no marco da Política Nacional de Promoção da Justiça de Transição e da Anistia Política.

20ª Anistia Cultural

Em 2008, a Comissão de Anistia instituiu uma Coordenação de Ações Educativas, com a função de desenvolver políticas públicas voltadas à educação em direitos humanos, divulgar e preservar os fatos relacionados com os processos de anistia, no marco do processo de Justiça de Transição, voltada a consolidar a democracia. Nesse marco, em fevereiro de 2008, foi realizada a 1ª Anistia Cultural - A ditadura Militar no Brasil, no Salão Negro do Ministério da Justiça. Constou de palestra do Frei Betto, apresentação do Coral da Universidade de Brasília e distribuição do Caderno Temático Liberdades Democráticas.

A 2ª Anistia Cultural, em março, foi no auditório Tancredo Neves do Ministério da Justiça e teve como tema o Dia Internacional da Mulher. Presentes Adelina de Alaye, Mãe da Praça de Maio, Iara Xavier, em representação das famílias de mortos e desaparecidos políticos, Therezinha

Zerbini, fundadora do Movimento Feminino pela Anistia, e Nilcéa Freire, da Secretaria Especial de Políticas para Mulheres.

Significativo, no marco das ações culturais foi a realização do Festival Cinema pela Verdade, que percorreu 81 universidades de 27 estados, exibindo filmes que tratam do período da repressão e promovendo debates sobre o caráter da ditadura militar.

Foram selecionados três documentários que trazem diferentes enfoques sobre o tema: *Cidadão Boilesen* (2009) de Chaim Litewski; *Condor* (2007), de Roberto Mader; e *Hercules* 56 (2006), de Silvio Da-Rin. Além desses, o projeto também vai contar com a participação especial de mais duas obras: *Diário de uma busca* (2010), de Flávia Castro; e *Uma longa viagem* (2011), de Lúcia Murat, lançamento nacional de 2012.

Ainda em 2013, aos 36 anos da Lei de Anistia, a Semana de Anistia, em agosto, promovida pela Comissão de Anistia, realizou mais de 50 atividades em todo o país com participação de todas as instituições parceiras. Segundo o Informe Anual, foram debatidos a Lei de Anistia à luz das Legislações Nacional e Internacional, a perseguição por homofobia no regime ditatorial, a análise de requerimentos e apresentação de pesquisas, entre outros. A semana teve início com da 20ª Anistia Cultural, em 24/8 no Auditório Tancredo Neves do Ministério da Justiça, que contou com a exibição do filme "Favela Gay" (2013) e debate com o professor Paulo Abrão, presidente da comissão, o deputado federal Jean Willys e o produtor de cinema Cacá Diegues.

Planejamento estratégico para Comissão de Anistia

No primeiro mandato da presidenta Dilma Rousseff, o ministério se ateve mais às questões administrativas do que de direito. Em fevereiro de 2011, um mês de empossado como ministro, José Eduardo Cardozo dedicou três dias inteiros para realizar um planejamento estratégico com o objetivo de estabelecer as diretrizes organizacionais da comissão e planejar as principais frentes de ação para o alcance de seus objetivos institucionais. Mais de 40 pessoas, entre conselheiros, analistas processuais e funcionários administrativos participaram do evento e aprovaram enfrentar os seguintes desafios para realizar a Justiça de Transição: aprimorar a política de comunicação da Comissão de Anistia para entendimento e valorização da sua "missão" política/institucional; julgar com celeridade aprimorando a qualidade; reconhecimento institucional da Comissão de Anistia; reconhecimento da anistia política como dever de Estado; construção de base de conhecimento da Comissão de Anistia; a Comissão da Verdade; reforçar a coesão de toda a equipe para enfrentar os desafios; envolver a juventude; conquistar melhores condições de trabalho: estrutura e recursos humanos.

A intenção realmente é louvável. Os resultados nem tanto, como mostra o relatório da gestão de 2011 e seguintes. Em 2011 a CA protocolou 1.904 requerimentos contra 2.513 no ano anterior, e conseguiu apreciar 677 processos contra 2.468 em 2010. Somente 5% dos processos foram julgados enquanto que em 2010 a marca foi de 19%. A desculpa é aceitável, uma vez que tiveram que dispensar pessoal terceirizado e colocar gente nova. Nos anos seguintes, vê-se na tabela com dados dos relatórios anuais da Comissão de Anistia, adquiriu melhor ritmo, graças, segundo o relatório, às reestruturações no quadro de funcionários e fluxos de trabalho.

De 2001 a 2014 a comissão recebeu 74.259 requerimentos e apreciou 64.412 processos, restando, portanto, 9.847 pedidos para serem julgados. A redução no número de requerimentos se deve, seguramente, ao esgotamento do número de vítimas a serem atendidas. Um processo de morte natural para a Comissão de Anistia e uma exigência cada vez maior de projetos de preservação da memória.

Ano	Processos	Julgados
2001	5.894	3.885
2002	8.566	2.201
2003	22.929	5.869
2004	11.925	6.403
2005	2.949	3.840
2006	3.622	5.860
2007	4.561	10.733
2008	2.859	10.259
2009	2.699	9.949
2010	2.513	2.468
2011	1.904	677
2012	1.322	1.234
2013	1.319	1.259
2014	1.424	1.590

Em função do planejamento estratégico em 2013 a comissão já podia contar, após doze anos de atuação, com apenas quatro cargos em comissão, com nova estrutura composta por quinze cargos do Grupo-Direção e Assessoramento Superior (DAS), o que lhe permitiu criar a diretoria do órgão, a coordenação-geral de gestão processual, e a coordenação-geral do Memorial da Anistia Política do Brasil, além das coordenações e divisões a elas subordinadas. Essa conquista permitiu a formalização de uma estrutura alinhada às atividades desempenhadas pela comissão, trazendo consideráveis ganhos de gestão.

Persiste o sufoco aos anistiandos e anistiados

Não obstante, com relação aos processos de anistia, 2013 em nada diferiu dos anos anteriores, posto que, como registrou informe da ABAP, a Comissão de Anistia tem sido simplesmente "esquecida" pelo governo federal. Essa comissão sofre com a falta de verba, que limita o número de sessões plenárias, penalizando duplamente os requerentes que têm processo em grau de recurso. E a questão de falta de mão de obra, que torna o andamento dos processos ainda mais morosos, dispensa de empregados terceirizados. Funcionários concursados dificilmente permanecem na comissão de Anistia, pois é sem dúvida, um trabalho que exige dedicação e envolvimento. Contratam-se ou remanejam novamente os terceirizados, e ainda contamos com o que as manchetes de jornais chamaram de "Calote na Esplanada", empresas de terceirização de serviços que simplesmente fecharam as portas sem maiores explicações, deixando funcionários sem salários por dois meses.

Em função dessas dificuldades, a ABAP solicitou à Procuradoria de Defesa dos Direitos do Cidadão em Brasília pedidos para que intercedesse em favor dos anistiandos junto aos Ministérios da Justiça e do Planejamento quanto às dificuldades em relação a andamento, julgamento, publicação, disponibilização de verba e finalmente os pagamentos dos benefícios concedidos em conformidade com a lei.

Vale a pena reproduzir Carta Aberta à presidenta Dilma Rousseff enviada pela ABAP em 25 de setembro de 2013, com intenção de levar a seu conhecimento o sufoco imposto aos anistiandos e anistiados. A impressão que ficou é de que ela tinha conhecimento ao contingenciar todos os gastos do governo.

> Excelentíssima Senhora Presidenta,
>
> Com respeito e admiração que Vossa Excelência merece, tanto pela dignidade do cargo como por sua hierarquia moral, pedimos sua atenção a fatos que estão a ocorrer em prejuízo de pessoas que, como V. Excia, sofreram perseguições por atividades ou posições políticas e pleiteiam o reconhecimento da condição de anistiados políticos.
>
> É fato que desde há algum tempo os problemas com relação aos processos da Comissão de Anistia estão se agravando sem que anistiados e até mesmo membros da Comissão de Anistia consigam obter explicações. E o que é mais grave, acumulam-se processos paralisados motivando a angústia para milhares de ex-perseguidos políticos.
>
> Inicialmente houve redução das verbas destinadas para a manutenção da Comissão de Anistia, seguida de redução de pessoal. Com a redução do DAS e o corte das verbas para custeio de passagens e estadias, impossibilitando o comparecimento dos conselheiros que residem fora da capital federal, a Comissão de Anistia se vê impossibilitada de realizar julgamentos semanais, ocasionando dificuldades e prejuízos além de angústia aos anistiandos.

> O que sente uma pessoa idosa diante da incerteza com relação ao futuro? A maioria dos anistiandos, Senhora Presidenta, são pessoas simples, geralmente passando privações à espera de poder viver um pouco melhor em sua já curta expectativa de vida.
>
> Como se isso não bastasse, recentemente a situação se agravou ao ter o Ministério do Planejamento devolvido ao Tesouro Nacional verbas destinadas aos processos de Anistia. Com isso os já tão poucos processos julgados pela Comissão de Anistia estão sem verba para pagamento dos anistiados. Como explicar isso a essas pessoas que alimentam esperança se ver reparado, ainda que minimamente, os danos que lhes foram infringidos pelo Estado?
>
> A verdade, em síntese, Senhora Presidenta, é que foram cancelados todos os recursos que deveriam ser julgados na Plenária da Comissão e, o que é mais grave, o orçamento da anistia para o próximo ano foi reduzido, além de ter sido retirada a rubrica preferencial de verba da anistia.
>
> Em vista deste quadro, caótico do ponto de vista dos anistiandos, diante das portas do atual governo, que têm permanecido fechadas aos anistiados, anistiandos e seus representantes, apelamos à sensibilidade de quem tem um passado de lutas e de solidariedade, solicitamos a V. Excia. que encaminhe soluções para os problemas relatados, ou receba em audiência um grupo de representante dos anistiados que lhe exporá a gravidade dos fatos que precisam ser solucionados.

Em 2014, a Comissão de Anistia contava com 60 servidores e com orçamento no valor de R$ 11.208.275,00. Mesmo tendo um decréscimo no orçamento e na força de trabalho, nesse ano a comissão apreciou 1.590 requerimentos, superando a meta do PPA.

2013: luto e transição na ABAP

Alexandrina Cristensen, falecida em dezembro de 2013, na presidência da ABAP, trabalhou até o último alento, empenhada que estava em impulsionar o processo de anistia da Embraer, envolvendo em torno de 150 metalúrgicos punidos com demissão por ter participado de greves nos anos 1980.

Estatutariamente assumiu seu lugar o vice-presidente eleito, o jornalista Saulo Gomes, que seria ratificado na presidência na Assembleia Geral

Extraordinária para oficializar sua posse na presidência. Na Assembleia Geral Ordinária seguinte, em maio de 2017, foram reeleitos o presidente e vice-presidente e renovados os demais cargos. Com o presidente foram eleitos:

Vice-presidente - Clélia Hunke (reeleita), advogada, especializada em Direitos Humanos, desde 2008 ligada ao departamento jurídico da ABAP e desde 2011 integrando o Conselho de Representante;

1° secretário – Sérgio Antônio Flores, no lugar de Antônio Alves Assis Diniz, integrante do Conselho da ABAP desde sua criação em 1995, metalúrgico e ativista político em Minas Gerais, anistiado em 2009;

Tesoureiro – Antonio Alves Assis Dinis, substituindo João Batista de Paula, contador, integrante do Conselho da ABAP desde 1996, anistiado desde 2009;

Como colaboradores foram efetivados Mirnalene Neves, como chefe administrativo, dra. Leila de Lima, na advocacia, e Betânia Alves, na tesouraria.

Ao assumir a presidência a nova diretoria assumiu o desafio de dar continuidade à linha de trabalho de seus antecessores, Carlos Fernandes e Alexandrina Cristensen, e o compromisso com a ética e com a causa da anistia, bem como com uma política pública de direitos humanos.

Em 2013, ainda sob o comando de Alexandrina Cristensen, reunião do Conselho da ABAP aprovou destinar recursos para auxiliar a Comissão de Familiares de Mortos e Desaparecidos Políticos na busca por identificar os restos mortais de desaparecidos políticos encontrados em cova comum no cemitério de Perus, município na área metropolitana da capital de São Paulo. Aliando-se aos esforços do Ministério Público Federal - Procuradoria Regional da República do Estado de São Paulo, 3ª Região, a ABAP contratou antropólogos forenses argentinos, para procederem a uma avaliação das ossadas encontradas.

Com relação aos processos de anistia, o relatório de final de ano da ABAP constata o óbvio, ou seja, o descaso dos demais órgãos do Executivo ao cumprimento da legislação. A ABAP acionou a Procuradoria de Defesa dos Direitos do Cidadão, em Brasília, com relação às dificuldades dos anistiados em receber os pagamentos dos benefícios concedidos de acordo com a lei.

O procurador Aurélio Veiga Rios, ao reunir-se com representantes dos Ministérios da Justiça e do Planejamento, apresentou a lista de reclamações das entidades representativas de anistiados, ouviu promessas que não foram cumpridas. Segundo informou a ABAP a seus associados,

> cada órgão tem as suas justificativas para os problemas apresentados, entretanto, há uma distância muito grande entre estar cientes e dar solução a cada caso. A Comissão de Anistia do Ministério da Justiça, por sua vez, tem sido "esquecida" pelo governo federal, que prioriza outros interesses.

Em 2014, a posse da diretoria coincide com a abertura dos trabalhos no Congresso Nacional, marcado pelo transcurso de 50 anos do Golpe de 1º de abril de 1964. Em março, Saulo Gomes, representando a ABAP, participou do Congresso Internacional 50 Anos do Golpe: A Nova Agenda da Justiça de Transição no Brasil, realizado em Recife pela Comissão de Anistia do Ministério da Justiça com apoio do Programa das Nações Unidas para o Desenvolvimento (PNUD). Mais de 500 pessoas, a maioria especialistas na área de Justiça de Transição. Paralelamente foi realizada a 78ª Caravana de Anistia. A ABAP também participou da sessão solene na Câmara dos Deputados sobre os 50 anos do golpe cívico-militar.

Em novembro houve em Porto Alegre, Rio Grande do Sul, o Encontro Internacional – Diálogos e Formas de Intervenções no campo da violência, realizado no Memorial dos Direitos Humanos do Mercosul, promovido pela Comissão de Anistia e com a participação da ABAP.

Relatório de gestão da ABAP aos associados expedidos em 17 de dezembro registra como perda a desmontagem da Comissão Especial de Anistia da Câmara dos Deputados (Ceanist), promovida à revelia dos demais pelo deputado Chico Lopes, que a presidia.

Houve a partir daí um maior acercamento entre a ABAP e a Comissão de Anistia, que passou a integrar representantes da entidade nas Caravanas de Anistia e nos eventos culturais relacionados com Justiça de Transição e Política de Anistia. Em agosto, não havia nada a comemorar com relação ao aniversário da primeira Lei de Anistia. Em Carta-Manifesto ao Ministério da Defesa, com cópias para as demais associações de anistiados e órgãos relacionados com os direitos humanos, a ABAP relata o desapontamento de anistiandos e anistiados com a negativa dos comandos militares em atender os pedidos da Comissão Nacional da Verdade para que apresentassem os documentos referentes às perseguições prisões e torturas aos que se opunham à ditadura.

Transições se somam a transições

Já apontamos em capítulos anteriores que a cada mudança de governo redobram as dificuldades para atender os direitos dos anistiados e principalmente daqueles que ingressaram tardiamente com o requerimento de anistia. A Comissão de Anistia é uma instituição de Estado, mas está sujeita, administrativamente, ao Ministério da Justiça e depende do Ministério do Planejamento para efetuar as reparações em dinheiro.

De 2003 a 2007 foi ministro da Justiça Márcio Thomaz Bastos, jurisconsulto paulista. Foi sucedido por Tarso Genro, ex-governador do Rio Grande do Sul que permaneceu até 2010, quando saiu para disputar as eleições no seu estado. Em seu lugar entrou Luiz Paulo Barreto, carioca, economista e advogado, que logo em 2011 foi substituído por José Eduardo Cardozo, jurista paulista que por sua vez saiu em 2016 para assumir a Advocacia Geral da União, e logo como advogado da presidenta Dilma Rousseff no processo de impedimento. Seu sucessor Wellington César Lima, também jurista, da Bahia, permaneceu um mês no cargo e foi substituído por Eugênio Aragão, que entrou em março e saiu em maio de 2016.

Com a posse de Michel Temer na Presidência da República, entra Alexandre Moraes, que, por sua vez permanece até fevereiro de 2017. Este de fato iniciou o desmonte dos processos de justiça restaurativa.

Em fevereiro de 2017 entra José Levi Mello, que logo em março é substituído por Osmar Serraglio, que permanece até maio para dar lugar a Torquato Jardim, que fica até o final do mandato em janeiro de 2019.

2016: Michel Temer e Alexandre de Moraes

Essa dupla provocou tremenda reviravolta no processo de concessão de anistia. Três dias depois de empossado o ministro trocou 19 dos 25 membros da Comissão de Anistia. Unilateralmente interrompeu uma política de Estado, adotada para cumprir com a Lei de Anistia, criada em obediência à Constituição de 1988. Tal ingerência provocou a retirada de Paulo Abrão, que vinha presidindo a comissão desde abril de 2007, e de outros cinco conselheiros. No lugar de Abrão assumiu ex-deputado Almino Monteiro Álvares Affonso, que foi ministro de João Goulart, teve seus direitos políticos cassados, amargou 14 anos de exílio e foi anistiado. Almino assumiu tendo a Comissão de Anistia cerca de 9 mil pedidos de anistia para serem julgados. O que poderia fazer com toda a administração federal, além de falida, ideologicamente neoliberal, importando-se nada com os direitos humanos?

> É muito trabalho a ser feito. Muito mais do que o previsto no diálogo com o ministro. E se quiser levar a sério é preciso muita dedicação. São muitos processos ainda a serem julgados (de pedidos de anistia e reparação econômica) e isso me obrigaria a ir muitas vezes a Brasília (ele mora em São Paulo). E já não sou nenhuma criança, mas um jovenzinho de 87 anos.

Ele contou que tentou comunicar sua saída diretamente ao ministro Moraes, mas que não conseguiu. Então, conversou com o secretário-executivo da pasta, José Levi do Amaral, e saiu, quatro meses depois da posse. Com a saúde fragilizada, Almino deixou o cargo em 26 de janeiro de 2017, e Temer nomeou o professor de Direito da USP, Fernando Dias Menezes de Almeida, para substituí-lo.

Tão logo Almino Affonso assumiu a Comissão de Anistia, a ABAP confiou que com um perseguido político e anistiado no comando as coisas poderiam andar e enviou uma carta elencando e explicando um a um os problemas dos anistiados. Na essência são os mesmos que se repetem e se multiplicam desde a promulgação das leis, de 1979 e de 2002. Saulo Gomes, amigo pessoal de Almino Affonso, entregou em mão as queixas: os órgão do executivo perdem tempo e dinheiro discutindo jurisprudência e valores, aumentando o valor da dívida da União para com cada um dos anistiados; mesmo os casos deferidos pelas cortes superiores, o decidido não era pago; redução de valores da aposentadoria excepcional do anistiado percebida pelo INSS, violando o direito adquirido e causando grande dissabor familiar; mais de 400 portarias de anistia prontas para assinar, a maioria de pessoas idosas; faltam 18 mil processos para serem julgados, e a Comissão de Anistia conta com apenas quatro servidores; valor da prestação mensal sem ouvir os sindicatos e as empresas.

Portaria de Temer aumenta dificuldades para anistiados

2016, um ano não menos difícil e pouco favorável aos presos e perseguidos políticos durante a ditadura, anistiandos e anistiados, culminou, em 10 de junho, com a portaria 611 que suspende a realização de atos de gestão no âmbito do Ministério da Justiça e Cidadania. Deixemos que a própria portaria explique suas intenções:

> no uso das atribuições que lhe conferem o art. 87, parágrafo único, incisos I e IV, da Constituição; o art. 27, inciso VIII, da Lei nº 10.683, de 28 de maio de 2003; Decreto nº 7.689, de 2 de março de 2012, e a Medida Provisória nº 726, de 12 de maio de 2016, resolve:
>
> Art. 1º Ficam suspensas, por noventa dias, as delegações de competência relativas à celebração de contratos, convênios e instrumentos congêneres, a nomeação de servidores, a autorização de repasses de quaisquer valores não contratados, a realização de despesas com diárias e passagens, e a realização de eventos, no âmbito do Ministério da Justiça e Cidadania, ressalvados os atos relacionados.

Diante disso, cujas consequência foram a paralisação das atividades da Comissão de Anistia e o contingenciamento de todas as verbas governamentais, todas as entidades representativas de anistiandos e anistiados realizaram, nos dias 14 e 15 de junho, reuniões com a presença de parlamentares de vários partidos, em defesa do funcionamento da Comissão de Anistia.

Diante disso a ABAP lançou uma campanha em defesa da Comissão de Anistia, cujo teor e metodologia publicamos em anexo. Resultou numa grande mobilização de entidades relacionadas com direitos humanos e anistia com repercussão na mídia.

Intervenção inédita de Temer

Título de vários jornais no dia: *"Temer nomeia apoiador da ditadura para a Comissão de Anistia"*. Até parece piada, mas a verdade é que com dois dias no governo, o Diário Oficial da União publicou duas portarias assinadas pelo ministro Alexandre Moraes, uma com a nomeação de 20 novos conselheiros e outra com a exoneração de 6 membros que não haviam solicitado desligamento do órgão. Outros dez atuais conselheiros foram mantidos.

Os conselheiros desligados foram Ana Guedes, do Grupo Tortura Nunca Mais da Bahia e ex-presidente do Comitê Brasileiro pela Anistia na Bahia; José Carlos Moreira da Silva Filho, vice-presidente e professor do Programa de Pós-Graduação em Ciências Criminais da PUC-RS; Virginius Lianza da Franca, ex-coordenador geral do Comitê Nacional para Refugiados; Manoel Moraes, membro da Comissão Estadual da Verdade de Pernambuco e ex-membro do GAJOP; Carol Melo, professora do núcleo de Direitos Humanos da PUC-Rio; Márcia Elayne Moraes, ex-membro do comitê estadual contra a tortura do RS. Como se vê, todos vinculados aos direitos humanos.

Entre os nomeados, Paulo Lopo Saraiva, ex-sargento do Exército durante o regime militar, advogado e professor de direito em Natal (RN). O fato de haver documentos do Serviço Nacional de Informação (SNI) que indicam ter colaborado com a ditadura provocou críticas e dúvidas entre os anistiando e anistiados. Não obstante, o ex-sargento Saraiva surpreendeu atuando como defensor dos anistiados nos julgamentos, contribuindo com o debate em torno da justiça reparativa. Outro, nomeado vice-presidente da comissão por Temer, Francisco Rezek foi ministro do STF nomeado pelo general Figueiredo.

Em nota pública, o Movimento por Verdade, Memória, Justiça e Reparação ressalta que pela primeira vez se efetivou uma descontinuidade na composição histórica da Comissão de Anistia. Lembrando que desde a sua criação pelo governo FHC a comissão é composta por conselheiros e conselheiras com grande histórico de atuação na área dos direitos humanos, mantendo-se, ao longo do tempo a integralidade dos seus membros e as composições integrais advindas dos governos anteriores. Os eventuais desligamentos de conselheiros(as) sempre ocorreram por iniciativas pessoais dos próprios membros, sendo substituídos(as) gradativamente. A nota conclui considerando:

> O governo Temer com esta atitude arbitrária comete um erro histórico que afeta a continuidade da agenda pendente do processo de transição democrática, e com isso aprofunda as suas características de um governo ilegítimo, sem fundamento na soberania popular.
>
> São iniciativas muito graves e unilaterais que sinalizam o início de um desmonte na Comissão de Anistia, conquista histórica da sociedade de-

mocrática brasileira, e uma ofensa aos direitos das vítimas da ditadura e os seus familiares.

Não aceitaremos retrocesso nas conquistas da Justiça de Transição no Brasil. Nem um direito a menos!

Mais uma do Temer

Preocupados com o comportamento errático do governo, que mais parecia um não governo, representantes das 15 entidades de anistiados políticos conseguiram realizar uma reunião ampla no auditório da Câmara de Deputados para planejar a resistência à intenção manifesta de acabar com o processo de anistia. É que de novo Temer surpreendeu ao permitir que seus auxiliares descontassem da prestação única devida aos anistiados o que o cidadão recebeu como reparação no seu estado, onde foi preso e torturado pelas autoridades locais.

Não bastasse isso, a Comissão de Anistia cometeu o absurdo de transferir para a Consultoria Jurídica da Presidência – Conjur – a potestade de indeferir processos. Um absurdo por ser um órgão absolutamente estranho ao processo de Justiça de Transição e por ser a Comissão de Anistia um organismo de Estado, criado na regulamentação da Constituição Federal para tratar exclusivamente da anistia a perseguidos e punidos pela ditadura. Foi proposta a criação de uma entidade nacional que representasse todas as entidades relacionadas com a Anistia. Uma proposta evidentemente racional dado a dificuldade de mobilizar os representantes cujas sedes de suas entidades ficam nos diferentes estados da União. A concretização da proposta ficou pendente. Ponto alto da reunião, foi aprovada a criação de uma Frente Parlamentar de Defesa da Lei de Anistia.

Realidade da União quebrada e as perdas internacionais

A União está quebrada em todos os sentidos e, em todos, por irresponsabilidade. Irresponsabilidade na administração pública levou à quebra o Tesouro Nacional, ou seja, as contas a receber e a pagar do governo fecham no vermelho, ou seja, devendo. Em termos empresariais isso significa que o Estado faliu e terminou 2018 devendo mais de 4 trilhões de reais, quase 84% do PIB. O FMI projetava que em 2019 ultrapassaria os 90% do PIB.

Segundo o informativo do Senado, o Orçamento da União de 2018 previa que a "despesa com o pagamento de juros, encargos e rolagem da dívida pública interna aumentariam de R$ 1 trilhão e 285 bilhões em 2017 para R$ 1 trilhão e 778 bilhões em 2018. (...) Um aumento dos gastos com os encargos financeiros de R$ 493 bilhões em um orçamento que vai crescer apenas R$ 70 bilhões". A projeção para 2019 era de R$ 489,3 bilhões, nada menos que 6,48% do PIB.

O orçamento de 2018 foi o primeiro aprovado depois da Emenda Constitucional 95, de dezembro de 2016, que instituiu um teto para os gastos públicos por 20 anos, ou seja, até 2036. Em resumo, os gastos do governo em 2019, aprovados em 2018, não podem ser superiores ao que se gastou no ano anterior (2017), corrigidos pelo IPCA do IBGE.

Em 2018, a União reservou R$ 1,15 bilhões para pagamento de anistiados políticos e gastou efetivamente R$ 1,01 bilhões (0,04% dos gastos públicos), sendo, desse total, R$ 501,5 milhões para o Ministério do Planejamento (anistiados civis) e R$ 507 milhões para o Ministério da Defesa (as três armas da República).

Em 2018, por exemplo, o governo concedeu R$ 2,3 bilhões de renúncia fiscal às montadoras transnacionais automobilísticas. Em 2019 será mais do dobro disso, R$ 7,2 bilhões. No total, de 2008 a 2019, deixaria de receber R$ 34,6 bilhões. Em contraste, com os anistiados, foram gastos em 23 anos pouco mais de R$ 14 bilhões, em média R$ 608 milhões por ano.

Não são, efetivamente, os gastos com os anistiados nem com a previdência dos trabalhadores celetistas que causam rombo ao Orçamento.

Além disso, como todas as montadoras são estrangeiras, há que computar o que elas enviaram dinheiro às matrizes a título de pagamento de patentes remessa de lucro, remuneração de acionistas, pagamento de juros por empréstimos em moeda estrangeira. Tudo isso, mais os juros da dívida externa, estatal e privada, compõe o que Leonel Brizola chamava de "as perdas internacionais".

A isso se juntam os neoliberais, que geralmente são os Chicago boys – formados pelo pensamento único da escola de Chicago – que dizem que pra conseguir cobrir o déficit é preciso vender os ativos da União. Dizem e fazem. Na campanha presidencial de 2018, Paulo Guedes, assessor econômico do candidato Jair Bolsonaro, do PSL, anunciava que pretendia arrecadar pelo menos R$ 1 trilhão com venda de ativos.

Como eles não gostam das estatais, deixaram de investir e inclusive de mantê-las funcionando, deteriorando os bens públicos. Com isso vendem a empresa sucateada por um valor ínfimo em relação ao que valem. Como são empresas lucrativas, há fila pra comprá-las. Então o governo (que governo?) anuncia que gastou R$ 67,9 bilhões, 127% mais do que foi gasto entre 2009 e 2017, para manter as estatais. Empresas que certamente dariam lucro se funcionassem a contento. Se não, quem compraria? Esse dinheiro poderia ser gasto em investimento? Certamente. Ocorre que desaparece na voragem dos gastos correntes e pagamento da dívida.

20 ANOS QUE TRANSFORMARAM UMA VIDA: *DEPOIMENTO DE MIRNALENE NEVES*[3]

Apresentar um depoimento ou relatório para compor um livro que conte a história de uma entidade como a Associação Brasileira de Anistiados Políticos (ABAP) não é tarefa fácil. Além disso, depoimento de funcionário será, com certeza, diferente dos demais. Pois a história que conhecemos é no sentido inverso, ou seja, de dentro pra fora.

A Ditadura, os anos de chumbo, a perseguição, censura, prisão, tortura, desaparecimento, exílio, morte e toda a sorte de coisas que esse leque aberto pode trazer à tona, até então, se resumia ao que se aprendia na sala de aula (considerando que nos anos 70 eu estava adolescendo), o que era divulgado pela mídia e principalmente através das músicas de protesto, de alerta e de conscientização, de uma geração de músicos, poetas e compositores que sonhava com direitos iguais, liberdade de expressão e democracia.

Ter experiência com pessoas que atuavam diretamente na área de defesa de direitos dos que foram atingidos pelos atos da ditadura transformou meu pensamento e atitude ante a vida. Não seria capaz obviamente de relatar, de forma fiel e cronológica, tudo o que foi vivenciado durante esses vinte anos. Posso assegurar que, aos poucos, fui tomando consciência do trabalho que se desenvolvia, da importância desse trabalho e de quantas pessoas dependiam da atuação, disposição e envolvimento da equipe da ABAP.

Impossível esquecer, entretanto, a garra e a determinação com que Carlos Fernandes e Alexandrina Cristensen, para todos, Xanda, perseguiam seus objetivos, seus sonhos e anseios; independente das dificuldades que encontrassem à frente.

Carlos, visionário, sonhador, otimista, criativo e poeta, atuava politicamente, mesmo antes da idealização de uma associação para os anistiados.

---

3 Mirnalene Neves é membro do Conselho de Representantes da ABAP.

Era funcionário concursado do Banco do Brasil, dirigente do Sindicato dos Bancários de São Paulo, tendo lançado sua primeira candidatura a deputado federal por São Paulo em 1986. Esteve sempre envolvido com questões relacionadas aos direitos humanos, preservação do meio ambiente e principalmente das riquezas naturais de nosso país. Invariavelmente contra políticas que contribuíssem para dilapidação material, social, política e cultural da nação brasileira.

Carlos entre outras coisas foi notícia devido à greve de fome que fez "acampado" em frente ao prédio do Banco do Brasil (SBS – Brasília), por ser contrário ao Programa de Demissão Voluntária (PDV) da época.

Alexandrina, pelo que nos contava, conheceu Carlos num curso de contabilidade em São Paulo. O envolvimento e a interação foram instantâneos, pois tinham muitas coisas em comum, principalmente o desejo de ser e fazer a diferença na vida de muitas pessoas.

No ano seguinte à instituição da ABAP, em pouco tempo já circulava o *Notícias da Anistia*, jornal bimestral, feito em parceria entre Carlos Fernandes e o jornalista Antonio Araújo Santos.

Não posso relatar exatamente como a ABAP foi iniciada. Sei, entretanto, que a estrutura física da entidade foi constituída, em sua maioria, através de doações de móveis e equipamentos. O primeiro imóvel utilizado foi um espaço cedido pela Confederação Nacional dos Trabalhadores nas Empresas de Crédito (Contec), onde os primeiros requerimentos de anistia eram datilografados em uma máquina IBM emprestada; os computadores (frutos de doação), que havia na ocasião estavam ligados a uma rede central, mas não havia ainda acesso à internet.

As pesquisas relacionadas a resultados de julgamentos de processos ou qualquer informação relacionada à Anistia Política – decretos, portarias, leis-eram publicadas no *Diário Oficial da União*, impresso, que se comprava em bancas "específicas" de jornais. Isso só até determinado horário. A Imprensa Nacional recolhia os exemplares não comercializados, se não chegasse na hora, era necessário comparecer à sede da Imprensa Nacional para adquirir ou consultar exemplares. Tempos difíceis...

Quando comecei a trabalhar como secretária, a ABAP já tinha dois anos de instituída. O "vestir a camisa" foi instantâneo. Revendo as publicações de nosso "*Noticias da Anistia*" anteriores à minha admissão, é possível entender a grandiosidade do trabalho que se tinha à frente e a importância do envolvimento e dedicação de cada um dos colaboradores que se uniam a Carlos e Alexandrina.

Abaixo a transcrição do resumo do processo digitalizado do Carlos Fernandes nos arquivos da ABAP (tendo sido a petição inicial protocolada no Ministério do Trabalho em 1992):

> Carlos Fernandes, Processo n° 2003.02.24874
>
> Trabalhou no Banco do Brasil e foi aposentado em 1986 – sofreu inúmeros atos de perseguição política durante a sua carreira profissional perpetrado em virtude de participação em movimentos de trabalhadores e em atividades sindicais que foram consubstanciados através da perda e vedação ao exercício de cargos em comissão e de imposição de transferência arbitrária, acarretando-lhe inúmeros danos de toda a ordem. Com efeito, apesar de durante toda a sua carreira profissional ter se destacado de forma brilhante no Banco do Brasil, após o início da Ditadura teve tomada a função gratificada, dificultando sua carreira profissional com inúmeras preterições por motivos políticos e alterado arbitrariamente o seu local de trabalho de SANTOS/SP para Dourados-MT.
>
> Anistiado em 10/08/1992.
>
> Prestação mensal permanente continuada.

Desde o início o acúmulo de dificuldades para complicar a vida do anistiando

Consta de nossos arquivos que, desde 1996, Carlos Fernandes, como presidente da ABAP, fez inúmeros pedidos para ser recebido em audiência na Presidência da República e na Comissão de Direitos Humanos da Câmara dos Deputados. Entra governo, sai governo e pouquíssimas vezes foi atendido. Por presidente, que eu me lembre, uma única vez. A principal queixa da ABAP era sobre a enorme quantidade de pedidos protocolados acumulados no Ministério do Trabalho devido à demora em analisar e julgar os processos. Quando isso acontecia predominavam os indeferimentos. Para dificultar ainda mais a vida do anistiando, exigiam documentos probatórios impossíveis de serem conseguidos. Por fim, quando havia deferimento de um pedido de

Aposentadoria Excepcional de Anistiado, o Ministério da Previdência, o órgão que pagava os benefícios, praticamente promovia outro julgamento dos processos, ou seja, as dificuldades se acumulavam em todas as frentes.

Logo que entrei na ABAP o assunto que predominava era a edição do Decreto 2.172/97, que, entre outras coisas, determinava que a Comissão de Anistia do Ministério do Trabalho (órgão à época que recebia, centralizava, analisava e julgava os requerimentos) enviasse os processos aos seus órgãos e/ou ministérios competentes (de origem), mesmo que tais órgãos ou ministérios não tivessem Comissão de Anistia ou um setor específico que pudesse receber tais processos. Em muitos casos os requerimentos eram deixados no protocolo geral do ministério, sem que qualquer providência fosse tomada no sentido de dar andamento ao pedido de anistia do requerente.

Nessa mesma época, a Comissão de Anistia se viu às voltas com o "escândalo", feito pela mídia, em torno de benefícios de anistia milionários, concedidos a algumas categorias profissionais. Esse tipo de acontecimento servia de argumento aos que sempre se opuseram à concessão de anistia e redobrava o trabalho a ser desenvolvido por Carlos Fernandes, Xanda e seus colaboradores, bem como dos integrantes de outras associações de Anistia. A luta constante para melhorar a legislação e consequentemente alcançar a justiça para cada requerente dependia, como depende ainda hoje, da união das categorias interessadas, do trabalho conjunto, da colaboração e participação indiscriminada de cada um.

A falta de recursos nunca paralisou a ABAP

É certo que vivemos diversas fases, algumas bastante difíceis por diversos motivos. Por exemplo, no âmbito da Administração Federal, as indecisões e procrastinações por parte dos órgãos que julgavam os requerimentos de anistia e os que deveriam pagar os benefícios dela decorrentes.

No âmbito operacional, uma das maiores dificuldades que a ABAP sempre teve que enfrentar foi a questão dos recursos. Nos primeiros anos Carlos Fernandes "sustentava" a ABAP com recursos próprios, convertia o salário dele, de funcionário aposentado do Banco do Brasil, em pagamento dos compromissos da entidade, uma vez que os valores recebidos a título de mensalidades ou do percentual sobre valores de "atrasados" ou retroativos não eram suficientes para manter a associação em funcionamento.

Em abril de 1997, fui contratada como secretária junto com outros funcionários para as diversas funções. O quadro de funcionários teve sempre uma característica muito especial: éramos como uma família. A partir de 1999, em função da escassez de recursos, com prévia autorização do Conselho de Representantes, a sede da ABAP passou a dividir espaço no imóvel que servia de moradia para Carlos e Xanda, no Lago Sul. Nesse espaço, onde permaneceu até meados de 2011, reunia-se a diretoria e o Conselho de Representante, transcorriam as assembleias, e se mantinham os registros históricos. Alexandrina, sempre muito exigente, não admitia erros e sempre dizia que todos precisávamos saber fazer todo o serviço, que ninguém era insubstituível e que na falta de alguém, o serviço deveria ser realizado da mesma forma, com competência e agilidade, pelos demais funcionários. A atuação política de Carlos e Xanda era intensa, tanto em Brasília como em outras localidades. Em alguns aspectos isso era muito positivo, pois a falta dos patronos levava-nos a buscar soluções rápidas e eficazes para algumas questões, por nossa conta e risco. Felizmente sempre tivemos um desfecho positivo.

Em 2002 vieram para o time a nossa atual advogada, Dra. Leila de Lima, permanecendo conosco até 2011, dando, com sua inesgotável boa vontade, o melhor de si, hoje integrante do Conselho de Representantes e da Diretoria Executiva. Na mesma época, também compunha o time o advogado Victor Mendonça Neiva, hoje amigo, colaborador e membro do nosso Conselho de Representantes. Sem desmerecer os demais colegas e colaboradores anteriores e atuais, que deixaram sua marca na associação, esse time era muito unido, com Milton Junior e Bruna Ramos atuando junto à família ABAP, sempre, sob a batuta do Carlos e da Xanda.

Nos anos anteriores, a garra e a lucidez dos fundadores da ABAP foram de suma importância na formulação, votação e aprovação das medidas provisórias que antecederam a Lei 10.559/02. Somente quem esteve envolvido diretamente pode avaliar as dificuldades enfrentadas: quantas horas a mais trabalhadas, equipamentos que não atendiam à demanda de trabalho, dificuldades de toda sorte. O trabalho ali desenvolvido trouxe os louros das conquistas.

Há registros em nossos informativos e álbuns de fotografias de encontros, congressos e afins em que a ABAP atuava como organizadora e colaboradora junto aos órgãos governamentais ligados à questão da anistia e aos direitos humanos.

As dificuldades financeiras perseguiam-nos por anos. Tivemos alguns episódios memoráveis como quando Carlos Fernandes, já não tendo mais como contrair novos empréstimos para fazer frente às despesas, não deixava de fazer uma "fezinha" na loteria, dessa forma, numa ocasião uma "quina" acertada por ele salvou a folha de pagamento e o aluguel do mês.

Numa outra ocasião, não tínhamos nada de dinheiro e era aniversário do Carlos Fernandes, a Érica, que trabalhava na casa e fazia a limpeza e organização do escritório, fez um bolo singelo para que pudéssemos, ao final do expediente, comemorar o aniversário do chefe. Eis que senão quando, no meio da tarde, tocam a campainha do portão, fui a atender e para minha surpresa um carro com o logotipo de uma das "torterias" mais badaladas, que tinha loja no aeroporto internacional de Brasília, estava parado à porta... o motorista com uma caixa de uma torta maravilhosa na mão para entregar, pedi que aguardasse pois achava que havia engano, não encomendáramos torta nenhuma. Fui falar com a Xanda e acabei dando uma bronca nela, pois não tínhamos nada de dinheiro, como ela encomendava uma torta cara daquelas? Ela ficou tão surpresa quanto eu, disse que não havia encomendado nada. Voltei ao portão e disse que de fato era um engano! Nova surpresa, o portador da torta disse que D. Xanda era cliente da loja e que na última vez que tinha ido à loja do aeroporto, comeu um pedaço de torta, mas, sem dizer nada, colocou um bilhetinho na caixa de sugestões, perguntando o que estava acontecendo, pois, a qualidade da torta que ela sempre apreciava lá estava deixando a desejar, que era uma pena para uma loja tão conceituada. Então, para se redimirem justo num 24 de abril qualquer, fizeram uma torta de limão caprichada e de um tamanho pra fazer mesmo festa e mandaram entregar como brinde à fiel cliente! Foi dos melhores e mais festejados aniversários do chefe!

Nessa época o maior esforço de trabalho era em torno da lei que estava sendo formulada e que sucederia a Medida Provisória n° 2.251 de 2001. Carlos e Xanda faziam o trabalho externo em reuniões, assembleias, seminários, com deputados e dirigentes de outras associações, num trabalho estafante e interminável. Quando uma versão era dada como finalizada e pensávamos atender a todos, alguém solicitava ou sugeria alterações. Muitas versões foram feitas, até termos o texto final, que, a bem da verdade, ainda não trazia a tão sonhada Anistia ampla, geral e irrestrita. Mas era o que de melhor se conseguiu fazer. Em 13 de novembro de 2002 finalmente foi assinada pelo então Presidente Fernando Henrique Cardoso a lei 10.559/2002, com seus 22 artigos. Conquistada mais uma etapa com assinatura da Lei, ainda havia pela frente muita luta a ser travada para garantir o seu cumprimento.

Xanda era muito generosa, mas também, como já mencionado, muito exigente com relação à frequência, pontualidade e na execução de nosso trabalho. Corrigia e cobrava de cada um de nós o melhor, porém, quando necessário, defendia-nos ferozmente.

Além de administrar as questões domésticas, Xanda tinha uma disposição imbatível para alcançar os objetivos propostos pela associação. Não se deixava inibir e, durante muito tempo, quando parecia que Carlos estava "desistindo" de dar murro em ponta de faca, ela permanecia firme. Como permaneceu, até ser subtraída do nosso convívio.

Se para "fazer" a lei foi difícil e trabalhoso, para exigir e obter o cumprimento da mesma então... Outras batalhas viriam. As atividades de Carlos Fernandes e Alexandrina, da ABAP como um todo, após a assinatura da Lei 10.559/02, podem ser conhecidas ou rememoradas tendo como fonte de consulta as matérias de destaque publicadas no site.

Carlos Fernandes, ao tempo em que atuava nas questões relacionadas à Anistia Política e Direitos Humanos, também promovia e trabalhava em projetos pessoais relacionados à pesquisa do sono e questões de cibernética social. Chegou a fazer viagens a Cuba, Holanda e Portugal, em busca de envolvimento e investimentos dos governos desses países. De passagem por Portugal, entregou em mãos ao primeiro ministro Mário Soares um "dossiê" da Anistia, em que relatava todos os percalços enfrentados pelas Associações e Entidades que trabalhavam em defesa do cumprimento da Lei de Anistia.

Em meados de 2009 até 2010, Carlos teve sérias complicações de saúde. Debilitado por problemas renais, submetendo-se a sessões de hemodiálise, por três ou quatro períodos (de 30 dias), se debilitava a cada dia. Licenciou-se da presidência da ABAP para submeter-se ao tratamento necessário.

Período de sofrimento e angústia para todo o time da ABAP, para Xanda principalmente, que, além de dirigir a entidade, com todas as implicações, precisava assistir ao Carlos nas viagens e deslocamentos para o tratamento de saúde. Essa época foi um teste para cada um dos funcionários, pois não podíamos "deixar a peteca cair", havia muito em jogo, destacando-se a consolidação da ABAP, entre as mais importantes, e atuantes associações em defesa da anistia no Brasil.

Com o problema da saúde de Carlos e com Xanda fragilizada, buscou-se "amenizar" a falta de ambos na condução da ABAP convidando um dos conselheiros para reforçar a equipe. Em fevereiro de 2010, com o organismo fragilizado pela função renal, Carlos não resistiu a um infarto e nos deixou.

Xanda, guerreira como sempre, para superar a falta de Carlos, trabalhava e exigia de nós funcionários e colaboradores ainda mais. No restante do ano de 2010, trabalhamos intensamente para promover a última mudança de endereço da ABAP. Na nova sede foi contratada empresa para digitalizar todo o acervo administrativo e documental (dos processos de Anistia) e ampliada a equipe para nova fase de luta em busca de resultados favoráveis nos julgamentos de processos dos associados da ABAP. As perspectivas já não eram as melhores.

É certo que a ABAP tinha processos "na boca" para serem julgados e que, uma vez pagos pelos órgãos competentes, reforçaria a receita, com recebimento dos percentuais sobre os valores retroativos. Na perspectiva de que o período de concessão de anistia se esgotaria no curto prazo, a diretoria decidiu reduzir o número de funcionários. Assim, Leila, que era estudante de Direito, e Milton Junior, estudante de Jornalismo, foram desligados. Permanecemos o Cícero e eu, além de dois auxiliares. Com a saída de funcionários que estavam há muito tempo na administração da associação, perfeitamente entrosados, as mudanças foram substanciais e coincidiram com o agravamento da saúde de Xanda, acometida de grave enfermidade que exigia que ela se ausentasse por longos períodos com certa frequência. Ainda assim ela não desistia da luta; em nosso arquivos há vários registros da mesma com visíveis marcas dos problemas de saúde e das consequências que o tratamento trazia.

Em 2012, as mudanças que ocorriam na gestão da ABAP e a ausência quase constante da Alexandrina provocavam um certo desequilíbrio, que também rapidamente foi superado e todos voltamos a nos empenhar para que a associação atingisse os objetivos para os quais foi instituída, a os melhores resultados a serem alcançados pela associação.

O ano e 2013 foi especialmente difícil em todos os aspectos. As dificuldades e novidades junto à Comissão de Anistia e ao Ministério do

Planejamento deixavam-nos desanimados. No fim do ano, depois de muito lutar, Alexandrina faleceu, e com esse acontecimento, muitos sonhos e propósitos foram no mínimo adiados.

IO. Contradições do Poder Judiciário

Todos os anos, processos de anistia aprovados pela comissão deixam de ser cumpridos pelo Poder Executivo. Há casos em que a União recorre em primeira instância e torna a recorrer até que chega ao Supremo Tribunal Federal. E mesmo depois de proferida a sentença da mais alta corte, o Executivo se exime de cumprir as ordens e ninguém é punido.

Um jogo de empurra para não pagar o que a lei manda que pague. Quantias a maioria das vezes irrisórias considerando o volume do orçamento da União e, comparativamente, aos altos salários daqueles que tomam tais decisões de não cumprir a lei. O tempo transcorrido desde a promulgação da Lei de Anistia (Lei 10559/02), quase duas décadas, é mais do que suficiente para que a Comissão de Anistia terminasse seu trabalho. Na Argentina e no Chile, um ano depois de iniciados os trabalhos das Comissões de Verdade já tinham seus relatórios finais, o que permitiu abrir os processos contra os agentes do Estado que praticaram crimes. Os efeitos colaterais dessa morosidade são da maior gravidade. A cada troca de governo, era um quase que começar tudo de novo. E houve cinco trocas e cada uma deixando as coisas mais complicadas que a anterior, até que, com o governo Temer, praticamente foram paralisados os trabalhos da comissão. E o governo diz que pretende mudar todos os critérios até agora utilizados para conceder anistia. Como os direitos são assegurados, haverá necessidade de novos processos retardando ainda mais a reparação. E isso num cenário em que a quase totalidade dos anistiandos e anistiados têm mais de 60 anos; alguns bem mais de 60.

Na dança das cadeiras, o grande obstáculo à Administração e da Justiça reparadora

A partir da promulgação da Lei de Anistia, em 2002, até a queda da Dilma em 2016, passaram pelo Ministério do Trabalho nada menos que dez ministros e três suplentes. Pelo Ministério da Previdência Social, a situação pouco diferiu. Nos 14 anos, de 2002 a 2016, foram nomeados nada menos que 12 ministros. No Ministério da Justiça, que é o mais importante do ponto de vista do poder do Presidente da República, é também vital para o funcionamento da Comissão de Anistia. Pois bem, nos 14 anos de promulgada a Lei, nada menos 9 ministros ocuparam a pasta até a deposição da Dilma e outros dois já escolhidos por Temer.

Os Ministérios do Trabalho e da Previdência foram importantes no início do processo, pois eram os responsáveis antes da Lei de Anistia de 2002. Mas em nenhum momento deixaram de ter interferência nos processos. Depois passou a ser importante o Ministério do Planejamento e Gestão, que passou a ser Ministério do Planejamento, Orçamento e Gestão, e em 2018 virou o superministério da Economia, por ser o encarregado de executar os pagamentos tanto das prestações únicas como das reparações mensais e continuadas. Nas quatro gestões, sete ministros ocuparam a pasta até a chegada de Paulo Guedes.

É fácil inferir que esse troca-troca constante nos ministérios tem sido motivo não só de atrasos no encaminhamento dos processos, como até mesmo de mudanças na política com relação à anistia e nas rotinas de julgamento e execução. A cada troca de ministro ocorre subsequente troca de ocupantes de cargos com funções-chave, muitas vezes pessoas com desconhecimento da história ou que estão se lixando com os problemas dos anistiados e até mesmo do país.

Os maiores transtornos são nas mudanças no Ministério da Justiça, claro, pois a ele está subordinada a Comissão de Anistia, e é a assinatura do ministro que encerra o processo, seja indeferindo, ou aprovando e enviando para o Ministério do Planejamento para efetuar o pagamento. Com a chegada do Partido dos Trabalhadores ao poder, a presença de sindicalistas nos ministérios gerou expectativa de que melhoraria o relacionamento com os anistiados. Não obstante, nada mudou, foi preciso manter pressão constante para obter obediência à Lei. Situação que piorou a partir da posse de Michel Temer.

Oposição permanente à Anistia

Essa atitude negativa com relação aos anistiados se repete e se mantém nos meios de comunicação de maneira geral, salvo o trabalho individual de repórteres e colunistas, e de entidades relacionadas com a defesa dos direitos humanos e meios alternativos. Claro que há também parlamentares que apoiam. Haja vista que a Lei 10.599/02 foi aprovada por unanimidade do plenário tanto na Câmara como no Senado.

A maioria das críticas são de gente que se opôs toda a vida a qualquer tipo de anistia, e se sentem agredidos pelo fato do governo "estar concedendo regias pensões a comunistas". "Comunistas", "terroristas", palavras mágicas para agitar militares de todos os escalões com cabeça feita por instrutores estadunidenses que ainda não perceberam que a Guerra Fria já é coisa do século passado, e que o propósito real dos Estados Unidos é a dominação econômica e apropriação das riquezas minerais.

Também juristas e advogados, com trajetória alinhada às velhas oligarquias agrárias e/ou a partidos de direita, como por exemplo, o professor Miguel Reali (pai do Reali Jr. que iniciou o processo de impedimento da presidenta Dilma Rousseff). Em declarações ao jornal *O Estado de S. Paulo*, disse que a legislação beneficia grupos que "cometeram abusos contra o povo e a nação". E assevera que

> o governo tem de mudar essa lei e, do ponto de vista legal, não precisa temer eventuais ações pretextando direito adquirido. (...) Isso que está sendo feito não tem cabimento. (...) Depois da anistia, não cabe onerar o Estado e a sociedade com indenizações de alto valor.

Na Câmara Federal também se formou e se mantém ativa uma bancada de contrários à anistia. Não são só parlamentares como Jair Bolsonaro, capitão do Exército que no Parlamento abertamente defendia a tortura e gostaria de mandar pra cadeia homossexuais, comunistas e petistas. Com todo esse discurso foi eleito presidente da República em outubro de 2018. Michel Temer, enquanto deputado por São Paulo e presidente nacional do PMDB, também defendia que "é preciso haver um redimensionamento do montante dos valores pagos." Isso ele declarou em 2004 e, enquanto na Presidência da República após a deposição da presidenta da qual ele era o vice, a Comissão adotou o critério do menor valor para as indenizações.

Anistiados esquecem dos favores do Estado

Jornal como *O Estado de S. Paulo*, por exemplo, se esquece que é o que é hoje porque foi anistiado e indenizado. Uma história escondida mas que vale ser lembrada. Com o advento do Estado Novo, Vargas mandou seu interventor em São Paulo, Adhemar Pereira de Barros, intervir no jornal da família Mesquita, oligarcas de Campinas, ferrenhos opositores que tinham insuflado a resistência à Revolução de outubro de 1930, de caráter claramente anti-oligarca, com a chamada Revolução Constitucionalista, em 1932.

Os Mesquitas saíram para o exílio. Os interventores encontraram o jornal praticamente à beira da falência e com seu prestígio bem abalado. O jornal foi devolvido com as finanças sanadas e audiência recuperada. Com a restauração da democracia, a família processou a União e conseguiu indenização bilionária. Apesar disso abriga textos editoriais contrários aos processos de anistia.

STF determina à União pagar o que deve aos anistiados

O Supremo Tribunal Federal, pela unanimidade dos ministros, determinou que o governo federal tinha prazo de 60 dias após a concessão da anistia para pagar os retroativos devidos aos anistiados políticos em regime de prestação mensal continuada. Caso o orçamento daquele ano já estivesse fechado, tinha de prever os recursos necessários no orçamento do ano seguinte. A decisão foi tomada, dia 17 de novembro de 2016, em julgamento da ação Recurso Extraordinário 553.710 referente ao pagamento de retroativo a anistiado militar, neste caso, o sargento Gilson de Azevedo Souto encabeçando uma lista. No dia 23, outra sessão do tribunal fixou os passos a seguir para as ações dos processos para os retroativos civis.

Orientada pelo advogado Marcelo Pires Torreão, a ABAP ingressou como *amicus curiae* nesse processo. O *amicus curiae*, amigos da corte, em latim, é o direito de ingressar e intervir em processo sem ser parte dele, mas por ter interesse na causa. Com isso a ABAP pôde apresentar informações substanciadas em dados oficiais que alicerçaram a decisão dos magistrados.

Destacou-se a importância de se estar reparando uma grave violação dos direitos humanos, provocando angústia e incerteza em pessoas que já sofreram perseguições de todo tipo durante a ditadura, familiares de filhos e filhas torturadas, violadas, mortas violentamente. Acrescentou-se que a maioria dos anistiados que esperam por essa reparação tem hoje mais de 70 anos. Foi citado um caso de um cidadão com 78 anos que havia 12 anos esperava por reparação.

De acordo com a decisão do Supremo, todos os processos com pedido de pagamento retroativo que estavam sobrestados, ou seja, aguardando decisão do STF, foram considerados transitados e julgados não cabendo nenhum recurso por parte da União. Veja bem, não cabendo mais nenhum recurso.

Nesses casos, a ABAP adverte que após a publicação do acórdão pelo STF, cabe apresentar execução em mandado de segurança, de caráter individual, para haver a atualização do valor da indenização pelos índices de juros e correções monetárias vigentes. Somente após a decisão da execução, os valores retroativos, finalmente, pagos.

Decisão unânime da mais alta Corte Judicial

O informe e consequente voto do relator, o ministro Dias Toffoli, foi acompanhado pela unanimidade da corte. Em suas declarações de voto os nove ministros não só concordaram como reforçaram o argumento do relator.

Ficou deferido que o pagamento da reparação econômica, ou seja, do retroativo, é totalmente constitucional, conforme previsto no Parágrafo 4º do Artigo 12 da Lei 10559/2002 – Lei de Anistia – que regulamenta o Artigo 8º das Disposições Transitórias da Constituição Federal.

Ficou claro para os ministros da Suprema Corte que o que a União deve decorre exclusivamente do não cumprimento da lei pelo Executivo. Uma vez que reconheceu a condição de anistiado e está efetuando regularmente o pagamento mensal continuado, cumpriu a primeira parte, mas não cumpriu a segunda parte, o retroativo. Não há justificativa para que não se cumpra a lei por inteiro. Não é portanto uma cobrança judicial nem precatório, é simplesmente uma ordem para sanar uma irregularidade.

De fato a União não estava cumprindo cabalmente o que determina a lei. Alegando falta de recursos não só não pagava o retroativo como recorria das decisões judiciais favoráveis aos anistiados, aumentando a angústia e provocando gastos inúteis aos anistiados.

A lei é bastante clara. Concedida a anistia com prestação mensal continuada, feito o cálculo do retroativo, este deve ser pago em até 60 dias.

Não havendo recurso previsto no orçamento do ano em curso, deve passar para o orçamento do ano seguinte. O pagamento aos anistiados militares é feito pelo Ministério da Defesa, enquanto o dos civis, pelo Ministério do Planejamento. O Supremo julgou o caso de um ex-cabo da Aeronáutica, que recebeu anistia do governo federal em 2004, mas não conseguiu receber o valor total da indenização, estimada em R$ 187 mil, porque o montante não foi previsto no Orçamento federal.

Por unanimidade, seguindo voto do relator, Dias Toffoli, a Corte entendeu que a União não pode deixar de incluir o valor da reparação na previsão orçamentária do ano seguinte ao reconhecimento do benefício. O entendimento foi seguido pelos ministros Edson Fachin, Teori Zavascki, Luiz Fux, Ricardo Lewandowski, Marco Aurélio Mello, Celso de Mello e pela presidente do STF, Cármen Lúcia.

A União defendeu o indefensável

A advogada representando a União tentou defender o indefensável, ou seja, a não existência de recursos. Não conseguiu. Durante sua exposição, o advogado da ABAP, Marcelo Torreão, demonstrou que não só havia recursos, na maioria dos casos, como foram subutilizados, ou seja, sobraram recursos que tiveram de ser devolvidos para o Tesouro por não serem utilizados.

Estudo feito pela ABAP, reunindo todos os orçamentos para ver quanto a União gastou, comprovou que o volume devolvido em alguns anos era maior que o valor pago aos anistiados. Verificou que desde 2002, dos R$ 8 bilhões previstos no orçamento, foram gastos apenas R$ 5 bilhões, ou seja, havia uma sobra disponível de R$ 3 bilhões.

Não bastasse, nos últimos anos, o orçamento da União previu recursos apenas para o pagamento daqueles anistiados que fizeram um acordo de parcelamento do retroativo devido. Ora, como a adesão ao parcelamento não foi, nem poderia ser obrigatória, violou gravemente o princípio da isonomia, que é o direito de tratamento igual de todos.

A ação foi patrocinada pela União Nacional de Aeronautas Anistiados (UNAA), tendo a Associação Brasileira de Anistiados Políticos como parceira da ação. O advogado Marcelo Pires Torreão argumentou que

> a anistia não é um favor do Estado, é uma justa reparação pelos graves danos que causou. Pessoas perderam seus sonhos, seus empregos, seus anos de permanência no Brasil, suas famílias e suas próprias vidas para um bem maior, a democracia. Hoje nós podemos ter manifestações livres na rua, podemos ter um Judiciário independente e uma imprensa com ampla liberdade porque essas pessoas se dedicaram por nós.

STF refuta argumentos da União

Informativo do próprio STF chama a atenção ao não cumprimento pelo Executivo do determinado pela lei em prejuízo para os anistiados, cujos direitos foram reconhecidos pelo próprio poder executivo ao constar dos autos que o anistiado estava recebendo o valor mensal e continuado, negando-se a União a pagar o retroativo. Segundo o relator do caso, ministro Lewandowski,

> parece-me equivocado o argumento que levou o STJ a denegar a ordem, porquanto sua decisão fundamentou-se, única e exclusivamente, nas alegações apresentadas pela União de que não haveria dotação orçamentária para o pagamento dos valores retroativos, quando, na verdade, caberia àquela pessoa jurídica de direito público o ônus de comprovar faticamente o que aludiu.

A tese aprovada naquela data teve repercussão geral, o seja, firmou jurisprudência e serve de parâmetro para pelo menos 946 processo sobre o tema que estão aguardando julgamento nos demais tribunais. Em seu voto, o ministro Dias Toffoli enfatizou que

> a recusa de incluir em orçamento o crédito previsto na Portaria nº 84/2004, do Ministério da Justiça, afronta o princípio da dignidade da pessoa humana, no caso concreto, dos anistiados, por se tratar de cidadãos cujos direitos foram preteridos por atos de exceção política, que foram admitidos com anos de atraso pelo Poder Público. Por esse motivo, de acordo com seu voto, o governo federal não pode se recusar a cumprir a reparação econômica, reconhecida como devida e justa pelo Congresso Nacional e, posteriormente, por procedimento administrativo instaurado com essa finalidade.

O ministro Dias Toffoli afirmou que, com a promulgação da Lei 11.354/2006 – que autorizou o Poder Executivo a parcelar os valores devidos aos anistiados políticos que aderissem ao parcelamento e renunciassem à possibilidade de recorrer ao Poder Judiciário para cobrança do valor –, houve exclusão da dotação orçamentária dos valores retroativos devidos aos anistiados que não assinaram o termo de adesão:

> Com o advento desse diploma legal, exigiu-se nova leitura do sistema. Note-se que em momento algum a lei obrigou os que foram declarados anistiados a assinar o termo de adesão para que pudessem receber os valores retroativos. No entanto, embora a lei tenha gerado uma faculdade às partes, houve uma subversão do sistema, na medida em que a partir da referida lei, o Poder Público federal passou a destinar recursos apenas àqueles que aderiam a essa forma de acordo.

Decisões dos tribunais superiores firma jurisprudência em favor dos anistiados

Registramos aqui alguns casos julgados que constituem jurisprudência e podem ser aproveitados para a sustentação de novos recursos contra a União.

O processo do anistiado Ubirajara Moreira e de sua viúva Miriam Ribeiro da Costa Moreira, concluído em 2003, atribuiu-lhe direito à reparação de cerca de R$ 5 mil, que, com o retroativo a 1993, somavam R$ 603 mil, e uma indenização mensal, continuada e permanente. Como o Ministério do Planejamento, em desobediência à lei, não pagou, a viúva recorreu ao STJ para fazer valer seu direito. Em sua defesa, o ministro alegou

> "Ilegitimidade passiva" visto que não praticou nenhum ato e "inadequação da via eleita", pois o mandado de segurança não poderia funcionar como ação de cobrança (Súmula 269/STF) e tampouco como meio legítimo para cobrar débitos anteriores à impetração (Súmula 271/STF). Argumentou, ainda, que o direito da autora já teria decaído, "pois a importância que se alega devida foi autorizada em 5 de fevereiro de 2004, ultrapassando o mandado de segurança o prazo de cento e vinte dias". Por fim, apresentou "falta de direito líquido e certo" em relação ao mérito do processo.

O que a sra. Miriam poderia entender dessa peça? Para ela, a Comissão de Anistia julgou, o ministro da Justiça despachou, o dinheiro deveria estar em sua conta. Certo? Sim, os ministros do STJ também concordaram com ela, e em 26 de junho de 2006, a Primeira Seção do Superior Tribunal de Justiça (STJ) determinou ao ministro de Estado do Planejamento, Orçamento e Gestão, Paulo Bernardo Silva, que efetue o pagamento de indenização no valor de R$ 603 mil devida a viúva de anistiado político. A questão foi decidida à unanimidade pelos magistrados seguindo o voto da relatora, ministra Eliana Calmon.

Recorde no judiciário

Em fevereiro de 2007, a ABAP festejou ter conseguido num prazo recorde de cinco meses decisão favorável a um processo iniciado em setembro de 2006, reclamando o pagamento de retroativo negado pela União. Em obediência à Corte Superior, a União teve que dispor os recursos em precatório para ser pago no primeiro trimestre do ano seguinte. O valor retroativo, de acordo com a lei, deve ser liquidado em parcela única, com acréscimo de juros e correção monetária.

Executivo e Judiciário não cumprem a lei

Ministro da Justiça de turno, Torquato Jardim, em 8 de fevereiro de 2018, assinou portaria cassando a anistia concedida ao sacerdote belga Jan Honoré Talpe, que foi preso, torturado e expulso do país em 1969 por ser militante da Ação Popular (AP) e ter apoiado uma greve de trabalhadores na cidade de Osasco, Grande São Paulo. O fato constitui um precedente muito sério, pois praticado pelo ministro de mais alta hierarquia na configuração do governo brasileiro e aquele encarregado de referendar os processos aprovados ou denegados pela Comissão de Anistia. Pela primeira vez um ministro se interpõe a um ato já consumado, que passou por todas as instâncias requeridas pela legislação em vigor.

Como justificativa o ministro repetiu o que já tinha sido utilizado em outras instâncias do judiciário, ou seja, com base no decreto-Lei 417/69 do general Costa e Silva, o segundo ditador do ciclo militar:

> no uso da atribuição que lhe confere o § 1º do artigo 2º do Ato Institucional número 5, de 13 de dezembro de 1968, que permitia ao Presidente da República expulsar estrangeiros que por qualquer forma, atentar contra a segurança nacional, a ordem política ou social, a tranquilidade e moralidade públicas e à economia popular, ou cujo procedimento o torne nocivo ou perigoso à conveniência ou aos interesses nacionais" (art. 1º).

O ato ministerial passa por cima da legislação em vigor, ou seja, a Lei de Anistia de 1979, e a Lei 10.559/02, que regulamenta Constituição, portanto, a atitude do ministro viola a própria Constituição de 1988. A advogada Paula Febrot, conselheira da ABAP, expressou a surpresa generalizada no mundo jurídico:

> O Ministério da Justiça opinou pelo indeferimento de um processo de anistia política depois de ser julgado e deferido pela Comissão de Anistia pelo fato do requerente ser estrangeiro. Argumenta que à época da perseguição política era vedado o exercício de atividade política por estrangeiro. Então qual a finalidade de Lei de Anistia? Reportar-se à época da ditadura para indeferir processos?

Advogados de um grupo de ex-presos e perseguidos políticos interpuseram recurso administrativo à Presidência da República. O recurso foi negado com base nas mesmas leis da ditadura. Afinal, pra que serviu a Constituição de 1988?

Em 18 de junho, o STJ, com base no voto do relator, ministro Francisco Falcão, recusou o habeas corpus solicitado em favor de Talpe por ato de omissão do ministro da Justiça. Tão absurdo e contraditório que vale a pena reproduzir.

> (...) Considerando que o ordenamento jurídico pátrio prevê que sejam declarados anistiados políticos aqueles que no período de 18 de setembro de 1946 a 5 de outubro de 1988 foram atingidos, em decorrência de motivação exclusivamente política, por atos institucionais ou complementares, ou de exceção, sendo imprescindível a comprovação da perseguição de caráter exclusivamente político; e considerando o fato de que o requerente não possui nacionalidade brasileira

> e que ainda havia à época da suposta perseguição sofrida vedação ao exercício de atividade política por estrangeiro, deixo de acolher o parecer emitido pela Comissão de Anistia, proferido na 19ª Sessão de Turma da 93ª Caravana de Anistia, realizada no dia 6 de dezembro de 2016, e resolvo:
>
> Indeferir o Requerimento de Anistia Nº 2014.01.74248 formulado por Jan Honore Talpe, portador do CPF nº 070.522.201-21. Forçoso reconhecer a perda superveniente do objeto de mandamus. Ante o exposto, e com fundamento no artigo 34, XIX do RI/STJ, denego a segurança e extingo o processo sem resolução do mérito. Custas exlege. Sem honorários advocatícios (art. 25 da Lei n. 12.016/2009 e enunciado da Súmula STJ n. 105) Publique-se. Intimem-se.
>
> Brasília (DF) 12 de junho de 2018.
>
> Ministro Francisco Falcão. Relator.

O passado de Talpe

Em 1968, Talpe ficou seis meses presos. Foi liberado por forte pressão do governo belga e levado diretamente ao Aeroporto e embarcado para o país europeu. Em 1967, ele já havia sido detido com outros estudantes quando a PM invadiu o CRUSP (alojamento universitário da Universidade de São Paulo).

Antes dele, os ditadores de turno já haviam expulsado o pastor estadunidense Brady Tyson, em 1966, e, depois dele, em 1968, expulsaram o padre francês Pierre Wauthier, ambos por atividade política, este por participar do mesmo movimento operário que Talpe, em Osasco. Em abril de 2014, o padre belga, então com 81 anos, foi barrado pela Polícia Federal no aeroporto sob a alegação de não poder ingressar no país por ter sido expulso nos termos da lei 417/69. Jan Talpe veio ao Brasil para participar como conferencista no 7º Congresso Nacional dos Pequenos Agricultores de Cana-de-Açúcar (Conapa) e do 10º Simpósio dos Pequenos Agricultores de Arroz, a convite do Instituto Latino-americano de Estudos Socioeconômicos (Ilaese). É a PF também agindo por sua conta e acima das leis, pois não se pode admitir desconhecimento da lei por um cidadão comum, muito menos por um agente do Estado. Mas foi o que aconteceu nesse país em que impera o arbítrio, a insegurança jurídica.

O juiz federal Paulo Marques Rodrigues de Almeida, de plantão na 2ª Vara Federal, em Cumbica, emitiu liminar exigindo liberação imediata, em razão de absoluta inconsistência jurídica, à luz da Constituição da República de 1988 e da própria Lei da Anistia:

> Como revela a simples leitura da ementa do Decreto-Lei 417/69, esse ato normativo foi expedido em pleno recrudescimento da repressão do governo ditatorial de então, com base nas atribuições outorgadas ao Presidente da República pelo Ato Institucional nº 5, de 13 de dezembro de 1968, o famigerado AI-5, de triste lembrança na memória política nacional.

Assim, Jan conseguiu entrar no Brasil.

Cada juiz uma sentença. Este vê consistência na Constituição e nas Leis de Anistia, o outro, do STJ, vê consistência nas leis da ditadura. É de fato o país da insegurança jurídica. Como construir democracia e cidadania se cada um interpreta a lei de acordo com sua vontade, ignorando a história, rasgando a Constituição?

Contradições no próprio judiciário

Em outubro de 2007, a juíza Cláudia Maria Pereira Bastos Neiva, da 14ª Vara Federal do Rio de Janeiro, acolhendo pedido de três clubes militares, concedeu liminar suspendendo a promoção concedida pela Comissão de Anistia ao capitão Lamarca. A juíza entende que a anistia é incompatível com o fato de o capitão ser um desertor, e mandou também suspender o pagamento à viúva. Embora cabendo recurso à sentença, ela provocou reações de ambos os lados. Para entidades relacionadas com os direitos humanos, a decisão revela espírito vingativo e revanchista dos militares que não estão aprendendo a viver em democracia. No meio militar e de seus apoiadores, a ladainha de sempre, resumida na sentença da juíza: "É altamente questionável a opção política de alocação de receitas para pagamento de valores incompatíveis com a realidade nacional."

A polêmica se arrastou pelo tempo e em 30 de abril de 2015 um juiz substituto da 21ª Vara Federal do Rio de Janeiro, Guilherme Corrêa de Araújo, cassou a portaria que concedeu anistia ao capitão Lamarca, morto em 1971, e determinou que a viúva devolva os valores recebidos "corrigidos monetariamente e acrescidos de juros de mora de 1% ao mês a contar da citação." Na sentença o juiz não reconhece direito algum à esposa e aos filhos. O substituto interpreta que nos dispositivos constitucionais "não se vê direito ao regime de anistiado apenas e tão somente pelo fato de determinada pessoa ter sofrido, ainda que em razão de opção política, injusta e danosa perseguição estatal."

Há que tomar em conta que o Tribunal Regional Federal de São Paulo, anteriormente, em outubro de 2014, já havia emitido sentença reconhecendo o direito do capitão do Exército Carlos Lamarca de ser promovido *post-mortem* a coronel, com proventos de general-de-brigada:

> A anistia a Carlos Lamarca, seus dois filhos e sua esposa constitui-se em ato oficial do Estado brasileiro, após rigoroso processo administrativo que também levou em conta decisões judiciais, está integralmente amparada pelo art. 8º do ADCT da Constituição da Republica de 1988 e pela sua regulamentação na Lei n. 10.559/02.

Em 13 de março de 2017, sentença exarada pela vice-presidente do Tribunal Regional Federal 3ª Região, Mairan Maia, admitiu o recurso interposto por Maria Pavan Lamarca, por preencher os requisitos formais e genéricos de admissibilidade. Ou seja, anulou a sentença do juiz substituto, reconhecendo o direito da viúva de receber os proventos correspondentes ao soldo de general-de-brigada e os atrasados, de acordo com a lei. O caso terminou com a imposição da lei, porém demorou nada menos que dez anos. E o custo disto? Como avaliar o desgaste psicológico sofrido pela família, além dos danos materiais? E quanto custou à União arcar com todos esses custos, e ainda o acréscimo de correção monetária e juros sobre os atrasados devidos?

Supremos juízes fora da lei

Não foi apenas a imprensa conservadora e funcionários públicos mal informados ou mal intencionados, que se manifestam contra o processo de anistia aos perseguidos políticos. Até um magistrado da Suprema Corte fez declarações nada apropriadas a quem tem como função fazer respeitar a Constituição e as leis dela derivadas. Passados três anos da anistia concedida ao jornalista e escritor Carlos Heitor Cony, Gilmar Mendes, do STF, criticou a Comissão de Anistia pelos altos valores concedidos como indenização, qualificando a remuneração mensal de Cony como "estelionato".

Cony, sem ter nada a perder, já sabendo que não tardaria muito para a doença tirá-lo de circulação, publicou na *Folha de S.Paulo* uma contundente resposta, que inicia lembrando que Gilmar Mendes foi trazido à vida pública pelo ex presidente Collor de Mello e logo como advogado do governo de Fernando Henrique Cardoso. Escreveu Cony:

> Na semana passada, julgando um processo alheio, extrapolou sua função de magistrado, considerando a indenização que me é devida um estelionato. Se tivesse algum "saber jurídico notável", exigência da Constituição para um integrante do Supremo, ele deveria acusar de estelionato todos os constituintes de 1988, que fizeram e aprovaram o artigo 8º do Ato das Disposições Constitucionais Transitórias, que, no parágrafo 3º, me assegura, bem como a muitos brasileiros, a indenização cujos valores foram calculados pelo próprio texto constitucional.
>
> Regulamentando o dispositivo da Carta Magna, o mesmo presidente a quem Gilmar serviu criou a Comissão de Anistia, que examinou a documentação apresentada pelos meus advogados e aprovou-a, o mesmo fazendo o ministro da Justiça, que, após examiná-la, baixou a portaria 2.946, publicada no *Diário Oficial da União* em 18 de outubro de 2004 e fartamente divulgada pela imprensa. Nenhuma clandestinidade, cenário habitual de qualquer estelionato. (...) Estelionatário também seria o ministro da Justiça. E, todos juntos, seríamos réus do crime de "formação de quadrilha". O integrante do STF, ao se manifestar publicamente sobre um processo que não examinou, cometeu um prejulgamento inadmissível, que depõe contra a honestidade funcional de qualquer juiz.

Um peso e duas medidas. Para o supremo ministro, estelionato é Cony receber o valor de um salário pago a um jornalista de alta qualificação. O que seria então um funcionário público que, além de receber o mais alto salário da União, quase dobra esse teto com auxílio-moradia, auxílio-livro, auxílio-filho estudante, e tem funcionários à disposição motorista, residência oficial etc.

Juízes legisladores

Vemos hoje com certa frequência juízes arvorando-se de legisladores, além da costumeira prática de meter-se em seara alheia: juízes de Curitiba, por exemplo, julgando processos que deveriam tramitar no foro de São Paulo, Rio de Janeiro ou Brasília, locus dos presumidos ilícitos.

Em dezembro de 2004, um juiz de Guaratinguetá, região do Vale do Paraíba, em São Paulo, resolveu legislar sobre a Lei de Anistia, ou por cima dela e da própria Constituição, que atribui a função de legislar às casas legislativas municipais, estaduais e federais. Esse juiz emitiu sentença estabelecendo um limite ao valor das indenizações às vítimas da repressão durante os 20 anos de ditadura militar. Assim, sem julgar o mérito e sem observar as leis. E, pior, com grande repercussão na mídia.

A lei é clara quanto ao caráter indenizatório, seja da prestação única ou da mensal continuada. No caso da mensal, remunera o profissional como se na ativa estivesse e no mesmo nível das funções e promoções de seus colegas. E há um teto nesse caso, que é o salário do ministro do STF. No caso da prestação única, também foi fixado o valor máximo de R$ 100 mil.

Registre-se que essa liminar do juiz de Guaratinguetá só foi cassada por decisão em segunda instância, em 22 de fevereiro de 2005, após a entrada, na semana anterior, do Agravo da AGU, preparado como apoio da Consultoria Jurídica do Ministério da Justiça e da Comissão de Anistia e com aportes dos advogados da ABAP.

"Prendam-me, torturem-me..."

Pedro Porfírio, jornalista preso e torturado naqueles "anos de chumbo", e de desgraças e retrocessos, indignado, respondeu à sentença do juiz com um artigo no diário *Tribuna da Imprensa*, do Rio de Janeiro. Para ele a decisão é parte de uma cruzada que leva a um verdadeiro pesadelo que o faz pedir: "Prenda-me e torturem-me outra vez. Eu prefiro."

> Mas esse juiz conseguiu o que queria, como se tivesse agido de comum acordo com alguém. Ganhou meia página em *O Globo* e outras tantas exibições por este Brasil cada dia mais induzido a acreditar que os perseguidos políticos "fizeram por merecer". Que o país nada deve a quem foi triturado nos porões da ditadura para não abrir a boca

contra o regime que esmagou o estado de direito, desfigurou as instituições democráticas e impôs anos de trevas, obscurantismo e terror.

(...)

Eu, pessoalmente, já estou pensando em requerer formalmente a reprise de todo o sofrimento que passei, o corte brutal na minha carreira de jornalista. Todo mundo sabe que, depois que fui apresentado pelos órgãos da repressão irresponsavelmente como "assaltante de banco", tive quase todas as portas fechadas. E olha que, naquele 1969, aos 26 anos de idade, já havia alcançado a chefia de redação de um jornal diário – este, por sua vez, funcionava milagrosamente sob todo tipo de pressão. Houve um dia em que sua rotativa foi detonada por bombas colocadas pelos mesmos grupos que quase explodiam o gasômetro e o Riocentro.

(...)

Quem sabe os torturadores sádicos que estão soltos por aí, ainda cheios da saúde que me falta, não gostariam de reassumir seus papéis nos espetáculos de brutalidade a que se dedicavam noite e dia, com o prazer orgástico de um tarado sexual?

(...)

Para esse senhor, o Estado nada mais deve aos professores, cientistas, jornalistas, médicos, artistas, intelectuais, enfim, a uma plêiade rara de homens dignos, que pagaram com a destruição de suas vidas profissionais para que um dia a democracia fosse tão ampla, geral e irrestrita que permitisse até essa anômala tentativa de um juiz de início de carreira de se transformar em Constituinte, em legislador e em ministro do Supremo, apropriando-se da prerrogativa de definir o que o Estado deve a seus macerados, embora, sobre ele e antes dele, existam leis para serem devidamente cumpridas, em primeiro lugar por quem alcança a magistratura, não interessa por que caminho.

(...)

Se ele tem razão, melhor que me mandem de volta para a cadeia. Que tem mais a ver com o ambiente que procura transformar a anistia num delito qualquer.

Encontro Nacional de 2004 em São Bernardo do Campo

Em consequência do posicionamento da mídia com relação à liminar do juiz de Guaratinguetá, que iniciou uma ampla campanha detratando os anistiados e combatendo a legislação que os favorece, convocou-se um Encontro Nacional dos Perseguidos Políticos, realizado em 6 de dezembro de 2004, em São Bernardo do Campo, município da Grande São Paulo.

Ali, no berço do movimento sindical que gerou a liderança do metalúrgico Lula, representantes de associações de civis e de militares de todo o Brasil, mandaram um recado curto e objetivo para o então presidente da República, Luiz Inácio Lula da Silva:

> Vossa Excelência é o guardião dos compromissos do Estado. E um deles é o estrito cumprimento da Lei 10.559/02, promulgada pelo Congresso, para fazer reparos tardios nos desmandos no uso indevido do aparelho do Estado, ocorrido num passado que já conta quatro décadas.

O encontro aprovou a Carta de São Bernardo do Campo – São Paulo com uma das mais severas denúncias da campanha em curso de desmoralização da anistia. Campanha que criava um clima favorável ao calote das indenizações de prejuízos comprovadamente acumulados.

> Os detentores eventuais do poder, na palavra de homens ligados ao governo, estão cometendo o mais imperdoável erro de avaliação política ao estimular intensa campanha pelos jornais com objetivo de desmoralizar a Lei de Anistia. (...) aprovada em nome do povo brasileiro, pela unanimidade dos componentes das duas Casas Legislativas e sancionada pelo Sr. Presidente do Congresso Nacional.

O texto não deixa de colocar em xeque o governo que presumem de esquerda, diante das "decisões patrióticas e corajosas dos governos do Chile e da Argentina":

> E não são governos de esquerda. Lá, estão colocando a descoberto as sepulturas negras do passado para que a Nação conheça os horrores da ditadura, acobertados nos porões da discriminação, onde escon-

dem os crimes cometidos por covardes que assassinaram pessoas presas pelo crime de pensamento. Aqueles governantes estão passando a limpo a história de seu país, para orgulho de seus povos. Seria uma contraposição à "Operação Condor" ou um "Mercosul da Justiça" para denunciar crimes pessoais ou de Estado.

Não há justificativa para o não cumprimento da lei, para o atraso nas decisões, especialmente dos requerimentos do setor privado, para as reiteradas tentativas de revisão das Portarias do sr. ministro da Justiça, legalmente depositário do cumprimento da lei. O encaminhamento de nova lei revisionista da anistia só encontra fundamento para aqueles que, esquecendo os compromissos da comunhão de outrora, hoje tentam postergar, omitir, denegrir, desamparar, descumprir, desiludindo, furtar-se ao penhor da palavra dada para que morra no esquecimento os crimes de uma história que querem esconder.

(...)

São decorridos 16 anos da edição do artigo 8° do ADCT/CF/88, com mora de regulamentação declarada pelo Judiciário, daí resultando em elevadas e tardias dívidas, e agora estão divulgando valores exacerbados, tomando como padrão os mais elevados salários de fim de carreira de um pequeno número das indenizações deferidas. Consideram, os alarmistas, como se todos processos impetrados no Ministério da Justiça resultassem em números elevados. Toda ditadura é cara à Nação.

Muito provavelmente, esta severa fiscalização seja mais calcada na concordância da punição e na inveja do nível profissional ou liderança do punido do que propriamente na aparente fiscalização dos recursos da União, pois, se assim não fosse, estariam mais alerta para as somas milionárias de dólares desviados na corrupção ou remetidos criminosamente para o exterior.

(...)

A opinião pública só tem acesso à versão dos detratores da Lei de Anistia, que escamoteiam o fato de que mais de 95% das indenizações mensais giram em torno de R$ 3 mil, todos considerados em final de carreira pelo tempo transcorrido, bem como as importâncias não pagas, em média, de R$ 120 mil. Destacam e fazem juízo sobre um

> percentual mínimo de indenizações retroativas de alto valor (gerados pela delenda de 16 anos), cujos pagamentos não são efetivados.

Essas manifestações foram corroboradas, em tom emocional, com intenção de comover a quem consideram companheiro das jornadas de lutas sindicais, em carta aprovada pela assembleia do Fórum Permanente de Ex-Presos e Perseguidos políticos do Estado de São Paulo. A reunião contou com a presença de representantes das várias entidades relacionadas com a defesa dos direitos humanos e advogados de presos políticos.

> Somos ex-presos políticos. Junto com as entidades abaixo-assinadas, e após acompanhar matérias na imprensa, com entrevistas e comentários de várias personalidades políticas, governamentais e jurídicas sobre a aplicação da lei nº 10.559/2002 pela Comissão de Anistia do Ministério da Justiça, vêm respeitosamente esclarecer que essas manifestações não refletem a realidade da lei à luz da Constituição brasileira.
>
> Isso tem criado um ambiente contrário ao respeito devido às pessoas que resistiram à ditadura nos seus momentos mais duros. Algumas já são anistiadas pela lei e outras estão aguardando há anos o deferimento de seus processos. Incluem-se, nesses casos, os familiares de vários companheiros assassinados a mando do regime militar, naquela época, e aqueles que, agora, veem seus entes queridos falecerem por velhice ou doença sem alcançar a anistia prometida pelo Estado.
>
> (...)
>
> Do jeito como falam, parece que o Estado nada mais deve aos professores, cientistas, jornalistas, médicos, artistas, intelectuais, metalúrgicos, ferroviários, estudantes, donas de casa, camponeses, que formam um raro conjunto de pessoas dignas, que pagaram com a destruição de suas vidas profissionais – e às vezes a própria vida – para que um dia a democracia pudesse florescer no Brasil.
>
> A Lei de Anistia 10.559/2002, aliás, é fruto da continuidade dessa luta, na medida em que vem reabilitar politicamente os presos e perseguidos e reparar em parte os prejuízos morais, físicos, sociais e econômicos após mais de 40 anos do golpe militar que as perseguiu. Nem precisaremos lembrar aqui das prisões arbitrárias, das torturas terríveis, da

> humilhação e do constrangimento, além dos processos draconianos a que foram submetidos tantos brasileiros.
>
> (...)
>
> Queremos que a lei seja cumprida. Isso é um direito e um dever de todos, e não um privilégio. Lembramos que a Constituição diz que somos todos iguais perante a lei.
>
> Hoje ficamos felizes por poder escrever a um presidente da República. Ficamos também tranquilos quanto à publicação deste ou de qualquer texto, já que a conquista da democracia, da qual participamos, também acabou com a censura.
>
> Aproveitamos para convidar V. Excia para que nos faça uma visita, para conhecer e rever tantos companheiros que hoje tem rugas e cabelos brancos, mas ainda carregam consigo a experiência e a dignidade de tanta luta pela democracia no Brasil. Reunimo-nos todas as terças-feiras, às 14 horas, no prédio da Secretaria de Justiça de São Paulo, no histórico Pátio do Colégio, 184.

Esse fórum, que teve como presidente o líder ferroviário Rafael Martinelli, tem seu lugar na história pelas conquistas alcançadas tanto em favor de dos anistiando e anistiados como pela preservação da história dessa luta e seus personagens. Transformar a sede do antigo DOPS em um centro cultural e de preservação da memória foi uma das grandes conquistas desse fórum.

VI Tribunal Internacional para Justiça Restaurativa

Em busca de aperfeiçoar os conceitos e mecanismos para a Justiça Restaurativa, são realizados seminários e congressos no âmbito dos Tribunais de Justiça.

Criado pela ONU o tribunal internacional é formado por juristas nacionais e internacionais, especializado em justiça transicional, e avalia os casos de graves violações aos direitos humanos como massacres, execuções, desaparecimentos, encarceramento e tortura.

O 6º Tribunal Internacional foi realizado na cidade de Suchitoto, em El Salvador, de 26 a 29 de março de 2014, com apoio do Programa das Nações Unidas para o Desenvolvimento (PNUD), com ampla participação de juízes, advogados, representantes da Comissão de Anistia e de vítimas que deram seus depoimentos sobre tortura nos cárceres e de parentes desaparecidos. Paulo Abrão, presidente da Comissão de Anistia, presente ao ato, deu seu testemunho:

> Foi chocante ouvir os testemunhos sobre os massacres ocorridos em 1992 por sobreviventes do Massacre do Rio Lempa, Comunidade Santa Marta-Cabaña, ocorrido em março de 1981, e que vitimou 400 pessoas em rota de fuga, durante a guerra civil salvadorenha.
>
> O conflito gerou 12 anos de estagnação em termos de desenvolvimento e nunca foi declarado oficialmente, mas teve como opositores, de um lado, as forças armadas (FFAA), e, de outro, as forças insurgentes da Frente Farabundo Martí para a Liberação Nacional (FMLN), que contestava as injustiças sociais, políticas e econômicas da época.
>
> As consequências humanas e sociais foram nefastas, mais de 75 mil mortos, a grande maioria por massacres cometidos pelas forças armadas do governo contra a população civil não combatente, especialmente mulheres, crianças e idosos. As cifras de desaparecimentos forçados estão estimadas entre 20 mil e 40 mil pessoas, de acordo com diferentes medições, e mais de um milhão e meio de habitantes foram obrigados a emigrar a outros países ou passaram por situações forçadas de deslocamento interno.

As sentenças desse tribunal reforçam a necessidade de reparação às vítimas e principalmente a realização de programas para divulgar os fatos e abertura dos arquivos. O programa possibilitou a contratação de 20 consultores especializados que contribuíram nas diversas áreas de interesse do programa.

O seminário internacional, realizado em Santa Catarina em novembro de 2015, Justiça Restaurativa em Debate: Fundamentos e Experiências, patrocinado pelo PNUD, trouxe contribuições valiosas como a do canadense Sèrge Charbonneau, diretor do Grupamento de Organizações de Justiça Alternativa de Québec, Canadá, onde há farta literatura sobre o tema: "A literatura canadense logicamente acrescenta ao debate, mas é necessário reestabelecer a equidade no tratamento das vítimas de tragédias". A estadunidense Janet Murdock, especialista do PNUD, acrescenta a essa ideia que "nós devemos reconhecer que nos conflitos sociais não há uma bala certeira. Eles são multidirecionais e precisam de uma ação conjunta para seu combate.

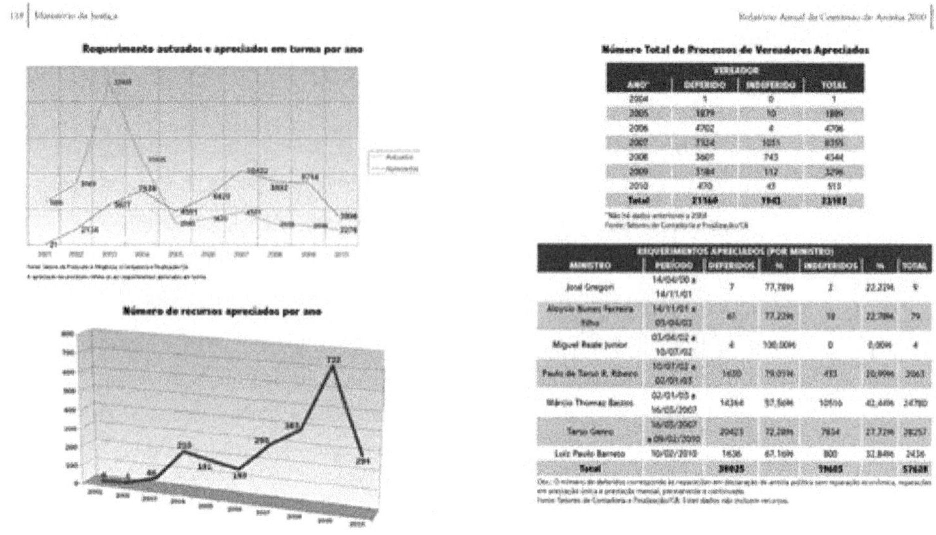

Mais de uma década de desobediência: Executivo e o Judiciário contra o anistiado

O advogado Victor Mendonça Neiva, conselheiro da ABAP, relata um de seus casos bem intrincados de morosidade da Justiça e de aberta desobediência à Lei pelo Poder Executivo. Na sequência um resumo dos fatos.

O pedido de anistia protocolado em 12/12/1996 levou quase 15 anos para ser efetivado. Em agosto de 2005, foi reconhecida a condição de anistiado do requerente pelo ministro da justiça Márcio Thomaz Bastos. Ato contínuo o requerente passou a receber a prestação mensal continuada como se empregado estivesse e exercendo as funções qualificadas. De acordo com a lei, o retroativo deveria ter sido pago no prazo de 60 dias. Atente-se que o §4° do art. 12 afirma que

> as requisições e decisões proferidas pelo Ministro de Estado da Justiça nos processos de anistia política serão obrigatoriamente cumpridas no prazo de sessenta dias, por todos os órgãos da administração pública e quaisquer outras entidades a que estejam dirigidas, ressalvada a disponibilidade orçamentária."

> E o art. 18 assevera que "caberá ao Ministério do Planejamento, orçamento e gestão efetuar, com referência à anistias concedidas a civis, mediante comunicação do Ministério da Justiça, no prazo de sessenta dias a contar dessa comunicação, o pagamento das reparações econômicas, desde que atendida a ressalva do §4º do art. 12 desta Lei."

Não há como se negar a competência do Ministro da Justiça para reconhecer dívida relativa à reparação econômica oriunda de anistia. É a lei que expressamente lhe confere tal poder, a ponto de até mesmo determinar a data de pagamento.

Em 2011 o advogado processava a União com o argumento de que é inexorável reconhecer o direito do administrado de recorrer ao judiciário para ver atendido o seu direito:

> Absolutamente inadmissível que, após o regular processo administrativo e a edição regular de portaria ministerial, a administração simplesmente se omita de cumprir a decisão por ela mesma tomada. É imperativo máximo do Estado de Direito o axioma "suporta a lei que fizeste" e, definitivamente, é isto que vem sendo absurdamente descumprindo, afastando inclusive o conteúdo material do princípio, enquanto busca de justiça.

Explícita má-fé

Em manifestação de junho de 2018, o advogado demonstrava ao STJ os flagrantes de desobediência da União, tipificando má-fé ao Supremo Tribunal Federal que mandou a União ter uma só destinação do orçamento para a anistia, e não verba separada só para quem fez o acordo de parcelamento do retroativo:

1. No caso específico indica que a União não cumpriu liminar que mandou bloquear o total do retroativo com correção monetária;

2. Descumpre liminar que ordenou pagar imediatamente o incontroverso, posto que a dívida já existe desde que concedida a anistia. É pagamento de fatura vencida, sem precatório nem nada;

3. Agiu de má-fé alegando indisponibilidade orçamentária quando informação do Ministério do Planejamento mostrava que, sim, havia recurso e que somente menos de um terço da dotação fora utilizada;

4. Desobediência ao Supremo que proibiu dividir os recursos para anistiados que aceitaram o acordo de parcelamento;

5. Desobediência sistemática a leis e a liminares que mandam pagar em até 60 dias da data da concessão da anistia;

Transcrevo o argumento:

> Ora, no "Painel do Orçamento"[1] consta existirem, no momento, para pagamento de verbas sob a rubrica "00QG - Anistiados Políticos - Retroativos Concedidos por Decisões Judiciais" o montante de R$ 120.996.292 (cento e vinte milhões, novecentos e noventa e seis mil duzentos e noventa e dois reais), tendo sido, na data de hoje, liquidado apenas R$ 369.799, ou seja, 0,003048019 do valor, o que corresponde a uma quantia absolutamente ínfima dos recursos que já se encontram disponíveis.
>
> Assim, é uma evidência ofuscante que a União está literalmente fazendo chacota do Judiciário, descumprindo há mais de um ano a primeira liminar e desde maio a segunda, sempre com a existência de disponibilidade orçamentária, que foi represada ao custo humano terrível de impor dificuldades de tratamento a um paciente de câncer extremamente idoso.

1 https://www1.siop.planejamento.gov.br/QvAJAXZfc/opendoc.htm?document=IAS%2FExecucao_Orcamentaria.qvw&host=QVS%40pqlk04&anonymous=true

COMO O SUPREMO VÊ A ANISTIA POLÍTICA: *DEPOIMENTO DE IDIBAL PIVETTA*[2]

No primeiro dia após a promulgação da Constituição de 1988, impetramos um habeas data perante a Justiça Federal para saber, de conformidade com o estabelecido pela nova Carta Magna, o que constava a nosso respeito nos arquivos dos órgãos responsáveis pela repressão aos cidadãos brasileiros em todo o país. Na ocasião não pretendíamos, apenas e tão somente, conhecer o que os DEOPS, os DOI-CODIs e os Cenimares tinham colhido, verdadeira ou falsamente, sobre nossas atividades como advogado de presos políticos; militante na defesa dos direitos humanos; autor de teatro participante ou como cidadão.

O nosso objetivo primordial era o de conseguir que o habeas data, novo instrumento jurídico, só agora colocado ao alcance de todos, tivesse norteada a sua tramitação.

E assim o foi pela cultura jurídica, coragem e competência do advogado Joaquim Cerqueira César, por nós constituído, que com a concessão desse primeiro habeas data beneficiou centenas de compatriotas.

Dentro desse mesmo escopo, pelas mãos e capacidade do jurista Paulo Gerab, um dos maiores que este país já produziu, e com o apoio do Dr. Rubens Aprobato Machado, Presidente Nacional da OAB, entramos no Supremo Tribunal Federal com um Mandado de Injunção contra o presidente da República, Fernando Henrique Cardoso, e o presidente do Congresso Nacional, à época, senador Antonio Carlos Magalhães.

Ao utilizarmos essa medida tínhamos por finalidade acabar com as arbitrárias decisões de uma dita Comissão Especial de Anistia do Ministério do Trabalho, que, alicerçada em discutíveis decretos leis, teimava em cer-

2 O autor usa também o nome artístico de César Vieira, foi Conselheiro da OAB – SP; Presidente da SBAT (Sociedade Brasileira de Autores Teatrais) e fundador do Teatro Popular União e Olho Vivo.

cear e castrar os direitos a anistia política que faria justiça milhares de compatriotas perseguidos, presos, torturados e exilados durante os anos de chumbo da ditadura.

Depois de um ano de trabalhos, meu patrono, Dr. Paulo Gerab, obteve na Suprema Corte de Justiça do Brasil, no acórdão relativo ao mandado de injunção M.I. Nº 626 – 1, em que foi relator o ministro Marco Aurélio de Mello, que depois foi presidente do S.T.F., uma decisão que ao declarar auto-aplicável o artigo 8º das Disposições Transitórias da Constituição Federal, acabou com a grande injustiça que não permitia que autônomos e profissionais liberais tivessem acesso aos direitos oriundos da Anistia Política e fez definitivamente, nesse campo, todos iguais perante a lei. Vejamos alguns tópicos desse lapidar e cristalino acórdão:

> O pronunciamento, nos autos, do Presidente da República, preparado pela Advocacia Geral da União, diz: (...) ressalta o perfil do impetrante, admitindo-se a contribuição deste na luta pelas liberdades e garantias individuais e pelo aprimoramento da cultura nacional (...) a vida profissional do impetrante foi truncada por procedimentos distantes do dia a dia de um Estado Democrático de Direito (...) as portas não se mostravam abertas a atuação de impetrante, como dramaturgo (com o nome de César Vieira), quer a atuação profissional como advogado (...) poucos são aqueles que estendiam a mão aos que, de alguma forma, contestavam o status quo. O impetrante foi prejudicado pelo clima político de outrora e teve alcançada a sua vida profissional.
>
> *Anistia – Decretos Números 1.500/95* e 2.293/97. As normas insertas nos citados decretos sobre a competência da Comissão Especial de Anistia, a par de não se mostrarem exaustivas quanto aos destinatários da certidão de anistiado, revelam simples disciplina organizacional, não tendo caráter normativo abstrato".
>
> *Anistia – Artigo 8º das Disposições Constitucionais Transitórias.*
>
> É concedida anistia aos que, no período de 18 de setembro de 1946 até a data da promulgação da Constituição, foram atingidos, em decorrência de motivação exclusivamente política, por atos de exceção, institucionais ou complementares, aos que foram abrangidos pelo Decreto Legislativo nº 18, de 15 de dezembro de 1961, e aos atingi-

> dos pelo Decreto-Lei nº 864, de 12 de setembro de 1969, asseguradas as promoções, na inatividade, ao cargo, emprego, posto ou graduação a que teriam direito se estivessem em serviço ativo, obedecidos os prazos de permanência em atividade previstos nas leis e regulamentos vigentes, respeitadas as características e peculiaridades das carreiras dos servidores públicos civis e militares e observados os respectivos regimes jurídicos.

A anistia de que cuida o artigo 8º do Ato das Disposições Transitórias da Lei Fundamental de 1988 beneficiou civis e militares, estando entre os primeiros servidores, empregados e profissionais liberais, enfim, todo e qualquer cidadão qualificado como trabalhador. O citado artigo é autoaplicável em sua plenitude, independente de legislação complementar.

Epílogo

A Via Crucis da Reparação

Victor Mendonça Neiva[1]

Se a ditadura é um exemplo odiento de como a vilania se sobrepôs ao ideal, somos obrigados a afirmar que, na democracia, é o cinismo que mais tem obstaculizado o reconhecimento e a indenização dos perseguidos. Com efeito, através de legislação enviesada, manipulação de burocracia e até mesmo filigranas jurídicas em processos intermináveis, podemos dizer que a realização desse tão importante direito tem sido uma peregrinação dolorosa aos que já tanto sofreram durante os anos de chumbo.

O próprio processo legislativo para reconhecimento destes atos demonstra isso. São quatro atos normativos principais editados ao longo de 23 anos para regulamentar o direito à anistia: Lei 6683/79; Emenda Constitucional 25 de 1985; Artigo 8º do ADCT da Constituição de 1988 e Lei 10.559/2002. Com exceção desta última, que pelo menos ampliou timidamente o espectro de possíveis sujeitos ativos de reparação, todas elas padecem de um mesmo vício: vinculam a indenização ou reintegração por atos de perseguição à carreira do perseguido e não aos atos de arbítrio praticados.

Em que pese ser de fato o valor do trabalho da vítima dado essencial para fixar a indenização, ao vincular apenas a ele, se tornou secundária a discussão dos atos em si, favorecendo que as prisões, torturas e demais atos atentatórios aos direitos humanos ficassem em segundo plano. Com efeito,

1 Victor Mendonça Neiva é advogado militante há mais de 20 anos em causas relacionadas a direitos humanos. Especialista em direito ambiental e desenvolvimento sustentável pela UnB. Ex-representante dos anistiados da Comissão de Anistia, ex-coordenador jurídico do conselho federal de psicologia.

o mais comum em julgamentos de anistia é se concentrar na discussão a respeito da carreira profissional do anistiando e de sua projeção do que sobre os atos que foram contra ele praticados.

Além disso, criou-se evidentes incongruências. Assim, até 2002, um servidor público transferido por motivação política teria direito à indenização, mas um estudante que passou pelos porões da ditadura, foi torturado e ficou preso, às vezes por anos, por não ter vínculo laboral, não.

Perseguidores julgando perseguidos

Esta limitação da legislação de anistia foi parcialmente resolvida com a Lei 10.559/2002 – mais de duas décadas após o reconhecimento pelo Estado de que se vivia em um regime de exceção em 1979 –, através da instituição da reparação econômica em prestação única. Entretanto, não se pode dizer que 30 salários mínimos por ano de perseguição indenizem pela tortura sofrida, por exemplo.

À questão legislativa, entretanto, se sobrepôs a burocrática enquanto operacionalização do direito à anistia. Até 2002, o órgão responsável pelo julgamento dos casos era o mesmo em que o anistiando sofreu a perseguição e, portanto, o mesmo que o perseguiu. Como não houve uma discussão ou penalização pela perseguição praticada, o fato é que órgãos compostos por perseguidores julgavam os perseguidos, gerando uma situação estapafúrdia e um contrassenso absoluto quando se discute justiça de transição.

Destarte, por motivos óbvios, o número de anistiados era reduzidíssimo, como se o Estado brasileiro estivesse jogando para debaixo do tapete a sua obrigação indenizatória. Mesmo aqueles que tinham a perseguição reconhecida ainda eram obrigados a um draconiano processo administrativo de migrar para o INSS para discutir o quanto receberia se em ativa estivesse, dando margem a todo tipo de usurpação de indenizações.

A regulamentação dos direitos indenizatórios via aposentadoria excepcional, tal qual ocorre com a aposentadoria rural, era também uma armadilha. Se a segunda infla o suposto déficit da previdência com um benefício de ordem social, a "aposentadoria excepcional", de nítida natureza reparadora, colocada juntamente com as aposentadorias contributivas do INSS, visava dar o status de privilegiados às vítimas. Assim, criou-se um ambiente repercutido por toda a opinião pública de que a situação dos anistiados era de privilégio. Era como se a escolha dos critérios de anistia tivesse tido a participação deles, quando fora feita para colocar em segundo plano o que eles sofreram.

Foi neste ambiente que, no final dos anos 1990, mediante uma obscura Ordem de Serviço exarada pelo INSS, a título de adequação, do dia para noite, aplicou-se os critérios das aposentadorias por tempo de serviço às anistias, diminuindo brutalmente as prestações, que chegaram a ser reduzidas em mais de 70%. Imagine-se a condição de uma pessoa, normalmente já idosa, que após tentar por décadas ver instituída a sua indenização por uma perseguição já reconhecida pelo Estado, de repente se vê sem mais da metade da remuneração que lhe dava sustento. Este foi um momento de profundo desespero, que motivou uma significada judicialização de demandas.

Dada a natureza crítica da situação, enfim, foi especificamente regulamentado o artigo 8º do ADCT, através da Medida Provisória nº 65, de 31 de agosto de 2002, convertida na Lei 10.559/2002 (mais de 14 anos após a Constituição), centralizando o julgamento de todos os processos no Ministério da Justiça.

Além disso, para as reduções, definiu-se, no parágrafo 5º do art. 6º, que

> *desde que haja manifestação do beneficiário, no prazo de até dois anos a contar da entrada em vigor desta Lei, será revisto, pelo órgão competente, no prazo de até seis meses a contar da data do requerimento, o valor da aposentadoria e da pensão excepcional, relativa ao anistiado político, que tenha sido reduzido ou cancelado em virtude de critérios previdenciários ou estabelecido por ordens normativas ou de serviço do Instituto Nacional do Seguro Social - INSS, respeitado o disposto no art. 7o desta Lei.*

Enfim havia perspectiva de que estes processos seriam resolvidos. Em seu início, eles eram julgados e efetivamente pagos. Mas esta situação durou pouco. Alguns meses após a lei, o pagamento dos retroativos dessas indenizações parou de ser efetuado. Assim, a Comissão de Anistia reconhecia a perseguição, fixava o valor da indenização, mas só implantava a prestação mensal ou pagava a prestação única. Já os valores relativos às prestações vencidas durante a tramitação foram bloqueados indefinidamente.

Esta situação gerou a evidente judicialização das demandas. Afinal, como um ministro de Estado declara através de Portaria que é devido um valor e ninguém toma qualquer providência para efetuá-lo, sequer requerendo a inclusão da dívida no orçamento subsequente?

Nesta condição, a resposta do governo foi jogar com a morosidade judiciária, propondo um acordo de parcelamento de quase uma década do valor atrasado — sem qualquer atualização monetária dos valores — através da Lei 11.354/2006. A avançada condição de idade, a vulnerabilidade financeira e a frequente debilidade de saúde acabaram levando a maioria dos anistiados a se resignar a essa alternativa.

Àqueles que escolheram a justiça, o caminho também se viu marcado por dificuldades. Duas foram as principais alternativas utilizadas: a do mandado de segurança impetrado junto ao Superior Tribunal de Justiça, afirmando que o direito a receber era líquido e certo, e o das execuções por títulos extrajudiciais, apoiada na natureza de documento público da portaria do ministro e em ser a dívida liquida, certa e exigível.

Contradições no próprio Judiciário

Após uma importante mudança jurisprudencial aplicada tão somente ao caso dos anistiados, que passou a permitir o cabimento do mandado de segurança, houve um substancial retrocesso afastando o direito à correção monetária ou juros de mora. Nesta condição, se induzia à celebração do acordo, fosse por negociação ou por mandado, o valor a receber seria o mesmo, só que no primeiro caso, através do parcelamento, o seu início seria imediato.

Além disso, o cabimento do mandado de segurança se tornou objeto de repercussão geral, o que implica a automática suspensão de todos os feitos sobre este tema, que só veio ter a sua definição inicial em 31.08.2017 (quinze anos e três dias após a edição da MP 65/2002), com a publicação do acórdão reconhecendo cabível o mandado de segurança.

A questão da correção e juros de mora teria sido definida em 24 de agosto de 2018, quando no julgamento dos embargos o STF afirmou categoricamente que seriam devidos, mas, além de terem sido opostos novos embargos, o STJ resolveu contrariar o STF e dar interpretação diversa a respeito do tema, como se vê do acórdão abaixo:

Processo

AgInt no MS 24302 / DF

AGRAVO INTERNO NO MANDADO DE SEGURANÇA

2018/0111382-9

Relator(a)

Ministra REGINA HELENA COSTA (1157)

Órgão Julgador

S1 - PRIMEIRA SEÇÃO

Data do Julgamento

12/12/2018

Data da Publicação/Fonte

DJe 14/12/2018

Ementa

PROCESSUAL CIVIL. AGRAVO INTERNO NO MANDADO DE SEGURANÇA. CÓDIGO DE PROCESSO CIVIL DE 2015. APLICABILIDADE. ADMINISTRATIVO. ANISTIA. PORTARIA. VALORES RETROATIVOS. CORREÇÃO MONETÁRIA E JUROS DE MORA EM SEDE MANDAMENTAL. IMPOSSIBILIDADE. ARGUMENTOS INSUFICIENTES PARA DESCONSTITUIR A DECISÃO ATACADA. NÃO INCIDÊNCIA DA MULTA PREVISTA NO ART. 1.021, § 4º, DO CÓDIGO DE PROCESSO CIVIL DE 2015.

I – Consoante o decidido pelo Plenário desta Corte na sessão realizada em 09.03.2016, o regime recursal será determinado pela data da publicação do provimento jurisdicional impugnado. In casu, aplica-se o Código de Processo Civil de 2015.

II - No julgamento dos Embargos de Declaração no Recurso Extraordinário n. 553.710/DF, com repercussão geral, o Sr. Ministro Dias Toffoli (Plenário, j. 01.08.2018 e DJe 24.08.2018) esclareceu o cabimento dos juros e correção monetária, porquanto, no caso, no acórdão recorrido da 3ª Seção desta Corte, da relatoria do Sr, Ministro Paulo Galotti, de 13.09.2006, foi concedida a segurança com incidência de juros e correção monetária aos valores devidos e, a União, no recurso extraordinário, não recorreu dos consectários e, assim, ocorreu a preclusão consumativa.

III - O direito líquido e certo apurável nesta via restringe-se ao valor nominal previsto na portaria anistiadora. Eventual controvérsia acerca dos consectários legais (juros e correção monetária) pode ser dirimida em demanda autônoma, sob pena de o presente mandado de segurança assumir contornos de ação de cobrança (Súmula 269/STF). Precedentes da 1ª Seção.

IV - Não apresentação de argumentos suficientes para desconstituir a decisão recorrida.

V - Em regra, descabe a imposição da multa prevista no art. 1.021, § 4º, do Código de Processo Civil de 2015 em razão do mero improvimento do Agravo Interno em votação unânime, sendo necessária a configuração da manifesta inadmissibilidade ou improcedência do recurso a autorizar sua aplicação.

VI - Agravo Interno improvido.

É uma evidência ofuscante que a afirmação

"O direito líquido e certo apurável nesta via restringe-se ao valor nominal previsto na portaria anistiadora. Eventual controvérsia acerca dos consectários legais (juros e correção monetária) pode ser dirimida em demanda autônoma"

é diametralmente oposta ao que decidiu o STF quando afirmou, no RE 553710,

quando acolheu os embargos de declaração, sem efeitos modificativos, apenas para esclarecer que os valores retroativos previstos nas portarias de anistia deverão ser acrescidos de juros moratórios e de correção monetária.

Política Judiciária Defensiva
Obstáculo à Justiça Reparadora

É realmente espantoso que uma corte inferior, de alta hierarquia, decida categoricamente contra a corte suprema. Mas esta é a atual situação. Até que isto se defina, a discussão da correção e dos juros de mora que pode representar três quartos do valor total da dívida tende a ficar paralisada e, a prevalecer o entendimento do STJ, o anistiado terá que recomeçar a discussão do zero na primeira instância após décadas de tramitação de sua causa.

Este parece ser mais um ato deliberado de política judiciária defensiva, dirigida a diminuir, a fórceps, as demandas judiciais não pela repressão do ofensor do direito, mas tornando desvantajoso à vítima que busque por seus direitos, o que é a antítese da missão de um Judiciário em um Estado que se pretende democrático e que estabeleça justiça reparadora.

É simples: se excluídos os juros de mora ou reduzidas as perspectivas de êxito judicial se estimula que a parte aceite um acordo desvantajoso e não demande da Justiça por seu direito. Esta mesma política judiciária parece estar interferindo no julgamento das execuções.

Inicialmente, muito embora limitadas pela morosidade da Justiça Federal que, ao ter expandido os seus gastos pessoais com vantagens funcionais, limitou o seu orçamento para funcionamento e operacionalização, se conseguia receber os valores atualizados das prestações.

Entretanto, o STJ, que entendia que a matéria não seria objeto de seu conhecimento por envolver exame de provas (a análise do documento para verificar se é título executivo), passou a soltar precedentes esparsos restringindo esta alternativa. O seu fundamento tem sido o de que

> *o reconhecimento desta Corte quanto à certeza, liquidez e exigibilidade da obrigação de pagar, contida nas portarias que concedem anistia política, na forma da Lei 10.559/2002, e fixando a reparação econômica devida, por si só, não atribui a tais portarias a condição de títulos executivos extrajudiciais, previstos no art. 585 do Código de Processo Civil, não bastando, para tanto, a invocação de que se trata de "documento público".*

Ou seja, apesar de reconhecer que a dívida é liquida, certa e exigível, entende que não caberia a execução, eis que não bastaria a invocação de que a portaria ministerial seja documento público, apesar de o art. 585, inciso II do Código de Processo Civil (Lei 5869/73) ser categórico em afirmar que documento público assinado pelo devedor (autoridade responsável) é título executivo.

Como assim?

Como se disse, tais entendimentos até de compreensão duvidosa só podem ser entendidos como claras manifestações de jurisprudência defensiva, eis que ou são flagrantemente contraditórios ou deliberadamente em desacordo com o já definido pelo STF.

E, assim, o efetivo pagamento da reparação tem se arrastado há mais de trinta anos desde a Constituição, consubstanciando um verdadeiro martírio às vítimas das arbitrariedades da ditadura, desta feita praticadas em ambiente supostamente democrático, prejudicando-os ainda mais, desta vez através de uma política judiciária de republicanismo duvidoso.

E, para demonstrar que barbaridades podem não ter fim e trazer sérias dúvidas se realmente podemos chamar nosso regime político de democrático, no plano do Executivo, se interveio na Comissão de Anistia para restabelecer aos perseguidores a condição de julgadores da anistia dos perseguidos.

Tamanha a gravidade da intervenção que a Procuradora Federal dos Direitos do Cidadão recomendou à ministra da Mulher, da Família e dos Direitos Humanos, Damares Alves, a revogação da portaria que nomeou militares entre os conselheiros da Comissão de Anistia, a nomeação de modo a assegurar a necessária imparcialidade e independência da Comissão de Anistia.

Considerando que toda a jurisprudência regional e internacional sobre o tema recomenda que a nomeação dos conselheiros/comissionados deve recair sobre pessoas com competência em matéria de direitos humanos, com a neutralidade necessária para a busca da memória, verdade e justiça,

> *considerando que a presença de integrantes das Forças Armadas em comissões com esse propósito tem o potencial de gerar visão distorcida nesse processo integral de resgate da memória oficial, mesmo aqueles*

> *das "novas gerações", uma vez que a hierarquia e a percepção fortalecida de corporação são características dos segmentos militares;*
>
> *Considerando que a nova composição do Conselho da Comissão de Anistia, nomeada por meio da Portaria nº 378, de 27 de março de 2019, conta com pelo menos cinco militares de carreira, além de pessoas com atuação judicial contrária à concessão de reparação, a atos da Comissão de Anistia e do Ministro da Justiça e à instauração da Comissão Nacional da Verdade;*
>
> A procuradora Deborah Duprat conclui, enfática, que a presente recomendação deve ser cumprida a partir de seu recebimento e que o seu não acolhimento importará no encaminhamento da questão para as providências judiciais cabíveis, inclusive para análise das responsabilidades individuais.

E para assegurar que a via crúcis não tenha fim, a proposta reforma da Previdência institui, desta feita por emenda constitucional, regulamento muito semelhante à famigerada Ordem de Serviço da autarquia previdenciária que reduziu brutalmente os direitos indenizatórios dos anistiados, restando-os, além de permanecer na busca de realização plena destes direitos, que recorramos a Castro Alves, assim indagando:

> *Não basta inda de dor, ó Deus terrível?!*
> *É pois teu peito eterno inexaurível*
> *De vingança e rancor*
> *E que é que fiz, Senhor?*
> *Que torpe crime*
> *Eu cometi jamais, que assim me oprime seu gládio vingador.*

Anexos

Anexo I - Encontro Nacional em Defesa da Anistia

Brasília, aos 20 anos da Lei de Anistia, 17 e 18 de agosto de 1999.

Os anistiados de todo o Brasil, reunidos no I Encontro Nacional em Defesa da Anistia, vêm, no ensejo da comemoração dos vinte anos da Anistia, denunciar a todo o povo brasileiro que os seus mais legítimos direitos estão sendo não só ameaçados, mas suprimidos por sucessivos decretos, portarias e ordens de serviço editadas pelo atual governo.

Cumpre-nos dar à nação os seguintes esclarecimentos sobre a real situação dos anistiados hoje em dia, sobre a evolução da implementação do instituto da anistia, desde a sanção da Lei Nº 6.683 em 28/8/79, para se compreender a verdade sobre a situação em que vivem os anistiados hoje:

I) Apesar da anistia promulgada em agosto de 1979 não ter sido ampla, geral e irrestrita e das resistências dos setores mais agressivos da ditadura para impedir a sua implementação, há que se reconhecer que o Consultor-Geral da República, na época, Dr. Clóvis Ramalhete, exarou Pareceres, aprovados pelo então presidente general João Baptista Figueiredo, que foram decisivos para a progressiva superação dos obstáculos para a ampliação da anistia;

Nos Pareceres Nº 39 de 26/06/80 e Nº 59 de 19/01/81, do eminente jurista Dr. Clóvis Ramalhete, fica claro:

1. o caráter imperativo da Lei de Anistia, pela qual a condição de anistiado independe de requerimento do interessado ou de despacho de autoridade, a quem cabe tão somente reconhecer a condição de anistiado e não a declarar, e
2. que a Lei Nº 6.683/79 definiu uma aposentadoria anômala, uma aposentadoria excepcional de anistiado que independe dos pressupostos da legislação previdenciária, com caráter indenizatório, amplamente reconhecido por inúmeros pronunciamentos dos Tribunais Superiores (STF e STJ). Tanto é assim que as aposentadorias pagas aos anistiados pelo INSS constituem encargo financeiro da União, do Tesouro Nacional;
3. A Emenda Constitucional Nº 26 de 27/11/85, que convocou a Assemblea Nacional Constituinte, ampliou os limites da anistia, assegurando aos anistiados as promoções, na aposentadoria, aos cargos e postos a que teriam direito se estivessem em serviço ativo.

II) Coube ao Dr. Marcelo Cerqueira, Consultor Jurídico do Ministério da Previdência, no governo do presidente José Sarney, elaborar o memorável Parecer Nº 16/86, ao despachar petição feita pelos anistiados da CONAPE – Comissão Nacional de Anistiados da Petrobras –, estendendo aos anistiados do setor privado, principalmente aqueles oriundos das empresas de economia mista, a aplicação da Emenda Constitucional No 26/85, dando assim mais um passo para quebrar as resistências à implementação da Anistia;

III) Os constituintes de 1988, entre os quais estavam não só o atual Presidente da República, como ilustres deputados federais e Senadores da República, com mandato no atual Congresso Nacional, ampliaram ainda mais a Anistia, quando da elaboração e aprovação do Art. 8º do Ato das Disposições Constitucionais Transitórias (ADCT) da Constituição Federal.

Esse dispositivo constitucional se tornou cláusula pétrea da Constituição de 1988 ao estabelecer direitos individualmente garantidos, principalmente a garantia aos anistiados da paridade com os seus paradigmas que permaneceram na atividade, ao lhes assegurar "as promoções, na inatividade, ao cargo, emprego, posto ou graduação a que teriam direito se estivessem em serviço ativo".

O governo do presidente Fernando Collor Mello, ao regulamentar a lei dos benefícios da Previdência Social (Lei 8213 de 24/7/91), através do Decreto Nº 611 de 21 de julho de 1992, consolidou, ainda que com algumas imperfeições, na Seção VIII – Da Aposentadoria Excepcional de Anistiado – do referido decreto, a legislação que garantia direitos aos anistiados, principalmente aos oriundos do setor privado;

O presidente Itamar Franco sancionou a Lei Nº 8.632, de 4 de março de 1993, anistiando especificamente dirigentes e representantes sindicais. Tal lei nasceu de um projeto do deputado Paulo Rocha e contou, para sua aprovação, com o empenho do então líder do governo, deputado Roberto Freire.

IV) Mas foi exatamente a partir de 1995, no governo do presidente Fernando Henrique Cardoso, que é também um anistiado, quando os direitos dos anistiados começaram a ser não só ameaçados, mas suprimidos. Senão vejamos:

1. Segundo a ABAP – Associação Brasileira de Anistiados Políticos – existem mais de mil pedidos de anistiados do setor privado no Ministério do Trabalho e do Emprego, solicitando o reconhecimento da condição de anistiado para obter o benefício da aposentadoria excepcional. Por informações obtidas junto a esse ministério, somente alguns desses pedidos foram deferidos nesses últimos anos, mesmo assim porque eram "a pedido do Palácio".

Anistiados que sofreram anos de prisão, torturas inomináveis, toda a sorte de perseguições, inclusive demissão de seus empregos, muitos já velhos e doentes, estão com seus requerimentos engavetados no Ministério do Trabalho. Para retardar ainda mais a concessão de aposentadorias a esses anistiados, o atual governo não vacilou em lançar mão do expediente de redistribuir muitos desses processos para outros ministérios, onde não h· sequer Comissões de Anistia para examiná-los. No próprio Ministério do Trabalho, a Comissão de Anistia não se reunia há meses, praticamente desativada por falta de membros. A prova disso é a Portaria do Ministério do Trabalho, publicada no Diário Oficial da União, do dia 10 de agosto, recompondo a referida comissão.

Recomposição, aliás, que não contou com nenhum representante dos anistiados como ocorria no tempo do governo do presidente José Sarney.

> 2. Ainda em relação aos anistiados do setor privado, o atual governo, ao editar o Regulamento dos Benefícios da Previdência Social (RBPS), substituindo o Decreto Nº 611/92 pelo Decreto 2.172 de 5 de março de 1997, fez substanciais modificações na Seção VIII – Da Aposentadoria Excepcional de Anistiado –, duas entre elas da maior importância:
>
> A. uma, determinando que as aposentadorias dos anistiados não sejam mais reajustadas segundo o paradigma da ativa, mas sim pelos mesmos índices de reajuste dos benefícios de prestação continuada;
>
> B. outra, determinando que a data do início do benefício (DIB) não seja mais de 5 de outubro de 1988.

Ambas alterações constituem uma violação flagrante ao Art. 8º do ADCT da Constituição Federal de 1988, contrariando também, como já dissemos, várias decisões dos Tribunais Superiores. Mais ainda: o reajusto para a aposentadoria do anistiado, conforme os mesmos Índices dos benefícios de prestação continuada, foi mantido no Decreto Nº 3048 de 6/0599, num claro desrespeito à decisão soberana da Câmara dos Deputados que ao deliberar sobre a Reforma da Previdência (PEC Nº 3/95), impediu que o governo constitucionalizasse essa norma com a aprovação, por mais de 420 votos, de um destaque de votação em separado (DVS), numa votação consensual entre a bancada do governo e da oposição, com o apoio do líder do governo, deputado Luís Eduardo Magalhães;

> 3. Como se não bastasse essa violência contra a Constituição e os anistiados, o Ministério da Previdência determinou a revisão das aposentadorias dos anistiados, através de uma sucessão de ordens de serviço, da qual a última tomou o Nº 569/97. Em todo o país foram estabelecidas Comissões de Revisão, numa verdadeira caça às bruxas. Centenas de anistiados tiveram uma redução nominal das suas aposentadorias, afrontando claramente o inciso VI do Art. 7º da Constituição Federal, conforme jurisprudência já estabelecida pelo próprio STF, que declarou inconstitucional a redução do valor nominal dos salários;

> 4. Vale observar que todas as absurdas exigências que o Decreto 2.172/97 impôs para o reconhecimento da condição de anistiado, para efeito de percepção da aposentadoria excepcional, bem como as reduções dos valores nominais dos benefícios dos anistiados já aposentados, constituem clara violação do inciso XXXVI do Art. 5º da Constituição Federal, que dispõe:
>
> "Art. 5º
> XXXVI - a lei não prejudicará o direito adquirido, o ato Jurídico perfeito e a coisa julgada".

Mas o procedimento mais corrente dos burocratas e consultores jurídicos do governo é o de pisotear a Carta Magna, suprimir direitos adquiridos, rasgar contratos (como o são os dos segurados quando se filiam à Previdência Social) e não acatar a jurisprudência dos tribunais.

Imaginando que vivem em um Estado anárquico, esses burocratas e consultores têm produzido uma enxurrada de decretos, portarias e, principalmente, de ordens de serviço, todas ao arrepio da Lei Nº 8.213 de 24/7/91, da Constituição Federal e, inclusive, da própria Emenda Constitucional Nº 20 (Reforma da Previdência), recentemente promulgada pelo Congresso Nacional. Com isso subtraem não só os mais sagrados direitos dos anistiados, oriundos do setor privado, mas também de milhões de trabalhadores que ainda estão em atividade.

Querem, após 20 anos, liquidar a Anistia consagrada nas sucessivas leis de anistia (Lei Nº 6.683/79, EC Nº 26/85 e Art. 8º do DCT), nos memoráveis Pareceres do Dr. Clóvis Ramalhete, Dr. Marcelo Cerqueira e outros.

Desrespeitam a reiterada jurisprudência dos Tribunais Superiores sobre a Anistia e, inclusive, o Congresso Nacional, não levando em consideração as deliberações tomadas quando foi votada a Emenda Constitucional Nº 20 (Reforma da Previdência).

> 5 . O atual Presidente da República assinou, em 6/05/99, o Decreto Nº 3.048, o Ministro da Previdência e Assistência Social a Portaria Nº 4.883 de 16/12/98 e o INSS a Ordem de Serviço Nº 623, que suprimiram o conceito de Aposentadoria Excepcional de Anistiado:
>
> "27 – O Segurado Anistiado (Lei Nº 6.683/79)

> 27.4 – A partir de 07/05/99 fica extinta a aposentadoria excepcional de anistiados (Espécie 58)".

O objetivo principal da extinção, depois de 20 anos, da aposentadoria excepcional para os anistiados do setor privado é o de incluí-los na regra geral previdenciária.

Como bem assinalou o Dr. Marcelo Cerqueira, em parecer dado à CONAPE, essa mudança é inconstitucional, pois os servidores públicos civis da administração direta e os militares, aposentados pela mesma Lei de Anistia, continuam recebendo como "se estivessem em serviço ativo", segundo seus paradigmas em atividade, o que rompe com o princípio constitucional da isonomia (Art. 5º da Constituição Federal) em relação aos anistiados do setor privado.

Segundo o jurista Dr. Marcelo Cerqueira, o Presidente da República ficou numa posição singular, mantendo "a aposentadoria plena do professor Fernando Henrique Cardoso, dos demais servidores civis e militares anistiados", restringindo a dos anistiados do setor privado.

O Decreto Nº 3.048/99, ao revogar o de Nº 2.172/97, suprimindo de vez toda a Seção VIII - Da Aposentadoria Excepcional de Anistiado, dificultou ao máximo o reconhecimento da condição de anistiado nos processos pendentes nas comissões de anistia ao:

1. exigir no § 8º do seu Art. 60º "prova da relação de causa entre a demissão ou afastamento de atividade remunerada". A exigência de tal prova para os que foram demitidos ou compelidos ao afastamento "em virtude de pressões ostensivas ou expedientes oficiais sigilosos" é, em muitos casos, praticamente impossível;

2. determinar pelo Art. 381, desse mesmo decreto, que as normas nele contidas se apliquem "a todos os processos pendentes", mesmo aqueles cujos requerimentos tenham sido feitos na vigência dos decretos Nº 611/92 e 2.172/97.

3. Quanto aos anistiados que já estão percebendo os benefícios de Aposentadoria Excepcional de Anistiado, o Decreto Nº 3.048/99 no seu art. 179 instituiu a "revisão permanente" dos benefícios do Regime Geral da Previdência Social (setor privado), gerando uma instabilidade permanente para todos os aposentados desse regime, em particular, para os anistiados.

4. Esses atos (o Decreto Nº 3.048/99, a Portaria 4.883/98 e a Ordem de Serviço Nº 623/99) nada mais são do que monstrengos elaborados por burocratas e consultores, nomeados pelo presidente Fernando Henrique Cardoso, e cujo papel tem sido exatamente o mesmo daquele reservado, no passado, aos setores mais agressivos da ditadura militar, que não admitiam a anistia sancionada pelo general João Baptista de Figueiredo, ainda que restrita.
5. Os juristas do atual governo se recusam não só acatar toda a legislação constitucional e infraconstitucional elaborada nesses vinte anos, pretendendo claramente revogá-la, como também não acatam o disposto no Art. 3º, caput, e o § 3º da Emenda Constitucional Nº 20 (Reforma da Previdência).

O Senado Federal, ao votar essa reforma, aprovou duas emendas: uma do senador Josaphat Marinho, nos termos do caput. Art. 3º da EC Nº 20, e outra do senador Jáder Barbalho, na redação dada ao § 3º desse mesmo artigo:

> Art. 3º ... assegurada a concessão de aposentadoria e pensão a qualquer tempo, aos servidores públicos e aos segurados do regime geral da Previdência Social, bem como aos seus dependentes, que, até a data da publicação desta Emenda, tenham cumprindo os requisitos para a obtenção destes benefícios, com base nos critérios da legislação então vigente (...).
>
> § 3º São mantidos todos os direitos e garantias assegurados nas disposições constitucionais vigentes à data de publicação desta Emenda aos servidores e militares, inativos e pensionistas, aos anistiados e aos ex-combatentes, assim como àqueles que já cumpriram, até aquela data, os requisitos para usufruírem tais direitos, observado o disposto no art. 37, XI, da Constituição Federal.

Cristalino que por esses dois dispositivos estão mantidos todos os direitos dos anistiados, inclusive os direitos adquiridos pelos trabalhadores do setor privado, a que se refere o § 2º do Art. 8º do ADCT da Constituição Federal, "com base nos critérios da legislação então vigente".

> 6. O Estado Democrático de Direito sob o qual vivemos, com base na Constituição Federal de 5 de outubro de 1988, a qual incorporou a Emenda Constitucional Nº 20 de 16 de dezembro de 1998,

> não permite que sejam desconhecidos os direitos adquiridos pelos anistiados do setor privado, vigentes na legislação infraconstitucional – no Art. 150 seu parágrafo único da Lei Nº 8.213l, de 24/7/91 – e na Seção VIII - Da Aposentadoria Excepcional de Anistiados do Decreto Nº 611 de 21/7/92.
>
> É patente a inconstitucionalidade dos dispositivos do Decreto Nº 3.048/99 relativos aos anistiados, bem como aqueles da Portaria Nº 4.883/98 e da malsinada Ordem de Serviço Nº 623/99.
>
> 7. O atual governo, em nenhum momento, esclareceu os motivos pelos quais suprimiu progressivamente direitos adquiridos dos anistiados até chegar à violência constitucional de decretar, através de uma Ordem de Serviço, a extinção da aposentadoria excepcional de anistiado.

Supõe-se que essa escalada de arbitrariedade tenha como objetivo reduzir despesas. Resta indagar: qual é o valor dessas despesas? E qual é o valor da redução obtida com a draconiana revisão nas aposentadorias já concedidas?

Segundo dados da DATAPREV, de dezembro de 1998, o valor total dos benefícios de aposentadoria excepcional pagos pelo INSS aos 2.373 anistiados (Benefício 58) e as 763 pensões pagas a viúvas (Benefício 59) era de R$ 5,965 milhões, exatamente 0,13% do total do valor das despesas da Previdência Social naquele mês, R$ 4,354 bilhões.

Ainda, segundo os dados da DATAPREV, a média mensal dos benefícios dos anistiados e suas viúvas era, em dezembro de 1998, de R$ 1.687,43. Isso, sem levar em conta as reduções decorrentes das revisões desses benefícios processadas no primeiro semestre do corrente ano.

Essas reduções foram da ordem de 30% a 40% para a maioria dos benefícios, estimando-se, portanto, uma redução dos gastos das despesas em torno de R$ 2 milhões mensalmente!

Uma verdadeira "economia de palitos" para o Tesouro Nacional, a quem cabe os encargos financeiros dos benefícios dos anistiados pagos pelo INSS.

> 8. Nossa reivindicação é uma só:
>
> a suspensão, no Decreto Nº 3.048, de 6 de maio de 1999, na Portaria Nº 4.883, de 16 de dezembro de 1998 e na Ordem de Serviço Nº 623,

de 19 de maio de 1999, de todos os artigos, parágrafos, incisos etc., que fazem referência à aposentadoria excepcional de anistiado.

Por princípio de Justiça e respeito à cidadania, esperamos que a Câmara dos Deputados, o Senado Federal, os líderes dos partidos da base governista, os líderes dos partidos de oposição se integrem em luta cívica na persecução a um decreto presidencial ou uma lei que estabeleça os direitos contidos no art. 150 da Lei Nº 8.213, de 24 de julho de 1991, e na Seção VIII - Da Aposentadoria Excepcional do Anistiado do Decreto Nº 611, de 24 de julho de 1992.

Brasília, 20 anos da Anistia, 17 e 18 de agosto de 1999.

ABAP- Associação Brasileira de Anistiados políticos / - CONAPE - Associação dos Anistiados da Petrobras - Ceará· / - CONAPE - Amazonas / - CONAPE - Rio Grande do Sul / - CONAPE - Baixada Santista / - CONAPE - São Paulo / - ASTAPE - Associação dos Trabalhadores Aposentados e Pensionistas da Petrobras / - ABAP - São Paulo / - STMBS - Sindicato dos Trabalhadores Metalúrgicos da Baixada Santista / - ABRASPET - Associação Brasileira de Anistiados do Sistema Petrobras / - ABRASPET - Alagoas / - Anistiados do Banco do Nordeste / - Sindicato dos Ferroviários da Central do Brasil / Sindicato dos Metroviários de São Paulo / SINDIPA - Metalúrgicos Anistiados da Usiminas / - Sindicato dos Bancários de Pernambuco / - Sindicato dos Rodoviários do Rio de Janeiro / - Associação dos Beneficiários e Pensionistas de Guarapari - Espírito Santo / - APAP - Associação Pernambucana de Anistiados Políticos / - Anistiados do Banco do Brasil - Paraíba, São Paulo, Pernambuco e Rio Grande do Sul / - Jornalistas Anistiados de São Paulo / - Sindicato dos Urbanitários Anistiados do Rio de Janeiro / - Metalúrgicos Anistiados de São Paulo / - Metalúrgicos Anistiados do ABC / Metalúrgicos Anistiados de São José dos Campos (EMBRAER) / - Associação 64/68 - Ceará - FENTECT - Anistiados dos Correios - Brasília.

Anexo II - Carta aos Brasileiros

Das Arcadas do Largo de São Francisco, do Território Livre da Academia de Direito de São Paulo, dirigimos, em agosto de 1977, a todos os brasileiros esta Mensagem de Aniversário, que é a Proclamação de Princípios de nossas convicções políticas.

Na qualidade de herdeiros do patrimônio recebido de nossos maiores, ao ensejo do Sesquicentenário dos Cursos Jurídicos no Brasil, queremos dar o testemunho, para as gerações futuras, de que os ideais do Estado de Direito, apesar da conjuntura da hora presente, vivem e atuam, hoje como ontem, no espírito vigilante da nacionalidade.

Queremos dizer, sobretudo aos moços, que nós aqui estamos e aqui permanecemos, decididos, como sempre, a lutar pelos Direitos Humanos, contra a opressão de todas as ditaduras.

Nossa fidelidade de hoje aos princípios basilares da Democracia é a mesma que sempre existiu à sombra das Arcadas: fidelidade indefectível e operante, que escreveu as Páginas da Liberdade, na História do Brasil.

Estamos certos de que esta Carta exprime o pensamento comum de nossa imensa e poderosa família da família formada, durante um século e meio, na Academia do Largo de São Francisco, na Faculdade de Direito de Olinda e Recife, e nas outras grandes Faculdades de Direito do Brasil. Família indestrutível, espalhada por todos os rincões da Pátria, e da qual já saíram, na vigência de Constituições democráticas, dezessete Presidentes da República.

1. O Legal e o Legítimo

Deixemos de lado o que não é essencial.

O que aqui diremos não tem a pretensão de constituir novidade. Para evitar interpretações errôneas, nem sequer nos vamos referir a certas conquistas sociais do mundo moderno. Deliberadamente, nada mais diremos do que aquilo que, de uma ou outra maneira, vem sendo ensinado, ano após ano, nos cursos normais das Faculdades de Direito. E não transporemos os limites do campo científico de nossa competência.

Partimos de uma distinção necessária. Distinguimos entre o *legal* e o *legítimo*.

Toda lei é legal, obviamente. Mas nem toda lei é *legítima*. Sustentamos que só é *legítima* a lei provinda de *fonte legítima*.

Das leis, a *fonte legítima primária* é a comunidade a que as leis dizem respeito; é o Povo ao qual elas interessam comunidade e Povo em cujo seio as *ideias* das leis germinam, como produtos naturais das exigências da vida.

Os dados sociais, as contingências históricas da coletividade, as contradições entre o dever teórico e o comportamento efetivo, a média das aspirações e das repulsas populares, os anseios dominantes do Povo, tudo isto, em conjunto, é que constitui o manancial de onde brotam normas espontâneas de convivência, originais intentos de ordenação, às vezes usos e costumes, que irão inspirar a obra do legislador.

Das forças mesológicas, dos fatores reais, imperantes na comunidade, é que emerge a alma dos mandamentos que o legislador, na forja parlamentar, modela em termos de leis legítimas.

A *fonte legítima secundária* das leis é o próprio legislador, ou o conjunto dos legisladores de que se compõem os órgãos legislativos do Estado. Mas o legislador e os órgãos legislativos somente são fontes *legítimas* das leis enquanto forem representantes autorizados da comunidade, vozes oficiais do Povo, que é a fonte primária das leis.

O único outorgante de poderes legislativos é o Povo. Somente o Povo tem competência para escolher seus representantes. Somente os Representantes do Povo são legisladores legítimos.

A escolha legítima dos legisladores só se pode fazer pelos processos fixados pelo Povo em sua Lei Magna, por ele também elaborada, e que é a Constituição.

Consideramos *ilegítimas* as leis *não nascidas* do seio da coletividade, não confeccionadas em conformidade com os processos prefixados pelos Representantes do Povo, mas *baixadas* de cima, como carga descida na ponta de um cabo.

Afirmamos, portanto, que há uma *ordem jurídica legítima* e uma *ordem jurídica ilegítima*. A *ordem imposta*, vinda de cima para baixo, é *ordem ilegítima*. Ela é ilegítima porque, antes de mais nada, ilegítima é a sua origem. Somente é legítima a ordem que *nasce*, que *tem raízes*, que *brota* da própria vida, no seio do Povo.

Imposta, a ordem é violência. Às vezes, em certos momentos de convulsão social, apresenta-se como remédio de urgência. Mas, em regra, é medicação que não pode ser usada por tempo dilatado, porque acaba acarretando males piores do que os causados pela doença.

2. A *Ordem, o Poder e a Força*

Estamos convictos de que há um *senso leviano* e um *senso grave* da ordem.

O senso leviano da ordem é o dos que se supõem imbuídos da ciência do bem e do mal, conhecedores predestinados do que deve e do que não deve ser feito, proprietários absolutos da verdade, ditadores soberanos do comportamento humano.

O *senso grave da ordem* é o dos que abraçam os projetos resultantes do entrechoque livre das opiniões, das lutas fecundas entre ideias e tendências, nas quais nenhuma autoridade se sobrepõe às Leis e ao Direito.

Ninguém se iluda. A ordem social justa não pode ser gerada pela pretensão de governantes prepotentes. A fonte genuína da ordem não é a Força, mas o Poder.

O Poder, a que nos referimos, não é o Poder da Força, mas um Poder de persuasão.

Sustentamos que o Poder Legítimo é o que se funda naquele *senso grave da ordem*, naqueles projetos de organização social, nascidos do embate das convicções e que passam a preponderar na coletividade e a ser aceitos pela consciência comum do Povo, como os melhores.

O governo, com o *senso grave da ordem*, é um Governo cheio de Poder. Sua legitimidade reside no prestígio popular de quase todos os seus projetos. Sua autoridade se apoia no consenso da maioria.

Nisto é que está a razão da obediência voluntária do Povo aos Governos legítimos.

Denunciamos como ilegítimo todo Governo fundado na Força. Legítimo somente o é o Governo que for órgão do Poder.

Ilegítimo é o Governo cheio de Força e vazio de Poder.

A nós nos repugna a teoria de que o Poder não é mais do que a Força. Para nossa consciência jurídica, o Poder é produto do consenso popular e a Força um mero instrumento do Governo.

Não negamos a utilidade de tal instrumento. Mas o que afirmamos é que a Força é somente útil na qualidade de *meio*, para assegurar o respeito pela ordem jurídica vigente e não para subvertê-la ou para impor reformas na Constituição.

A Força é um *meio* de que se utiliza o Governo fiel aos projetos do Povo. Desgraçadamente, também a utiliza o Governo infiel. O Governo fiel a utiliza a serviço do Poder. O Governo infiel, a serviço do arbítrio.

Reconhecemos que o Chefe do Governo é o mais alto funcionário nos quadros administrativos da Nação. Mas negamos que ele seja o mais alto Poder de um País. Acima dele, reina o Poder de uma Ideia: reina o Poder das convicções que inspiram as linhas mestras da Política nacional. Reina o senso grave da Ordem, que se acha definido na Constituição.

3. *A Soberania da Constituição*

Proclamamos a soberania da Constituição.

Sustentamos que nenhum ato legislativo pode ser tido como lei superior à Constituição.

Uma lei só é válida se a sua elaboração obedeceu aos preceitos constitucionais, que regulam o processo legislativo. Ela só é válida se, em seu mérito, suas disposições não se opõem ao pensamento da Constituição.

Aliás, uma lei inconstitucional é lei precária e efêmera, porque só é lei enquanto sua inconstitucionalidade não for declarada pelo Poder Judiciário. Ela não é propriamente lei, mas apenas uma camuflagem da lei. No conflito entre ela e a Constituição, o que cumpre, propriamente, não é fazer prevalecer a Constituição, mas é dar pela nulidade da lei inconstitucional. Embora não seja razoável considerá-la inexistente, uma vez que a lei existe como objeto do julgamento que a declara inconstitucional, ela não tem, em verdade, a dignidade de uma verdadeira lei.

Queremos consignar aqui um simples mas fundamental princípio. Da conformidade de todas as leis com o espírito e a letra da Constituição dependem a unidade e coerência do sistema jurídico nacional.

Observamos que a Constituição também é uma lei. Mas é a Lei Magna. O que, antes de tudo, a distingue nitidamente das outras leis é que sua elaboração e seu mérito não se submetem a disposições de nenhuma lei superior a ela. Aliás, não podemos admitir como legítima lei nenhuma que lhe seja superior. Entretanto, sendo lei, a Constituição há de ter, também, sua fonte legítima.

Afirmamos que a fonte legítima da Constituição é o Povo.

4. O Poder Constituinte

Costuma-se dizer que a Constituição é obra do Poder. Sim, a Constituição é obra do *Poder Constituinte.* Mas o que se há de acrescentar, imediatamente, é que o Poder Constituinte pertence ao Povo, e ao Povo somente.

Ao Povo é que compete tomar a *decisão política fundamental*, que irá determinar os lineamentos da paisagem jurídica em que deseja viver.

Assim como a validade das leis depende de sua conformação com os preceitos da Constituição, a legitimidade da Constituição se avalia pela sua adequação às realidades sócioculturais da comunidade para a qual ela é feita.

Disto é que decorre a competência da própria comunidade para decidir sobre o seu regime político; sobre a estrutura de seu Governo e os campos de competência dos órgãos principais de que o Governo se compõe; sobre os processos de designação de seus governantes e legisladores.

Disto, também, é que decorre a competência do Povo para fazer a Declaração dos Direitos Humanos fundamentais, assim como para instituir os meios que os assegurem.

Em consequência, sustentamos que *somente o Povo*, por meio de seus Representantes, reunidos em Assembléia Nacional Constituinte , ou por meio de uma Revolução vitoriosa, tem competência para elaborar a Constituição; que somente o Povo tem competência para substituir a Constituição vigente por outra, nos casos em que isto se faz necessário.

Sustentamos, igualmente, que só o Povo, por meio de seus Representantes no Parlamento Nacional, tem competência para emendar a Constituição.

E sustentamos, ainda, que as emendas na Constituição não se podem fazer como se fazem as alterações na legislação ordinária. Na Constituição, as emendas somente se efetuam, quando apresentadas, processadas e aprovadas em conformidade com preceitos especiais, que a própria Constituição há de enunciar, preceitos estes que têm por fim conferir à Lei Magna do Povo uma estabilidade maior do que a das outras leis.

Declaramos ilegítima a Constituição outorgada por autoridade que não seja a Assembleia Nacional Constituinte, com a única exceção daquela que é imediatamente imposta por meio de uma Revolução vitoriosa, realizada com a direta participação do Povo.

Declaramos ilegítimas as emendas na Constituição que não forem feitas pelo Parlamento, com obediência, no encaminhamento, na sua votação e promulgação, a todas as formalidades do rito, que a própria Carta Magna prefixa, em disposições expressas.

Não nos podemos furtar ao dever de advertir que o exercício do Poder Constituinte, por autoridade que não seja o Povo, configura, em qualquer Estado democrático, a prática de usurpação de poder político.

Negamos peremptoriamente a possibilidade de coexistência, num mesmo País, de duas ordens constitucionais legítimas, embora diferentes uma da outra. Se uma ordem é legítima, por ser obra da Assembléia Constituinte do Povo, nenhuma outra ordem, provinda de outra autoridade, pode ser legítima.

Se, ao Poder Executivo fosse facultado reformar a Constituição, ou submetê-la a uma legislação discricionária, a Constituição perderia, precisamente, seu caráter constitucional e passaria a ser um farrapo de papel.

A um farrapo de papel se reduziria o documento solene, em que a Nação delimita a competência dos órgãos do Governo, para resguardar, zelosamente, de intromissões cerceadoras dos poderes públicos, o campo de atuação da liberdade humana.

5. *O Estado de Direito e o Estado de Fato*

Proclamamos que o Estado legítimo é *o Estado de Direito*, e que o Estado de Direito é *o Estado Constitucional*.

O Estado de Direito é o Estado que se submete ao princípio de que Governos e governantes devem obediência à Constituição.

Bem simples é este princípio, mas luminoso, porque se ergue, como barreira providencial, contra o arbítrio de vetustos e renitentes absolutismos. A ele as instituições políticas das Nações somente chegaram após um longo e acidentado percurso na História da Civilização. Sem exagero, pode dizer-se que a consagração desse princípio representa uma das mais altas conquistas da cultura, na área da Política e da Ciência do Estado.

O Estado de Direito se caracteriza por três notas essenciais, a saber: por ser *obediente ao Direito*; por ser *guardião dos Direitos*; e por ser *aberto para as conquistas da cultura jurídica*.

É *obediente ao Direito*, porque suas funções são as que a Constituição lhe atribui, e porque, ao exercê-las, o Governo não ultrapassa os limites de sua competência.

É *guardião dos Direitos*, porque o Estado de Direito é o *Estado-Meio*, organizado para servir o ser humano, ou seja, para assegurar o exercício das liberdades e dos direitos subjetivos das pessoas.

E é *aberto para as conquistas da cultura jurídica*, porque *o Estado de Direito* é uma democracia, caracterizado pelo regime de representação popular nos órgãos legislativos e, portanto, é um Estado sensível às necessidades de incorporar à legislação as normas tendentes a realizar o ideal de uma Justiça cada vez mais perfeita.

Os outros Estados, os Estados não constitucionais, são os Estados cujo Poder Executivo usurpa o Poder Constituinte. São os Estados cujos chefes tendem a se julgar onipotentes e oniscientes, e que acabam por não respeitar fronteiras para sua competência. São os Estados cujo Governo não tolera crítica e não permite contestação. São os *Estados-Fim*, com Governos obcecados por sua própria segurança, permanentemente preocupados com sua sobrevivência e continuidade. São Estados opressores, que muitas vezes se caracterizam por seus sistemas de repressão, erguidos contra as livres manifestações da cultura e contra o emprego normal dos meios de defesa dos direitos da personalidade.

Esses Estados se chamam *Estados de Fato*. Os otimistas lhes dão o nome de *Estados de Exceção*. Na verdade, são *Estados Autoritários*, que facilmente descambam para a Ditadura.

Ilegítimos, evidentemente, são tais Estados, porque seu Poder Executivo viola o princípio soberano da obediência dos Governos à Constituição e às leis. Ilegítimos, em verdade, porque seus Governos não têm Poder, não têm o Poder Legítimo, que definimos no início desta Carta. Destituídos de Poder Legítimo, os Estados de Fato duram enquanto puderem contar com o apoio de suas forças armadas.

Sustentamos que os Estados de Fato, ou Estados de Exceção, são sistemas subversivos, inimigos da ordem legítima, promotores da violência contra Direitos Subjetivos, porque são Estados contrários ao Estado Constitucional, que é o Estado de Direito, o Estado da Ordem Jurídica.

Nos países adiantados, em que a cultura política já organizou o Estado de Direito, a insólita implantação do Estado de Fato ou de Exceção do Estado em que o Presidente da República volta a ser o monarca *lege solutus* constitui um violento retrocesso no caminho da cultura.

Uma vez reimplantado o Estado de Fato, a Força torna a governar, destronando o Poder. Então, bens supremos do espírito humano, somente alcançados após árdua caminhada da inteligência, em séculos de História, são simplesmente ignorados. Os valores mais altos da Justiça, os direitos mais sagrados dos homens, os processos mais elementares de defesa do que é de cada um, são vilipendiados, ridicularizados e até ignorados, como se nunca tivessem existido.

O que os Estados de Fato, Estados Policiais, Estados de Exceção, Sistemas de Força apregoam é que há Direitos que devem ser suprimidos ou cerceados, para tornar possível a consecução dos ideais desses próprios Estados e Sistemas.

Por exemplo, em lugar dos Direitos Humanos, a que se refere a Declaração Universal das Nações Unidas, aprovada em 1948; em lugar do *habeas corpus*; em lugar do direito dos cidadãos de eleger seus governantes, esses Estados e Sistemas colocam, frequentemente, o que chamam de *Segurança Nacional* e *Desenvolvimento Econômico*.

Com as tenebrosas experiências dos Estados Totalitários europeus, nos quais o lema é, e sempre foi, Segurança e Desenvolvimento, aprendemos uma dura lição. Aprendemos que a Ditadura é o regime, por excelência, da Segurança Nacional e do Desenvolvimento Econômico. O Nazismo, por exemplo, tinha por meta o binômio Segurança e Desenvolvimento. Nele ainda se inspira a ditadura soviética.

Aprendemos definitivamente que, *fora do Estado de Direito*, o referido binômio pode não passar de uma cilada. *Fora do Estado de Direito*, a Segurança, com seus órgãos de terror, é o caminho da tortura e do aviltamento humano; e o Desenvolvimento, com o malabarismo de seus cálculos, a preparação para o descalabro econômico, para a miséria e a ruína.

Não nos deixaremos seduzir pelo canto das sereias de quaisquer Estados de Fato, que apregoam a necessidade de Segurança e Desenvolvimento, com o objetivo de conferir legitimidade a seus atos de Força, violadores freqüentes da Ordem Constitucional.

Afirmamos que o binômio Segurança e Desenvolvimento não tem o condão de transformar uma Ditadura numa Democracia, um Estado de Fato num Estado de Direito.

Declaramos falsa a vulgar afirmação de que o Estado de Direito e a Democracia são a sobremesa do desenvolvimento econômico. O que temos verificado, com frequência, é que desenvolvimentos econômicos se fazem nas mais hediondas ditaduras.

Nenhum País deve esperar por seu desenvolvimento econômico, para depois implantar o Estado de Direito. Advertimos que os Sistemas, nos Estados de Fato, ficarão permanentemente à espera de um maior desenvolvimento econômico, para nunca implantar o Estado de Direito.

Proclamamos que o Estado de Direito é sempre *primeiro*, porque primeiro estão os direitos e a segurança da pessoa humana. Nenhuma ideia de Segurança Nacional e de Desenvolvimento Econômico prepondera sobre a idéia de que o *Estado existe para servir o homem*.

Estamos convictos de que a segurança dos direitos da pessoa humana é a primeira providência para garantir o verdadeiro desenvolvimento de uma Nação.

Nós queremos segurança e desenvolvimento. Mas queremos segurança e desenvolvimento *dentro do Estado de Direito*.

Em meio da treva cultural dos Estados de Fato, a chama acesa da consciência jurídica não cessa de reconhecer que não existem, para Estado nenhum, ideais mais altos do que os da Liberdade e da Justiça.

6. *A Sociedade Civil e o Governo*

O que dá sentido ao desenvolvimento nacional, o que confere legitimidade às reformas sociais, o que dá autenticidade às renovações do Direito, são as livres manifestações do Povo, em seus órgãos de classe, nos diversos ambientes da vida.

Quem deve propulsionar o desenvolvimento é o Povo organizado, mas livre, porque ele é que tem competência, mais do que ninguém, para defender seus interesses e seus direitos.

Sustentamos que uma Nação desenvolvida é uma Nação que pode manifestar e fazer sentir a sua vontade. É uma Nação com organização popular, com sindicatos autônomos, com centros de debate, com partidos autênticos, com veículos de livre informação. É uma Nação em que o Povo escolhe seus dirigentes, e tem meios de introduzir sua vontade nas deliberações governamentais. É uma Nação em que se acham abertos os amplos e francos canais de comunicação entre a Sociedade Civil e o Governo.

Nos Estados de Fato, esses canais são cortados. Os Governos se encerram em Sistemas fechados, nos quais se instalam os donos do Poder. Esses donos do Poder não são, em verdade, donos do Poder Legítimo: são donos da Força. O que chamam de Poder não é o Poder oriundo do Povo.

A órbita da política não vai além da área palaciana, reduto aureolado de mistério, hermeticamente trancado para a Sociedade Civil.

Nos Estados de Fato, a Sociedade Civil é banida da vida política da Nação. Pelos chefes do Sistema, a Sociedade Civil é tratada como um confuso conglomerado de ineptos, sem discernimento e sem critério, aventureiros e aproveitadores, incapazes para a vida pública, destituídos de senso moral e de idealismo cívico. Uma multidão de ovelhas negras, que precisa ser continuamente contida e sempre tangida pela inteligência soberana do sábio tutor da Nação.

Nesses Estados, o Poder Executivo, por meio de atos arbitrários, declara a incapacidade da Sociedade Civil, e decreta a sua interdição.

Proclamamos a ilegitimidade de todo sistema político em que fendas ou abismos se abrem entre a Sociedade Civil e o Governo.

Chamamos de *Ditadura* o regime em que o Governo está separado da Sociedade Civil. Ditadura é o regime em que a Sociedade Civil não elege seus Governantes e não participa do Governo. Ditadura é o regime em que o Governo governa sem o Povo. Ditadura é o regime em que o Poder não vem do Povo. Ditadura é o regime que castiga seus adversários e proíbe a contestação das razões em que ela se procura fundar.

Ditadura é o regime que governa para nós, mas sem nós.

Como cultores da Ciência do Direito e do Estado, nós nos recusamos, de uma vez por todas, a aceitar a falsificação dos conceitos. Para nós a Ditadura se chama Ditadura, e a Democracia se chama Democracia.

Os governantes que dão o nome de Democracia à Ditadura nunca nos enganaram e não nos enganarão. Nós saberemos que eles estarão atirando, sobre os ombros do povo, um manto de irrisão.

7. *Os Valores Soberanos do Homem, Dentro do Estado de Direito*

Neste preciso momento histórico, reassume extraordinária importância a verificação de um fato cósmico. Até o advento do Homem no Universo, a *evolução* era simples mudança na organização física dos seres. Com o surgimento do Homem, a *evolução* passou a ser, também, um *movimento da consciência.*

Seja-nos permitido insistir num truísmo: a *evolução do homem* é a evolução de sua consciência; e a evolução da consciência é a evolução da cultura.

A nossa tese é a de que o homem se aperfeiçoa à medida que incorpora valores morais ao seu patrimônio espiritual. Sustentamos que os Estados somente progridem, somente se aprimoram, quando tendem a satisfazer ansiedades do coração humano, assegurando a fruição de valores espirituais, de que a importância da vida individual depende.

Sustentamos que um Estado será tanto mais evoluído quanto mais a ordem reinante consagre e garanta o direito dos cidadãos de serem regidos por uma Constituição soberana, elaborada livremente pelos Representantes do Povo, numa Assembleia Nacional Constituinte;

> - o direito de não ver ninguém jamais submetido a disposições de atos legislativos do Poder Executivo, contrários aos preceitos e ao espírito dessa Constituição;
>
> - o direito de ter um Governo em que o Poder Legislativo e o Poder Judiciário possam cumprir sua missão com independência, sem medo de represálias e castigos do Poder Executivo;

- o direito de ter um Poder Executivo limitado pelas normas da Constituição soberana, elaborada pela Assembléia Nacional Constituinte;

- o direito de escolher, em pleitos democráticos, seus governantes e legisladores;

- o direito de ser eleito governante ou legislador, e o de ocupar cargos na administração pública; o direito de se fazer ouvir pelos Poderes Públicos, e de introduzir seu pensamento nas decisões do Governo;

- o direito à liberdade justa, que é o direito de fazer ou de não fazer o que a lei não proíbe;

- o direito à igualdade perante a lei que é o direito de cada um de receber o que a cada um pertence;

- o direito à intimidade e à inviolabilidade do domicílio;

- o direito à propriedade e o de conservá-la;

- o direito de organizar livremente sindicatos de trabalhadores, para que estes possam lutar em defesa de seus interesses;

- o direito à presunção de inocência, dos que não forem declarados culpados, em processo regular;

- o direito de imediata e ampla defesa dos que forem acusados de ter praticado ato ilícito;

- o direito de não ser preso, fora dos casos previstos em lei;

- o direito de não ser mantido preso, em regime de incomunicabilidade, fora dos casos da lei;

- o direito de não ser condenado a nenhuma pena que a lei não haja cominado antes do delito;

- o direito de nunca ser submetido à tortura, nem a tratamento desumano ou degradante;

- o direito de pedir a manifestação do Poder Judiciário, sempre que houver interesse legítimo de alguém;

- o direito irrestrito de impetrar *habeas corpus*;

- o direito de ter Juízes e Tribunais independentes, com prerrogativas que os tornem refratários a injunções de qualquer ordem;

- o direito de ter uma imprensa livre;

- o direito de fruir das obras de arte e cultura, sem cortes ou restrições;

- o direito de exprimir o pensamento, sem qualquer censura, ressalvadas as penas legalmente previstas, para os crimes de calúnia, difamação e injúria;
- o direito de resposta;
- o direito de reunião e associação.

Tais direitos são valores soberanos. São ideais que inspiram as ordenações jurídicas das nações verdadeiramente civilizadas. São princípios informadores do Estado de Direito.

Fiquemos apenas com o essencial.

O que queremos é ordem. Somos contrários a qualquer tipo de subversão. Mas a ordem que queremos é a *ordem do Estado de Direito.*

A consciência jurídica do Brasil quer uma cousa só: o *Estado de Direito, já.*

Goffredo Telles Júnior

NOTA: Antes de sua leitura, a Carta aos Brasileiros foi subscrita pelos seguintes signatários - *Lançadores:*

José Ignácio Botelho de Mesquita, Professor Titular da Faculdade Direito da USP; Fábio Konder Comparato, Professor Titular da Faculdade Direito da USP; Modesto Carvalhosa, Professor da Faculdade Direito da USP e Presidente da Associação dos Docentes da USP; Irineu Strenger, Professor Titular da Faculdade Direito da USP; Dalmo de Abreu Dallari, Professor Titular da Faculdade Direito da USP e Presidente da Comissão Justiça e Paz da Cúria Metropolitana de SP; Mário Simas, Vice-Presidente da Comissão Justiça e Paz; Geraldo Ataliba, Professor da Faculdade Direito da USP e da Faculdade Direito da PUC, ex-Reitor da PUC; José Afonso da Silva, Professor Titular da Faculdade Direito da USP; Miguel Reali Jr., Professor da Faculdade de Direito da USP; Ignácio da Silva Telles, Professor da Faculdade de Direito da USP; Tércio Sampaio Ferraz, Professor da Faculdade de Direito da USP; Alcides Jorge Costa, Professor da Faculdade de Direito da USP; Gláucio Veiga, Professor da Faculdade de Direito da USP e da Faculdade Direito do Recife; Mário Sérgio Duarte Garcia, Vice-Presidente da Ordem dos Advogados de SP; Antônio Cândido de Mello e Souza, Professor Titular da USP; Paulo Duarte, Professor Catedrático da USP, aposentado; André Franco Montoro, Professor Catedrático da PUC e

Senador; Flávio Flores da Cunha Birrenbach, Professor da Faculdade Direito da PUC; José Carlos Dias, Advogado, Consultor Jurídico da Comissão Justiça e Paz, da Cúria Metropolitana de SP; Aliomar Baleeiro, ex-Presidente do Supremo Tribunal Federal e Professor da Faculdade Direito da Universidade Federal do Rio de Janeiro; Hermes Lima, ex-Ministro do Supremo Tribunal Federal e Professor da Faculdade de Direito da Universidade Federal do Rio Janeiro; Heleno Fragoso, Professor da Faculdade de Direito da Universidade Federal do Rio Janeiro; João Batista de Arruda Sampaio, Desembargador do TJSP, aposentado; Raul da Rocha Medeiros, Desembargador do TJSP, aposentado; Odilon da Costa Manso, Desembargador do TJSP, aposentado; Darcy de Arruda Miranda, Desembargador TJSP, aposentado; Hélio Bicudo, Procurador da Justiça de SP; Dom Cândido Padim, Bispo de Bauru, Bacharel pela Faculdade de Direito da USP; Sérgio Bermudes, Conselheiro Federal da Ordem dos Advogados; Tércio Lins e Silva, Conselheiro da Ordem dos Advogados do Rio; Cid Riedel, Conselheiro da Ordem dos Advogados do Distrito Federal; Ruy Homem de Mello Lacerda, ex-Presidente da Associação de dos Advogados de SP e Conselheiro; Walter Ceneviva, Vice-Presidente da Associação de Advogados; Sérgio Marques da Cruz, Conselheiro e ex-Presidente da Associação dos Advogados; Luciano de Carvalho, Secretário da Educação e Fazenda, do Governo Carvalho Pinto; João Nascimento Franco, Conselheiro do Instituto do Advogado e Ordem Advogado; Domingos Marmo, ex-Conselheiro da Ordem dos Advogados; Walter Laudísio, Conselheiro da Associação dos Advogados; Homero Alves de Sá, Conselheiro da Associação dos Advogados; Salim Arida, Conselheiro da Associação dos Advogados; José Carlos da Silva Arouca, Conselheiro da Associação dos Advogados; Joaquim Pacheco Cyrillo, Conselheiro da Associação dos Advogados; Rubens Ignácio de Souza Rodrigues, Conselheiro da Associação dos Advogados; Jayme Cueva, Conselheiro da Associação dos Advogados; Maria Luiza Flores da Cunha Birrenbach, Procuradora do Município de SP; José Gregori, Advogado e Professor da PUC; Lauro Malheiros Filho, Advogado; Aldo Lins e Silva, Advogado; José Roberto Leal de Carvalho, Advogado; Cantídio Salvador Filardi, ex-Conselheiro da Ordem dos Advogados; Antônio Carlos Malheiros, Advogado; Luiz Eduardo Greenhalgh, Advogado; Márcia Ramos de Souza, Advogado;

Arnaldo Malheiros, Advogado; Dione Prado Stamato, Procuradora do Estado de SP; Erasmo Valladão Azevedo e Novaes França, Advogado; Pedro Garaude Júnior, Advogado; Alberto Pinto Horta Júnior, Advogado; Manoel Ferraz Whitaker Salles, Advogado; Maria Eugênia Raposo da Silva Telles, Advogada; Edmur de Andrade Nunes Pereira Neto, Advogado; Márcia L. B. Jaime, Advogado; Areobaldo Espínola de Oliveira Lima Filho, Advogado; Alexandre Thiollier Filho, Advogado; Jayme A. da Silva Telles, Advogado; Clóvis de Gouvêa Franco, Advogado; Agripino Doria, Advogado; Edgard de Novaes França Neto, Advogado; Edgard de Novaes França Filho, Advogado; José V. Bernardes, Advogado; Luiz Baptista Pereira de Almeida Filho, Advogado; Luiz Baptista Pereira de Almeida, Advogado; Marcelo Duarte de Oliveira, sacerdote e bacharel, Advogado; Celso Cintra Mori, Advogado; Clarita Carameli, Advogado; Paulo Pereira, Advogado; José Melado Moreno, Advogado; Maria Ferreira Lara, Advogada; Pedro Luiz Aguirre Menin, Advogado; José Nuzzi Neto, Advogado; João Henrique de Almeida Santos, Advogado; Carlos Alberto Queiroz, Advogado; Jayme Queiroz Lopes Filho, Advogado; Paulo R. C. Lara, Advogado; Walter Arruda Júnior, Advogado; Joaquim Renato Correia Freire, Advogado; Darcy Paulilo dos Passos, Advogado; Sílvio Roberto Correia, Advogado; Francisco Mencucci, Advogado; Antônio Costa Correia, Advogado; Francisco Otávio de Almeida Prado, Advogado; Marco Antônio Rodrigues Nahun, Advogado; Léo Duarte de Oliveira, Advogado.

Anexo III - Campanha em defesa da Comissão de Anistia

Em setembro de 2017, por iniciativa da ABAP, mobilizaram-se diferentes associações de anistiandos e anistiados políticos de todo Brasil em defesa da autonomia da Comissão de Anistia do Ministério da Justiça, prevista em Lei e que estava sendo contrariada por decisões fora da competência precípua da entidade.

Foi redigido um Manifesto em Defesa da Comissão de Anistia, que após ser subscrito por 48 associações e 66 personalidades, teve ampla acolhida por parte da sociedade civil relacionadas com direitos humanos, comunicação ou mobilização social.

Em seguida o manifesto foi colocado na web para coleta de assinatura do público. Rapidamente mais de cinco mil pessoas atenderam a nosso chamado, a maioria sendo de representantes de entidades.

A campanha pela web teve início no dia 20 de setembro. Veja pela tabela de registro que em uma semana obtivemos mais de três mil qualificadas assinaturas.

Data	Hora	Firmas
28/9	6:00	3403
29/9	6:00	3580
30/9	6:30	3705
1/10	9:00	3855
2/10	6:00	4002
3/10	10:15	4291

4/10	10:24	4452
5/10	13:23	4685
6/10	6:00	4770
7/10	11:00	4864

O manifesto pedindo o fim da intervenção indevida na Comissão de Anistia estava dirigido aos presidentes dos três Poderes da República – Legislativo (Câmara e Senado), Judiciário e Executivo, com cópia ao Ministro da Justiça e à mídia em geral.

Introdução

Diversas vítimas da ditadura militar brasileira tiveram o pedido por reparação histórica negado pelo Ministério da Justiça, mesmo após decisão favorável da Comissão da Anistia.

Diante disso, nós, cidadãos, movimentos sociais e entidades ligadas aos direitos humanos pedimos o fim da desmobilização dos meios e condições para o trabalho da comissão; cumprimento do prazo de 60 dias para executar a reparação ao anistiado; publicação das portarias com as decisões da comissão; fim da interferência da Consultoria Jurídica da Advocacia Geral da União (Conjur/AGU) nas decisões da comissão.

Nós, abaixo-assinados, repudiamos a intervenção do Executivo na Comissão de Anistia, principalmente por significar um ataque a uma conquista da sociedade e dos trabalhadores, bem como de quem resistiu e deu a vida na luta contra a ditadura. Leia o manifesto, na íntegra e confira a lista com as primeiras adesões:

Manifesto em Defesa da Comissão de Anistia

As entidades e personalidades que firmam este Manifesto chamam a sociedade, através de suas organizações, a estar atenta e mobilizada em defesa da integridade e autonomia da Comissão de Anistia.

A Comissão de Anistia foi criada por força de Lei que regulamenta artigo 8º da Constituição (Lei de Anistia 10.559 de 10/11/2002). Com o fim específico de julgar analisando, aprovando ou indeferindo os requerimentos daqueles que buscam reparação por terem sido vítimas dos regimes ditatoriais, a Comissão de Anistia se legitimou em 16 anos de trabalho, milhares de requerimentos apreciados, reconhecida por todas as instâncias do poder, notadamente o poder judiciário, a sociedade e as organizações que congregam os que foram presos e perseguidos políticos.

Recente Acórdão do Supremo Tribunal Federal (RE 553 de 31/8/2017), fundado no voto unânime dos onze ministros, em julgamento considerado histórico nos anais do Egrégio Tribunal, reitera que, em obediência à lei, a Comissão de Anistia julga e o Executivo cumpre.

Preocupa-nos sobremaneira que recentemente o Executivo não vem cumprindo com a lei em detrimento das deliberações da Comissão de Anistia, fato reconhecido pelo próprio STF em seu histórico acórdão. Entre esses fatos estão:

> Desmobilização dos meios e condições para o trabalho da Comissão;
>
> Não cumprimento do prazo de 60 dias para executar a reparação ao anistiado, deixando de publicar as portarias com as decisões da comissão;
>
> Interferência da Conjur/AGU nas decisões da comissão em aberto desrespeito à autonomia e credibilidade da Comissão de Anistia.

Corroborando com a gravidade desses fatos, houve o pedido de demissão do presidente da comissão argumentando que a publicação de portarias, por órgão revisor não previsto em lei, negando a condição de anistiado aprovada pelos Conselheiros da Comissão de Anistia, fere a autonomia e limita a realização dos objetivos para os quais foi criada.

Diante desses fatos, repudiamos a intervenção do Executivo na Comissão de Anistia, principalmente por significar um ataque a uma conquista da sociedade e dos trabalhadores, bem como de quem resistiu e deu a vida na luta contra a ditadura.

Preocupa-nos que ainda hoje centenas de anistiandos aguardem julgamento, o pedido de perdão pelo Estado e sua almejada justiça.

Há que destacar o caráter de Estado da Comissão de Anistia, definida pela Medida Provisória Nº 2151/31/5/2001, para que suas atribuições se sobreponham aos interesses e demandas de governos, o que vemos agora comprometido com interferências externas.

Reiteramos a importância dos atos da Comissão de Anistia no marco da luta ampla pela da Memória, da Verdade, a Justiça e a Reparação, essenciais para a compreensão da história e consolidação da democracia e a construção de um país com soberania e socialmente justo.

São Paulo, 18 de setembro de 2017

Firmam o documento:

Instituições:

1. Ordem dos Advogados do Brasil – OAB-12ª Ribeirão Preto
2. Comissão de Direitos Humanos do Sindicato dos Jornalistas de SP
3. Plenária Paulista Anistia e Reparação
4. ABAP – Associação Brasileira de Anistiados Políticos
5. Fenaj – Federação Nacional dos Jornalistas
6. Instituto Vladimir Herzog
7. CNTU – Confederação Nacional dos Trabalhadores Liberais Universitários Regulamentados
8. Rede Mulher de Educação
9. Católicas pelo Direito de Decidir
10. Rede de Educação Popular entre Mulheres da América Latina e Caribe, coordenação Brasil
11. Conselho Indigenista Missionário – Cimi Amazônia Ocidental
12. Apijor – Associação Brasileira da Propriedade Intelectual dos Jornalistas
13. Sindicato dos Jornalistas no Estado de São Paulo
14. Associação dos Jornalistas Veteranos
15. Associação Mulheres pela Paz
16. Geledés – Instituto da Mulher Negra
17. União de Mulheres de São Paulo
18. PACS – Instituto Políticas Alternativas para o Cone Sul
19. Aliança RECOS – Redes de Cooperação Comunitária
20. Movimento Mulheres pela P@Z!
21. Instituto Palavra Aberta

22. Artigo 19 Brasil e América do Sul
23. Aderson Bussinger Carvalho, Advogados Associados
24. Conectas Direitos Humanos
25. Acimar – Entidade Nacional dos Civis e Militares
26. Oboré – Projetos Especiais em Comunicação e Arte
27. Sindimetal/SJC – Sindicato dos Metalúrgicos de São José dos Campos – SP
28. Sindicato dos Trabalhadores Metalúrgicos de Volta Redonda e Região Sul Fluminense
29. Associação de Mulheres Beth Lobo de Volta Redonda e Região Sul Fluminense
30. Grupo Tortura Nunca Mais-SP
31. Grupo dos Perseguidos e Ex-Presos Políticos da Convergência Socialista
32. Grupo de Anistiandos dos Correios
33. Grupo de Anistiandos dos Químicos de SP
34. Grupo de Anistiandos da SABESP-SP
35. Grupo de Anistiandos da Receita Federal de Santos – SP
36. Associação dos Anistiados Políticos Metalúrgicos da Baixada Santista/SP
37. ADMAP – Associação Democrática de Aposentados e Pensionistas do Vale do Paraíba-SP
38. ADMAP – Associação Democrática dos Metalúrgicos Aposentados e Pensionistas de São José dos Campos/SP
39. AMA-A ABC – Associação dos Metalúrgicos e Anistiados e Anistiandos do ABC/SP
40. AAPMBS – Associação de Anistiados Políticos, Aposentados e Pensionistas – SP
41. ANAP – Associação de Anistiados Políticos, Aposentados e Pensionistas – SP
42. ANAPECT – Associação Nacional de Anistiados Políticos da ECT
43. CSC – CONLUTAS
44. Comissão de Justiça e Paz de São Paulo
45. Fórum Memória Verdade e Justiça do Espírito Santo

46. UNIPOP – Universidade de Políticas do Movimento Popular
47. MDD – Movimento Democracia Direta
48. JSF – Justiça Sem Fronteiras

Pessoas

1. Idibal Pivetta, advogado
2. Aroldo Camillo, advogado
3. Domingos Assad Stocco, advogado
4. Saulo Gomes, jornalista
5. Beatriz Cannabrava, educadora
6. Clara Sharf, AMP
7. Vera Paiva, professora IP-USP
8. Walkiria Lobo, secretária
9. Belisário Santos, advogado
10. Zelik Trajber, médico
11. Audálio Dantas, jornalista
12. Luzia Paula Cantal, advogada
13. Mané Bahia
14. Maria José Braga
15. Paula Martins, advogada
16. Lindomar Padilha, filósofo especialista em desenvolvimento social no campo
17. Hilda Fadiga de Andrade, educadora
18. Frederico Ghedini, jornalista
19. Amadeo Memolo, advogado e jornalista
20. Amyra El Khalili, economista
21. Fernanda Pompeo, jornalista
22. André Freire, jornalista
23. Rose Nogueira, jornalista
24. Augusto Portugal
25. João Batista Pimentel Neto, jornalista
26. Maria José Rosado Nunes
27. Benedicta Savi, advogada
28. Elza Lobo, jornalista

29. Moema Viezer, educadora
30. Paulo Cannabrava Filho, jornalista
31. Ladislau Dowbor, professor PUC/SP
32. Silvio Tendler, cineasta
33. Vanessa Silva, jornalista
34. Paula Sapir Frebrot, advogada
35. Sueli Carneiro, Geledes
36. Rafael Custódio
37. Maria Aparecida Costa, advogada
38. Clarice Herzog
39. Albertina Duarte Takiuti, médica
40. Ricardo Gaspar, professor PUC/SP
41. Manoel Carvalho Neto
42. Beatriz Bissio, professora, UFRJ/RJ
43. Maria Amélia de Almeida Teles
44. Victor Mendonça Neiva, advogado
45. Alfredo de Oliveira Guedes, Anapect
46. Ivan Carlos Dias Júnior, professor
47. Francisco Fernandes Maia
48. Simão Kerimian
49. José Xavier Cortez, editor
50. Sérgio Gomes, jornalista e editor
51. Getúlio Guedes
52. Rafael Martinelli
53. Patrícia Blanco
54. Elisa Gargiulo
55. Rogério Sottilli
56. Marcos Penna S. De Almeida, economista e educador
57. Geraldo Majela Pessoa Tardelli, advogado
58. Celso Lungaretti, jornalista
59. Betinho Duarte, Rede Internacional de Intelectuais
60. Artistas e Movimentos Sociais em Defesa da Humanidade – Capítulo Brasil
61. Acilino Ribeiro, professor UNIPOP/DF

62. Silvio Campos, SMVR
63. Maria Conceição dos Santos
64. José Luiz Pinho, AAPMBS
65. Vladimir Sacchetta, jornalista
66. Antonio Martins, jornalista

Campanha nas redes sociais

Para coleta de assinatura foram feitas as seguintes chamadas postadas na revista virtual Diálogos do Sul, e reproduzidas por inúmeros sítios informativos e com grande repercussão nas redes sociais: facebook, google+, além de distribuídas por listas de correio eletrônico das entidades apoiadoras.

Aos meus amigos.

Peço a atenção dos amigos que me seguem aqui nessa rede social para um assunto importante!

Apelo aos estudantes!

Os ex-presos e perseguidos políticos precisam da ajuda solidária da juventude estudantil organizada. A Comissão de Anistia está ameaçada pelo governo. Fizemos um abaixo assinado e precisamos de muitas assinaturas para mostrar que a sociedade apoia a Anistia.

Assinem e divulguem o manifesto com o abaixo assinado http://chn.ge/2xqiYrB

Você sabia que diversas vítimas da ditadura militar brasileira tiveram o pedido por reparação histórica negado pelo Ministério da Justiça, mesmo após decisão favorável da Comissão da Anistia?

Por isso, estamos organizando um abaixo-assinado para pedir o fim da intervenção na Comissão de Anistia porque significa um ataque a uma conquista da sociedade e dos trabalhadores, bem como de quem resistiu e deu a vida na luta contra a ditadura.

Peço que leiam o manifesto e assine o abaixo-assinado:

http://chn.ge/2xqiYrB

Olá!

Você sabia que diversas vítimas da ditadura militar brasileira tiveram o pedido por reparação histórica negado pelo Ministério da Justiça, mesmo após decisão favorável da Comissão da Anistia?

Diante disso, nós, cidadãos, movimentos sociais e entidades ligadas aos direitos humanos pedimos o fim da desmobilização dos meios e condições para o trabalho da Comissão; cumprimento do prazo de 60 dias para executar a reparação ao anistiado; publicação das portarias com as decisões da Comissão; fim da interferência da Consultoria Jurídica da Advocacia Geral da União (Conjur/AGU) nas decisões da Comissão.

Nós, abaixo-assinados, repudiamos a intervenção do Executivo na Comissão de Anistia, principalmente por significar um ataque a uma conquista da sociedade e dos trabalhadores, bem como de quem resistiu e deu a vida na luta contra a ditadura.

Leia a íntegra do manifesto e assine o abaixo-assinado:

http://chn.ge/2xqiYrB

A Anistia está ameaçada. Defenda a anistia assinando o manifesto http://chn.ge/2xqiYrB

Uma coisa é ruptura institucional feita pelos militares. Neste caso é golpe. Outra coisa é ruptura institucional conduzida pela sociedade, através de uma Frente Ampla de Salvação Nacional, com apoio dos militares para defesa da soberania e do Estado de Direito e que culmine numa constituinte soberana (popular para ser soberana) que redesenho o Estado, a Democracia e o Desenvolvimento que queremos. Neste caso é exercício da soberania.

Anexo IV - Marighella no livro dos Heróis da Pátria

O *Congresso Nacional decreta*: Art. 1º Em comemoração ao centenário de nascimento de Carlos Marighella, será inscrito no Livro dos Heróis da Pátria, que se encontra no Panteão da Liberdade e da Democracia, o nome de Carlos Marighella, herói das conquistas democráticas e das liberdades no Brasil.

Art. 2º Esta Lei entra em vigor na data de sua publicação (aprovado em 8/7/2013).

Justificação

Em quatro de novembro de 1969 foi assassinado, por agentes do antigo DOPS, o grande brasileiro Carlos Marighella.

No último dia quatro de novembro de 2011, a Bahia prestou mais uma homenagem ao ex-deputado e líder da Aliança Nacional Libertadora-ANL. Nesta reunião de artistas, intelectuais, escritores, políticos, estudantes e militantes das causas da Anistia e Direitos Humanos, a Comissão da Anistia, do Ministério da Justiça, apresentou profundas desculpas do Estado brasileiro à família de Carlos Marighella, pela sua morte e tantas difamações ao seu nome, ao longo da recente história do Brasil.

À unanimidade, a Comissão aprovou a anistia póstuma ao ex-deputado.

Carlos Marighella, filho de operário italiano emigrante da Emília Romagna e da baiana Maria Rita do Nascimento, filha de escravos trazidos do Sudão, nasceu em Salvador, tendo estudado no Ginásio da Bahia, no Colégio Central, e cursado Engenharia Civil na Escola Politécnica da Bahia.

Em 1934 ingressou no Partido Comunista e se transfere para o Rio de Janeiro. Enfrentou a ditadura Vargas, foi preso e torturado pela polícia de Filinto Müller.

Sai da prisão um ano depois e entra na clandestinidade, até nova prisão em 1939, sofrendo novas torturas. Permanece preso até 1945, ano em que é anistiado, no processo de redemocratização de pós-guerra.

Em 1946 elegeu-se Deputado Constituinte pela Bahia, sendo cassado em 1948, voltando à clandestinidade.

Nos anos de 1953 e 1954 passa a morar na China, para conhecer a Revolução Chinesa.

Logo após o golpe militar de 1º de abril de 1964 é baleado e preso por agentes do DOPS, dentro de um cinema no Rio de Janeiro. Libertado em 1965 passa a defender a luta armada e escreve *A crise brasileira*.

Em 1966 afasta-se da direção do Partido Comunista e participa em Havana da I Conferência da OLAS (Organização Latino Americana de Solidariedade).

Em Havana, escreve *Algumas questões sobre a guerrilha no Brasil*, dedicado à memória de Che Guevara.

Enquanto construía o caminho revolucionário, de enfrentamento armado com o regime militar, Marighella é expulso do Partido Comunista e funda em fevereiro de 1968 a Ação Libertadora Nacional-ALN, que desenvolveu ações conjuntas com o MR8.

Em quatro de novembro de 1969, vitima de uma emboscada, em São Paulo, Marighella foi morto pelos homens do delegado Sérgio Paranhos Fleury.

O Brasil reconheceu a responsabilidade do Estado pela morte de Marighella em 1996. No ano de 2008 o Ministério da Justiça decidiu que sua companheira Clara Charf deveria receber pensão vitalícia do governo brasileiro.

Portanto, em homenagem a este grande brasileiro, defensor das liberdades e da inviolabilidade do Estado de Direito Democrático, propomos esta iniciativa de inscrever o seu nome no *Livro dos Heróis da Pátria*, depositado no Panteão da Liberdade e da Democracia, na Praça dos Três Poderes, em Brasília.

Sala das Sessões, em 18 de fevereiro de 2016.

Deputado Valmir Assunção (PT/BA) e deputada Janete Capiberibe (PSB/AP)

Anexo V - Ministros da Justiça na Nova República

Nome	Início	Fim	Presidente
Fernando Lyra	15 de março de 1985	14 de fevereiro de 1986	José Sarney
Paulo Brossard	14 de fevereiro de 1986	19 de janeiro de 1989	
Oscar Dias Correia	19 de janeiro de 1989	9 de agosto de 1989	
Saulo Ramos	9 de agosto de 1989	15 de março de 1990	
Bernardo Cabral	15 de março de 1990	13 de outubro de 1990	Fernando Collor de Mello
Jarbas Passarinho	15 de outubro de 1990	2 de abril de 1992	
Célio Borja	2 de abril de 1992	2 de outubro de 1992	
Maurício José Corrêa	2 de outubro de 1992	5 de abril de 1994	Itamar Franco
Alexandre de Paula Dupeyrat Martins	5 de abril de 1994	1 de janeiro de 1995	

Nelson Jobim	1 de janeiro de 1995	8 de abril de 1997	Fernando Henrique Cardoso
Milton Seligman	8 de abril de 1997	22 de maio de 1997	
Iris Rezende	22 de maio de 1997	1 de abril de 1998	
José de Jesus Filho	1 de abril de 1998	7 de abril de 1998	
Renan Calheiros	7 de abril de 1998	19 de julho de 1999	
José Carlos Dias	19 de julho de 1999	14 de abril de 2000	
José Gregori	14 de abril de 2000	14 de novembro de 2001	
Aloysio Nunes	14 de novembro de 2001	3 de abril de 2002	
Miguel Reali Júnior	3 de abril de 2002	10 de julho de 2002	
Paulo de Tarso Ramos Ribeiro	10 de julho de 2002	1 de janeiro de 2003	
Márcio Thomaz Bastos	1 de janeiro de 2003	16 de março de 2007	Luiz Inácio Lula da Silva
Tarso Genro	16 de março de 2007	10 de fevereiro de 2010	
Luiz Paulo Barreto	10 de fevereiro de 2010	31 de dezembro de 2010	
José Eduardo Cardozo	1 de janeiro de 2011	3 de março de 2016	Dilma Rousseff
Wellington César Lima e Silva	3 de março de 2016	14 de março de 2016	
Eugênio Aragão	14 de março de 2016	12 de maio de 2016	

Alexandre de Moraes	12 de maio de 2016	22 de fevereiro de 2017	Michel Temer
José Levi Mello do Amaral Júnior (interino)	7 de fevereiro de 2017	7 de março de 2017	
Osmar Serraglio	7 de março de 2017	31 de maio de 2017	
Torquato Jardim	31 de maio de 2017	1 de janeiro de 2019	
Sérgio Moro	1 de janeiro de 2019	24 de abril de 2020	Jair Bolsonaro
André Mendonça	29 de abril de 2020		Jair Bolsonaro

Anexo VI- Lei da Anistia. Nº 10.559 de 13 de novembro de 2002

Conversão da MPv nº 65, de 2002	Regulamenta o art. 8º do Ato das Disposições Constitucionais Transitórias e dá outras providências.

Faço saber que o PRESIDENTE DA REPÚBLICA adotou a Medida Provisória nº 65, de 2002, que o Congresso Nacional aprovou, e eu, Ramez Tebet, Presidente da Mesa do Congresso Nacional, para os efeitos do disposto no art. 62 da Constituição Federal, com a redação dada pela Emenda constitucional nº 32, de 2001, promulgo a seguinte Lei:

CAPÍTULO I
DO REGIME DO ANISTIADO POLÍTICO

Art. 1º O Regime do Anistiado Político compreende os seguintes direitos:

I – declaração da condição de anistiado político;

II – reparação econômica, de caráter indenizatório, em prestação única ou em prestação mensal, permanente e continuada, asseguradas a readmissão ou a promoção na inatividade, nas condições estabelecidas no caput e nos §§ 1º e 5º do art. 8º do Ato das Disposições Constitucionais Transitórias;

III – contagem, para todos os efeitos, do tempo em que o anistiado político esteve compelido ao afastamento de suas atividades profissionais, em virtude de punição ou de fundada ameaça de punição, por motivo exclusivamente político, vedada a exigência de recolhimento de quaisquer contribuições previdenciárias;

IV – conclusão do curso, em escola pública, ou, na falta, com prioridade para bolsa de estudo, a partir do período letivo interrompido, para o punido na condição de estudante, em escola pública, ou registro do respectivo diploma para os que concluíram curso em instituições de ensino no exterior, mesmo que este não tenha correspondente no Brasil, exigindo-se para isso o diploma ou certificado de conclusão do curso em instituição de reconhecido prestígio internacional; e

V – reintegração dos servidores públicos civis e dos empregados públicos punidos, por interrupção de atividade profissional em decorrência de decisão dos trabalhadores, por adesão à greve em serviço público e em atividades essenciais de interesse da segurança nacional por motivo político.

Parágrafo único. Aqueles que foram afastados em processos administrativos, instalados com base na legislação de exceção, sem direito ao contraditório e à própria defesa, e impedidos de conhecer os motivos e fundamentos da decisão, serão reintegrados em seus cargos.

CAPÍTULO II
DA DECLARAÇÃO DA CONDIÇÃO DE ANISTIADO POLÍTICO

Art. 2º São declarados anistiados políticos aqueles que, no período de 18 de setembro de 1946 até 5 de outubro de 1988, por motivação exclusivamente política, foram:

I – atingidos por atos institucionais ou complementares, ou de exceção na plena abrangência do termo;

II – punidos com transferência para localidade diversa daquela onde exerciam suas atividades profissionais, impondo-se mudanças de local de residência;

III – punidos com perda de comissões já incorporadas ao contrato de trabalho ou inerentes às suas carreiras administrativas;

IV – compelidos ao afastamento da atividade profissional remunerada, para acompanhar o cônjuge;

V – impedidos de exercer, na vida civil, atividade profissional específica em decorrência das Portarias Reservadas do Ministério da Aeronáutica nº S-50-GM5, de 19 de junho de 1964, e nº S-285-GM5;

VI – punidos, demitidos ou compelidos ao afastamento das atividades remuneradas que exerciam, bem como impedidos de exercer atividades profissionais em virtude de pressões ostensivas ou expedientes oficiais sigilosos, sendo trabalhadores do setor privado ou dirigentes e representantes sindicais, nos termos do § 2º do art. 8º do Ato das Disposições Constitucionais Transitórias;

VII – punidos com fundamento em atos de exceção, institucionais ou complementares, ou sofreram punição disciplinar, sendo estudantes;

VIII – abrangidos pelo Decreto Legislativo nº 18, de 15 de dezembro de 1961, e pelo Decreto-Lei nº 864, de 12 de setembro de 1969;

IX — demitidos, sendo servidores públicos civis e empregados em todos os níveis de governo ou em suas fundações públicas, empresas públicas ou empresas mistas ou sob controle estatal, exceto nos Comandos militares no que se refere ao disposto no § 5º do art. 8º do Ato das Disposições Constitucionais Transitórias;

X – punidos com a cassação da aposentadoria ou disponibilidade;

XI – desligados, licenciados, expulsos ou de qualquer forma compelidos ao afastamento de suas atividades remuneradas, ainda que com fundamento na legislação comum, ou decorrentes de expedientes oficiais sigilosos.

XII – punidos com a transferência para a reserva remunerada, reformados, ou, já na condição de inativos, com perda de proventos, por atos de exceção, institucionais ou complementares, na plena abrangência do termo;

XIII – compelidos a exercer gratuitamente mandato eletivo de vereador, por força de atos institucionais;

XIV – punidos com a cassação de seus mandatos eletivos nos Poderes Legislativo ou Executivo, em todos os níveis de governo;

XV – na condição de servidores públicos civis ou empregados em todos os níveis de governo ou de suas fundações, empresas públicas ou de economia mista ou sob controle estatal, punidos ou demitidos por interrupção de atividades profissionais, em decorrência de decisão de trabalhadores;

XVI – sendo servidores públicos, punidos com demissão ou afastamento, e que não requereram retorno ou reversão à atividade, no prazo que transcorreu de 28 de agosto de 1979 a 26 de dezembro do mesmo ano, ou tiveram seu pedido indeferido, arquivado ou não conhecido e tampouco foram considerados aposentados, transferidos para a reserva ou reformados;

XVII – impedidos de tomar posse ou de entrar em exercício de cargo público, nos Poderes Judiciário, Legislativo ou Executivo, em todos os níveis, tendo sido válido o concurso.

§ 1º No caso previsto no inciso XIII, o período de mandato exercido gratuitamente conta-se apenas para efeito de aposentadoria no serviço público e de previdência social.

§ 2º Fica assegurado o direito de requerer a correspondente declaração aos sucessores ou dependentes daquele que seria beneficiário da condição de anistiado político.

CAPÍTULO III
DA REPARAÇÃO ECONÔMICA DE CARÁTER INDENIZATÓRIO

Art. 3º A reparação econômica de que trata o inciso II do art. 1º desta Lei, nas condições estabelecidas no caput do art. 8º do Ato das Disposições Constitucionais Transitórias, correrá à conta do Tesouro Nacional.

§ 1º A reparação econômica em prestação única não é acumulável com a reparação econômica em prestação mensal, permanente e continuada.

§ 2º A reparação econômica, nas condições estabelecidas no caput do art. 8º do Ato das Disposições Constitucionais Transitórias, será concedida mediante portaria do Ministro de Estado da Justiça, após parecer favorável da Comissão de Anistia de que trata o art. 12 desta Lei.

Seção I

Da Reparação Econômica em Prestação Única

Art. 4º A reparação econômica em prestação única consistirá no pagamento de trinta salários mínimos por ano de punição e será devida aos anistiados políticos que não puderem comprovar vínculos com a atividade laboral.

§ 1º Para o cálculo do pagamento mencionado no caput deste artigo, considera-se como um ano o período inferior a doze meses.

§ 2º Em nenhuma hipótese o valor da reparação econômica em prestação única será superior a R$ 100.000,00 (cem mil reais).

Seção II

Da Reparação Econômica em Prestação Mensal, Permanente e Continuada

Art. 5º A reparação econômica em prestação mensal, permanente e continuada, nos termos do art. 8º do Ato das Disposições Constitucionais Transitórias, será assegurada aos anistiados políticos que comprovarem vínculos com a atividade laboral, à exceção dos que optarem por receber em prestação única.

Art. 6º O valor da prestação mensal, permanente e continuada, será igual ao da remuneração que o anistiado político receberia se na ativa estivesse, considerada a graduação a que teria direito, obedecidos os prazos para promoção previstos nas leis e regulamentos vigentes, e asseguradas as promoções ao oficialato, independentemente de requisitos e condições, respeitadas as características e peculiaridades dos regimes jurídicos dos servidores públicos civis e dos militares, e, se necessário, considerando-se os seus paradigmas.

§ 1º O valor da prestação mensal, permanente e continuada, será estabelecido conforme os elementos de prova oferecidos pelo requerente, informações de órgãos oficiais, bem como de fundações, empresas públicas ou privadas, ou empresas mistas sob controle estatal, ordens, sindicatos ou conselhos profissionais a que o anistiado político estava vinculado ao sofrer a punição, podendo ser arbitrado até mesmo com base em pesquisa de mercado.

§ 2º Para o cálculo do valor da prestação de que trata este artigo serão considerados os direitos e vantagens incorporados à situação jurídica da categoria profissional a que pertencia o anistiado político, observado o disposto no § 4º deste artigo.

§ 3º As promoções asseguradas ao anistiado político independerão de seu tempo de admissão ou incorporação de seu posto ou graduação, sendo obedecidos os prazos de permanência em atividades previstos nas leis e regulamentos vigentes, vedada a exigência de satisfação das condições incompatíveis com a situação pessoal do beneficiário.

§ 4º Para os efeitos desta Lei, considera-se paradigma a situação funcional de maior freqüência constatada entre os pares ou colegas contemporâneos do anistiado que apresentavam o mesmo posicionamento no cargo, emprego ou posto quando da punição.

§ 5º Desde que haja manifestação do beneficiário, no prazo de até dois anos a contar da entrada em vigor desta Lei, será revisto, pelo órgão competente, no prazo de até seis meses a contar da data do requerimento, o valor da aposentadoria e da pensão excepcional, relativa ao anistiado político, que tenha sido reduzido ou cancelado em virtude de critérios previdenciários ou estabelecido por ordens normativas ou de serviço do Instituto Nacional do Seguro Social - INSS, respeitado o disposto no art. 7º desta Lei.

§ 6º Os valores apurados nos termos deste artigo poderão gerar efeitos financeiros a partir de 5 de outubro de 1988, considerando-se para início da retroatividade e da prescrição qüinqüenal a data do protocolo da petição ou requerimento inicial de anistia, de acordo com os arts. 1º e 4º do Decreto nº 20.910, de 6 de janeiro de 1932.

Art. 7º O valor da prestação mensal, permanente e continuada, não será inferior ao do salário mínimo nem superior ao do teto estabelecido no art. 37, inciso XI, e § 9º da Constituição.

§ 1º Se o anistiado político era, na data da punição, comprovadamente remunerado por mais de uma atividade laboral, não eventual, o valor da prestação mensal, permanente e continuada, será igual à soma das remunerações a que tinha direito, até o limite estabelecido no caput deste artigo, obedecidas as regras constitucionais de não-acumulação de cargos, funções, empregos ou proventos.

§ 2º Para o cálculo da prestação mensal de que trata este artigo, serão asseguradas, na inatividade, na aposentadoria ou na reserva, as promoções ao cargo, emprego, posto ou graduação a que teria direito se estivesse em serviço ativo.

Art. 8º O reajustamento do valor da prestação mensal, permanente e continuada, será feito quando ocorrer alteração na remuneração que o anistiado político estaria recebendo se estivesse em serviço ativo, observadas as disposições do art. 8º do Ato das Disposições Constitucionais Transitórias.

Art. 9º Os valores pagos por anistia não poderão ser objeto de contribuição ao INSS, a caixas de assistência ou fundos de pensão ou previdência, nem objeto de ressarcimento por estes de suas responsabilidades estatutárias.

Parágrafo único. Os valores pagos a título de indenização a anistiados políticos são isentos do Imposto de Renda. (Regulamento)

CAPÍTULO IV
DAS COMPETÊNCIAS ADMINISTRATIVAS

~~Art. 10. Caberá ao Ministro de Estado da Justiça decidir a respeito dos requerimentos fundados nesta Lei.~~

Art. 10. Caberá ao Ministro de Estado da Mulher, da Família e dos Direitos Humanos decidir a respeito dos requerimentos fundados no disposto nesta Lei. (Redação dada pela Medida Provisória nº 870, de 2019)

Art. 11. Todos os processos de anistia política, deferidos ou não, inclusive os que estão arquivados, bem como os respectivos atos informatizados que se encontram em outros Ministérios, ou em outros órgãos da Administração Pública direta ou indireta, serão transferidos para o Ministério da Justiça, no prazo de noventa dias contados da publicação desta Lei.

Parágrafo único. O anistiado político ou seu dependente poderá solicitar, a qualquer tempo, a revisão do valor da correspondente prestação mensal, permanente e continuada, toda vez que esta não esteja de acordo com os arts. 6º, 7º, 8º e 9º desta Lei.

~~Art. 12. Fica criada, no âmbito do Ministério da Justiça, a Comissão de Anistia, com a finalidade de examinar os requerimentos referidos no art. 10 desta Lei e assessorar o respectivo Ministro de Estado em suas decisões.~~

Art. 12. Fica criada, no âmbito do Ministério da Mulher, da Família e dos Direitos Humanos, a Comissão de Anistia, com a finalidade de examinar os requerimentos referidos no art. 10 e assessorar o Ministro de Estado em suas decisões. (Redação dada pela Medida Provisória nº 870, de 2019)

~~§ 1º Os membros da Comissão de Anistia serão designados mediante portaria do Ministro de Estado da Justiça e dela participarão, entre outros, um representante do Ministério da Defesa, indicado pelo respectivo Ministro de Estado, e um representante dos anistiados.~~

§ 1º Os membros da Comissão de Anistia serão designados em Portaria do Ministro de Estado da Mulher, da Família e dos Direitos Humanos e dela participarão, entre outros, um representante do Ministério da Defesa, indicado pelo respectivo Ministro de Estado, e um representante dos anistiados. (Redação dada pela Medida Provisória nº 870, de 2019)

~~§ 2º O representante dos anistiados será designado conforme procedimento estabelecido pelo Ministro de Estado da Justiça e segundo indicação das respectivas associações.~~

§ 2º O representante dos anistiados será indicado pelas respectivas associações e designado conforme procedimento estabelecido pelo Ministro de Estado da Mulher, da Família e dos Direitos Humanos. (Redação dada pela Medida Provisória nº 870, de 2019)

§ 3º Para os fins desta Lei, a Comissão de Anistia poderá realizar diligências, requerer informações e documentos, ouvir testemunhas e emitir pareceres técnicos com o objetivo de instruir os processos e requerimentos, bem como arbitrar, com base nas provas obtidas, o valor das indenizações previstas nos arts. 4º e 5º nos casos que não for possível identificar o tempo exato de punição do interessado.

~~§ 4º As requisições e decisões proferidas pelo Ministro de Estado da Justiça nos processos de anistia política serão obrigatoriamente cumpridas no prazo de sessenta dias, por todos os órgãos da Administração Pública e quaisquer outras entidades a que estejam dirigidas, ressalvada a disponibilidade orçamentária.~~

§ 4º As requisições e decisões proferidas pelo Ministro de Estado da Mulher, da Família e dos Direitos Humanos nos processos de anistia política serão obrigatoriamente cumpridas no prazo de sessenta dias, por todos os órgãos da administração pública e quaisquer outras entidades a que estejam dirigidas, ressalvada a disponibilidade orçamentária. (Redação dada pela Medida Provisória nº 870, de 2019)

§ 5º Para a finalidade de bem desempenhar suas atribuições legais, a Comissão de Anistia poderá requisitar das empresas públicas, privadas ou de economia mista, no período abrangido pela anistia, os documentos e registros funcionais do postulante à anistia que tenha pertencido aos seus quadros funcionais, não podendo essas empresas recusar-se à devida exibição dos referidos documentos, desde que oficialmente solicitado por expediente administrativo da Comissão e requisitar, quando julgar necessário, informações e assessoria das associações dos anistiados.

CAPÍTULO V
DAS DISPOSIÇÕES GERAIS E FINAIS

Art. 13. No caso de falecimento do anistiado político, o direito à reparação econômica transfere-se aos seus dependentes, observados os critérios fixados nos regimes jurídicos dos servidores civis e militares da União.

Art. 14. Ao anistiado político são também assegurados os benefícios indiretos mantidos pelas empresas ou órgãos da Administração Pública a que estavam vinculados quando foram punidos, ou pelas entidades instituídas por umas ou por outros, inclusive planos de seguro, de assistência médica, odontológica e hospitalar, bem como de financiamento habitacional.

Art. 15. A empresa, fundação ou autarquia poderá, mediante convênio com a Fazenda Pública, encarregar-se do pagamento da prestação mensal, permanente e continuada, relativamente a seus ex-empregados, anistiados políticos, bem como a seus eventuais dependentes.

Art. 16. Os direitos expressos nesta Lei não excluem os conferidos por outras normas legais ou constitucionais, vedada a acumulação de quaisquer pagamentos ou benefícios ou indenização com o mesmo fundamento, facultando-se a opção mais favorável.

Art. 17. Comprovando-se a falsidade dos motivos que ensejaram a declaração da condição de anistiado político ou os benefícios e direitos assegurados por esta Lei será o ato respectivo tornado nulo pelo Ministro de Estado da Justiça, em procedimento em que se assegurará a plenitude do direito de defesa, ficando ao favorecido o encargo de ressarcir a Fazenda Nacional pelas verbas que houver recebido indevidamente, sem prejuízo de outras sanções de caráter administrativo e penal.

Art. 18. Caberá ao Ministério do Planejamento, Orçamento e Gestão efetuar, com referência às anistias concedidas a civis, mediante comunicação do Ministério da Justiça, no prazo de sessenta dias a contar dessa comunicação, o pagamento das reparações econômicas, desde que atendida a ressalva do § 4º do art. 12 desta Lei.

Parágrafo único. Tratando-se de anistias concedidas aos militares, as reintegrações e promoções, bem como as reparações econômicas, reconhecidas pela Comissão, serão efetuadas pelo Ministério da Defesa, no prazo de sessenta dias após a comunicação do Ministério da Justiça, à exceção dos casos especificados no art. 2º, inciso V, desta Lei.

Art. 19. O pagamento de aposentadoria ou pensão excepcional relativa aos já anistiados políticos, que vem sendo efetuado pelo INSS e demais entidades públicas, bem como por empresas, mediante convênio com o referido instituto, será mantido, sem solução de continuidade, até a sua substituição pelo regime de prestação mensal, permanente e continuada, instituído por esta Lei, obedecido o que determina o art. 11.

Parágrafo único. Os recursos necessários ao pagamento das reparações econômicas de caráter indenizatório terão rubrica própria no Orçamento Geral da União e serão determinados pelo Ministério da Justiça, com destinação específica para civis (Ministério do Planejamento, Orçamento e Gestão) e militares (Ministério da Defesa).

Art. 20. Ao declarado anistiado que se encontre em litígio judicial visando à obtenção dos benefícios ou indenização estabelecidos pelo art. 8º do Ato das Disposições Constitucionais Transitórias é facultado celebrar transação a ser homologada no juízo competente.

Parágrafo único. Para efeito do cumprimento do disposto neste artigo, a Advocacia-Geral da União e as Procuradorias Jurídicas das autarquias e fundações públicas federais ficam autorizadas a celebrar transação nos processos movidos contra a União ou suas entidades.

Art. 21. Esta Lei entra em vigor na data da sua publicação.

Art. 22. Ficam revogados a Medida Provisória nº 2.151-3, de 24 de agosto de 2001, o art. 2º, o § 5º do art. 3º, e os arts. 4º e 5º da Lei nº 6.683, de 28 de agosto de 1979, e o art. 150 da Lei nº 8.213, de 24 de julho de 1991.

Congresso Nacional, em 13 de novembro de 2002; 181º da Independência e 114º da República.

Senador RAMEZ TEBET
Presidente da Mesa do Congresso Nacional
Este texto não substitui o publicado no DOU de 14.11.2002

Bibliografia

BASTOS, B. G. ***Estações de ferro - Raphael Martinelli.*** 1° Edição. ed. [S.l.]: [s.n.].

BEIGUELMAN, P. ***Formação Política do Brasil - Contribuição à Teoria da Organização Política Brasileira.*** São Paulo: Livraria Pioneira Editora, v. 2, 1967.

BEILGUELMAN, P. ***Formação Política do Brasil - Teoria e Ação no Pensamento Abolicionista.*** São Paulo: Livraria Pioneira Editora, v. 1, 1967.

BOURNE, R. ***Getúlio Vargas – A Esfinge dos Pampas.*** 2ª. ed. São Paulo: Geração Editorial, 2012.

BRIGAGÃO, C.; RIBEIRO, T. ***Brizola.*** 1° Edição. ed. São Paulo: Paz & Terra, 2015.

CAMARGOS, M. ***Um menino chamado Vlado.*** 1° Edição. ed. Belo Horizonte: Grupo Autêntica, 2015.

CARVALHO, M. A. D. Rubem Braga – ***Um cigano fazendeiro do ar.*** 2° Edição. ed. São Paulo: Biblioteca Azul, 2007.

CASALECCHI, J. Ê. ***O Brasil de 1945 ao golpe militar.*** São Paulo: Contexto, 2002.

CHARF, C. ***Brasileiras Guerreiras da Paz.*** 1° Edição. ed. São Paulo: Contexto, 2006.

CONGRESSO NACIONAL – COMISSÃO MISTA SOBRE ANISTIA. ***Anistia.*** 1° Edição. ed. Brasília, DF: Senado Federal - Secretaria especial de editoração e publicações, v. II, 1982.

CONGRESSO NACIONAL – COMISSÃO MISTA SOBRE ANISTIA. ***Anistia.*** Brasília: Senado Federal - Secretaria especial de editoração e publicações, v. II, 1982.

CORRÊA, L. R. ***Disseram que eu voltei americanizado - Relações sindicais Brasil - Estados Unidos na ditadura militar.*** 1° Edição. ed. Campinas: Unicamp, 2017.

DEL ROIO, J. L. ***A Greve de 1917.*** 1° Edição. ed. São Paulo: Alameda, 2017.

DEMIROVI , A.; SABLOWSKI, T. ***A crise na Europa.*** 1° Edição. ed. São Paulo: Fundação Rosa Luxemburgo, 2015.

DOWBOR, L. ***A era do capital improdutivo.*** 1° Edição. ed. São Paulo: Outras Palavras, 2017.

DREIFUSS, R. A. ***1964 – A conquista do Estado - Ação política, poder e golpe de classe.*** 7° Edição. ed. Petrópolis, Rio de Janeiro: Vozes, 2008.

FERNANDES, F. ***A ditadura em questão.*** São Paulo: TAQ, 1982.

FERREIRA, J. ***João Goulart - Uma Biografia.*** Rio de Janeiro: Editora Civilização Brasileira, 2011.

FIGUEIREDO, L. **Morcegos Negros - PC Farias, Collor, Máfias e a história que o Brasil não conheceu.** Rio de Janeiro: Record, 2000.

FIGUEIREDO, L. ***Ministério do silêncio.*** 1° Edição. ed. Rio de Janeiro: Editora Afiliada, 2005.

FON, A. C. Tortura – ***A história da repressão política no Brasil.*** 1° Edição. ed. São Paulo: Comitê Brasileiro pela Anistia, 1979.

GASPARI, E. ***A ditadura Envergonhada - As ilusões armadas.*** 1ª. ed. São Paulo: Companhia das Letras, v. 1, 2002.

GASPARI, E. ***A ditadura escancarada - As ilusões armadas.*** São Paulo: Companhia das Letras, 2002.

GASPARI, E. ***A ditadura derrotada - O sacerdote e o feiticeiro.*** São Paulo: Companhia das Letras, 2003.

GASPARI, E. ***A ditadura acabada (1974-1979).*** 1ª. ed. Rio de Janeiro: Editora Intrínseca, v. 5, 2016.

GODOY, M. *A casa da vovó.* 2° Edição. ed. São Paulo: Alameda, 2014.

MIR, L. *A revolução impossível.* 1° Edição. ed. São Paulo: Best Seller, 1994.

NETO, L. *Getúlio - Dos anos de formação à conquista do poder (1882-1930).* 1ª. ed. São Paulo: Companhia das Letras, v. 1, 2012.

NETO, L. *Getúlio - Do governo provisório à ditadura do Estado Novo (1930-1945).* 1ª. ed. São Paulo: Companhia das Letras, v. 2, 2013.

NETO, L. *Getúlio - Da volta pela consagração popular ao suicídio (1945-1954).* 1ª. ed. São Paulo: Companhia das Letras, v. 3, 2014.

NOBRE, F. *Constituinte.* 1° Edição. ed. Rio de Janeiro: Paz e Terra, 1978.

PALAST, G. *A melhor democracia que o dinheiro pode comprar.* 1° Edição. ed. São Paulo: W11 Editores Ltda., 2004.

SADER, E. *O Brasil que queremos.* 1° Edição. ed. Rio de Janeiro: Laboratório de Políticas Públicas, 2016.

SOARES, A.; TOGNOLLI, C. *Ex-agente abre a caixa-preta da ABIN (Agência Nacional de Inteligência).* 1ª. ed. São Paulo: Escrituras, 2015.

TAVARES, F. *O dia em que Getúlio matou Allende - e outras novelas do poder.* Rio de Janeiro: Record, 2004.

Alameda nas redes sociais:
Site: www.alamedaeditorial.com.br
Facebook.com/alamedaeditorial/
Twitter.com/editoraalameda
Instagram.com/editora_alameda/

Esta obra foi impressa em São Paulo no outono de 2020. No texto foi utilizada a fonte Minion Pro em corpo 10,6 e entrelinha de 15,25 pontos.